21世纪高等学校
经济管理类规划教材
高校系列

ACCOUNTING
INFORMATION SYSTEM

会计信息系统实用教程（金蝶KIS专业版）

✚ 何亮 主编
✚ 齐德江 刘尚俊 张毓民 副主编

ECONOMICS AND MANAGEMENT

人民邮电出版社
北京

图书在版编目（CIP）数据

会计信息系统实用教程 ：金蝶KIS专业版 / 何亮主编. -- 北京 ：人民邮电出版社，2015.2（2017.12重印）
21世纪高等学校经济管理类规划教材. 高校系列
ISBN 978-7-115-38027-2

Ⅰ. ①会… Ⅱ. ①何… Ⅲ. ①财务软件－高等学校－教材 Ⅳ. ①F232

中国版本图书馆CIP数据核字(2015)第008380号

内容提要

本书以“金蝶 KIS 专业版系统”为蓝本，依据教育部颁发的教学大纲，结合企业实际业务，以“理论联系实际，实操提升能力”为写作思想，让读者轻松、快速和灵活地应用金蝶 KIS 专业版会计信息系统。

本书以实例操作步骤模式编写，突破了某些书籍以理论为主、实操性差的局限性。全书共分为 14 章，内容包括：会计信息系统概述、会计信息系统的安装与核算账套管理、基础资料设置方法、初始化、账务处理、报表与分析、固定资产管理、工资管理、出纳管理、业务系统介绍、采购管理和应付管理、仓存管理、销售管理和应收管理、存货核算。每一章后面均配有习题实验题，在书的最后附有三套实操考试题，使读者提前熟悉企业实际业务场景，并同步检验读者独立操作会计信息系统的能力。

本书可作为高等院校财经类专业相关课程的教材，也可作为会计人员岗位培训教材，以及相关财务工作者和经营管理人员的参考用书。

◆ 主　　编　何　亮
副 主 编　齐德江　刘尚俊　张毓民
责任编辑　许金霞
责任印制　沈　蓉　彭志环

◆ 人民邮电出版社出版发行　　北京市丰台区成寿寺路 11 号
邮编　100164　　电子邮件　315@ptpress.com.cn
网址　http://www.ptpress.com.cn
固安县铭成印刷有限公司印刷

◆ 开本：787×1092　1/16
印张：17.25　　2015 年 2 月第 1 版
字数：432 千字　　2017 年 12 月河北第 3 次印刷

定价：39.80 元

读者服务热线：(010)81055256　印装质量热线：(010)81055316
反盗版热线：(010)81055315

前 言 Preface

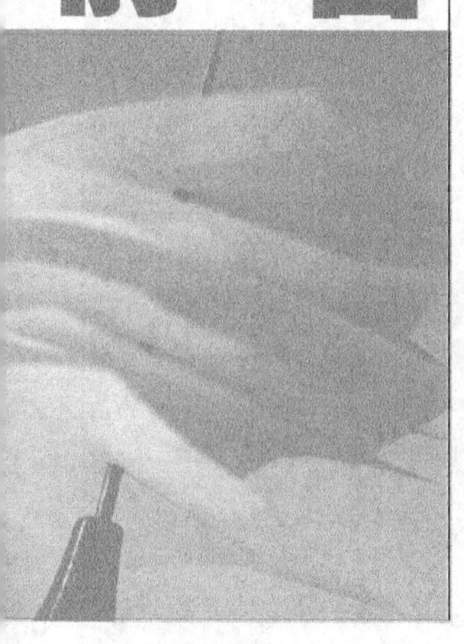

“会计信息系统”是一门实操性强的学科，让读者轻松、快速、熟练地掌握会计信息系统，是本书编写的主要目的。

本书以“金蝶 KIS 专业版系统”为蓝本，依据教育部颁发的教学大纲，结合企业实际业务，以“理论联系实际，实操提升能力”为写作思想，让读者轻松、快速和灵活地应用金蝶 KIS 专业版会计信息系统。

本书详细讲述金蝶 KIS 专业版的安装、初始设置、日常单据处理和各种账簿报表查询方法，分章讲述金蝶 KIS 专业版基础知识、财务系统应用方法和业务系统使用方法。本书在编写上具有以下特点。

（1）内容全面。本书所采用的“金蝶 KIS 专业版系统 V10.0”功能强大，可以实现财务与业务一体化，包括财务系统、供应链系统和生产管理系统，符合各类企业的需求。全书讲述了会计信息系统基本知识、财务系统和业务系统应用。财务系统讲解有账务处理、报表与分析、固定资产、工资管理和出纳管理系统的应用。业务系统讲解有销售管理、采购管理、仓存管理、应收应付和存货核算系统的应用。全书采用图文并茂方式，让读者轻松、快速学会应用软件。

（2）实战性强。本书模拟“理想科技有限公司”的业务数据，详细讲述金蝶 KIS 专业版系统的安装、日常单据处理和各种报表查询等操作。通过实例练习，读者可以尽快理解企业部门组织结构和企业所涉及的业务单据内容，从而更好地学习会计信息系统；已参加工作的读者，通过实例练习，然后结合自身企业情况，可以融会贯通地学习会计信息系统，提高财务核算水平和管理水平。

（3）配有课后实验题。读者学习完每一章内容以后，可自行实验，以检验其知识掌握的程度。

（4）配有实操考试题三套。笔者根据各企业可能采用的不同系统方式，通过实操考试题让读者提前熟悉企业的实际业务场景，并且同步检验读者独立操作会计信息系统的能力。

（5）自学性好。笔者在模拟实例数据讲解时，采用步骤清晰的讲解方式，即使用每一功能时，按照实际情况分成几个步骤，每一步骤尽量配以操作图片，使读者在实操时能快速掌握会计信息系统。该讲解方式非常适合于自学的读者。

（6）适用面广。本书使用了大量实例数据，配合详细讲解，使本书可以作为财经类专业教材，也可以作为财务人员岗位培训教材和自学用书，同时可以作为会计信息系统管理员岗位的参考书籍。

在学习过程中，读者可以根据书中操作实例，先学习操作方法，以对软件有所认识，然后再详细理解其中的理论知识和具体功能应用。

本书采用金蝶 KIS 专业版 V10.0 版本。本书所附“理想科技有限公司”账套请到人民邮电出版社教学服务与资源网（www.ptpedu.com.cn）上免费下载。

由于作者水平有限，书中难免存在不足，请读者批评指正，可发邮件至（book_better@sina.com）。

编者

2014 年 6 月

目 录 Contents

第1章 会计信息系统概述

学习重点

通过本章学习，了解会计信息系统的内涵、特点及其组成；认识会计信息系统组织与规划的重要性及会计信息组织建立的途径，学习实施会计信息系统的基础。

1.1 会计信息系统的内涵

1.1.1 信息系统

信息系统是指通过计算机对输入的原始数据进行收集、存储、传输、分析等变换处理，并输出有用信息的计算机系统。

信息系统的基本功能可归纳为以下几个方面。

（1）数据的收集和输入。数据的收集和输入功能是指将待处理的原始数据集中起来，转化为信息系统所需要的形式，输入到系统中。在衡量一个信息系统的性能时，必须考虑以下内容：收集数据的手段是否完善，准确性和及时性如何，具有哪些校验功能，输入手段是否方便易用，数据收集和输入的制度是否严密等。

（2）信息的存储。数据进入信息系统后，经过加工或处理，得到了对操作用户有用的信息。信息系统负责把信息按照一定的方法存储、保管起来。

（3）信息的传输。为了让信息的使用者更方便地使用信息，信息系统能够迅速准确地将信息传递到各个使用部门。

（4）信息的加工。信息系统对进入系统的数据进行加工处理，包括查询、计算、排序、归并、汇总等。

（5）信息的输出。信息输出的目的是将信息系统处理的结果以各种形式提供给信息的使用者。

1.1.2 会计信息系统

会计信息系统（Accounting Information System，AIS）是管理信息系统的一个子系统，是专门用于企事业单位处理会计业务，收集、存储、传输和加工各种会计数据，输出会计信息，并将其反馈给各有关部门，为企业的经营活动和决策提供帮助，为投资人、债权人、政府部门提供财务信息的系统。它运用本身所特有的一套方法，从价值方面对企业、事业、团体的生产经营活动和经营成果，进行全面、连续、系统的定量描述。会计的各项活动都与信息有关，取得原始凭证是收集原始数据，填制记账凭证和记账是把会计数据转换成会计信息并进行信息的传递和存储，提供账簿和报表是会计信息的输出和使用。显然，会计活动的每个步骤都有信息处理任务，每一步都服从于一个统一的目标，所有步骤及其所采用的方法和程序加起来就形成了一个可以活动的有机整体，这个整体就是会计信息系统。

若从处理手段的角度来看，会计信息系统分为计算机会计信息处理系统（或称为电算化会计信息系统）和手工会计信息系统（或称为传统会计信息系统）。但随着手工会计信息系统的进一步减少，人们习惯将“计算机会计信息系统”简称为“会计信息系统”或“电算化会计”。电算化是我国经济领域对计算机处理经济事务通俗的称呼。“会计电算化”一词，是 1981 年中国会计学会在长春市召开的“财务、会计、成本应用电子计算机专题讨论会”上提出的，它是指将电子计算机技术应用到会计业务处理工作中，用计算机来辅助会计核算和管理，通过会计软件指挥计算机替代手工很难完成的会计工作。

1.1.3 会计信息系统的分类

1. 按信息系统深度和服务层次分类

按会计信息系统所能提供的会计信息深度和服务层次，会计信息系统可以分为以下 3 种类型。

（1）会计核算系统。会计核算系统是会计信息系统的基础，是其基本构成。不论会计信息系统在会计信息处理上有何种深度和广度，这一层次是必不可少的。其主要功能是处理传统财务信息，并向会计管理系统和会计决策支持系统提供来自企事业单位经济事项的最原始的会计核算数据，如总账核算数据、工资核算数据、材料核算数据、成本核算数据和固定资产核算数据等。

（2）会计管理系统。会计管理系统是会计决策支持系统的基础，是会计信息系统的中间层次。其主要作用是在核算处理的基础上根据会计决策支持系统的会计决策信息完成对资金、成本、销售收入和利润等方面的管理和控制，并将决策执行的结果反馈给会计决策系统。会计管理系统充当了会计信息系统的监督，管理和控制职能，如资金管理子系统用于对资金的使用、周转、控制和分析。

（3）会计决策支持系统。会计决策支持系统是会计信息系统的最高层次。其主要理论依据是一些有关的数字经济预决策模型。同时，它建立在前两个系统层次之上，其规模是具有弹性的。由于各组织的实际情况和管理水平差别很大，因此每个组织对会计决策支持系统的要求也有很大不同，但其基本功能是帮助会计问题的决策者进行科学的经营决策和预测工作。其基本内容包括长短期投资预测、风险预测与控制、利润预测、不同情况下的投入产出预测和决策等。

需要强调指出，会计核算系统、会计管理系统、会计决策支持系统不是截然分开的，而是有着密切联系的。

2. 按组织类型分类

按不同的组织类型，会计信息系统可以划分为以下几种。

（1）工业企业的会计信息系统：主要对供、产、销过程进行核算、反映和控制。它一般分为总账、会计报表、工资管理、固定资产管理、材料管理、往来处理和销售管理等子系统。

（2）商业企业的会计信息系统：主要反映商品的采购、商品的存放管理、商品的销售业务。它一般分为总账、会计报表、工资、采购管理、库存管理和销售管理等子系统。

（3）行政事业单位的会计信息系统，主要核算国家财政的拨入款项，对各种费用支出进行监督和控制。它一般分为总账、会计报表、工资管理、预算管理和专项费用支出等子系统。

（4）科技贸易及服务类型组织的会计信息系统：主要核算所提供的劳务和归集的费用，同时对债权和债务进行分析和控制。它一般分为总账、应收款管理、应付款管理和工资管理等系统。

（5）金融机构的会计信息系统：可以核算、反映和监督银行本行的正常经营活动情况，还可以核算、反映和监督各部门、各组织的资金活动情况。一般分为柜台业务系统、同城资金核算系统、电子联行系统、转账系统、国际资金结算系统、固定资产管理系统、会计报表和决策支持系统。

3. 按开展范围和组织形式分类

按会计信息的开展范围和组织形式，会计信息系统可以划分为以下几种。

（1）单位会计信息系统：指一个法人单位或独立核算单位的会计部门开展的会计信息系统。此处单位是指包括各行各业的单位，它是行业会计信息化系统和地区会计信息化系统的基础。但是行业不同，其核算范围和深度也有所不同。

（2）行业会计信息系统：有两种含义，一是行业各单位的会计部门实现会计信息化；二是全行业的会计部门实现报表和报表汇总的会计信息化。行业会计信息系统的第一种含义有待于单位的会计信息化全部实现，所以各个行业的主管领导在开展会计信息化工作时，应把近期的工作着眼点放在此项工作上。实现行业内报表的收集和汇总相对简单一些，但也应抓紧。

（3）地区会计信息化：一是全地区所有单位的会计部门已全部实现会计信息化；二是全地区的会计部门实现报表的收集和汇总会计信息化。

1.1.4 会计信息系统的组成

会计信息系统从物理组成来看，是由计算机硬件、计算机软件、数据、会计规范、人员组成的；从职能结构来看，是由若干个职能子系统组成的。

1. 会计信息系统的物理组成

（1）计算机硬件。计算机硬件是指进行会计数据输入、处理、存储及输出的各种电子设备。输入设备有键盘、光电扫描仪、条形码扫描仪等；处理设备有计算机主机；存储设备有硬盘、光盘和U 盘等；输出设备有显示器和打印机等；通信设备有传输介质、路由器等。硬件设备不同的结构及组合方式决定了会计信息系统的不同工作方式。目前常见的有单用户结构、多用户结构、局域网结构和广域网结构 4 种类型。

（2）计算机软件。计算机软件包括系统软件和应用软件。系统软件主要是指中文操作系统、数据库管理系统等，一般在购买硬件设备时由计算机厂商提供或自行购买。应用软件主要指会计软件，是会计信息系统的一个重要组成部分。有关会计软件的一些文档资料也包括在会计软件之内，会计软件可由使用单位组织开发设计或购买商品化会计软件。

（3）数据。会计信息系统的数据包括输入的原始数据，如原始凭证；处理后的中间结果数据，如明细账、总账、多栏账等；系统处理结果向组织内部和外部有关部门人员提供的会计数据，如会计报表等。由操作人员把发生的会计数据输入到计算机内，计算机进行处理后，再输出相应的各种数据。由于会计信息涉及面广、量大，必须有专门的数据库系统集中处理这些数据。

（4）会计规范。会计规范是指保证会计信息系统正常运作的各种制度和控制程度，如硬件管理制度、数据管理制度、会计人员岗位责任制度、内部控制制度、会计制度、会计准则等。

（5）人员。人员一般是指从事系统的规划、开发、维护和使用的人员，有系统管理员、系统分析员、系统维护员和会计档案保管员等。人员也是会计信息系统中的一个重要因素，如果没有一支高水平、高素质的会计人员队伍和系统管理员队伍，硬件和软件再好，系统也难以稳定正常地运作。

2. 会计信息系统的职能结构

会计信息系统从其系统职能结构来看可分为会计核算职能和会计管理职能。会计核算职能目前较为成熟，下面以工业企业会计信息系统为例来介绍其构成。

（1）会计核算职能

① 总账系统：用于日常账务处理，从记账凭证的录入开始，完成凭证的复核、记账、结账等业务处理，并可对凭证、总账、明细账、日记账、科目汇总表和多栏账等账表进行查询，提供各种形式的查询打印功能。总账系统是整个会计信息系统的核心。各业务系统如工资核算系统、材料核算系统等生成的凭证需要转入总账系统进行登账，同时，总账、明细账等会计信息也是会计报表系统的基础。

② 会计报表系统：根据总账系统有关账簿、凭证的数据，自动生成会计报表，包括资产负债表、利润表和现金流量表等。根据企业管理的要求，也可以设计相应的内部报表，自动从账务处理系统或其他业务系统提取数据，进行会计信息的分析。

③ 应收款、应付款管理系统：专门负责企业的应收款和应付款管理，进行发票的登记，收款和付款的录入，往来数据的核销，随时查询、分析往来数据的汇总报表和明细表，即时了解往来单位的余额等情况，并可进行账龄分析等查询。

④ 固定资产管理系统：用于管理固定资产卡片信息，根据原始固定资产卡片信息自动登记固定资产明细账，每月根据折旧方法计提折旧凭证传递到账务处理系统，可以随时查询固定资产卡信息和折旧分配表等账表。

⑤ 工资管理系统：用于处理职工工资核算以及考勤记录、扣款、扣税等基础数据，自动计算职工应发工资和实发工资等，完成工资的汇总、分配和福利费的提取等工作，编制输出工资条和分析报表等，自动生成工资核算有关凭证传递到账务处理系统。

⑥ 销售系统：负责针对客户的产成品销售业务，进行销售发货单的处理，销售发票的登记，销售费用和税金的处理，可以查询销售收款、欠款和利润等情况，并将有关系统凭证传递到总账系统。

⑦ 采购系统：负责采购原材料的采购业务处理，进行采购收货的处理，采购发票的登记，采购费用和税金的处理，可以查询采购付款、欠款和成本降低等情况，并将有关系统凭证传递到总账系统。

⑧ 库存系统：主要负责材料的收、发、储存和使用的有关核算工作。通过录入材料入库凭证、发料凭证以及委托加工凭证，自动登记库存台账、进出库流水账和收发存汇总表等。

（2）会计管理职能

① 投资决策系统：根据不同的决策方法对组织的投资方案进行测算、对比和分析，从中选择最优的方案。

② 销售预测分析系统：根据预测的对象、目的、时间及精确程度的不同，用不同的预测方法对事物的未来销售做出预测和分析。

③ 全面预算系统：根据不同的管理理念采用不同的预算编制方法，在销售预测的基础上，对组织未来特定时期生产经营活动做出数量说明。

④ 成本控制系统：根据不同的成本控制目的采用不同的成本控制方法对产品进行事前、事中、事后控制，分析实际成本与标准成本的差异，找出成本升降的原因，为成本决策提供依据。

⑤ 存货控制系统：根据不同的存货控制方法分析构成存货成本的各个项目，得出最适当的存货存储数量，使库存存货的成本总额最小化。

1.2 实施会计信息系统的基础

会计信息系统不仅仅是会计电算化，它涉及人、财、物、供、产、销等诸多方面，覆盖企业生产经营活动的所有领域，是有效利用企业资源集成化的企业级信息系统，是一个具有系统复杂、实施难度大、应用周期长等特点的企业管理系统工程。因此，企业在实施会计信息系统时，必须从系统工程和科学管理的角度出发，建立健全管理体系和运作机制，打好系统实施所需的基础。这些工作主要包括以下几点。

① 企业的领导班子具有改革进取的决心，对实施的系统有一致的明确目标；

② 建立现代企业制度，制定明确、量化的应用目标；

③ 扎实做好信息资源的基础管理工作；

④ 建立一支高素质的信息技术队伍；

⑤ 制定和完善企业信息化工作规范；

⑥ 建立与会计信息系统相匹配的网络环境。

通过实施会计信息系统可促进企业解决以下问题。

① 基础管理不扎实：具体表现在人财物、供产销离制度化、规范化、科学化有相当大距离，人为因素和主观因素的影响都非常大；

② 战略管理不到位：这是由于企业对内部资源的状况以及环境资源的状况不了解，对市场变化的趋势不能很好地把握，尤其是信息不够的情况下，决策往往容易盲从；

③ 信息资源不共享：由于企业内部的物资、财务、技术以及其他的部门信息不共享、不集成，沟通严重不足，结果大量的信息是孤岛式的、滞后的，甚至是虚假的和部门利益化了的，管理的依据失真严重。即使是某个部门做得很好，但企业整体的管理水平却很难提高。

通过实施会计信息系统，可利用计算机的准确性和非情感性，使基础管理硬化，使综合管理集成，大大减少决策者日常管理时间的消耗，大大增加投入到市场和研发上的精力，提高战略管理的准确性。

实施会计信息系统要进行总体规划、分步实施。

第 1 阶段是基础管理阶段，基础阶段重点解决基础数据管理、基本业务流程设计、内部控制设计、员工业务规范的管理等方面。企业通过对这些基础的梳理和规范化，初步形成对企业资源的了解，从而能够有选择地对重点资源进行控制和把握。

第 2 个阶段是理顺业务流程，规范企业管理。在实施会计信息系统的过程中，借助管理理念对企业的流程进行优化，当优化后的流程（流程步骤和岗位相结合）借助软件和计算机硬件得以实现后，任何业务操作就必须遵守制定的规则。企业的业务流程集中体现在采购流程、库存管理流程、生产制造流程、销售流程和财务结算流程，不同的步骤由不同的岗位来处理，且严格按照系统控制流程，对企业内部所有环节进行有效的控制和管理，这样就从管理范畴的深度上为企业提供了更丰富的功能和工具。

1.2.1 管理基础

实现财务管理与业务处理的协同，必须科学地规范企业的管理工作，设计业务流程，统一基础数据管理，如果这些工作做不好，那么再先进的系统也无法实现系统的设计目标。首先要扎实地做好信息资源的基础管理工作，包括财务管理、存货管理、生产管理、成本管理和固定资产管理等，做到数据准确、完备、客观、及时，为会计信息系统提供足够的基础支持。

1. 管理工作制度化

管理工作必须有相配套的管理制度，这些制度是为使用系统的人员和系统制定的“规矩”，必须严格遵守这些“规矩”，才能保证会计信息系统的有效运作，实现会计信息系统的高度集成，物流、资金流、信息流的同步，并通过业务处理系统，预制每个业务的财务处理凭证，当特定的业务触发相应的处理时，系统自动生成凭证，保证会计信息及时从业务系统获取。

2. 业务流程科学化

会计信息系统涉及人、财、物、供、产、销等诸多方面，覆盖企业生产经营活动的所有领域，是物流、信息流、资金流高度集中统一的系统，这无疑就要求企业对原有的组织机构、人员设备、工作流程进行重新安排，以保证系统功能的实现。实施信息系统的过程就是依据市场竞争规则的企业再造过程，所以企业实施会计信息系统必须进行业务流程重组，也就是打破企业基于职能结构为基础的、流程被肢解成碎片分布于企业各职能部门的框架，重新整合流程，使之以一种全新而完整的方式运转起来。

许多成功的企业在搞企业信息化时，都是紧紧地围绕着企业的核心业务和主导流程来开展的。零售帝国沃尔玛的核心业务是商品零售，而要保证其遍布全球的连锁店能够正常经营，货物配送就成为它的主导流程，因此，沃尔玛不惜花费巨资来“强化”它的核心业务和主导流程。再比如，青岛海尔是一家制造型企业，它在国内率先采用了CIMS（计算机集成制造系统），取得了非常好的效果。现在，海尔全面实行了“索酬、索赔、跳闸”的内部市场链（SST）管理制度。“市场链”实质上是以订单信息流为中心，带动物流和资金流的运行。

企业必须从自身的实际条件出发，逐步推进企业信息化与流程再造进程。企业流程再造必须同企业的信息化水平相适应，充分发挥信息化对流程再造的催化作用。再造以信息化为基础的企业作业流程，才能真正发挥信息系统的强大功能，在全球化、知识化、信息化的新经济时代取得竞争优势。

1.2.2 数据基础

1. 基础数据规范化

实施会计信息系统要从基础工作抓起，必须保证基础数据的完整性、准确性和可靠性，同时要对原来管理系统的每一环节进行整顿提高。实施信息化成功企业和专家总结出了这样的名言：“三分技术、七分管理、十二分数据”。可以说，数据是信息系统的基础和核心，一个数据失真、不完整或采集不及时的信息化系统，无论其功能多么完善，使用如何方便，都不会有任何意义。然而，要做到系统中的数据准确、及时、全面，没有一套与之适应的管理规范是难以保证的。基础数据包括客户档案、供应商档案、物料档案、计量单位、仓库档案、固定资产清单、生产工序和工艺路线等，都要求规范化。

2. 财务数据规范化

财务基础数据也包括为财务系统提供信息的各种业务数据、各种材料和产品信息、工艺配方、客户和供应商档案、固定资产及人事信息等。这些数据是企业最重要的资源，是企业信息化建设的基石。通过实施会计信息系统，可以强行规范各种数据的建立，如在输入销售订单时，一定要输入客户编码信息、产品销售的行业流向等。这些规范的数据和特征值为今后信息的查询和决策分析提供了强有力的支持。

财务的基础数据主要有两类：一类是进行管理和会计监督所必需的定额和费用开发的标准和预算（或计划）；另一类是各种核算对象如原材料、零配件、包装物、产成品、固定资产、低值易耗品等的名称和编码。对第一类基础数据，要结合管理制度和具体的管理办法制定出科学、合理、完整的标准，并规定相应的审核、批准权限。第二类基础数据是会计信息系统实施的基础，也是系统能够按照设计要求运行的基本保证，必须对这类数据进行系统的分类整理，为会计信息系统的顺利实施打好基础。

3. 历史数据规范化

为了保证会计信息系统初始化工作顺利进行，还需要对有关的历史数据进行必要的规范整理。

（1）规范会计科目体系，整理期初数据

按照选择的软件要求，设计企业的企业科目体系，然后对已使用的科目按照新的标准进行调整，使之与新系统对接，并按新科目准备期初数据。这些数据包括：各科目（包括明细科目）的年初数、累计发生数、期末数、辅助核算项目的期初余额、待清理的往来款项、数量金额账的数量和单价、外币金额账的外币和汇率等几个方面。

（2）往来账户的清理

对于历史遗留下的无望收回的呆账、乱账和难账，应组织整理和处理，不宜进入会计信息系统的往来账户。根据不同的用户对往来账款的管理不同，可将往来账分设为客户往来、供应商往来、个人往来辅助账。系统在登记往来账户明细账、总账的同时，还应按单位名称或个人姓名在辅助账数据文件中，按辅助账的特点进行汇总登记和明细登记。还应对往来账户的有关资料，如企业名称、个人姓名、地址、电话、邮政编码等资料进行认真的清理，做到名称使用规范，相关资料齐全，从而为建立会计信息系统打好基础。

（3）银行账的清理

银行账的清理就是将单位的银行账与银行对账单进行核对，并查清未达账项的原因，以保证会计信息系统中银行账初始数据的准确性。

（4）存货的清理

存货的清理就是将各仓库中的物料、半成品、产成品进行盘点，对盘点结果进行相应的处理，如物料编码、物料名称、型号规格、计量单位、计划价格、实际价格、库存量等，然后按照软件的设计要求进行整理。

（5）固定资产的清理

固定资产的清理首先要对所有在册固定资产进行实地盘点，对于盘亏、毁坏的资产进行清理处理，然后按照软件的设计要求对固定资产进行分类整理。具体工作包括整理卡片资料，确定每一资产的编号、原始价值、累计折旧、维修资料等变动资料。

历史数据的正确与否，是决定系统运行结果是否准确可靠的前提条件，因为会计信息系统中大部分数据的处理，都以期初数作为处理和结转的依据。

1.3 会计信息系统——金蝶KIS专业版介绍

金蝶 KIS 专业版 V10.0 系统是一套财务与业务高度集成的会计核算软件，即可以管理财务业务，又可以与购销存业务集成使用，实现财务业务一体化的目标。

金蝶 KIS 专业版 V10.0 的功能模块组成和各模块之间数据流向如图 1-1 所示。

1. 财务系统

财务系统包括账务处理、报表与分析、工资管理、固定资产管理和出纳管理系统。

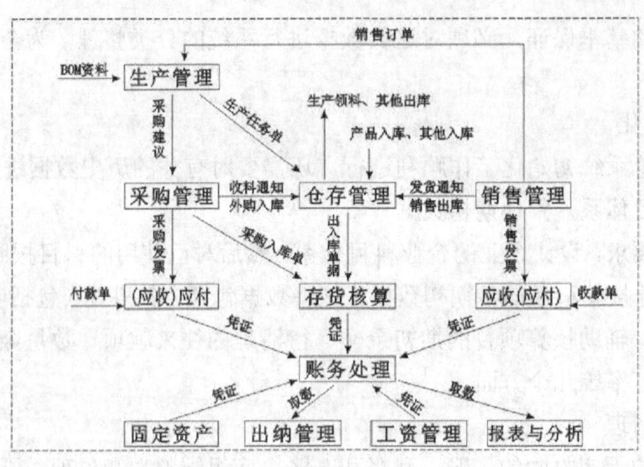

图 1-1

（1）账务处理

账务处理系统是以凭证为原始数据，通过凭证输入和处理，完成记账和结账、账簿查询及打印输出等工作，同时提供往来款核算和管理、部门核算和管理、项目核算和管理。账务处理系统与其他业务连接使用时，可以接收从业务传递过来的凭证进行会计核算，以达到财务业务一体化目的。

（2）报表与分析

报表与分析系统主要根据会计核算数据（如账务处理子系统产生的总账及明细账等数据）完成各种会计报表的编制工作，如资产负债表、利润表等，同时可以自定义报表，如部门费用情况表等。分析功能可以根据报表数据生成各种分析表和分析图等。

（3）固定资产

固定资产系统主要是对设备进行管理，即存储和管理固定资产卡片，灵活地进行增加、删除、修改、查询、打印、统计与汇总。进行固定资产的变动核算，输入固定资产增减变动或项目内容变化的原始凭证后，自动登记固定资产明细账，更新固定资产卡片。完成计提折旧和分配，费用分配转账凭证可自动转入账务处理等子系统，可灵活地查询、统计和打印各种固定资产账表。

（4）工资管理

工资管理系统是以职工个人的原始工资数据为基础，完成职工工资的计算，工资费用的汇总和分配，计算个人所得税，查询、统计和打印各种工资表。并且该系统有自动编制工资费用分配表、转账凭证传递给账务处理等功能。

（5）出纳管理

出纳管理系统是对现金业务和银行业务进行管理，可以登录现金日记账、银行日记账，录入银行对账单数据可以与银行日记账进行对账处理，随时可以与账务处理下科目进行对账，以保证双方系统数据的一致性，同时提供支票管理功能。

2. 工业会计系统

工业会计系统主要包括销售管理、采购管理、生产管理、仓存管理、存货核算管理和应收应付系统。

（1）销售管理

销售管理系统是以销售业务为主线，兼顾辅助业务管理，实现销售业务管理与核算一体化。销售系统提供销售报价、销售订单、销售出库和销售开票功能，并能随时查询各种销售明细账等账簿。

（2）采购管理

采购管理系统是可以实现对采购业务的全程管理。采购管理提供采购订单、采购入库和采购开票功能，可以从“生产管理”中生成采购建议后，直接生成采购订单传递到采购管理系统，随时查询各种采购订单执行情况明细账等账簿。

（3）生产管理

生产管理系统主要对生产过程全程管理。生产管理提供生产任务单、生产领料、产品入库和生产成本核算功能，并能随时查询分析生产执行情况账等账簿。

（4）仓存管理

仓存管理系统主要以物料流动为处理对象，达到账实相符的目的。系统提供采购入库、产品入库、其他入库、盘盈入库、销售出库、生产领料、其他出库、调拨和组装业务处理，可以随时查询即时库存和收发存汇总表等账簿。

（5）存货核算

存货核算系统主要针对企业存货的收、发、存业务进行成本核算，首先核算出入库成本，再计算出库成本，从而即时掌握存货的耗用情况，及时、准确地把各类存货成本归集到各成本项目和成本对象上，为企业的成本核算提供基础数据；动态反映存货资金的增减变动，提供存货资金周转和占用的分析，为降低库存，减少资金积压，加速资金周转提供决策依据。各业务单据可以根据凭证模板生成凭证传递到账务处理系统进行财务核算，使业务与财务形成无缝连接。

（6）应收应付

应收应付系统主要负责往来账款中的收款处理和付款处理，提供预收冲应收、预付冲应付、应收冲应付和应付冲应收业务，随时监控应收账款情况和应付账款情况，查询往来对账单情况，各往来单据可以根据凭证模板生成凭证传递到账务处理系统进行财务核算。

1.4 课后习题

（1）请解释“会计信息系统”的含义？

（2）会计信息系统的物理组成有哪些？

（3）在实施会计信息系统时对历史数据的规范有哪些要求？

（4）请画出金蝶 KIS 专业版财务功能模块组成和各模块之间的数据流向。

第2章 会计信息系统的安装与核算账套管理

学习重点

通过本章学习，了解会计信息系统运行对软件和硬件的基本要求，学习会计信息系统的安装步骤，掌握会计信息系统的登录方法，理解核算账套的建立方法和管理操作。

目前在国内会计信息系统市场上，比较流行的软件有金蝶、用友和速达等，并且都已经通过财政部审批。本书主要介绍金蝶KIS专业版V10.0软件，从安装方法、核算账套建立、基础设置、初始化、模块功能和如何最终达到详细化的财务核算目的几个方面详细进行讲述。

2.1 会计信息系统的安装和登录

了解会计信息系统安装的硬件环境和软件环境，学习会计信息系统的安装步骤，这是学习会计信息系统的第一步。

2.1.1 会计信息系统安装环境要求

为保证金蝶KIS专业版V10.0的使用性能，金蝶公司为该软件提供一个最低硬件要求，并同时推荐一个配置。硬件和软件环境是金蝶软件运行的最基本条件，如果不能满足基本要求，则运行速度慢或根本无法使用，所以一定要注意金蝶所推荐的配置。

1. 硬件环境

（1）服务器端。最低配置：CPU 1GHz Pentium4处理器，内存要求512MB，硬盘需要1GB以上的可用空间，驱动器需要CD-ROM或DVD-ROM驱动器，显示Super VGA（1024×768）或更高分辨率的显示器（颜色设置为32位真彩色），Microsoft 鼠标或兼容的指点设备。

推荐配置：CPU 1.7GHz Pentium4处理器及以上，内存1G及以上，其他要求同最低配置。

（2）客户端。最低配置：CPU 600MHz Pentium III处理器，内存256MB，硬盘500MB以上的可用空间，驱动器CD-ROM或DVD-ROM驱动器，显示Super VGA（1024×768）或更高分辨率的显示器（颜色设置为32位真彩色），Microsoft鼠标或兼容的指点设备。

推荐配置：CPU 1GHz Pentium4处理器及以上，内存512MB及以上，其他要求同最低配置。

2. 软件环境

（1）服务器端需要安装的软件有数据库系统（SQL Server2000标准版/企业版或者MSDE数据库系统）和Windows简体中文版操作系统（2000/XP/2003）。

（2）客户端需要安装Windows简体中文版操作系统（2000/XP/2003）。

Windows 2000 Professional和Windows XP不属于服务器类操作系统。网络使用金蝶KIS专业版系统时，作为专业版的服务器电脑要使用服务器版的操作系统。

2.1.2 会计信息系统安装

金蝶KIS专业版的安装方法与其他软件安装方法基本相同，只需按照安装向导层层递进即可。本书讲述单机（Windows XP）情况下安装金蝶KIS专业版的方法。在其他操作系统上的安装方法基本类似，可参照本节。

安装金蝶KIS专业版服务器端时需要对环境进行检测，检测是否已经安装有数据库（MS SQL Server或MSDE），若检测到没有安装可用的数据库，则安装程序会自动安装MSDE。

注

① 如果并发用户在5用户之内，可以使用金蝶KIS专业版自带的MSDE数据库，如果希望获得更好的性能，建议使用中文版SQL server数据库。

② 如果并发用户超过5个用户，不建议使用金蝶KIS专业版自带的MSDE数据库，建议使用中文版SQL server数据库。

③ 如果需要使用SQL Server数据库，请先安装好SQL Server数据库（sp4），再安装金蝶KIS专业版。

④ 在安装SQL server时设置“身份认证模式”的地方，请选择混合模式。安装完数据库请一定重新启动机器。

⑤ 安装时请关闭防火墙和杀毒软件。

在本书中使用MSDE数据库，并且采用系统安装模式同步安装金蝶KIS专业版软件，安装步骤如下。

（1）将金蝶KIS专业版V10.0安装盘放入光驱，并进入光盘目录，双击“KISSetup.exe”文件，系统弹出“金蝶KIS专业版V10.0安装程序”向导窗口，如图2-1所示。

图2-1

（2）为保证系统的使用性能，先进行“环境检测”操作，单击向导窗口中的“环境检测”项目，系统环境检测后会弹出“金蝶KIS专业版环境检测”窗口，单击窗口中的“确定”按钮，安装系统所缺少的组件。安装完成后，系统会弹出“系统已经符合安装条件”提示窗口。

（3）单击图2-1中的“安装金蝶KIS专业版”项目，系统经过检测后进入“欢迎使用”向导窗口，单击“下一步”按钮，系统进入“许可证协议”窗口，单击“下一步”按钮，系统进入“信息”窗口，再单击“下一步”按钮，系统进入“客户信息”录入窗口，可以保持系统默认值，如图 2-2 所示。

（4）单击“下一步”按钮，系统进入“选择目的地位置”窗口，安装目的地保持默认值，单击“下一步”按钮，系统进入“选择组件”窗口，如图 2-3 所示。

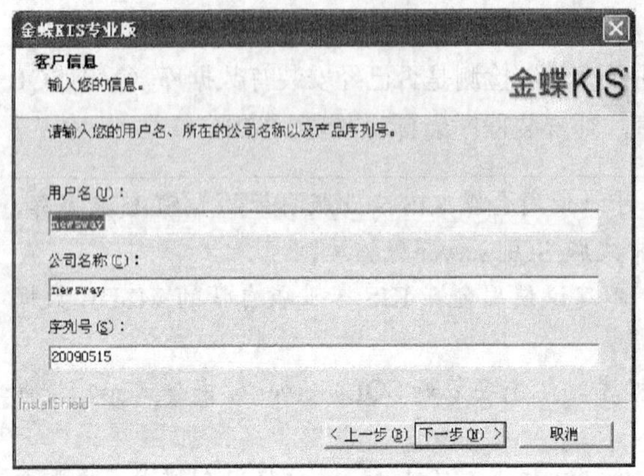

图 2-2

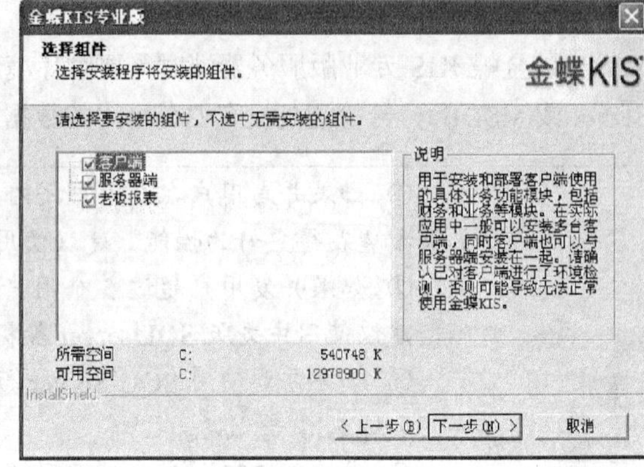

图 2-3

在“选择组件”窗口，用户可以根据实际所需要的选择安装。

（5）选择所有组件，单击“下一步”按钮，系统开始安装，进入安装进度条显示状态，并同步安装“MSDE”数据库系统。安装并且文件注册完成后，系统弹出“安装完毕”窗口，同时进行演示账套的恢复，稍等片刻系统弹出恢复完毕窗口，单击“确定”按钮完成安装。

2.1.3 会计信息系统登录

金蝶 KIS 专业版安装成功后，需要重启电脑。电脑重启成功，会在任务栏中运行“KIS 加密服务器”，只有加密服务器运行，金蝶 KIS 专业版才能登录，如图 2-4 所示。

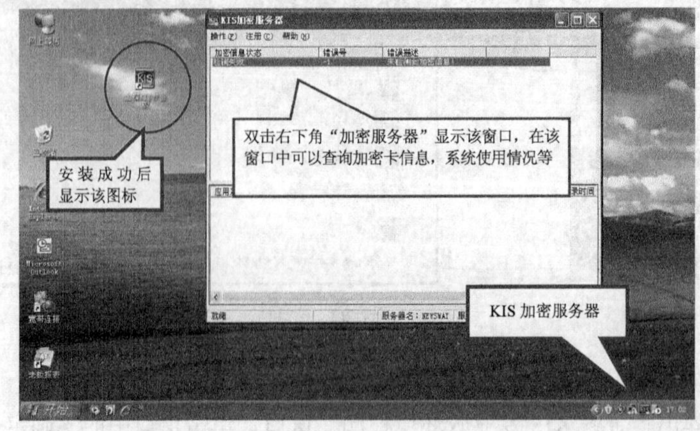

图 2-4

金蝶 KIS 专业版的登录方法如下。

双击桌面“金蝶 KIS 专业版”图标或者选择【开始】→【程序】→【金蝶 KIS 专业版】→【金蝶 KIS 专业版】，系统弹出“登录”窗口，如图 2-5 所示。

- **用户名**：录入操作员名称。Manager 为“KIS 演示账套”的默认用户，密码为空。
- **密码**：录入登录用户的密码。
- **登录到**：显示当前登录的账套信息，在哪个服务器上，账套名称是什么。例：NEWSWAY\KIS 演示账套，表示该账套存放于 NEWSWAY 服务器上，账套名称为 KIS 演示账套。单击“登录到”右侧的“ （获取）”按钮，系统会弹出账套选择窗口，如图 2-6 所示。

图 2-5

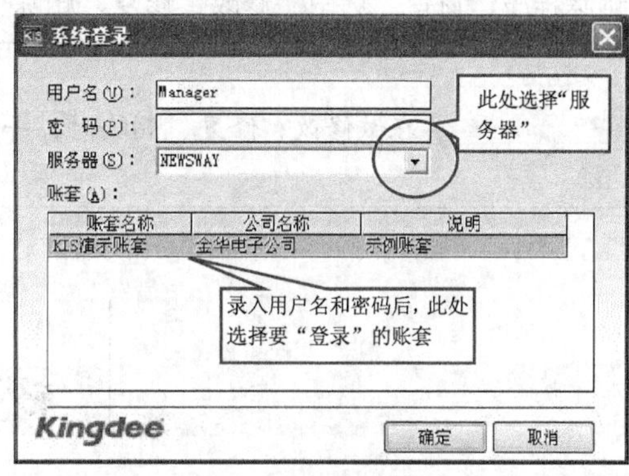

图 2-6

在此保持默认值，单击“确定”按钮，系统进入“主界面”窗口，如图 2-7 所示。

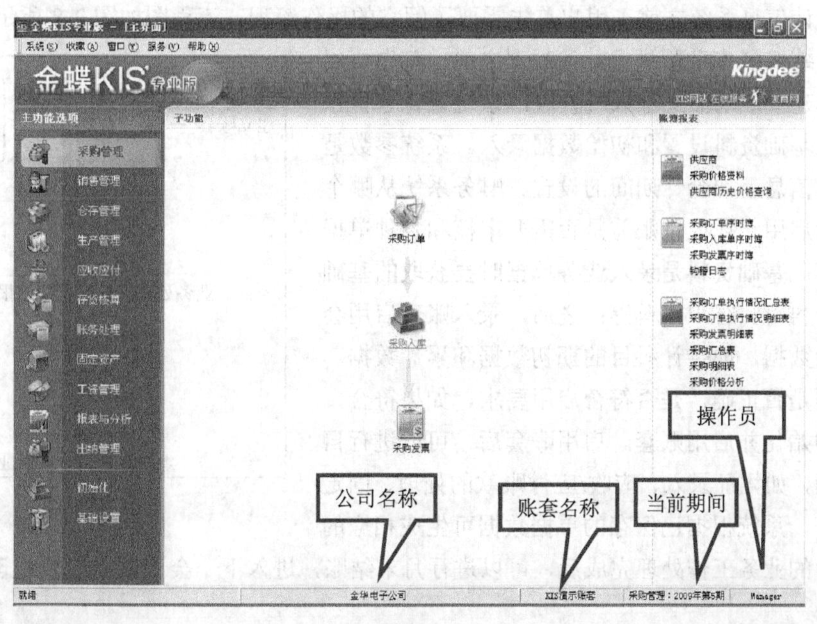

图 2-7

当登录到主界面时，才能确认“金蝶 KIS 专业版”安装成功。金蝶 KIS 专业版具有简洁、快速入门和人性化三个特点。

简洁：是指系统窗口分割为三大类，窗口左侧为“主功能选项”，如账务处理、报表与分析、采购管理和生产管理等主功能；窗口中部为对应主功能下的“子功能”；窗口右侧为对应主功能下的基础资料和各种报表。

快速入门：为用户能快速轻松的使用金蝶 KIS 专业版，系统按照标准单据流转顺序已经做好流程图放置在窗口中部的“子功能”下以供参考。

人性化：金蝶 KIS 专业版窗口颜色搭配、图形放置都遵循人性化。

单击窗口右上角“关闭”按钮或者单击菜单【系统】→【退出系统】，金蝶 KIS 专业版软件关闭。

因为某种原因需要修改、修复或删除金蝶 KIS 专业版时，可按以下方法操作。单击【开始】→【设置】→【控制面板】，系统弹出“控制面板”窗口，单击“添加/删除程序”图标，系统弹出“添加/删除程序”窗口。选中“修改、修复、删除”的程序名，再根据向导窗口提示即可完成操作。

在做修改、修复、删除时，一定先要备份好所需的账套，以免造成不必要的损失。

2.2 核算账套管理

2.2.1 会计信息系统操作流程图

在使用会计信息系统之前，用户首先需要了解它的操作流程，流程图如图 2-8 所示。

在使用金蝶 KIS 专业版进行业务处理之前，首先要建立账套。账套建立成功后进行系统设置，系统设置包含系统参数设置、基础资料设置和初始数据录入。系统参数是与账套有关的信息，如会计期间的设置、财务系统从哪个会计期间开始启用、凭证过账前是否需要审核和各种单据预警的设置等；基础资料是录入业务单据时要获取的基础数据，如会计科目、客户资料等；之后，录入账套启用会计期间的初始数据，如会计科目的期初数据和累计数据。最后检查数据是否正确，是否符合启用要求，如果符合，则可以结束初始化并启用账套。启用账套后，可以进行日常的业务处理，如凭证录入、应收/应付账款的处理、固定资产的管理等，系统根据已保存的单据数据可生成相应的报表。每个月的业务工作处理完成后，可以进行月末结账，进入下一会计期间继续处理业务。

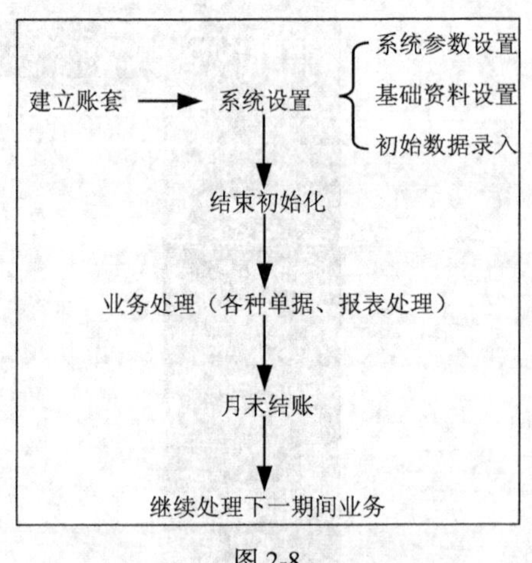

图 2-8

2.2.2 核算账套建立

会计信息系统就是指用计算机代替人工进行账务、业务处理等工作。因此会计信息系统用户必须建立一个账套文件，存放公司的财务和业务资料，以便于使用计算机进行处理。

账套是一个数据库文件，存放所有的业务数据资料，包含会计科目、凭证、账簿、报表和出入库单据等内容，所有工作都需要登录账套后才能进行。一个账套只能做一个会计主体（公司）的业务，金蝶软件对账套的数量没有限制，也就是说一套金蝶 KIS 专业版可以处理多家公司的账务。

若是使用网络版，账套管理功能在“服务器”电脑上使用。

例：理想科技有限公司是一家专业开发、生产、销售各类数码相框的公司，该公司将于 2013 年 1 月使用金蝶 KIS 专业版系统，记账本位币为“人民币”。建立该核算账套。

操作步骤如下：

（1）单击【开始】→【程序】→【金蝶 KIS 专业版】→【工具】→【账套管理】，系统弹出“账套管理登录”窗口，如图 2-9 所示。

（2）用户名默认为“Admin”，密码为空，单击“确定”按钮系统进入“账套管理”窗口，如图 2-10 所示。

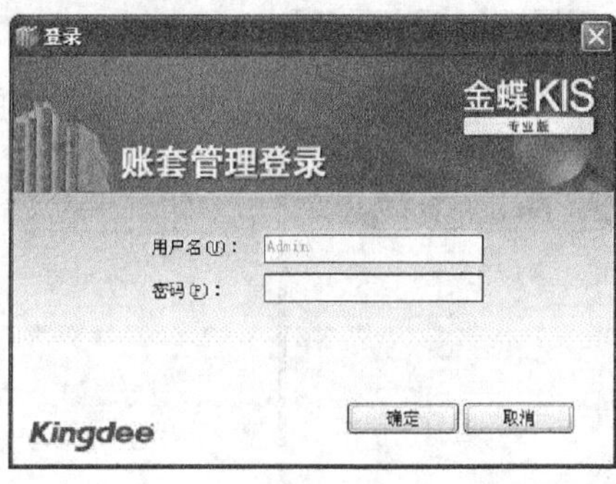

图 2-9

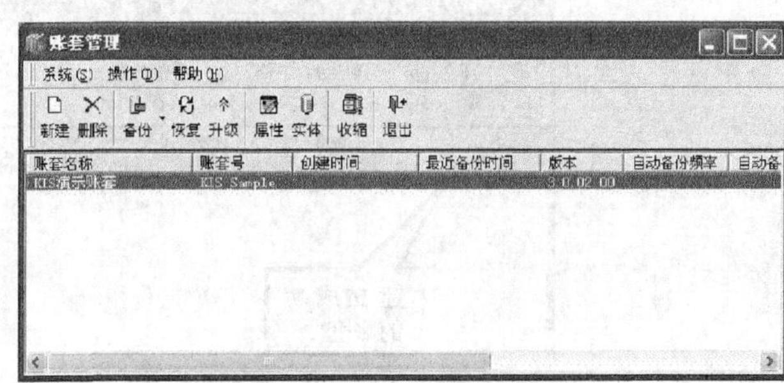

图 2-10

在账套管理窗口中可以对核算账套进行建立、备份、恢复和删除等操作。

（3）开始建立核算账套。单击工具栏上“新建”按钮系统弹出“新建账套”窗口，如图 2-11 所示。

- **账套号**：所建立核算账套在后台数据库显示的编号，建议采用默认值。
- **账套名称**：在登录金蝶 KIS 专业版时显示的名称。
- **数据库路径**：单击该项目右侧“>”按钮设置账套所保存的位置。
- **公司名称**：录入账套实体的公司名称，建议全称，在单据、报表输出时可以使用上。
- **账套描述**：对账套进行描述。

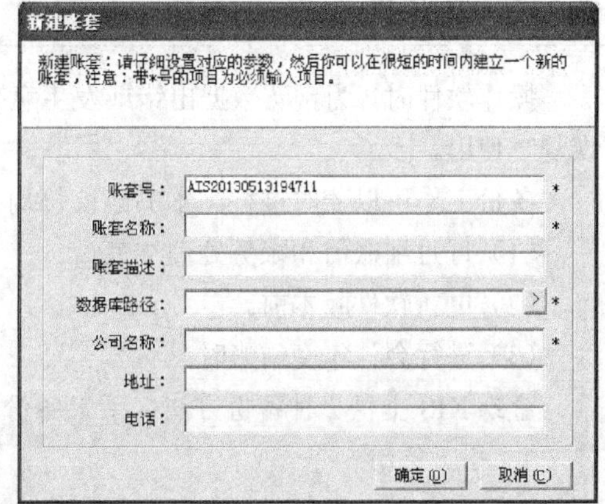

图 2-11

新建账套窗口所有带“*”项目为必须设置项目，不带“*”号项目是否录入由管理者，视管理要求决定。

（4）本例中，账套号保持默认值，账套名称录入“理想科技有限公司”，数据库路径单击“>”按钮设置默认文件夹，公司名称录入“理想科技有限公司”，如图 2-12 所示。

（5）单击“确定”按钮，系统开始建立账套，稍后系统弹出“新建账套成功”提示，单击“确定”按钮，在“账套管理”窗口中可以看到建立成功的账套信息，如图 2-13 所示。

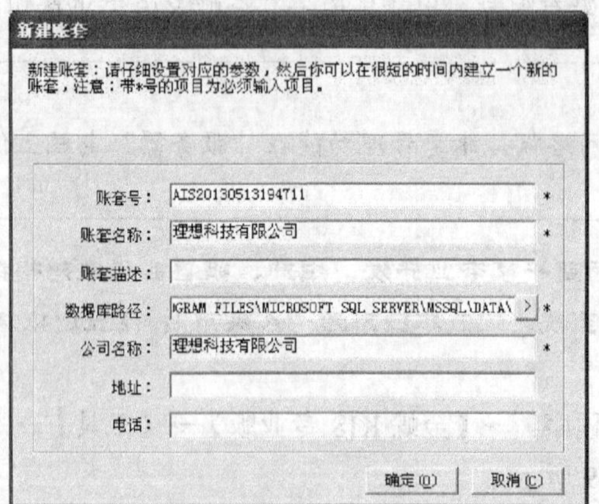

图 2-12

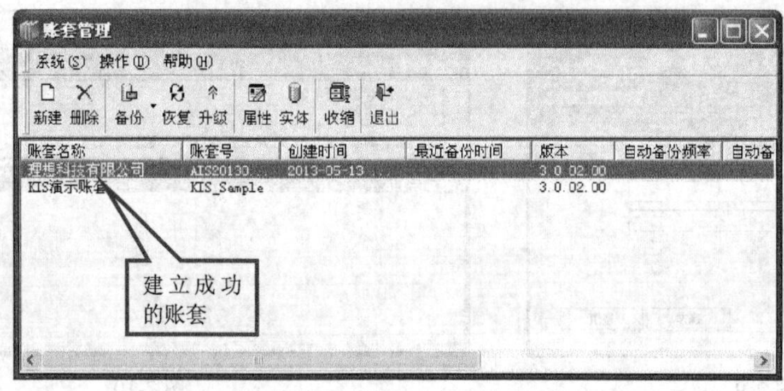

图 2-13

2.2.3 备份账套

操作软件时，为预防数据出错或发生意外（如硬盘损坏、电脑中毒），需要随时备份数据，以便恢复时使用。

备份工作可以随时进行，本书建议每周备份一次，但在下列情况下必须做备份。

（1）每月结账前和账务处理结束后。

（2）更新软件版本前。

（3）进行会计年度结账时。

金蝶 KIS 提供 2 种备份方法：手工备份和自动备份。

1. 手工备份

下面以备份“理想科技有限公司”账套为例，介绍手工备份的具体步骤。

（1）在“账套列表”中选中“理想科技有限公司”账套，单击工具栏中“备份”右侧下接按钮，系统弹出手工备份账套或自动备份账套两个菜单，如图 2-14 所示。

（2）选择“手工备份账套”，或者单击菜单【操作】→【手工备份账套】，系统弹出“账套备份”窗口，如图 2-15 所示。

（3）单击“备份路径”右侧的“>>”按钮（浏览），系统弹出“选择数据库文件路径”窗口，采用默认保存路径，单击“确定”按钮返回“账套备份”窗口，单击“确定”按钮，系统开始备份数据，稍后系统弹出提示窗口，一定要记住文件名和保存位置，这是要复制到外部存储设备上的文件，单击“确定”按钮，备份工作完成。

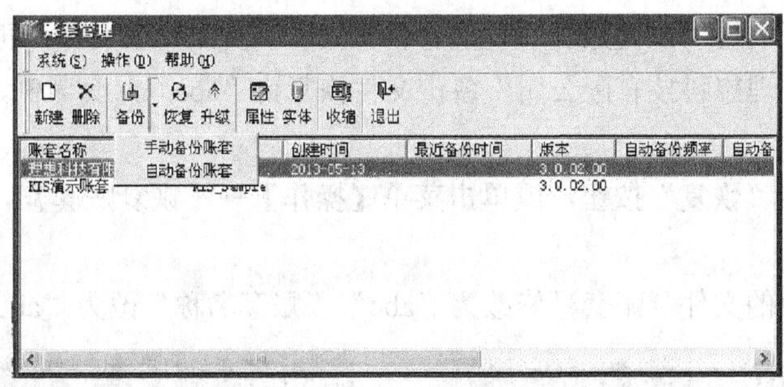

图 2-14

2. 自动备份

自动备份是指人工设置好备份条件，当系统满足该条件时会自动进行账套的备份工作。该方式即可以提高工作效率，也可以防止因人为忘记备份账套造成的损失。

单击工具栏上“备份”右侧下接按钮，选择“自动备份账套”菜单，或者单击菜单【操作】→【自动备份账套】，系统弹出“自动备份账套”窗口，如图 2-16 所示。

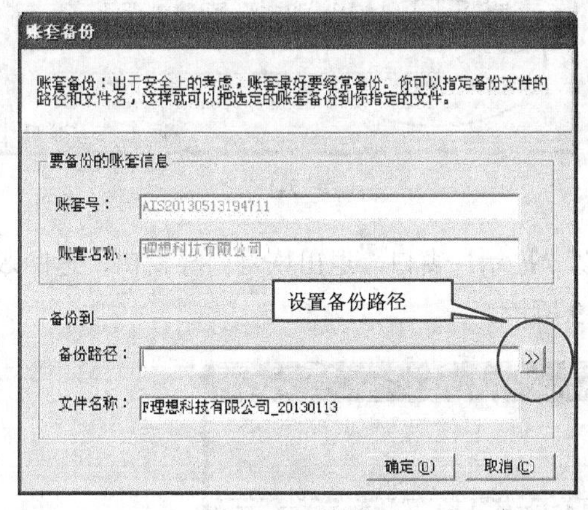

图 2-15

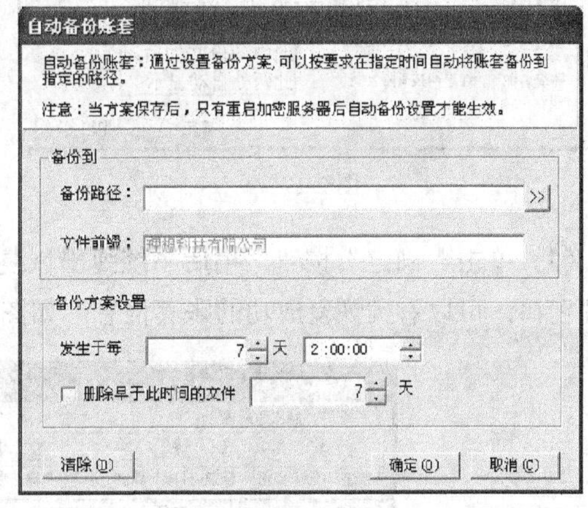

图 2-16

- **备份路径**：设置自动备份时保存位置。
- **发生于每 ……天**：设置每隔几天，在什么时间段上开始备份。建议设置为每 1 天备份，即每天都要备份，备份最好选择不要使用金蝶 KIS 专业版的时间，如 12 点至 13:30，或者下午下班之后的时间。
- **删除早于此时间的文件**：为了保持硬盘空间，设置删除早于几天的备份文件，建议设置为 5 天及以上的时间。

账套自动备份方案设置完成并保存后，若系统检测到系统时间已经符合间隔时间，则系统会自动在后台备份账套数据。

要想自动备份方案执行，在所设置的备份时间段，服务器必须处于开机状态。

2.2.4 恢复账套、删除账套

如果账套出错，可利用“恢复账套”功能将备份文件恢复成账套文件，再继续进行账套处理。

下面以恢复刚才“理想科技有限公司”备份文件恢复为“abc”账套为例，讲述“恢复账套”方法，操作步骤如下。

（1）单击工具栏上“恢复”按钮，或单击菜单【操作】→【恢复账套】，系统进入“恢复账套”窗口，如图2-17所示。

（2）选择刚才备份的文件，账套号修改为“abc”，“账套名称”改为“abc”，如图2-18所示。

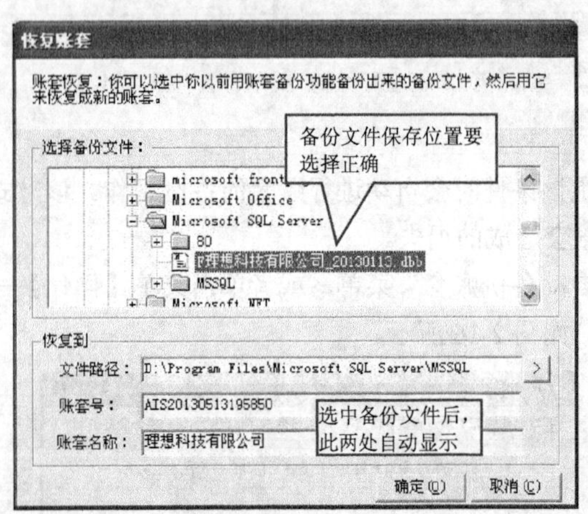

图2-17

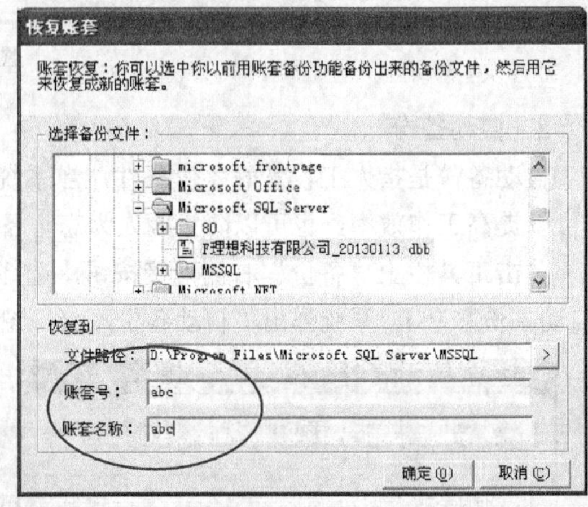

图2-18

（3）单击“确定”按钮，稍后系统弹出恢复成功“提示”窗口，退出恢复向导窗口，返回账套管理窗口，可以看到恢复成功的账套信息，如图2-19所示。

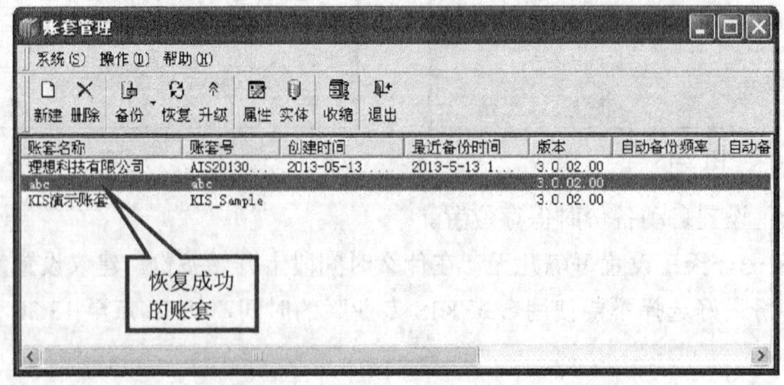

图2-19

注

恢复账套时，“账套号”、“账套名称”不能与系统内已存有的“账套号”、“账套名称”相同。

可以将不再使用的账套从系统中删除，以节约硬盘空间。操作方法：选中要删除的账套，单击工具栏上“删除”按钮，或单击菜单【操作】→【删除账套】功能，系统弹出信息提示窗口，根据提示操作即可删除账套。例如删除刚才恢复的“abc”账套，系统弹出提示窗口，如图 2-20 所示。

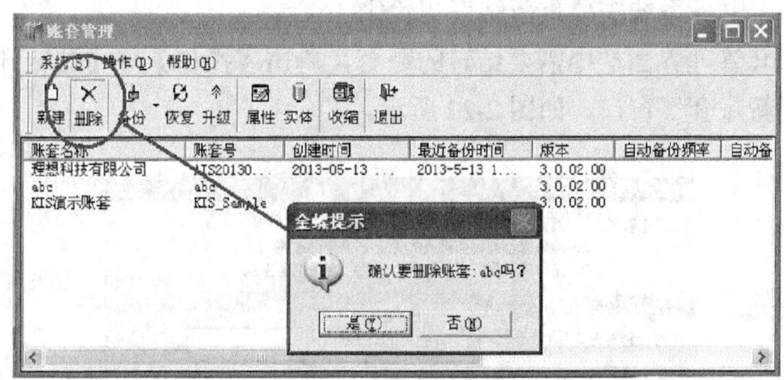

图 2-20

单击“是”按钮即可删除该账套。

2.2.5 常用功能介绍

1. 修改密码

修改密码是指修改当前登录账套管理的用户密码。由于账套管理在实际工作占用重要位置，为了确保账套安全，防止恶意删除账套等事件发生，需要对“Admin”用户修改密码，单击菜单【系统】→【修改密码】功能，系统弹出“更改密码”窗口，如图 2-21 所示。

在窗口中录入旧密码后，再录入新密码和重新在“确认密码”框录入新密码，即可达到修改密码的目的。密码一定要妥善保存。

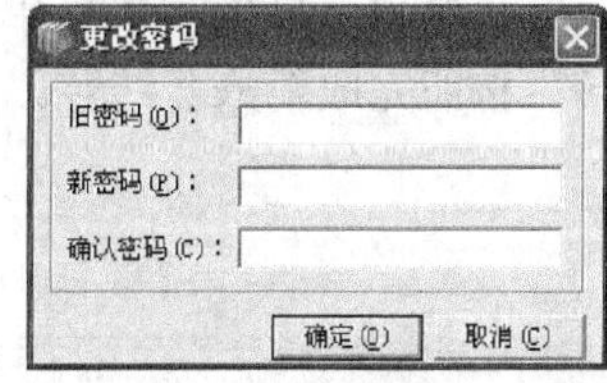

图 2-21

2. 属性

当账套信息错误或者不能满足要求时，可以进行属性的修改。选中要进行属性修改的账套，单击工具栏上“属性”按钮，系统弹出“账套属性”窗口，除“账套号”外，其他项目都可以自由修改，如公司名称、地址等。

3. 升级账套

当以前使用是金蝶 KIS 专业版 10.0 以下版本账套想转移到 V10.0 版本上使用上时，低版本账套必须经过“升级”后才能使用。方法是选中要升级的账套，单击工具栏上“升级”按钮，或菜单【操作】→【升级账套】功能即可。

4. 结转账套

金蝶 KIS 专业版产品允许跨年连续使用同一个账套，但是部分企业习惯于每年结转一个账套并封存，来年重新启用新账套，同时如果企业业务量较大，账套文件大小较快增加，故而提供“结转到新账套”功能，实现年终以及数据库过大时结转新账套功能。

结转到新账套的必要条件：

（1）当前业务期间必须大于财务期间，结转到新账套后，财务期间为当前财务期间的下一期间。由于新账套将会结转到当前财务期间的下一个期间，并成为新账套的财务系统启用期间，财务系统需要重新结束初始化，但业务系统则不需要重新结束初始化，比较完整地保持了一致性，因此要求当前业务系统事先结转到当前财务期间之后。

（2）当前财务期间的总账系统中一些必要的操作：①固定资产已经全部计提完折旧；②当期损

益都已经结转；③当期已经完成了调汇；④所有凭证都已经过账。

（3）结转成功后，财务系统需要重新结束初始化。

操作方法：在账套管理界面选中需要结转的账套，单击【操作】→【结转到新账套】功能，系统弹出“结转数据到新账套”窗口，如图2-22所示。

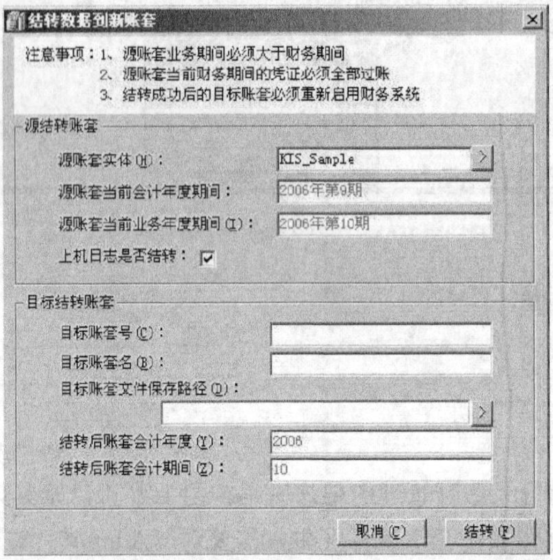

结转数据到新账套

注意事项：1、源账套业务期间必须大于财务期间
2、源账套当前财务期间的凭证必须全部过账
3、结转成功后的目标账套必须重新启用财务系统

源结转账套

源账套实体(H)：KIS_Sample

源账套当前会计年度期间：2006年第9期

源账套当前业务年度期间(I)：2006年第10期

上机日志是否结转：☑

目标结转账套

目标账套号(C)：

目标账套名(B)：

目标账套文件保存路径(D)：

结转后账套会计年度(Y)：2006

结转后账套会计期间(Z)：10

取消(C)　结转(F)

图2-22

正确填写目标账套号和目标账套名（即新生成的账套），以及目标账套文件存放路径，单击“结转”按纽完成新账套结转。

2.3 课后习题

（1）安装KIS专业版10.0硬件环境和软件环境。

（2）只有在什么任务启动后，金蝶KIS专业版才能登录？

（3）请描述金蝶KIS专业版操作流程。

（4）账套文件的定义是什么？金蝶KIS专业版对账套数量有没有限制？

（5）备份的方法有几种？

账套管理

【实验目的】

掌握金蝶KIS专业版账套建立、备份和恢复方法。

【实验内容】

（1）建立账套。

（2）备份账套。

（3）恢复账套。

（4）删除账套。

【实验资料】

公司信息如下。

机构名称：宇纵科技有限公司

地址：广州天河区

电话：020-12345678

【实验步骤】

（1）建立账套。（以后的实验均默认采用此账套）

账套号：TEST100

账套名称：宇纵科技有限公司

采用默认账套路径

公司名称：宇纵科技有限公司

地址：广州天河区

电话：020-12345678

（2）备份账套，备份文件保存路径自定义。

（3）恢复账套，将刚才备份文件恢复为账套号：TEST101，账套名称：宇纵科技有限公司 2。

（4）把刚才恢复的账套从系统中删除。

注意

删除时若提示账套正在使用，则重启服务器后即可删除。

第3章 基础设置

学习重点

通过本章学习，了解基础设置的重要性，了解会计信息系统运行时应该进行哪些基础设置，每项基础资料设置时对系统有什么影响，以及基础资料的设置方法。

3.1 基础设置准备工作

基础设置是会计电算化中十分重要的工作，它是整个会计电算化工作的基础。系统设置的好坏，将直接影响到会计电算化的运作质量。清晰的科目结构、明了准确的数据关系，会使用户在账套启用后的日常处理和财务核算工作中思路顺畅，问题处理简捷。

系统设置流程如下所示：准备工作→系统参数设置→基础资料设置。

充足的准备是基础设置顺利进行的基础。下面以“理想科技有限公司”账套的基础设置数据为例讲述基础设置准备工作。基础设置通常要准备以下几点内容。

1．要使用哪些模块？金蝶 KIS 专业版的使用模式，即可以采用整套系统同步使用模式，达到数据共享、快速核算和轻松决策分析的目的；也可以只使用财务模块及财务模块中的部分系统，或者只使用业务模块及业务模块的部分系统模式，该模式可以达到降低初步使用会计信息系统失败的风险，降低前期投入财力、人力成本。

只有明确要使用什么模块后，在基础设置时才能知道哪些项目需要设置，应该如何设置等。如：只使用财务模块时，仓库、物料和 BOM 等就可以不用设置，以减少不必要的操作。

为使本书更符合会计实际业务，在“理想科技有限公司”实例账套中将重点讲述账务处理、报表与分析、固定资产、工资管理、出纳管理和进销存（销售、采购、仓库和应收应付）模块。

2．从哪个会计期间开始启用账套？只有确定会计期间后，再根据会计期间准备期初数据和期初资料。

本书中实例账套将从 2013 年 1 月启用，期初数据为 2012 年 12 月的期末数据。

3．有无外币业务？如果有，将外币档案录入系统。也可以在实际有外币业务发生的时候录入系统。本书外币档案见表 3-1。

表 3-1 币别

币别代码	币别名称	记账汇率
HKD	港币	0.81

4．有哪些计量单位？当要使用业务系统和固定资产系统时，计量单位档案一定要完整准确，特别是当企业核算时有双计量单位时，计量单位档案应当设置正确。

本书实例账套要使用的计量单位档案如表 3-2 所示。

表 3-2　　计量单位

组　别	代　码	名　称	系　数
重量组	01	kg	1
	02	g	0.001
数量组	11	PCS	1
其他组	21	台	1
	22	辆	1

5．客户档案、部门档案、职员档案、物料档案、仓库档案和供应商档案有没有准备好？

本书实例账套客户档案、部门档案、职员档案、物料档案、仓库档案和供应商档案见表 3-3 至表 3-8。

表 3-3　　客户

代　码	名　称
01	北京宏码科技
02	广州华商数码
03	深圳易通贸易
04	上海扬帆

表 3-4　　供应商

代　码	名　称
01	深圳富友电子加工厂
02	深圳高显贸易公司
03	深圳鸿安包装公司
04	深圳双友货运公司

表 3-5　　部门

部　门	
代　码	名　称
01	总经办
02	财务部
03	销售部
04	采购部
05	仓　库
06	生产部
07	品管部
08	行政部

表 3-6　　职员

职　员		
代　码	姓　名	部　门
01	陈　静	总经办
02	严秀兰	财务部
03	何　钰	财务部
04	陈　铮	销售部
05	杨玉琴	采购部
06	刘国燕	仓　库
07	李力全	生产部
08	赵红波	生产部
09	王红英	生产部
10	李　莉	生产部
11	吴　宁	品管部
12	肖海波	行政部

表 3-7　　仓库

代　码	名　称
01	原材料仓
02	半成品仓
03	成品仓
04	包装物仓

表 3-8 物料

<table>
<tr><td>物料大类</td><td colspan="6">1 原材料</td><td>2半成品</td><td colspan="2">3 产成品</td></tr>
<tr><td>代　码</td><td>1.01</td><td>1.02</td><td>1.03</td><td>1.04</td><td>1.05</td><td>1.06</td><td></td><td>3.01</td><td>3.02</td></tr>
<tr><td>名　称</td><td>主板</td><td>9 寸外壳</td><td>9 寸屏</td><td>适配器</td><td>包装盒</td><td>9 寸外壳</td><td></td><td>9 寸数码相框</td><td>9 寸数码相框</td></tr>
<tr><td>规格型号</td><td colspan="3">喷亮油</td><td colspan="3">电镀木纹</td><td></td><td>喷亮油</td><td>电镀木纹</td></tr>
<tr><td>物料属性</td><td>外购</td><td>外购</td><td>外购</td><td>外购</td><td>外购</td><td>外购</td><td></td><td>自制</td><td>自制</td></tr>
<tr><td>计量单位组</td><td>数量组</td><td>数量组</td><td>数量组</td><td>数量组</td><td>数量组</td><td>数量组</td><td></td><td>数量组</td><td>数量组</td></tr>
<tr><td>基本计量单位</td><td>PCS</td><td>PCS</td><td>PCS</td><td>PCS</td><td>PCS</td><td>PCS</td><td></td><td>PCS</td><td>PCS</td></tr>
<tr><td>计价方法</td><td colspan="9">加权平均法</td></tr>
<tr><td>存货科目代码</td><td>1403</td><td>1403</td><td>1403</td><td>1403</td><td>1403</td><td>1403</td><td></td><td>1405</td><td>1405</td></tr>
<tr><td>销售收入科目代码</td><td>6001</td><td>6001</td><td>6001</td><td>6001</td><td>6001</td><td>6001</td><td></td><td>6001</td><td>6001</td></tr>
<tr><td>销售成本科目代码</td><td>6401</td><td>6401</td><td>6401</td><td>6401</td><td>6401</td><td>6401</td><td></td><td>6401</td><td>6401</td></tr>
</table>

6．会计科目采用何种类型？明细科目有没有准备？当金蝶 KIS 专业版建立账套时，会计科目档案为空，需要用户根据自己公司情况，引入所需要会计科目档案即可。当会计科目引入后，明细级科目如管理费用下的差旅费、电话费等则需要手工录入，为了录入会计科目井然有序，建议准备好要使用的明细级科目档案。

本书实例账套采用“新会计准则”类科目，明细级科目见表 3-9 至表 3-11。

表 3-9 现金和银行存款科目

科目代码	科目名称	币别核算	期末调汇
1001.01	人民币	否	否
1001.02	港币	单一外币（港币）	是
1002.01	工行东桥支行 125	否	否
1002.02	中行东桥支行 128	单一外币（港币）	是

表 3-10 往来科目（适合总账单独使用设置）

科目代码	科目名称	核算项目
1122	应收账款	客户
1123	预付账款	供应商
2202	应付账款	供应商
2203	预收账款	客户

表 3-11 其他科目

科目代码	科目名称	科目代码	科目名称	科目代码	科目名称
1601.01	办公设备	5101.03	折旧费	6602.04	伙食费
1601.02	机械设备	5101.04	员工福利费	6602.05	管理员工资
1601.03	运输车辆	5101.05	员工工资	6602.06	折旧费

续表

科目代码	科目名称	科目代码	科目名称	科目代码	科目名称
4001.01	陈友生	6601.01	差旅费	6602.07	其他
4001.02	陈静	6601.02	运输费	6602.08	社会保险费
5001.01	基本生产成本	6601.03	业务招待费	6602.09	福利费
5001.01.01	直接材料	6601.04	折旧费	6602.10	坏账损失
5001.01.02	直接人工	6601.05	业务员工资	6603.01	利息
5001.01.03	制造费用转入	6602.01	差旅费	6603.02	银行手续费
5101.01	伙食费	6602.02	业务招待费	6603.03	调汇
5101.02	房租水电费	6602.03	办公费		

3.2 基础设置

基础设置内容包括：会计科目、币别、凭证字、计量单位、结算方式、核算项目、采购价格资料、销售价格资料、BOM、物料辅助属性、收支类别、系统参数和单据设置等内容。进行基础设置时必须登录到正确的账套，在此登录“理想科技有限公司”账套。

双击桌面“金蝶KIS专业版”图标，系统弹出“系统登录”窗口，如图3-1所示。

每次打开“系统登录”窗口时会显示最后一次登录的操作员和该操作员最后一次处理的账套名称。单击“登录到”右侧“(获取)”按钮，系统进入选择账套窗口，如图3-2所示。

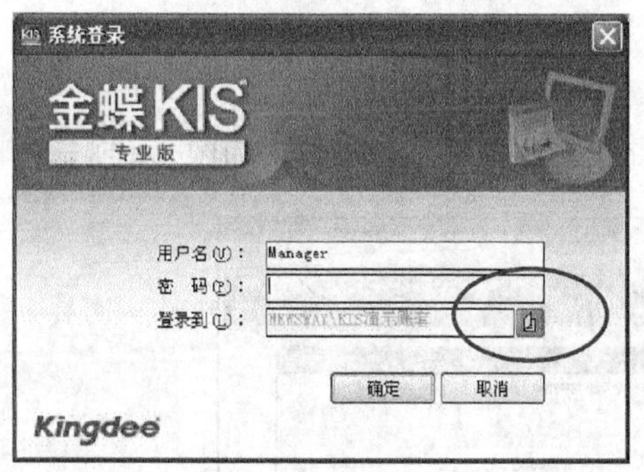

图3-1

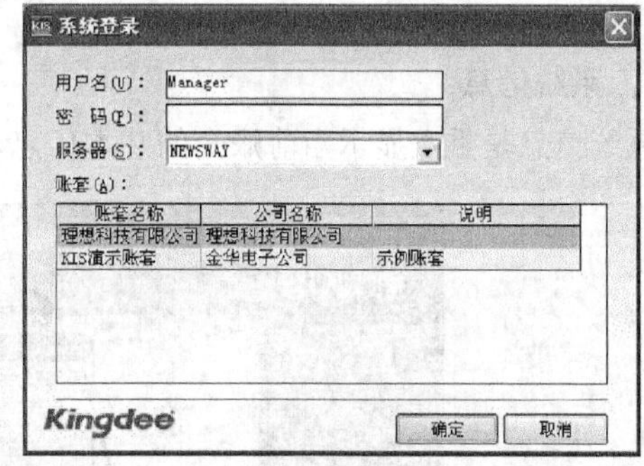

图3-2

选中“理想科技有限公司”账套，单击“确定”按钮，系统进入金蝶KIS专业版“主界面”窗口，状态栏中显示的账套名称为“理想科技有限公司”，表示登录正确，单击窗口左侧下部“主功能选项”下的“基础设置”选项，系统切换到“基础设置”项目选择窗口，如图3-3所示。

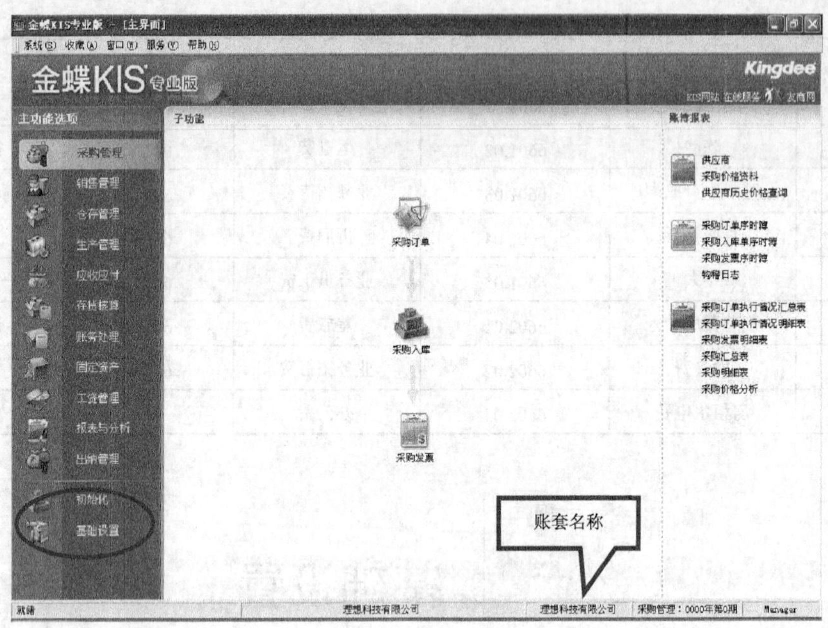

图 3-3

3.2.1 系统参数

系统参数是针对本账套中的各模块参数进行设置，如财务模块从什么时候启用，是否要启用业务模块，凭证过账前是否需要审核等。

单击【基础设置】→【系统参数】，系统弹出“系统参数”设置窗口，如图 3-4 所示。

系统参数共包括系统信息、会计期间、财务参数、出纳参数、业务基础参数和业务参数 6 个选项卡。

1. 系统信息

系统信息是重点显示当前账套的基本信息，如公司名称和记账本位币等，如图 3-4 所示。

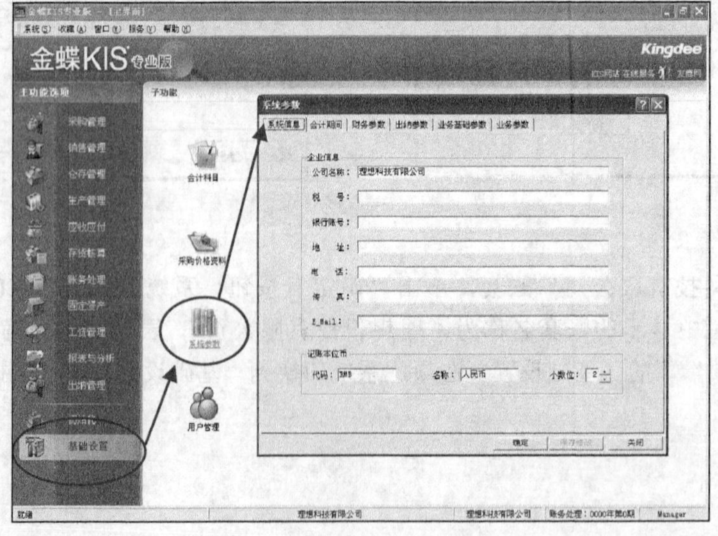

图 3-4

- **公司名称**：本账套的公司名称，手工输入，必录项。
- **记账本位币**：账套的记账本位币信息，一旦确定就不可以再修改。

税号、银行账号、地址、电话、传真、E-mail 都为本账套的实体信息，是否录入视公司管理要求而定。

2. 会计期间

会计期间选项卡是对本账套的会计期间进行设置，如每一会计年度使用 12 个期间，还是 13 个期间，每一个期间的起始日期和终止日期如何设置等。

“理想科技有限公司”账套采用自然月期间。设置步骤如下。

（1）单击“会计期间”选项卡，切换到会计期间窗口，如图 3-5 所示。

（2）单击窗口下部“设置会计期间”按钮，系统进入“会计期间”设置窗口，如图 3-6 所示。

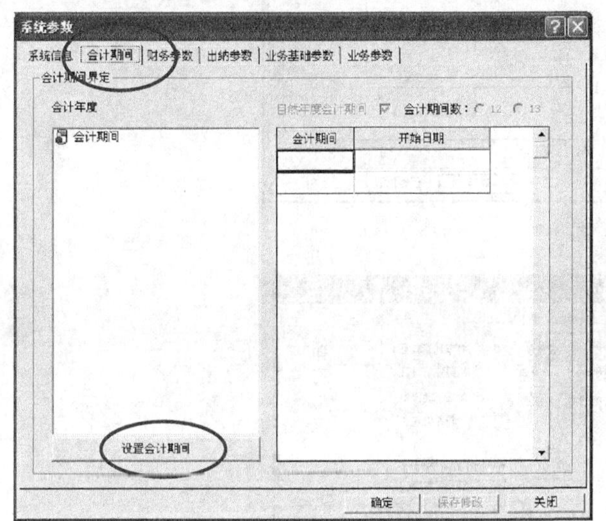

图 3-5

图 3-6

- **启用会计年度**：设置本账套的启用会计年度。
- **自然年度会计期间**：选中，按照自然年度会计期间设置，如一年 12 个期间，第 1 个期间为 1 月 1 日至 1 月 31 日，依此类推。不选中，可以自由设置期间数。
- **会计期间数**：当“自然年度会计期间”不选中时，可以设置期间为 12 个或 13 个期间，并且在“开始时间”列，可以自由设定起始时间。如有些企业的核算时间段为本月 25 日至次月 25 日为有一个核算期间。

（3）在此启用会计年度设置为“2013”，选中“自然年度会计期间”项，单击“确定”按钮，系统返回“系统参数”窗口，请注意窗口中的变化，如图 3-7 所示。

3. 财务参数

财务参数选项卡是针对财务模块的启用期间，各模块的选项控制进行设置，如凭证过账前是否需要审核、账簿余额方向与科目设置的余额方向是否相同和固定资产系统是否需要计提折旧等。

单击“财务参数”选项卡，切换到“财务参数”设置窗口，如图 3-8 所示。

（1）初始参数。

- **启用会计年度、会计期间**：设定财务模块启用的会计年度，不能小于会计期间最小年度。启用的会计期间，可是当前会计年度的任意期间。当确定启用期间时，就是在确定期初数据应该取自什么时间段的数据。例如：“理想科技有限公司”账套的启用会计期间设置为“1”，则表示期初数据应该是 2012 年 12 月的期末数据。

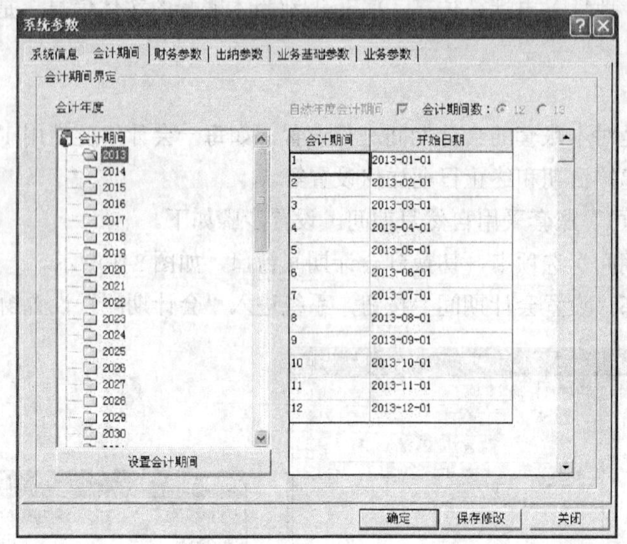

图 3-7

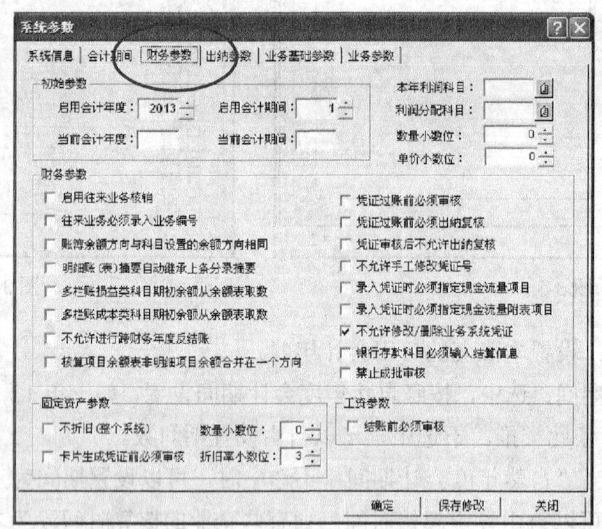

图 3-8

- **当前会计年度、会计期间**：查询、反应当前财务模块已经结账到什么年度什么期间。
- **本年利润科目**：当软件自动结转损益时会自动将“损益”类科目下的余额结转到“本年利润”科目。若不设置则结转损益凭证必须以手工录入。单击“（获取）”按钮，系统弹出“会计科目”窗口，选择正确的“本年利润”科目，单击“确定”按钮即可。如果要自动结转损益凭证，必须设置该项。
- **利润分配科目**：指定利润分配的会计科目，“以前年度损益调整”科目余额结转到该科目。
- **数量和单价小位数**：涉及物料类凭证以“数量金额式”进行核算时，设定数量和单价的小数位数。

（2）财务参数。

- **启用往来业务核销**：设置往来会计科目是否进行往来业务核销。选中该项，则录入该科目凭证时录入业务编号，核销时系统会根据同一业务编号的不同方向发生额进行核销处理。该选项适用于单独使用“账务处理”系统的用户。

- **往来业务必须录入业务编号**：有设置往来业务核算的会计科目在凭证录入时必须录入业务编号。该选项适用于单独使用“账务处理”系统的用户。
- **账簿余额方向与科目设置的余额方向相同**：选中，则在账簿显示时，账簿的余额方向始终与同科目余额的方向一致，如果不同，则以负数显示；如不选，当余额方向与科目设置的余额方向相反时，则显示科目余额的方向，金额始终为正数。
- **明细账（表）摘要自动继承上条分录摘要**：选中，查询明细账时，如果凭证中该条分录没有摘要，则明细账摘要自动继承上条有摘要分录的摘要。不选中，则自动继承凭证中第一条分录的摘要，而不是上条有分录的摘要。核算项目明细表在不选择该选项的情况下，如果第一条分录科目下挂核算项目且有摘要，则自动继承第一条分录的摘要，如第一条分录科目下不挂核算项目，则不继承摘要，核算项目明细表的摘要栏为空。
- **多栏式明细账损益类科目期初余额从余额表取数**：采用表结法时，通常不是每一期都会结转损益，选中，则多栏式明细账损益类科目期初余额从余额表取数，从而使多栏式明细账损益类科目期初余额在表结法下能够对应正确取数。
- **多栏式明细账成本类科目期初余额从余额表取数**：成本类科目处于未结平的状态时（余额不为零），选中，多栏式明细账取数时，左边多栏式与具体明细栏目的期初余额取自初始余额录入的期初余额。成本类科目已结平（余额为零）时，不选择该参数，左边多栏式余额为零，但具体明细栏目的期初余额取自初始余额录入的实际损益发生额。
- **不允许跨财务年度的反结账**：选中，不能进行跨年度的反结账。例：目前期末结账到2013年1期，想返回修改2012年的某笔业务时，选中，则不能反结账回2012年会计年度，不选中，则可以反结账回2012年度。
- **核算项目余额表非明细项目余额合并在一个方向**：选中，核算项目余额表按照其明细级核算项目的余额汇总后，如果即有借方余额又有贷方余额，需要以借贷方的差额填列，填列方向选取差额的正数方向。如果选择了系统选项“账簿余额方向与科目设置的余额方向相同”，则此选项的作用就会失效。
- **凭证过账前必须审核**：为了保证凭证的正确性，凭证需要审核后方能过账，若不选择该项，则未审核的凭证也可以过账。建议勾选。
- **凭证过账前必须出纳复核**：选中，凭证需要出纳复核后方能过账，若不选择该项，则未复核的凭证也可以过账。
- **凭证审核后不允许出纳复核**：凭证需要核准后方能过账，若不选择该项，则未核准的凭证也可以过账。
- **不允许手工修改凭证号**：选中，将不允许操作员手工修改凭证号。
- **录入凭证时必须指定现金流量项目**：选中，当录入凭证时的会计科目有设置现金流量属性时，必须录入会计科目所属的现金流量项目。
- **录入凭证时指定现金流量附表项目**：选中，则在凭证录入时，系统会提示录入“现金流量附表项目”；不选中，可以不录入附表项目。
- **不允许修改/删除系统业务凭证**：选中该项，如果有非“账务处理”模块录入的凭证，在账务处理模块中只能查看不能修改和删除。

- **银行存款科目必须输入结算信息**：选中，在凭证录入时，如果是银行科目的业务，则必须录入该业务的结算方式和结算号。
- **禁止成批审核**：选中，在凭证审核时必须单张审核。

（3）固定资产参数。

- **不折旧（整个系统）**：选中，固定资产中的卡片不需要计提折旧。例：行政事业单位对固定资产不需要计提折旧，则可以选择此选项。
- **折旧率小数位**：可以根据企业固定资产管理的需要自定义折旧率的小数位精度，系统默认为 3 位小数位。
- **数量小数位**：用户可以根据企业固定资产管理的需要自定义固定资产数量的小数位精度，系统默认为 0 位小数位。
- **卡片生成凭证前必须审核**：如果需要加强固定资产管理业务的审核监督，则可以选择这个要求对卡片进行审核的参数，由资产管理主管对固定资产卡片的新增、变动、清理业务进行审核后，再进行后续业务处理。该选项控制的是凭证生成时，如果该业务没有审核，则不能生成相关凭证。

（4）工资参数。

- **结账前必须审核**：选中，则在工资系统结账前必须对工资进行审核，若未审核，则不能结账，系统提示：还有工资数据未审核，请先进行工资数据审核后再结账。如不选中，则对工资管理系统的结账不作审核控制。

例：账套“财务参数”设置。

① 启用会计期间设置为“1”期；
② 本年利润科目获取“4103”；
③ 利润分配科目获取“4104”；
④ 选中“凭证过账前必须审核”；
⑤ 选中“卡片生成凭证前必须审核”；
⑥ 选中工资参数中的“结账前必须审核”。

本年利润科目和利润分配科目未设置是因为系统中暂时未引入会计科目档案，待引入会计科目档案后，再返回修改正确的科目即可。

4. 出纳参数

出纳参数是针对出纳模块的控制，如启用会计期间、与总账对账期末余额不等时不允许结账等。

单击“出纳参数”选项卡，切换到“出纳参数”窗口，如图 3-9 所示。

- **启用会计年度、启用会计期间**：设置“出纳管理”模块的启用会计年度和会计期间，以确定当要使用出纳系统时，要录入什么期间的期初数据。

出纳系统的启用期间可以不与财务参数中的启用期间同步。

- **当前会计年度、当前会计期间**：查询“出纳管理”模块已经结账到什么期间。
- **自动生成对方科目日记账**：在现金日记账中新增，对方科目有现金或银行存款科目时，不自动生成该现金或银行存款科目的日记账；同样，在银行存款日记账中新增，对方科目有现金或银行存款科目时，也不自动生成该现金或银行存款科目的日记账。
- **与总账对账期末余额不等时不允许结账**：出纳管理系统在结账时，系统判断银行日记账与现金日记账所有科目以及科目的所有币别与总账的对应科目和币别的余额是否相等，只有相等的情况下才允许结账。

- **允许从总账引入日记账**：选中，则可以从总账引入现金日记账和银行存款日记账，反之，则双击“总账数据－引入日记账”提示“没有选择“允许从总账引入日记账”参数，禁止从总账引入日记账”，不可操作，同时现金日记账和银行存款日记账的引入按钮和文件菜单中从总账引入日记账都应为灰色。

例：账套“出纳参数”设置。

① 启用会计期间设置为“1”期；

② 选中“与总账对账期末余额不等时不允许结账”项。

参数设置成功的窗口，如图 3-9 所示。

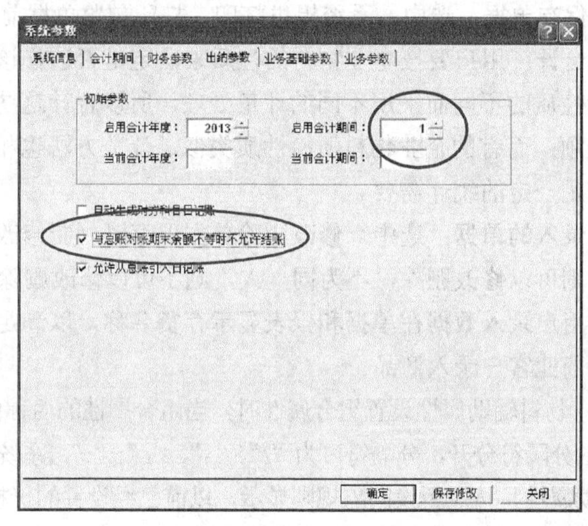

图 3-9

5. 业务基础参数

业务基础参数主要是针对采购、销售、仓存和生产模块的基础参数设置。如启用会计期间、是否允许负库存出库和是否使用双计量单位等。

单击“业务基础参数”选项卡，切换到“业务基础参数”窗口，如图 3-10 所示。

- **启用会计年度、启用会计期间**：设置“业务”模块的启用会计年度和会计期间，以确定当要使用业务系统时，要录入什么期间的存货期初数据。

业务系统的启用期间可以不与财务参数中的启用期间同步。

- **当前会计年度、当前会计期间**：查询“业务”模块已经结账到什么期间。
- **允许负库存出库**：不选中，则在库存单据中不允许出现库存即时数量为负数的情况，选中，则不控制。
- **允许负库存结账**：选中，则系统单据数量和金额允许出负数，但系统控制不允许单价为负的情况。
- **存货核算模式**：有总仓核算和分仓核算两种选项，必选其中一项。总仓核算指：不同仓库的同一物料统一核算出入库成本；分仓核算指：按各个仓库独立核算，这样的话，就有可能同一物料在不同仓库有不同的出入库成本。
- **库存更新控制**：系统有单据审核后更新和单据保存后更新两种选项，必选其中一项，如果选择“单据审核后更新”，则系统将在库存类单据进行业务审核后才将该单据的库存数量计算到即时库存中，并在审核该库存单据后进行库存调整；如果选择“单据保存后更新”，则系统将在库存类单据保存成立后就将该单据的库存数量计算到即时库存中，并在修改、复制、删除、作废、反作废该库存单据时进行库存调整。

- **审核人与制单人可为同一人**：选中，业务单据制作和审核可为同一人；反之，则表示同一操作员不能审核自己制作的单据。
- **使用双计量单位**：是指在业务处理时使用几种计量单位来衡量物料的收、发和结存。选中，则系统在业务单据中显示两种计量单位，即基本计量单位和常用计量单位；不选中则在业务单据中只显示常用计量单位，系统默认为不选中。常用计量单位包括采购、仓存、销售计量单位，分别在采购、仓存、销售环节使用。
- **打印（预览）前保存单据**：选中，系统提供打印、打印预览单据前将单据自动保存。
- **合计栏显示数量合计**：用户要按企业物料的性质来决定是否选择该选项。在同一张单据录入和显示的物料可能因为性质的不同而采用不同的计量处理，所以合计这些物料的数量是没有意义的，此时就不应选中该选项；而有的企业物料质检性质类似、计数方法也相同，就可以在数量合计栏显示纯数量合计，以满足一定的统计需要。
- **只允许删改本人录入的单据**：选中，修改删除单据保存时判断修改删除人和制单人是否为同一人，如果为同一人，则可以修改删除，不为同一人，则不可以修改删除。
- **存货名称**：根据用户录入数据在单据和报表显示存货名称，以满足不同类型用户的需要，建议工业用户录入物料，商业客户录入商品。
- **辅助属性间隔符**：物料辅助属性设置组合属性时，当组合属性的名称由系统自动生成时，基本辅助属性值将以此处设置的分隔符分开，分隔符可为“/”、“-”、“,”、“.”，系统默认为“/”。在更改了间隔符以后新设置的组合辅助属性将按照新设间隔规则显示，以前已经设置的仍按照原间隔符规则显示。
- **专用发票精度、折扣率精度**：设置对应项目的小数位。

例：账套“业务基础参数”设置。

① 启用会计期间设置为“1”期；

② 取消选中“允许负库存出库”选项。

参数设置成功的窗口，如图 3-10 所示。

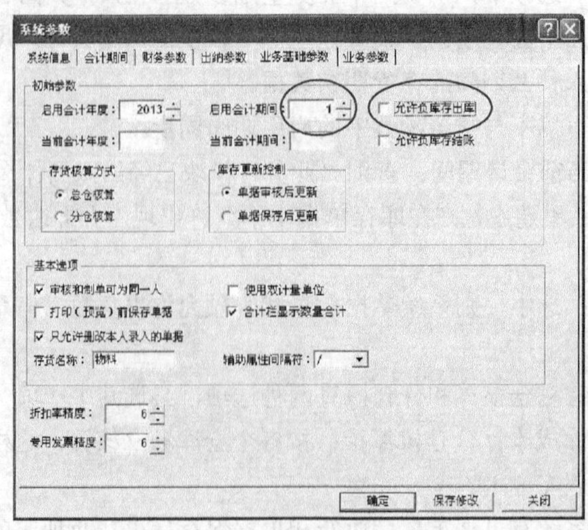

图 3-10

6. 业务参数

业务参数主要是针对采购、销售、仓存和生产模块的详细参数设置。如采购最高限价、应收和应付预警天数等。

单击“业务参数”选项卡，切换到“业务参数”窗口，如图 3-11 所示。

（1）采购参数。

- **采购最高限价预警**：选中，则用户在录入采购订单、采购发票、或者直接在采购价格管理中设置各类采购价格和折扣时，若某物料针对某供应商的采购单价超过了该供应商供货信息预设的采购最高价，系统会报警提示。不选中则在相应处理时不予提示。
- **采购发票和入库单数量不一致不允许钩稽**：选中，如果入库单和发票物料匹配但数量不一致，则钩稽时直接提示“采购发票中的物料数量和入库单中该物料的数量不一致。分别是……无法钩稽！”。不选中，如果入库单和发票物料匹配但数量不一致，则钩稽时的处理不变：即提示“采购发票中的物料数量和入库单中该物料的数量不一致。分别是……请确认是否钩稽？”，由用户选择是或者否。
- **允许采购入库单上数量大于采购订单上的数量**：选中，则采购入库单关联采购订单生成或者采购发票关联采购订单，采购入库单再根据采购发票生成时，允许采购入库单上数量大于采购订单上的数量。
- **采购信用额度控制方式**：有三种选项，必须选其中一种适用于针对供应商的信用额度管理。①继续保存不提示，选择此项，在实际的采购订单、采购入库单、采购发票或其他付款单等应付类型的制单过程中，不受此供应商信用额度的影响；②提示并允许制单人继续保存，系统默认选择此项，在实际的采购订单、采购入库单、采购发票或其他付款单等应付类型的制单过程中，保存前判断此供应商的应付账款余额是否超过信用额度，如果超过，系统根据用户的选择来决定是否保存单据；③提示并不允许制单人保存，选择此项，在实际的采购订单、采购入库单、采购发票或其他付款单等应付类型的制单过程中，保存前判断此供应商的应付账款余额是否超过信用额度，如果超过，系统会不允许保存。

（2）销售参数。

- **销售发票和出库单数量不一致不允许钩稽**：选中，如果出库单和发票物料匹配但本次钩稽数量不符，则钩稽不成功。不选中，如果出库单和发票物料匹配但本次钩稽数量不符，则系统会提示有差异，但仍允许用户钩稽成功。
- **允许销售出库单上数量大于销售订单上的数量**：选中，则销售出库单关联销售订单生成或者销售发票关联销售订单，销售出库但在根据销售发票生成时，允许销售出库单上数量大于销售订单上的数量。
- **销售信用额度控制方式**：三个选项，必须选其中一种针对客户的信用额度管理。①继续保存不提示，选择此项，在实际的销售订单、销售出库单、销售发票或其他收款单等应收类型的制单过程中，不受此客户信用额度的影响；②提示并允许制单人继续保存，系统默认选择此项，在实际的销售订单、销售出库单、销售发票或其他收款单等应收类型的制单过程中，保存前判断此客户的应收账款余额是否超过信用额度，如果超过，系统根据用户的选择来决定是否保存单据；③提示并不允许制单人保存，选择此项，在实际的销售订单、销售出库单、销售发票或其他收款单等应收类型的制单过程中，保存前判断此客户的应收账款余额是否超过信用额度，如果超过，系统会不允许保存。

（3）存货核算参数。

● **结账检查未记账的单据**：若所有的核算单据均需要生成凭证，核算系统的存货余额及发生额需要与总账系统的存货类科目保持一致，则应选中此选项，系统会在期末结账前检查是否还有未记账的凭证，保证核算单据生成凭证的完整性。

此处控制只针对核算单据进行控制。应收应付系统当期单据必须生成凭证，不需额外控制。故此控制对期末结账中对应收应付单据的判断没有影响。

● **同价调拨生成凭证**：对调拨单是否生成凭证的控制，当选择不允许时，在“凭证模板设置”界面不存在调拨单凭证模板的设置，在生成凭证界面无调拨单生成凭证事务类型，在对账界面的业务数据不包括调拨单的数据。当选择同价调拨生成凭证时，在“凭证模板设置”界面可进行调拨单事务类型凭证模板的设置，在“生成凭证”界面可点击调拨单事务类型，进行调拨单生成凭证界面，“对账”界面的业务数据包括调拨单的数据。

● **暂估差额生成方式**：暂估差额生成方式可以为“差额调整”，也可以为“单到冲回”，系统自动生成的入库成本调整单和冲回单据都需要手工生成凭证，对于新生成的单据也自动确认钩稽关系。

注　此参数一旦选择确定后，就不能再变更，请慎重选择。

（4）应收应付参数。

● **应收、应付预警天数**：设置应收应付管理系统的“收付款预警”功能，系统根据当前登录时间，然后根据销售发票或采购发票收/付款期限计算应收/付款日期，没有填写收款期限的单据，默认期限为 0，开单日期即是到期日，当系统发现已到或已过收/付款期限预警设置的业务单据，会自动给出预警，提示用户哪些客户的应收/付款项已经超过了期限，金额是多少等，使超期应收/付款情况一目了然。

● **自动显示应收/应付预警**：选中，登录金蝶 KIS 专业版，首次使用应收应付模块中任意功能时，系统对满足条件的应收/付预警单以报表显示。

（5）仓存参数。

● **库存总数量高于或等于最高库存提示**：选中，则在库存类单据的录入和审核时，系统判断当前单据引起的即时库存变化是否造成涉及最高库存量的影响，对于造成的影响予以提示，避免出现因库存数量过高到超出正常储存范围，从而妨碍企业正常的生产经营活动。

● **库存总数量低于或等于最低库存提示**：如果选择该选项，在库存类单据的录入和审核时，系统判断当前单据引起的即时库存变化是否造成涉及最低库存量的影响，对于造成的影响予以提示，避免出现因库存数量不足妨碍企业正常的生产经营活动。 请参照手册第三章关于物料基础资料的相关描述。

● **按保质期对到期存货预警**：系统提供保质期管理功能，以满足食品、医药行业的保质期管理需求。 保质期预警就是保质期管理中的功能之一，即系统根据仓存系统选项“保质期预警提前期”的选择，对于超过保质期的物料提供预警。

● **出现负库存时提示**：选中，则在单据保存、审核或反审核时，系统计算即时库存数量，确定仓存总量，有出现负库存的情况会给予预警，并分情况处理： 当用户在【基础设置】→【系统参数】→【业务参数】设置中选择允许负库存的，系统只提供警告；如果选择不允许负库存，系统将不允许该业务单据继续处理。

（6）生产参数。

- **生产任务单关联销售订单生成时，需要扣减销售订单已经关联销售出库的数量**：选中，则关联销售订单生成生产任务单时，自动扣减销售订单已关联出库的数量，将扣减后的数量带入生产任务单表头“数量”字段中。
- **生产领料超过限额控制方式**：当保存生产领料单时，如果发现关联的生产任务单上实际领料数量>计划用量时，系统提供三种控制方式：系统默认选择第二种方式进行控制。①继续保存不提示；②提示，并允许制单人继续保存；③提示，并不允许制单人保存。

例：账套“业务参数”设置。

① 选中“结账检查未记账的单据”；

② 选中“出现负库存时提示”。

参数设置成功的窗口，如图 3-11 所示。

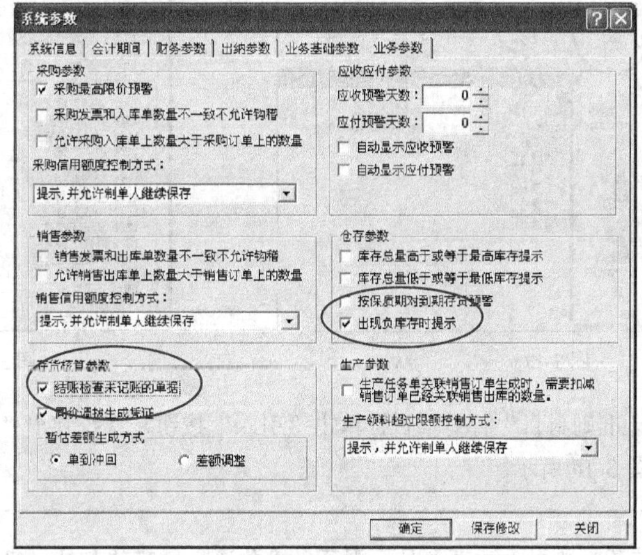

图 3-11

系统参数设置完成后，单击“确定”按钮，系统弹出询问提示，按照提示单击“是”按钮或“确定”按钮，系统会重新弹出登录窗口，登录“理想科技有限公司”账套。

至此，“系统参数”设置基本完成，在以后工作中，若需要加强控制，可以再次返回“系统参数”窗口进行设置即可。

系统参数设置跟所需要使用的模块是息息相关的，若单独使用账务处理模块，则只需进行会计期间和财务参数设置即可，可以不对其他参数设置；若需要使用销售、采购、仓库和生产管理任何一模块，则必须进行会计期间和业务基础参数设置，可以不对其他参数设置。

3.2.2 引入会计科目

金蝶 KIS 专业版建立核算账套后，会计科目默认为空，系统为用户预设有相关行业的一级会计科目和部分二级明细科目，需要用户先引入账套，以节约设置会计科目档案的工作量。更加详细的明细科目则由用户自行增加。

例：在“理想科技有限公司”账套引入“新会计准则”科目。

（1）在主界面窗口，单击【基础设置】→【会计科目】，系统进入“会计科目”管理窗口，如图3-12所示。

（2）选择菜单【文件】→【从模板引入科目】，系统弹出“科目模板”窗口，单击“行业”项目的下拉按钮，可以自由选择所需要的行业科目，单击“查看科目”按钮，可以查看该行业下预设的会计科目，如图3-13所示。

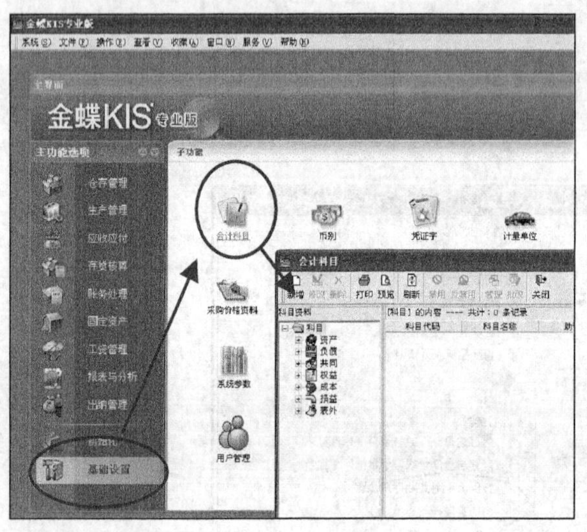

图 3-12

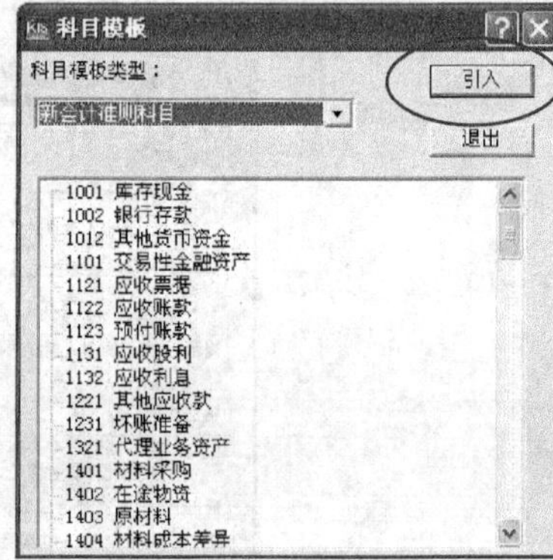

图 3-13

（3）选择“新会计准则科目”行业科目，单击“引入”按钮，系统弹出“引入科目”窗口，单击“全选”按钮，如图3-14所示。

如果不需要引入所有科目，则可以单独选择所需的科目，勾选代码前的方框再单击“确定”按钮即可。

（4）单击“确定”按钮，引入所有会计科目。稍后系统弹出“引入成功”的提示，单击“确定”按钮返回“会计科目”窗口，引入成功后的“会计科目”窗口如图3-15所示。

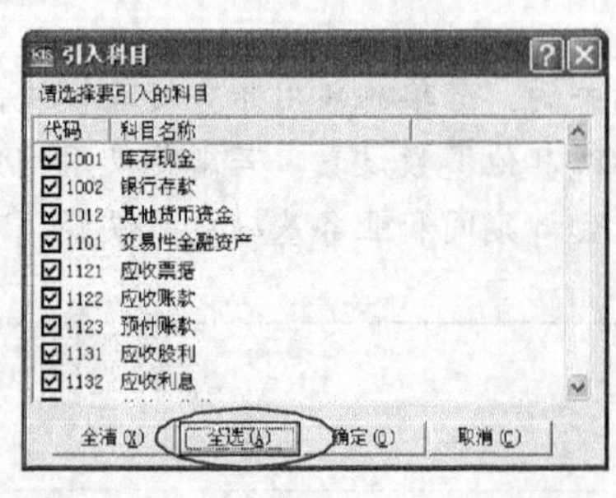

图 3-14

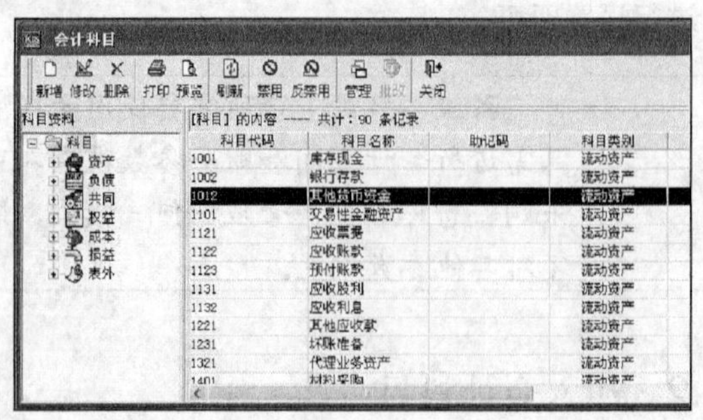

图 3-15

若屏幕上未显示所引入的会计科目，单击工具栏上的“刷新”按钮即可显示。

系统已将会计科目分为资产、负债、共同、权益、成本、损益和表外 7 大类，查看相应类别下科目的方法是单击该类别前的“+”号，可层层展开后查看。

3.2.3 币别

币别项是针对企业经营活动中所涉及的币种进行管理，功能有新增、修改、删除、币别管理、禁用、禁用管理、相关属性、引出、打印和预览等。

1. 新增

以新增“表 3-1”中数据为例，介绍币别的新增方法。

（1）在主界面窗口，单击【基础设置】→【币别】，系统弹出“币别”管理窗口，如图 3-16 所示。

（2）单击工具栏上“新增”按钮，系统弹出“币别-新增”窗口，录入币别代码“HKD”、币别名称“港币”、记账汇率“0.81”，金额小数位设置为“3”，如图 3-17 所示。

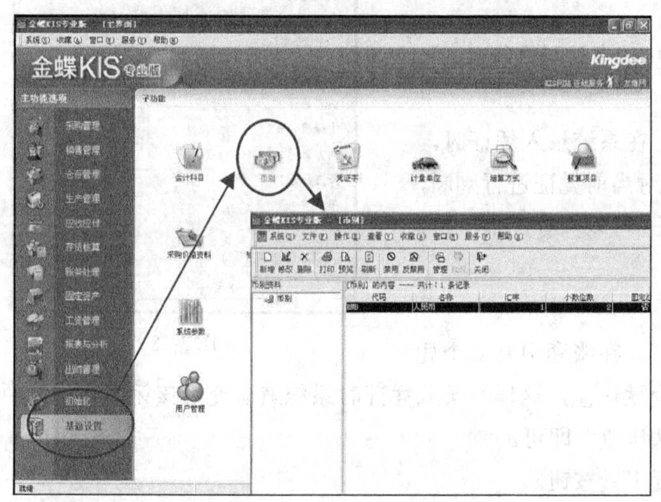
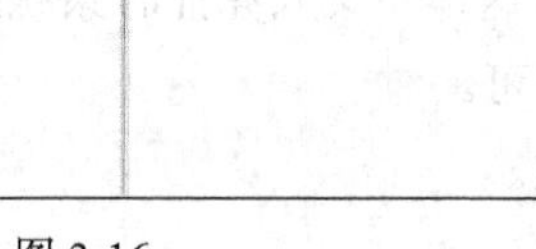

图 3-16

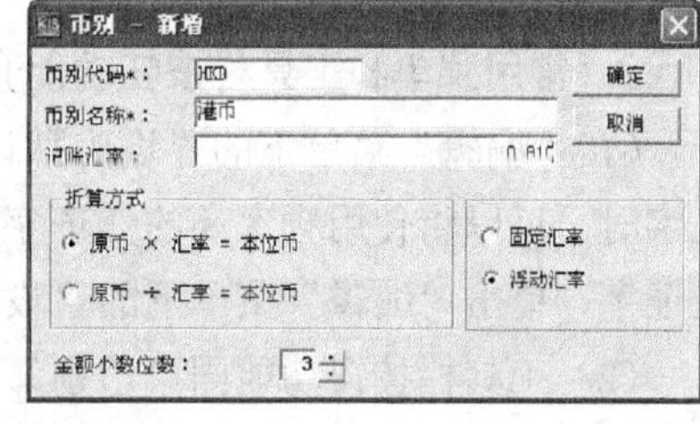

图 3-17

- **币别代码**：货币币别的代码，系统使用 3 个字符表示。建议使用惯例编码，如 RMB、HKD 等。货币代码尽量不要使用“$”符号，因该符号在自定义报表中已有特殊含义，如果使用该符号，在自定义报表中定义取数公式时可能会遇到麻烦。
- **币别名称**：货币的名称，如人民币、港币等。
- **记账汇率**：在经济业务发生时的记账汇率，期末调整汇兑损益时，系统自动按对应期间的记账汇率折算，并调整汇兑损益额度。
- **折算方式**：系统提供两种折算公式。
- **金额小数位数**：指定币别的精确的小数位数。
- **固定/浮动汇率**：指定币别是固定汇率还是浮动汇率。

（3）单击“确定”按钮保存设置，这时在“币别”管理窗口可以看到新增成功的“港币”记录。

2. 工具栏按钮功能介绍

（1）管理：对币别资料进行新增、修改或删除等操作。

（2）新增：新增一种币别。

（3）属性：对选中的币别弹出“修改”窗口，在窗口中可以修改该币别的属性。

（4）禁用：某一币别在以后的业务中不再使用，可以禁用它。

（5）反禁用：解除已经禁用的币别。

3.2.4 凭证字

凭证字项管理凭证处理时使用的凭证字，如收、付、转、记等。“理想科技有限公司”账套中只使用“记”凭证字。

1. 新增

例：新增“记”凭证字为例，介绍凭证字新增方法。

在主界面窗口，单击【基础设置】→【凭证字】，系统弹出“凭证字”管理窗口，单击工具栏上的“新增”按钮，系统弹出“凭证字新增”窗口，凭证字处录入“记”，其他选项保持默认值，如图 3-18 所示。单击“确定”保存设置。

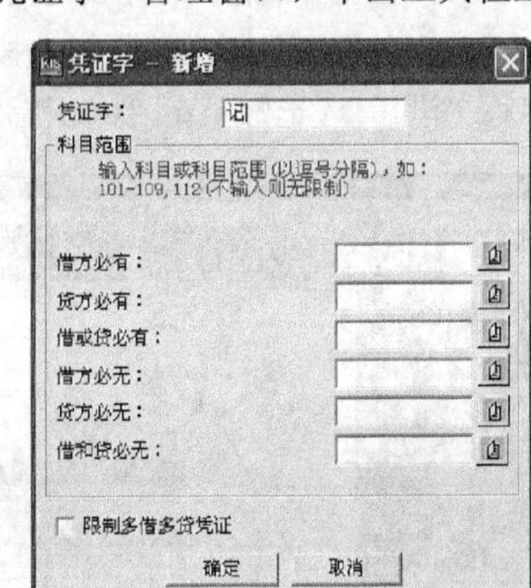

图 3-18

● **科目范围**：可以设置该凭证字使用的会计科目范围，如借方有某个科目时才能使用该凭证字。

● **限制多借多贷凭证**：选中该项，在系统录入凭证时，若选择限制多借多贷的凭证字，则系统将对当前凭证进行判断，如是多借多贷凭证，则不允许保存该凭证。可以保存一借一贷、一借多贷或多借一贷的凭证。

2. 常用菜单和工具栏按钮功能介绍

（1）“编辑”菜单下的“设为默认值”。在账套中有多个凭证字时，可以将使用频率高的凭证字设为默认值，这样在录入凭证时系统默认使用该凭证字。选中凭证字，单击“编辑”菜单下的“设为默认值”即可。

（2）工具栏按钮功能同“币别”设置工具按钮。

3.2.5 计量单位

计量单位是在系统进行物料核算和固定资产资料录入时，为不同的物料、固定资产设置的计量标准，如千克、台、张等。

以新增“表 3-2”中数据为例，介绍计量单位新增方法。

（1）在主界面窗口，单击【基础设置】→【计量单位】，系统弹出“计量单位”管理窗口，选中左侧“计量单位资料”下的“计量单位”，单击“新增”按钮，系统弹出“新增计量单位组”窗口，计量单位组录入“重量组”，如图 3-19 所示。

（2）单击“确定”按钮，保存设置并返回“计量单位”管理窗口，这时可以看到左侧新增的“计量单位组”资料。

（3）用与步骤 1 相同的方法新增“数量组”和“其他组”。

（4）选中左侧“计量单位”下的“重量组”，再右侧空白窗口处单击鼠标，最后单击工具栏上“新增”按钮，系统弹出“计量单位-新增”窗口，录入代码“01”、名称“kg”，系数“1”，如图 3-20 所示。

注 系数是计量单位与默认计量单位的换算系数。非默认计量单位与默认计量单位的系数换算关系为乘的关系，即 1（默认计量单位系数）× 非默认计量单位系数。一个单位组中只能有一个默认计量单位。

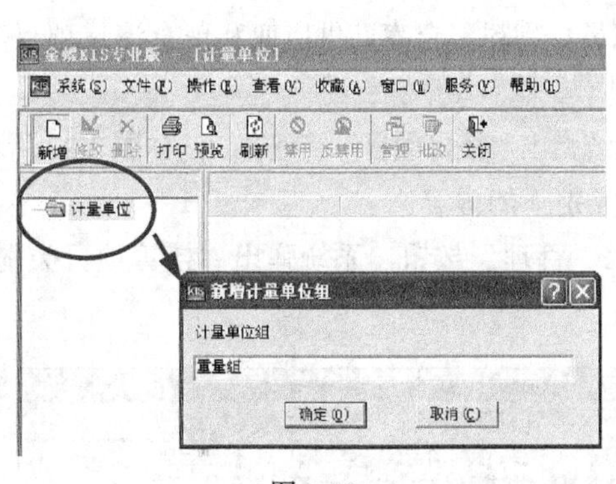

图 3-19

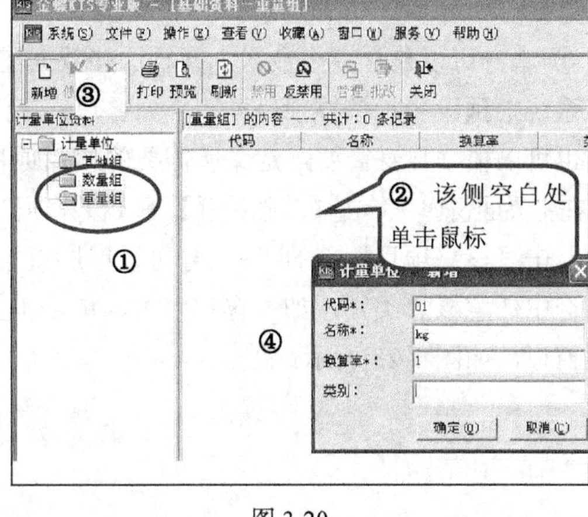

图 3-20

（5）单击“确定”按钮，保存设置并返回“计量单位”管理窗口，这时可以看到新增的“计量单位”资料。用步骤 4 的方法将表中其他数据新增进来。

注 新增“g”时注意系数，新增“PCS”时注意选择的单位组是“数量组”。

3.2.6 结算方式

结算方式是指管理往来业务中的结款方式，如现金结算、支票结算等。

例：以新增“JF06 支票”结算方式为例，介绍结算方式新增方法。

在主界面窗口，单击【基础设置】→【结算方式】，系统弹出“结算方式”窗口，单击工具栏“新增”按钮，弹出“结算方式-新增”窗口，录入代码“JF06”，名称“支票”，如图 3-21 所示。

图 3-21

单击“确定”按钮，保存设置并返回“结算方式”管理窗口，这时可以看到窗口中已经新增的结算方式。

注 “新增”窗口中的“科目代码”是设置只有某个银行科目才能使用该种结算方式，空值为任意银行科目都可以使用。

3.2.7 核算项目

在金蝶 KIS 专业版中，核算项目是指操作相同、作用相类似的一类基础数据的统称。具有这些特征的数据把它们统一归到核算项目中进行管理，比较方便，操作也比较容易。

核算项目的特点如下：

① 具有相同的操作，如新增、删改、禁用、条形码管理、保存附件和审核等，并可以在单据中通过按 F7 键进行调用等；

② 核算项目是构成单据的必要信息，如录入单据时需要录入客户、供应商、商品、部门和职员等信息；

③ 本身可以包含多个数据，并且这些数据需要以层级关系保存和显示。

系统中预设多种核算项目类型，如客户、部门、职员、物料、仓库、供应商和现金流量项目等。用户也可以根据自身需要，定义所需要的核算项目类型。

在主界面窗口，单击【基础设置】→【核算项目】，系统弹出“核算项目”管理窗口，如图 3-22 所示。

单击“核算项目”前的“+”号可以层层查看相应类别下的内容。

选中任意核算类别，如“客户”类，单击工具栏上“管理”按钮，系统弹出“核算项目类别”管理窗口，如图 3-23 所示。

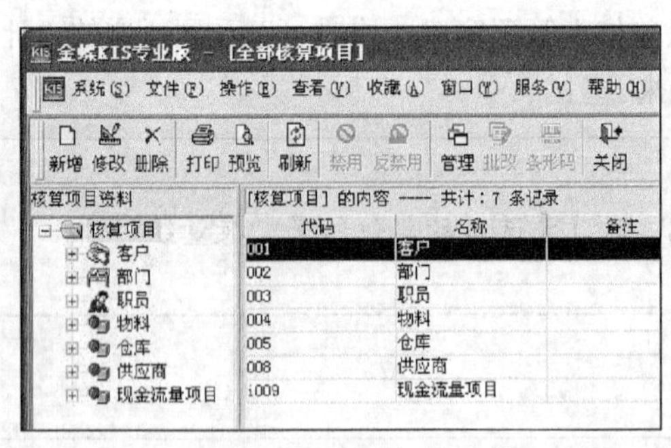

图 3-22

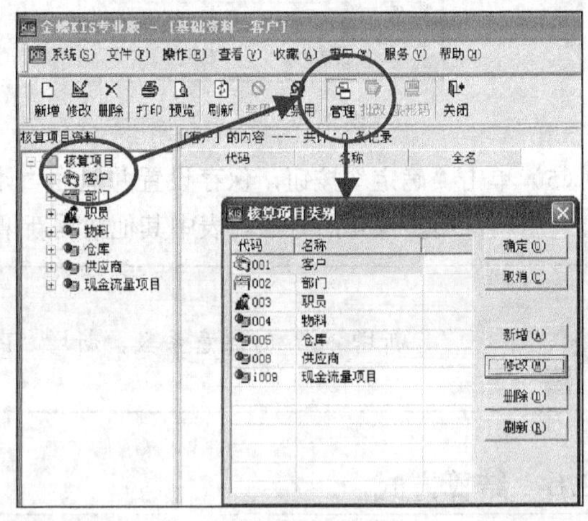

图 3-23

在核算项目类别管理窗口中，可以进行核算项目类别的新增、修改和删除等操作。常用功能按钮介绍如下。

- **新增**：单击“新增”按钮，系统弹出“核算项目类别-新增”窗口，如图 3-24 所示。
- **修改**：单击“修改”按钮，系统弹出“核算项目类别-修改”窗口，在“修改”窗口可以设置该核算项目类下的字段是否显示，以及是否控制为必录项等。

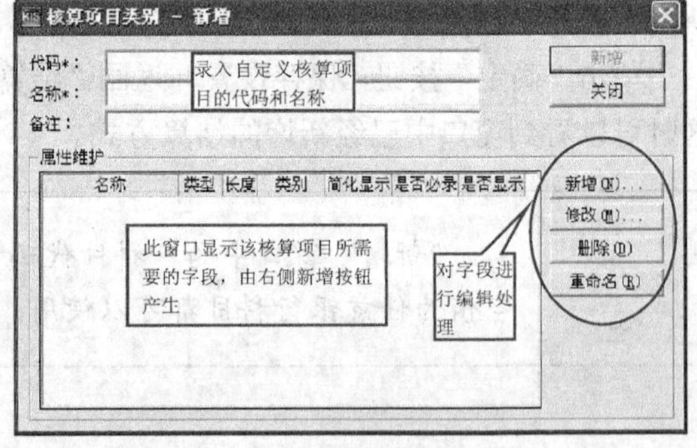

图 3-24

1. 客户

客户是企业生产经营的对象，准确地设置客户信息对往来账务管理非常有利。客户管理是销售管理的重要组成部分，同时也是应收款管理、信用管理和价格管理不可或缺的基本组成。

（1）新增。以新增“表 3-3”中数据为例，介绍“客户”资料的新增方法，操作步骤如下。

① 在核算项目窗口，单击【核算项目】→【客户】，在右侧“内容”窗口的任意位置单击鼠标，再单击工具栏上的“新增”按钮，系统弹出“客户-新增”窗口，如图 3-25 所示。

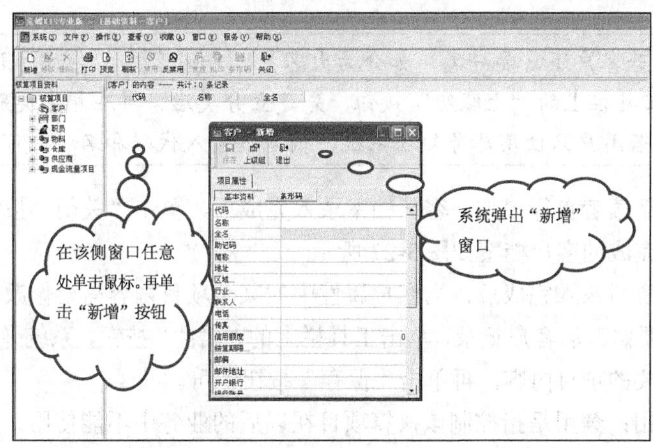

图 3-25

在“客户-新增”窗口有基本资料和条形码 2 个选项卡窗口。

“基本资料”是管理客户的一些基本信息，如公司名、地址、电话和联系人等。

- **代码**：客户编号，金蝶 KIS 专业版中一个代码只能标识一个客户。
- **名称和全名**：都是客户名称，前者是该客户的具体名称，类似短代码，由用户手工录入；后者是包括上级名称在内的客户名称，类似长代码，由系统自动给出。
- **信用额度**：设置该客户在业务的信用额度控制，当业务发生时系统检查到金额超出信用额度时，则弹出“超出信用额度，是否继续？”提示窗口，用户可以根据实际情况选择。通过信用额度的控制，可以有效防止应收款数据过大，容易产生坏账的风险。
- **结算期限**：选择 30 天、60 天等几个选项，设置后，发生业务时，系统会根据发生日期加上该日期自动计算出新的收款日期。为空，则为业务发生日期，也可以自由修改正确的收款日期。
- **分管部门、专属业务员**：通常企业的客户数量过大时，会有多名业务员分管不同客户，以增加客户的服务质量，设置分管部门和专属业务员便于查询属于哪位业务员管理，以及查询分析同一名业务员下的客户业务情况。

② 录入代码“01”，名称“北京宏码科技”，如图 3-26 所示，单击“保存”按钮保存“北京宏码科技”档案。

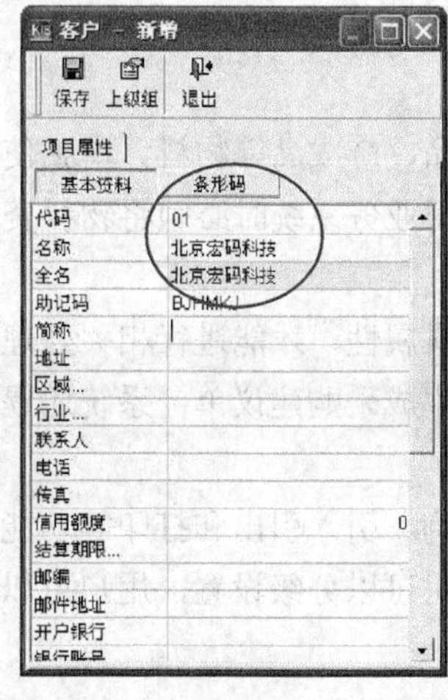

图 3-26

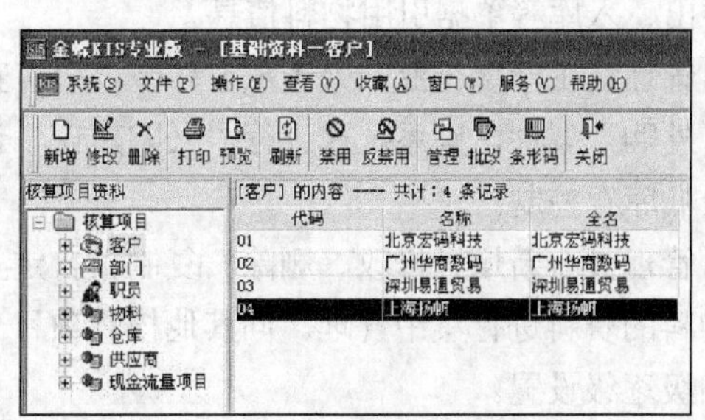

图 3-27

注

1. 若客户还需要分类，如分为大客户、一般客户之类时，则在“客户-新增”窗口单击工具栏上的“上级组”按钮，先建立分类后，再在相应类别进行客户的新增。

2. 若用户只使用账务处理系统，则只需输入代码和名称即可。

③其他客户资料请读者自行增加。客户档案录入完成后，单击“关闭”按钮返回“核算项目”资料管理窗口，录入完成的客户档案如图 3-27 所示。

（2）修改。客户资料录入完成后，当客户属性中的某个项目内容需要修改时，在“核算项目”管理窗口中，选中需要修改的客户记录，单击工具栏上的“属性”按钮，系统弹出该客户的资料“修改”窗口，修改所需要的项目内容，再单击“保存”按钮即可。

（3）禁用、反禁用：禁用是指控制该核算项目在以后的业务中不能使用。反禁用即为取消禁用控制。

2. 供应商、部门、职员、仓库

供应商是企业生产经营的供货者。准确地设置供应商信息，对往来账务管理非常有利。供应商管理是采购管理的重要组成部分，同时也是应付款管理录入相关单据时不可缺少的基本组成。

部门是用来设置企业各个职能部门的信息，部门指某核算单位下辖的具有分别进行财务核算或业务管理要求的单元体，不一定是实际中的部门机构（也就是指，如果该部门不进行财务核算，则没有必要在系统中设置该部门）。如果需要使用工资系统时，建议完整录入部门资料，以供工资系统引入部门信息。

职员是用来设置企业各职能部门中需要对其进行核算和业务管理的职员信息，不须将公司所有的职员信息都设置进来，如生产部门就只需设置生产部负责人和各生产部文员即可，一般的生产人员在此没必要设置。若需要使用工资系统时，建议完整录入职员资料，以供工资系统引入职员信息。

仓库是用来存放物料的地方，同时是财务分仓核算材料成本的分类基础，为了方便核算和统一管理，仓库的命名方式通常与材料属性相关，如分为原材料仓、半成品仓和成品仓等，原材料仓又可分为五金仓、塑胶仓等。

供应商、部门、职员和仓库的管理方法与客户资料的管理方法类似，请读者自行将表 3-4 至表 3-7 中资料录入系统。

3. 物料

用来管理企业中所涉及的所有物料资料，如原材料、半成品、产成品等物料。单独使用“账务处理”模块时根据管理要求确定是否对物料资料进行设置；使用业务系统时必须将物料资料设置，以供各种出、入库等单据引用物料信息。

物料管理在生产型企业中处于重要环节，只有正确设置物料属性，才能进行相关处理，如物料设置为“外购”属性，则系统在进行“采购建议”计算时，会生成采购建议单；系统还提供了最高库存、最低库存控制。

物料管理具有新增、修改、删除、复制、自定义属性、查询、引入引出和打印等功能，对企业所使用物料的资料进行集中管理。同其他核算项目一样，物料也可以分级设置，用户可以从第一级到最明细级逐级设置。

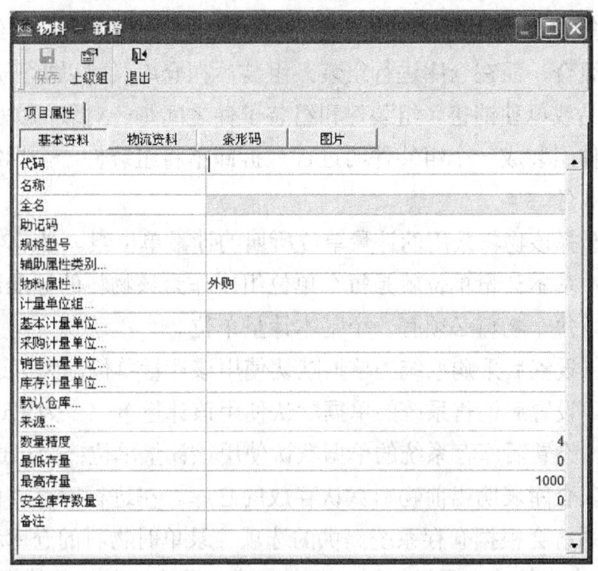

图 3-28

物料设置窗口含有 4 个选项卡——基本资料、物流资料、条形码和图片，如图 3-28 所示。每个选项卡同时包含不同的物料属性信息，不必对每一个属性进行设置，只要根据用户管理的要求设置对应物料的属性。

1. 基本资料

“基本资料”选项卡主要是管理物料的一些基本信息，这些基本信息是各个系统都会使用的信息，如物料代码、名称、规格型号和计量单位等信息。

- **代码**：物料的编号，在系统中一个代码只能标识一个物料，可以是数字、字母，或者两者组合，建议中间不要带有特殊符号，如+、-、%等。在此录入该物料的长代码，如 1 是原材料，笔芯是原材料下的一种，则代码是“1.001”，代码的上下级以“.（小数点）”间隔。代码在物料资料中是必录项目。
- **名称和全名**：两者都是物料名称，前者是该物料的具体名称，由用户手工录入，后者是包括上级名称在内的物料名称，类似长代码，由系统自动给出。名称是一个必录项目。
- **助记码**：为物料方便记忆，可以为物料设置助记码。助记码为可选录项目。
- **规格型号**：录入物料的规格型号。为可选录项目。
- **辅助属性类别**：如果物料需要特殊属性，如：颜色、尺寸加以区分，则先在“辅助资料管理”中进行设置后，才能录入。为可选录项目。
- **物料属性**：物料属性，是物料的基本性质和产生状态。用户需要从系统设定的 3 种属性中选择，包括外购、组装件、自制物料。物料属性是必录项目。如果要使用“采购建议”功能，则属性必须设置正确，否则系统进行 MRP 计算时，计划出的单据是错误的。

① 自制：指物料是由企业自己生产制造出的产成品。在系统中，如果是自制件，可以进行 BOM 设置，在 BOM 中，可以设置为父项，也可以设置为子项。

② 外购：指从供应商处取得的物料，可以作为原材料来生产产品，也可以直接用于销售。在 BOM 设置中，不可以作为父项存在。

③ 组装件：在企业存在组合销售业务，例：燃气灶、洗碗机作为厨具成套销售。在生产完工入库时按燃气灶、洗碗机入库。而在销售业务处理和相关单据以厨具作为物料销售出库。所以，我们

把厨具称为组装件，而把燃气灶、洗碗机称为组装子件（或称散件/子件）。组装件是由多个物料组成，不在生产环节进行组合，而在仓库进行组装，组装后在仓库又可以拆开用于其他组装件、或生产领用出库用于其他产品或单独销售。组装件和组装子件之间是一对多的关系。而组装作业则指在仓库把多个库存组装子件组装成一个组装件的过程，拆卸指将组装件一个拆卸成多个组装子件的过程，是组装业务的相反业务。

- **计量单位组**：选择该物料采用的计量单位所属的计量单位组。必录项目。
- **基本计量单位**：基本计量单位就是每个单位组中作为该物料的标准计量单位，其他计量单位都以它作为计算依据。每个物料必须有一个基本计量单位。
- **采购计量单位**：设置后采购系统的单据默认使用该计量单位。为可选录项目。
- **销售计量单位**：设置后销售系统的单据默认使用该计量单位；为可选录项目。
- **库存计量单位**：设置后库存系统的单据默认使用该计量单位；为可选录项目。
- **默认仓库**：默认仓库表明当前物料默认存放的仓库。在进行库存类单据的录入时，系统自动携带仓库信息，并且系统会根据仓存系统提供的选项“录单时物料的仓库和默认仓库不一致时给予提示”，来判断是否对仓库的确定予以提示，避免用户出现仓库的选择错误。为可选录项目。
- **来源**：如果是外购物料，则是该物料默认供应商；如果是自制物料，则是该物料默认生产部门。是为用户处理业务单据的方便性而设。为可选录项目。
- **数量精度**：数量精度，确定物料在单据和报表中数量数据显示的小数位数长度，用户根据需要可随时设定。
- **最低存量、最高存量、安全库存数量**：设置物料的最低存量、最高存量、安全库存数量，当系统有设置相关预警参数，在录入各业务单据时，当该物料的现存量与所设置的最低存量、最高存量和安全库存数量有冲突时，系统会弹出提示窗口。达到控制企业现存存货价值地目的。为可选录项目。
- **备注**：对物料进行一些说明。

2. 物流资料

“物流资料”选项卡是管理物料的一些物流信息，如保质期、是否采用业务批次管理和成本计价方法等设置。单击“物流资料”选项卡，切换到“物流资料”设置窗口，如图 3-29 所示。

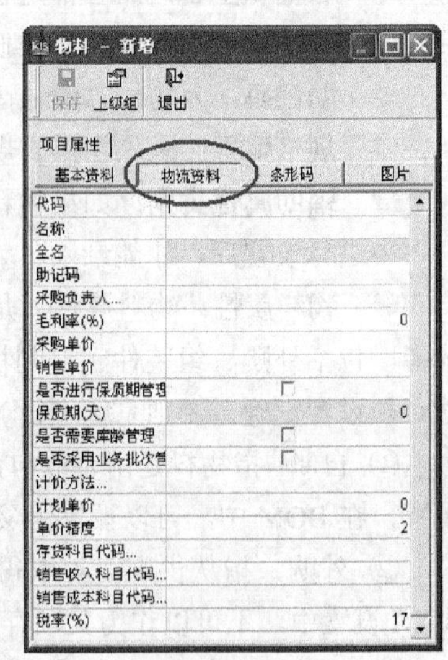

图 3-29

- **采购负责人**：当前物料的主要采购责任人员，该属性主要应用于采购报表的汇总选项。为可选录项目。
- **毛利率（%）**：毛利占销售收入的百分比，该字段目前只是在销售订单预评估时做参考使用。为可选录项目。
- **采购单价**：该物料用于采购时以基本计量单位计算的标准采购单价，单位为本位币货币。为可选录项目。
- **销售单价**：该物料用于销售时以基本计量单位计算的标准销售单价，单位为本位币货币。为可选录项目。
- **是否进行保质期管理**：是否进行保质期管理是物料保质期管理的唯一确定依据。是食品、医药等行业的重要需求。
- **保质期（天）**：保质期用于确定具体的保质期限，系统要根据该期限确定物料是否到期，并相应提供到期日计算功能。该属性的作用是用来方便用户日常录入物料时自动带入单据相应字段，用户也可以修改。

- **是否需要库龄管理**：选中该选项，可以根据入库日期进行库龄分析，可以根据库龄输出相关报表。
- **是否采用业务批次管理**：选中此项，则该物料在进行业务单据处理时，必须录入批号，方可保存。
- **计价方法**：是指存货出库结转存货成本所采用的计价方法，如先进先出法、后进先出法和加权平均法等，系统在日常收发时根据该物料所选定的计价方法，通过存货核算系统进行成本核算、生成凭证等管理，并统一将业务资料按规则自动形成财务信息，传入账务处理系统。必选项目。
- **计划单价**：是指采用计划成本法计价时，物料所规定的计划单价。
- **单价精度**：确定物料在单据和报表中单价数据所显示的小数位数长度，用户根据需要设定。可随时修改。
- **存货科目代码**：物料作为存货对应的最明细会计科目，是物料重要的核算属性。可以通过设置凭证模板，在自动生成记账凭证时可以将核算类单据的相关采购成本、结转生产成本等直接对应归入该科目账户，还可以明细到该科目下挂的具体核算项目下，特别应用于库存单据的凭证处理中。必须录入数据的项目。
- **销售收入科目代码**：销售收入科目代码是当前物料用于销售时所对应的最明细会计科目，是物料重要的核算属性。录入后，可以通过设置凭证模板，在自动生成记账凭证时可以将销售发票的相关销售收入金额直接对应归入该科目账户，还可以明细到该科目下挂的具体核算项目下。必须录入数据的项目。
- **销售成本科目代码**：销售成本科目代码是当前物料用于结转销售成本时所对应的最明细会计科目，是物料重要的核算属性。录入后，可以通过设置凭证模板，在自动生成记账凭证时可以将销售出库单据的相关销售成本直接对应归入该科目账户，还可以明细到该科目下挂的具体核算项目下。必须录入数据的项目。
- **税率（%）**：指当前物料的税率。

3. 条形码

对物料的条形码信息进行管理，单击“条形码”选项卡，系统弹出“条形码管理”窗口，在该窗口可以进行条形码的设置和删除。

4. 图片

图片是将物料的图片引入系统，以供不熟悉本物料的人员查看，例如物料的工程图纸，或者是物料实物图片等。单击“图片”选项卡，系统弹出“物料图片”窗口，单击“引入”按钮，系统弹出“引入图片”窗口，在窗口中选择物料图片的存放位置和文件名，单击“打开”按钮即可。

以“表 3-8”中数据为例，介绍物料档案的新增方法。

在首次进行物料档案新增时，请将“会计科目”先引入（3.2.2 节），否则在新增物料时，存货科目未设置时不允许保存。

（1）在核算项目窗口，单击【核算项目】→【物料】，在右侧“内容”窗口任意位置单击鼠标，再单击工具栏上的“新增”按钮，弹出“物料-新增”窗口，如图 3-30 所示。

（2）先进行物料类别设置。单击“物料-新增”窗口工具栏上的“上级组”按钮，切换到“上级组”设置窗口，代码录入“1”，名称录入“原材料”，如图 3-31 所示。单击“保存”按钮保存设置。

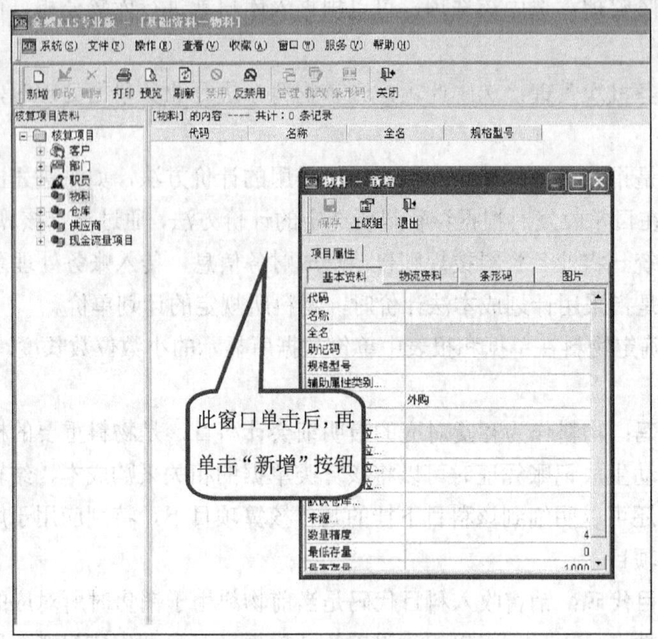

图 3-30

用同样方法将其他类别新增，单击“关闭”按钮，退出新增窗口返回物料窗口。类别新增完成的窗口如图 3-32 所示。

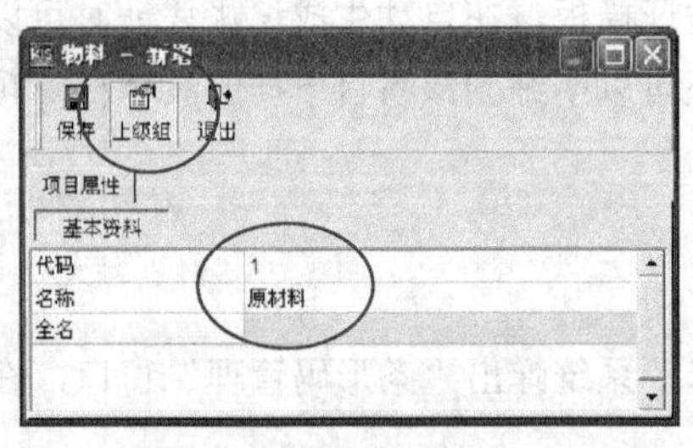

图 3-31

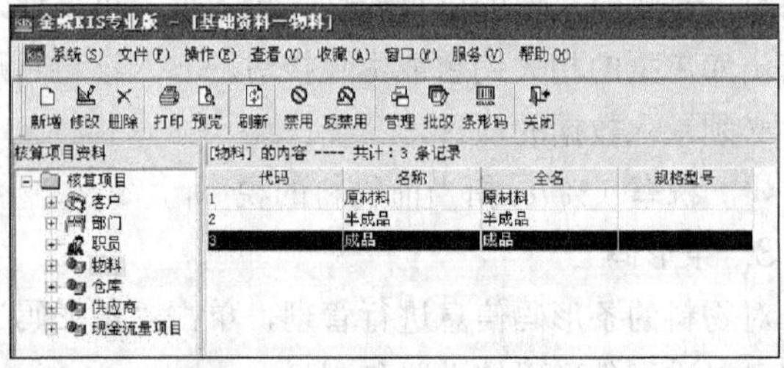

图 3-32

（3）增加物料明细资料。单击工具栏上“新增”按钮，弹出“物料-新增”窗口，在“基本资料”选项卡中，代码录入“1.01”，名称录入“主板”，规格型号为空，物料属性选择“外购”，计量单位组选择“数量组”，基本计量单位选择“PCS”，其他项目保持默认值，如图 3-33 所示。

（4）切换到“物流资料”选项卡，计价方法选择“加权平均法”，存货科目代码选择“1403”，销售收入科目代码选择“6001”，销售成本科目代码选择“6401”，如图 3-34 所示。

（5）单击“保存”按钮，保存资料录入。其他物料资料请参照以上方法自行录入。录入完成的窗口如图 3-35 所示。

1. 明细资料与上级资料的代码联系以“.”（小数点）联接。

2. 其他项目，如最高、最低库存和默认仓库等项目是否需要设置，根据企业管理要求而定。读者可以在熟练操作 KIS 专业版系统后再学习其他项目的设置。

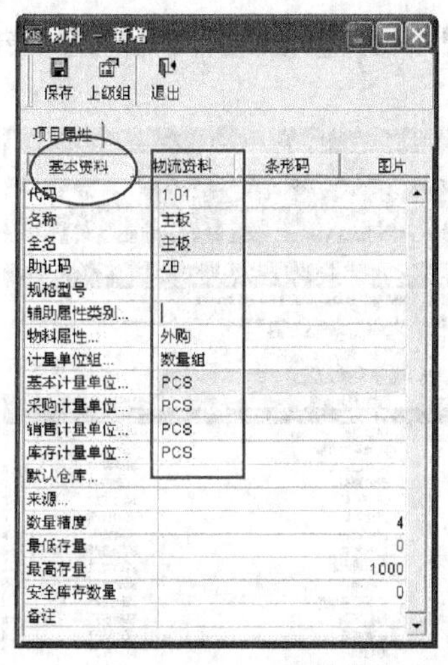

图 3-33

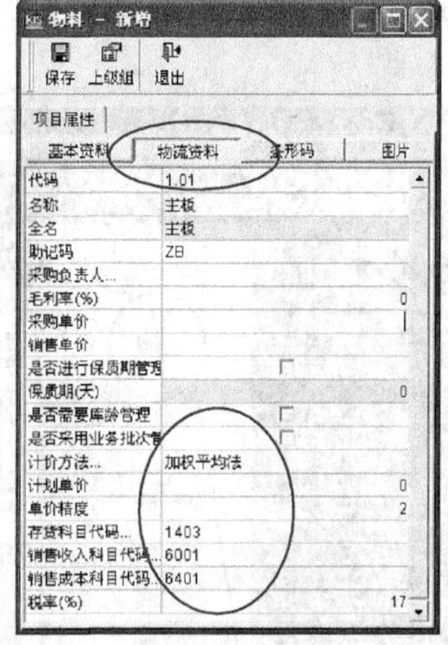

图 3-34

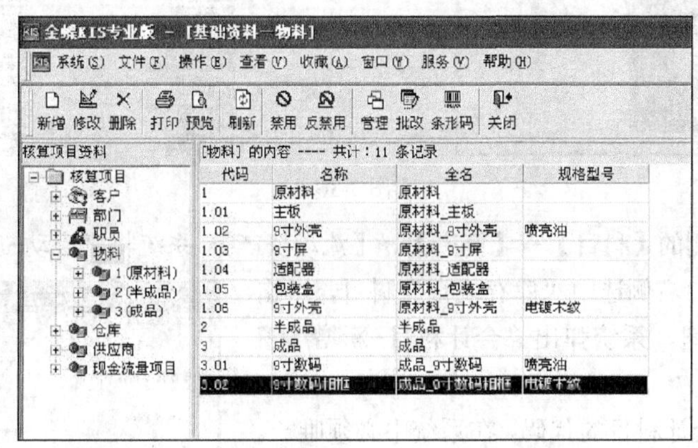

图 3-35

如果对物料的属性设置不满意，可以随时进行修改，方法是：在“核算项目”管理窗口，选中需要修改的物料并双击，或者单击工具栏上“属性”按钮，弹出“修改”窗口，将所需修改内容录入后单击“保存”即可。

3.2.8 会计科目设置

会计科目是填制会计凭证、登记会计账簿、编制会计报表的基础。会计科目是对会计对象具体内容分门别类进行核算所规定的项目。会计科目是一个完整的体系，是区别于流水账的标志，是复式记账和分类核算的基础。会计科目设置的完整性影响着会计过程的顺利实施，会计科目设置的层次深度直接影响会计核算的详细、准确程度。除此之外，对于电算化系统会计科目的设置还是用户应用系统的基础，它是实施各个会计手段的前提。

会计科目的一级科目设置必须符合会计制度的规定，而在明细科目上，核算单位可以根据实际情况，在满足核算和管理要求及报表数据来源的基础上进行设置。会计科目设置的重点是明细科目和属性的设置。

1. 现金、银行类科目设置

以表 3-9 中数据为例，介绍新增会计科目的方法和属性设置。

（1）在主界面窗口，单击【基础设置】→【会计科目】，系统进入“会计科目”管理窗口，如图3-36所示。

图 3-36

（2）单击窗口左侧的【科目】→【资产】→【流动资产】，系统将“流动资产”下的所有会计科目都显示出来，在窗口右侧选中“库存现金”科目，单击工具栏上“新增”按钮，系统弹出“会计科目-新增”窗口，如图3-37所示。

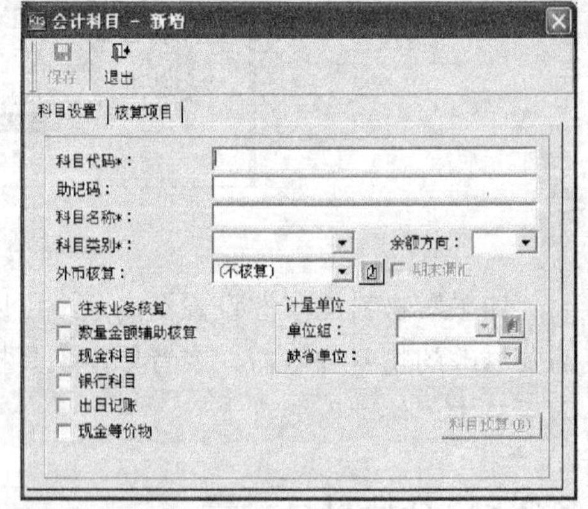

图 3-37

- **科目代码**：会计科目的代码，在系统中必须唯一。科目代码必须首先增加上级科目代码，才能增加下级科目代码。科目代码由“上级科目代码+本级科目代码”组成，中间用“.”（小数点）分隔。
- **助记码**：在录入凭证时，为提高凭证录入速度可以用助记码进行科目录入。例：“现金”的助记码设置为“xj”，录入凭证时科目代码处输入“xj”，系统将会自动获取“现金”科目。
- **科目名称**：录入会计科目的名称。
- **科目类别**：科目类别用于对科目的属性进行定义。系统已预设。
- **余额方向**：该科目余额默认的余额方向。该属性对账簿或报表输出数据有直接影响，系统将根据科目的默认余额方向来反映输出的数值。例如，将“现金”科目的余额方向改为“贷方”，则其借方余额在自定义报表中就会反映为负数。
- **外币核算**：指定该科目外币核算的类型。有三种方式。

① 不核算外币：不进行外币核算，只核算本位币。

② 核算所有外币：对本账套中设定的所有货币进行核算。

③ 核算单一外币：只对本账套中某一种外币进行核算，要求选择一种进行核算的外币的名称。系统在处理核算外币的科目时，会自动默认在“币别”功能中输入的汇率。

期末调汇：科目进行外币核算时，确定是否在期末进行汇率调整。

往来业务核算：选中该项，科目核算往来业务时，凭证录入要求录入往来业务编号，以方便进行往来业务数据的核销处理，此项选择将影响到“往来对账单”和“账龄分析表”的输出。此项适合“账务处理”系统单独使用时设置。

数量金额辅助核算：确定是否进行数量金额辅助核算。若进行数量金额辅助核算，要求选定核算的计量单位。此项适合标准财务模块单独使用时设置。如与物流模块进行数据共享时，在存货模块已经可以看到数量、单价时，可以不设定数量金额辅助核算。

现金科目：指定为现金类科目。输出现金日记账和现金流量表时使用。

银行科目：指定为银行类科目。输出银行日记账和现金流量表时使用。

出日记账：选中此选项，则在明细分类账中按日统计金额。

现金等价物：设定为现金等价物科目，供现金流量表取数使用。

科目预算：设置预算科目，同时单击“科目预算”按钮，进行该科目的本年、本期、本笔的最高借方、贷方的控制，当录入凭证时系统会检测录入的金额是否超过预算，并进行提示。

核算项目：多项目核算，可全方位、多角度地反映企业的财务信息，并且科目设置多项目核算比设置明细科目更直观、更简洁、处理速度更快。如：企业的客户有 1 000 个以上，如果将往来客户设置成明细科目，则应收账款的二级明细科目至少达到 1 000 多条，将往来客户设置成应收账款的核算项目，只要应收账款一个一级科目就可以。每一科目可设置 1 024 个核算项目的处理。

（3）录入科目代码“1001.01”，科目名称“人民币”，如图 3-38 所示。

（4）单击“保存”按钮，保存当前设置。表中其他会计科目请参照以上方法自行录入，一定要注意外币是否“核算外币”的选择。

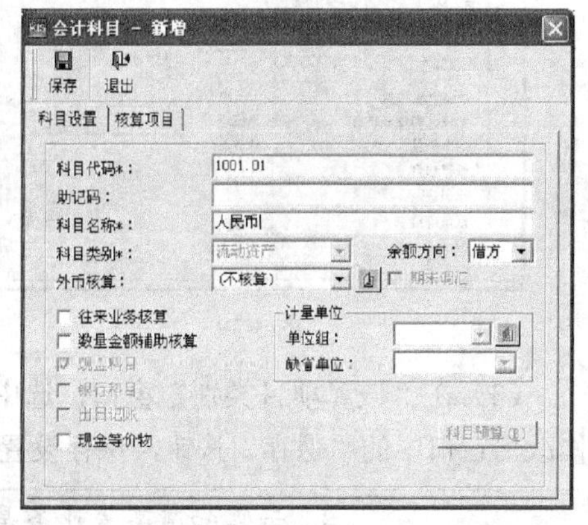

图 3-38

想知道是否新增成功，方法是单击【科目】→【资产】→【流动资产】→【现金】查看。

2. 往来科目设置

往来科目在此指的是应收账款和应付账款科目。在会计工作中，需要知道应收、应付下每一明细账户的发生额和余额，所以在软件中要能处理每个往来单位的每一笔业务。往来类会计科目根据使用模块系统的不同，可以有不同的设置。

方式一：账务处理系统单独使用，采用增加二级明细科目的方式。如有客户 A，设置科目代码为“1122.01”，科目名称录入“A”即可，当录入凭证，涉及到 A 客户的业务时，在凭证录入界面会计科目获取“1122.01”即可。

方式二：账务系统单独使用，采用核算项目的方式。不用在应收账款下增加明细科目，直接更改应收账款具有属性“核算项目”，在录入凭证的“应收账款”科目后，系统同时提示录入“核算项目”信息，这样也能同时起到核算明细的功能。

方式三：账务系统与业务系统联接使用。在会计科目中可以不用设置明细科目，这样在账务系统中只能看到“应收账款”的总账数据，明细账是在应收、应付系统下查询，应收、应付系统提供了详细的业务处理功能，并且每一笔业务都能详细查询得到。

为了使读者更多了解科目的设置方法，在本账套中结合方式二、三，即在往来科目下不设置明细但增加一个“核算项目”的功能。

以表 3-10 中数据为例，介绍往来科目的设置和会计科目的修改方法。

（1）在会计科目管理窗口，双击“1122—应收账款”科目，或单击工具栏上的“属性”按钮，系统弹出“会计科目-修改”窗口，如图 3-39 所示。

（2）单击“核算项目”选项卡中的“增加核算项目类别”按钮，系统弹出“核算项目类别”选择窗口，如图 3-40 所示。

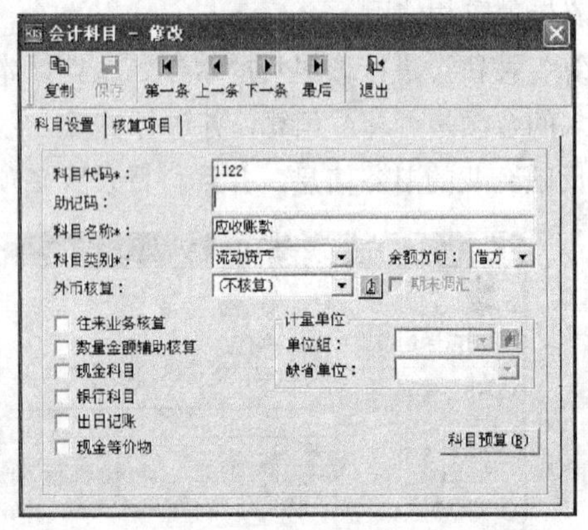

图 3-39

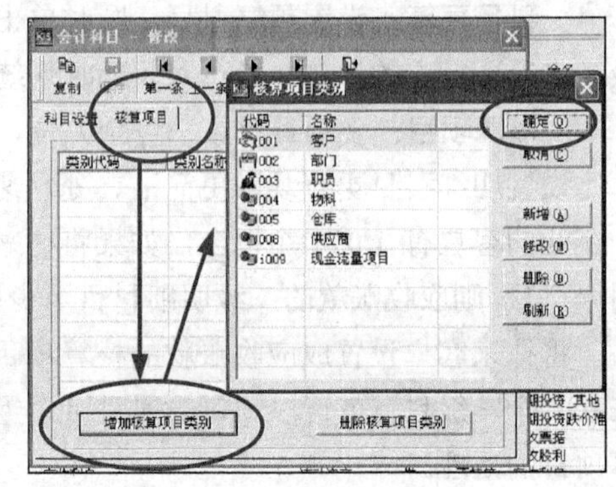

图 3-40

（3）在“核算项目类别”窗口，选中“客户”选项，单击“确定”按钮，再单击“会计科目-修改”窗口中的“保存”按钮，保存设置。其他科目请读者参照以上方法自行设置。

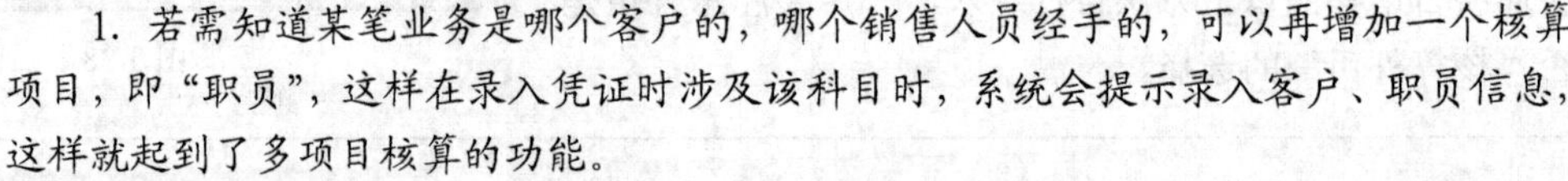

注

1. 若需知道某笔业务是哪个客户的，哪个销售人员经手的，可以再增加一个核算项目，即“职员”，这样在录入凭证时涉及该科目时，系统会提示录入客户、职员信息，这样就起到了多项目核算的功能。

2. 若用户单独使用“账务处理”系统，建议勾选“核算往来业务”条目，这样在录入凭证涉及该科目时，系统会提示录入往来业务的编号，并且在“往来对账单”和“账龄分析表”时能使用该业务号。

3. 该科目使用后，则不能再为该科目新增核算项目类别。

3. 其他科目

其他科目请读者参照以上方法自行设置，当前录入的“科目名称”若与系统内已有的“科目名称”相同，系统则会弹出“该科目名称在本账套中已存在，是否继续”提示，用户根据实际情况选择即可。

注

1. 随着企业不断开展业务，在启用账套后，可随时增加新的科目。

2. 在已发生业务的科目下，再增加一个子科目，系统会自动将父级科目的全部内容转移到新增的子科目，该项操作不可逆。例如，以前账套没有涉及外币，“现金”科目下的数据就是“本位币”数据，当企业由于业务需要涉及外币，在“现金”科目新增“人民币”子科目时，系统会自动将“现金”科目下已有的数据（所有发生额）转移到“人民币”下。

3.2.9 用户管理

用户管理是指对使用该账套的操作员进行管理，对用户使用账套的权限进行控制，可以控制哪些用户可以登录到指定的账套及其可以使用账套中的哪些子系统或哪些模块等。

系统中预设有 1 个用户（manager 即系统管理员用户）和 2 个用户组，用户可以在系统中增加用户并进行相应的授权。

例：以表 3-12 中数据为例讲述如何进行用户管理。

表 3-12　　　　理想科技有限公司账套的用户

用 户 名	用 户 组	权　限
严秀兰	Administrators	所有权限
何　钰	财务组	基础资料、总账、固定资产、现金管理、工资和存货核算使用，销售发票和采购发票
杨玉琴	业务组	基础资料查询权，采购建议和采购管理
陈　铮		基础资料查询权，销售管理

1. 新增用户组

为方便管理用户信息，可以将具有类似权限的用户分组。以表 3-12 中数据为例，新增用户组，操作步骤如下。

（1）在主界面窗口，单击菜单【基础设置】→【用户管理】，系统进入“用户管理”窗口，如图 3-41 所示。

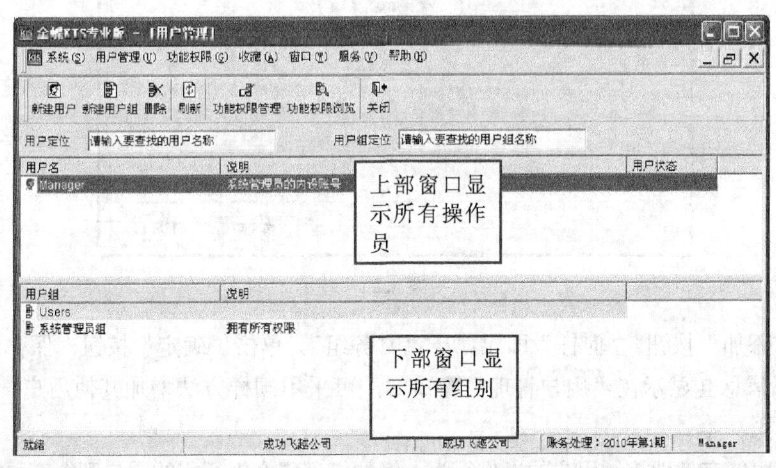

图 3-41

（2）单击工具栏上“新建用户组”，系统弹出“用户组属性”窗口，录入“财务组”、“财务核算”，如图 3-42 所示。

（3）设置完成后单击“确定”按钮，进行保存，这时在“用户管理”窗口下部可以看到已经新增好的“财务组”内容。可采用同样方法新增其他用户组。

2. 新增用户

下面以新增用户“何钰”为例，讲述新增用户操作步骤。

（1）单击工具栏上“新建用户”按钮，系统弹出“新增用户”窗口，如图 3-43 所示。

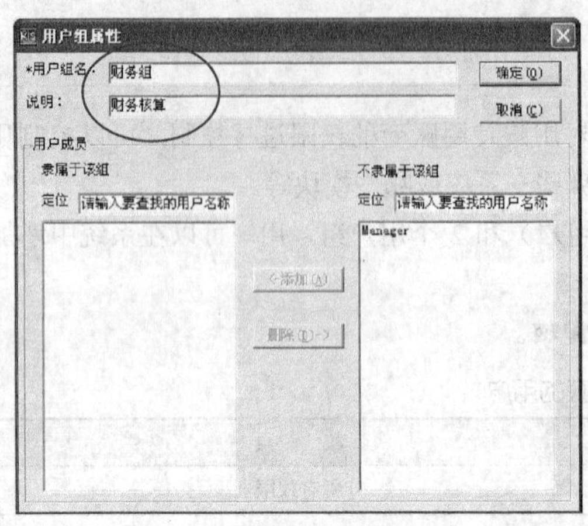

图 3-42

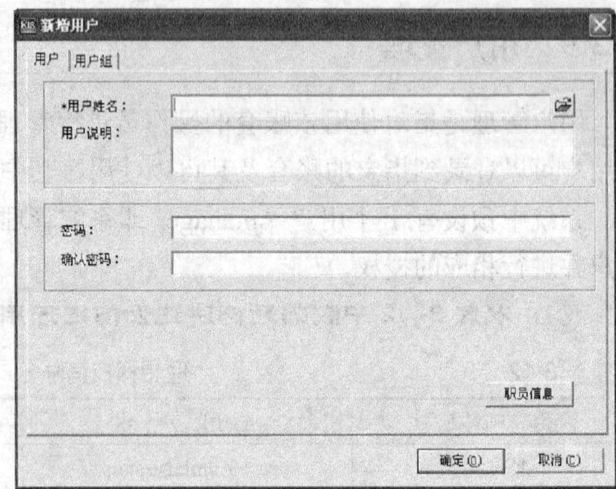

图 3-43

（2）在“用户”选项卡“用户姓名”中录入“何钰”，其他保持默认值。

（3）在“用户组”选项卡中，选中“财务组”，如图 3-44 所示。

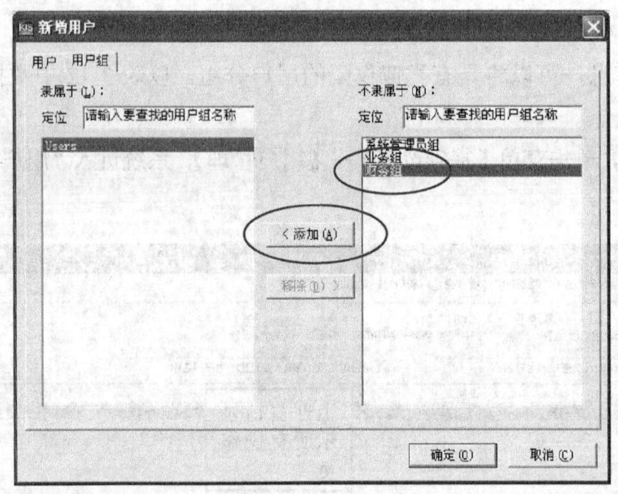

图 3-44

（4）单击“添加”按钮，“何钰”即隶属于“财务组”。单击“确定”按钮，保存新增用户设置，这时新增的用户信息会显示在“用户管理”窗口中，可采用同样方法增加其他用户。

3. 设置权限

通过设置权限能有效地控制用户的操作行为，例如管理现金银行账的用户不能查看往来业务资料。下面以设置“何钰”的权限为例，介绍用户权限设置的具体步骤。

（1）选中用户“何钰”，单击工具栏上“功能权限管理”按钮，系统弹出“权限管理”窗口，如图 3-45 所示。

- **权限组**：系统中所涉及的权限内容列表，在方框中打勾表示选中。其中查询权表示只能查看，管理权表示可以修改、删除等。
- **高级**：详细设置用户的权限。单击“高级”按钮，系统弹出“用户权限”窗口，如图 3-46 所示。在“用户权限”窗口可以详细设置用户的权限，打上勾表示选中。单击“授权”按钮对所选中的功能进行授权，单击“关闭”按钮返回“权限管理”窗口。

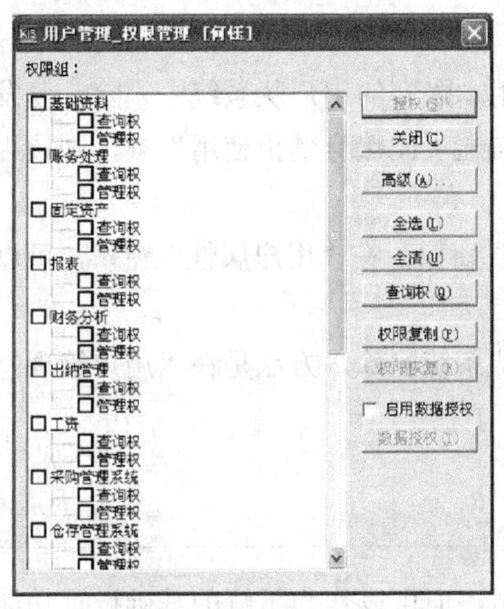

图 3-45

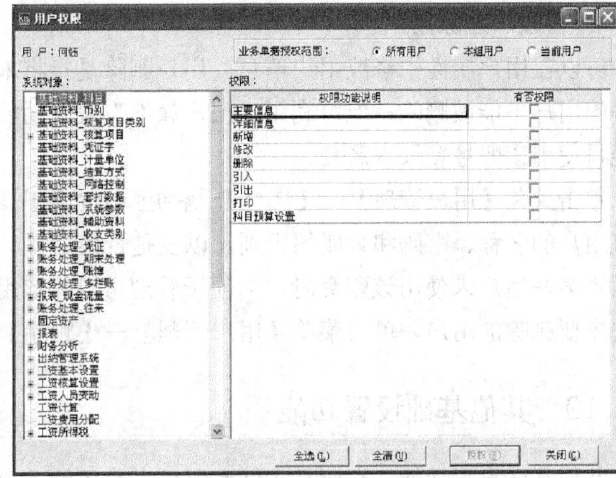

图 3-46

- **查询权**：选中所有模块的查询功能。
- **权限复制**：将当前用户的权限复制给其他用户。
- **启用数据权限**：选中，单击“数据授权”按钮，系统进入“数据授权”窗口。在本窗口可以设置当前用户只能具有客户、仓库和供应商中档案的某些记录才有操作权限，如图 3-47 所示。

（2）在“权限管理”窗口选中基础资料、账务处理、固定资产、报表、报表分析、出纳管理、工资、应收应付管理和存货核算系统项，并取消“启用数据授权”的选中，如图 3-48 所示。

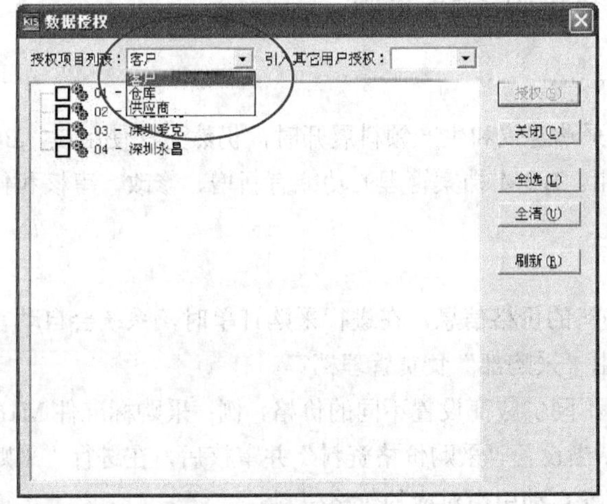

图 3-47

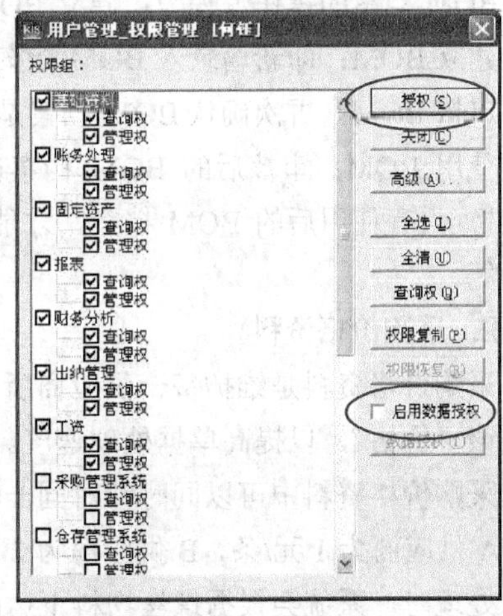

图 3-48

（3）单击“授权”按钮，保存权限功能。其余用户的权限可用同样方法设置。

“数据权限”的设置方法同字段权限的设置方法类似，读者可以自行练习。

由于权限设置是一项比较复杂的工作，在学习本书账套中，为了使每一位操作员在“实例”练习时能顺利操作，可以让每一位操作员选择所有模块的“查询权”和“管理权”。

在实际工作中，做为“权限”分配者，一定要仔细测试每一位操作员的权限是否符合企业的安全要求。

4. 修改、删除用户

可以在用户属性中修改用户信息。用户删除是指将未使用本账套的用户从系统中删除，已发生业务的用户不能被删除，但可利用“用户属性”设置功能，勾选“此账号禁止使用”项，则该用户不能再使用该账号登录本账套。

单击菜单【用户管理】→【属性】，系统弹出“用户属性”窗口，在“用户属性”窗口，可以修改该用户的名称、密码和隶属的组别，以及是否禁用。

当某些用户未使用该账套时，为便于管理可以将该用户从系统删除，方法是在“用户管理”窗口选中要删除的用户，单击菜单【用户管理】→【删除】即可。

3.2.10 其他基础设置功能

其他基础设置功能，在此是指针对财务人员可能不会使用，但可以作为了解的基础设置功能，如 BOM、采购价格管理和上机日志等内容。

1. BOM

BOM（Bill Of Material）：物料清单，是指物料（通常是成品或半成品）的组成情况，如一台电脑由几个 CPU、几根内存条、多少块硬盘、多少颗螺丝等物料组装而成，也叫作产品结构清单或物料配方。正确设置 BOM 档案是金蝶 KIS 专业版系统采购建议计算的基本要求。

一个完整的 BOM 档案应该包括以下两项内容：（1）物料关系，即一个成品或半成品由什么物料组成。（2）数量关系，即一个成品或半成品由多少数量的物料组成。

BOM 档案的操作流程为：建立 BOM→审核 BOM→使用 BOM。

建立 BOM：即新增录入 BOM 档案。

审核 BOM：再次确认 BOM 档案是否正确无误。

使用 BOM：审核后的 BOM 档案在进行采购建议和生产领料展开时，仍然无法使用该“BOM 档案”，只有使用后的 BOM 档案，才能被应用。BOM 档案管理的功能有新增、修改、审核和使用等功能。

2. 采购价格资料

采购价格资料是维护每一供应商所供应物料的价格信息，在进行采购订单时，系统会自动首先引用该“价格”，以提高单据处理速度。通常由“采购部”负责管理档案。

采购价格资料中可以同时针对同一物料，不同供应商设置不同的价格，例：采购标准件 M16 螺丝，A 供应商为 1 元/条，B 供应商为 2 元/条，当设置“采购价格资料”并审核后，在进行“采购订单”处理时，系统会根据螺丝物料下达的供应商自动引用对应的价格资料。

采购限价处理同时也在“采购价格资料”中维护，当采购业务发生时下达的价格高于“最高限价”，单据保存时，系统会弹出超出最高限价提示窗口。

在主界面窗口，单击【基础设置】→【采购价格资料】，进入“采购价格管理”窗口，如图 3-49 所示。

- **供应商**：点击工具栏“供应商”按钮可以查询所有供应商下不同物料的价格资料档案。
- **物料**：点击工具栏“物料”按钮可以查询所有物料下不同供应商的价格资料档案。

设置采购价格的方法是：在左侧窗口选中要设置的物料，单击“新增”按钮，系统进入“供应商供货信息”设置窗口，供应商代码按 F7 功能键获取要设置的供应商档案，再到报价设置处录入价格，单击“保存”按钮保存设置，单击“关闭”按钮返回“采购价格管理”窗口，在右侧窗口可以看到设置成功的价格信息，如图 3-50 所示。在右侧窗口，可以对价格信息进行修改、删除和审核等操作，方法是选中该条价格记录后，单击相应按钮即可。价格信息必须审核后才能在以后的业务处理时产生作用。

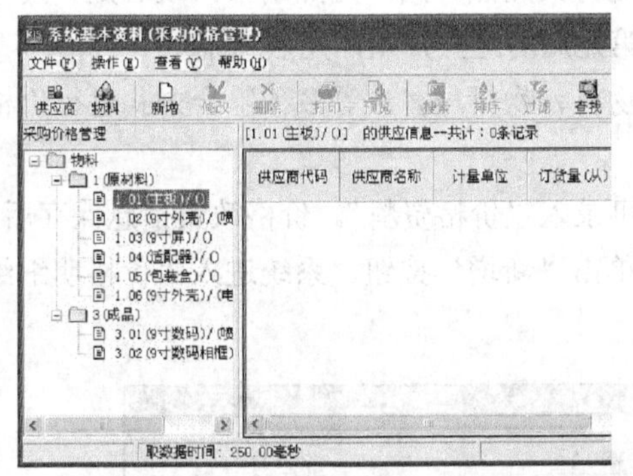

图 3-49

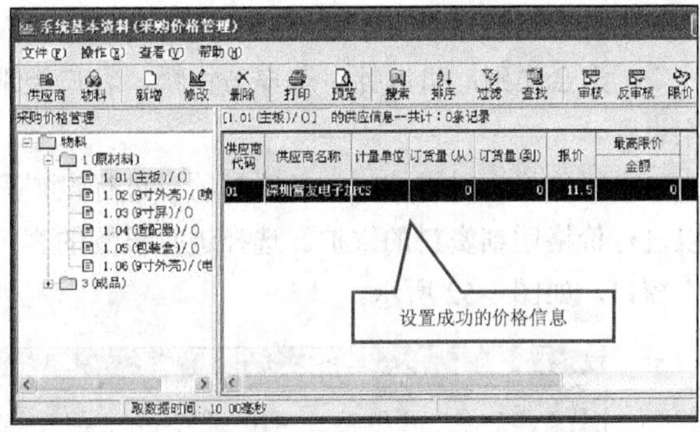

图 3-50

若要对该物料进行采购限价控制，则可选中价格记录，单击“限价”按钮，系统弹出“最高限价”设置窗口，录入最高限价，单击“确定”按钮，保存最高限价设置即可。

当采购限价针对“当前供应商”时，只对选中的价格信息记录中的供应商生效；当针对“所有供应商”时，对所有供应商进行最高限价。

3. 销售价格资料

销售价格资料维护是针对不同客户，不同销售订单量的销售单价资料进行维护。例如，北京宏码科技购买 9 寸数码相框，订单量从 0 至 1 000 支时，单价是 75 元，1 001 至 5 000 支时，单价是 73 元；而广州华商数码购买 9 寸数码相框时，订单量从 0 至 1 000 支时，单价是 78 元，1 001 至 5 000 支时，单价是 75 元。

当价格资料维护好后，在录入销售报价单和销售订单时，系统会根据客户信息和订单量信息，自动从价格资料中提取销售单价，如果系统识别无此客户的价格资料时，则单价需要操作员手工录入。这样省去手工录入单价容易出错的麻烦。当同一客户，同一订单量范围的单价经常变化时，建议不使用“价格资料维护”。该功能通常由“销售部”负责管理档案。

在主界面窗口，单击【基础设置】→【销售价格资料】，系统进入“销售价格资料”管理窗口，可以进行价格方案的新增、查看和修改等操作。单击“新增”按钮，系统进入“销售价格资料”维护窗口，如图 3-51 所示。

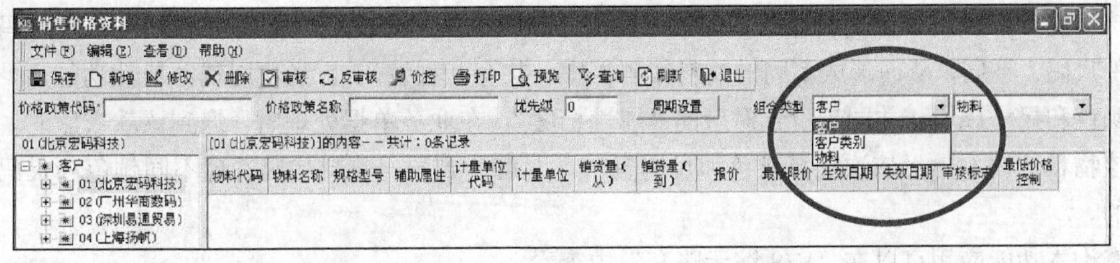

图 3-51

- **价格政策代号**：录入新增价格方案的编号。

- **价格政策名称**：录入新增价格方案的名称。
- **优先级**：设置本价格方案的优先级别。
- **周期设置**：如果价格方案需要进行“周期控制”，则单击“周期设置”按钮，系统弹出“周期设置”窗口，在“周期设置”窗口，可以设置本价格是每天几点开始，几点结束；或者是一周中的某天的几点开始，几点结束；或者是每月的第几天或第几周的几点开始，几点结束。
- **组合类别**：可以针对客户与物料、客户类别与物料、物料与客户等多种组合方式进行价格方案设置。

在进行价格资料维护时，必须对项目进行设置后方可录入“价格资料”。价格政策信息保存后，可以进行价格明细资料的维护。选择进行设置的客户，单击“新增”按钮，系统进入“价格明细维护”窗口，如图 3-52 所示。

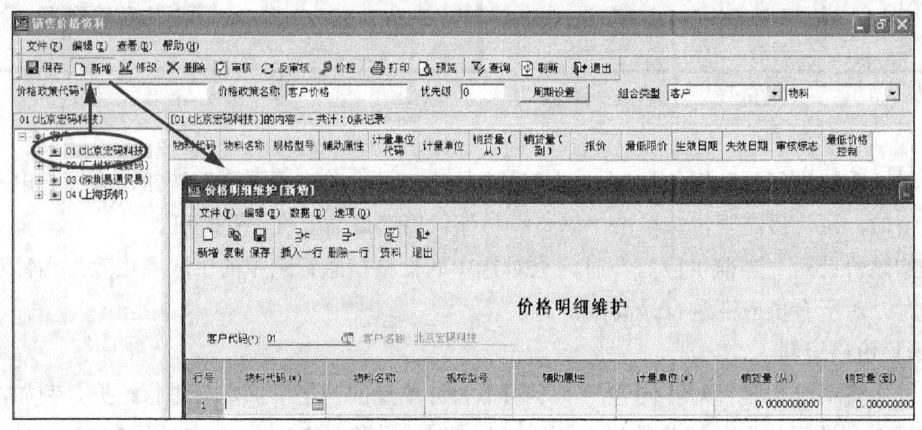

图 3-52

在表单中录入某物料从什么数量到什么数量，是什么币别，报价是多少，以及什么日期生效和什么日期失效等，录入完成单击“保存”即可。一个表单可以录入多个价格明细，即在同一表单中可以同时录入同一物料不同数量段的报价情况。

4. 物料辅助属性

物料辅助属性是针对于核算项目中的“物料”管理中“辅助属性类别”进行对应管理，当物料辅助属性类别和档案建立后，可以在新增“物料”的同时选中要使用的“辅助属性类别”，则在业务单据处理时，系统要求同步录入对应的辅助属性档案。

物料辅助属性类别有基本类和组合类之分，基本类是指单一的辅助属性，如颜色、尺寸等，组合类则由两个或两个以上的基本类组成，新增组合类前必须先进行相应基本类的新增。

该功能可以应用于服装等行业管理中，如同一款衣服，由于颜色（例有三种颜色）和尺码（例有三种尺码）不同，从而形成不同的物料编码档案（共有 9 种编码）。当使用辅助属性功能后，可以设置颜色和尺寸属性，并同步设置对应的“属性档案”，在业务单据处理时，遇到该款衣服时，只要录入该物料代码，然后依次选择颜色和尺码资料，即可达到同一物料代码管理不同颜色和尺码衣服的目的。

查询本功能应用可以在“KIS 演示账套”中查看。

5. 辅助资料

辅助资料是针对前面基础设置中的部分项目进行管理，如职员档案中的学历信息就是在“辅助资料”中管理。

6. 收支类别

收支类别是针对应收应付模块中的其他收入单和费用支出单而设计的，它分为收入类别和支出类别，分别对应其他收入费用单、相关报表引用，通过收支类别的定义，可以统计和核算非主营收支的资金分类，收支类别同时绑定会计科目，在生成凭证时引用。

7. 单据设置

单据设置主要是针对业务系统中的单据的编码规则以及单据保存后是否自动审核的设置。

单击【基础设置】→【单据设置】，系统进入“单据设置”管理窗口，如图 3-53 所示。

选中要修改的单据类型，单击“修改”按钮，系统弹出“修改单据参数设置”窗口，如图 3-54 所示。

图 3-53

图 3-54

（1）编码设置

项目有三种格式：

- **自定义**：用户自定义字符串，可在格式栏直接录入字符串，注意字符串不包括“'”、“$”、“|”特殊字符，至少包括字母（大小写）、数字、中文等特殊字符。根据格式栏自定义字符串长度产生，锁定不可编辑。补位符和替代符无编辑意义。
- **日期**：支持 yyyy/mm/dd、mm/dd/yy、yy/mm/dd、yyyy-mm-dd、mm-dd-yy、yy-mm-dd、yyyymmdd、yymm、mmyy、yy-mm、mm-yy 格式，注意增加年月日起格式。长度：根据格式长度系统产生，锁定不可编辑。补位符：锁定、不可编辑。替代符：如果单据日期不存在，可用替代符替代。
- **流水号**：整数值>=0，标志单据流水的起始值，标志当前单据流水号当前值，单据保存后根据最新的流水号进行更新，对应原当前值。长度：决定流水号的起始值及格式，以整数（正）表示，例如 3 表示从 00X 产生流水号，X 为格式值。补位符和替代符：锁定、不可编辑。

（2）选项

选项控制窗口如图 3-55 所示。

- **允许手工录入**：选中，表示单据编码可手工修改；在不使用编码规则的情况下，此选项选中，且锁定不可编辑；如果使用编码规则，此选项激活可选中或不选中，默认不选中。
- **保存后审核**：选中，该单据保存后自动审核；不选中，不审核，需要人工审核。

- **使用编码规则**：如果不选择使用编码规则，单据编码将不会根据编码规则产生，默认不选中，需要用户手工维护单据编码；如果选中，则按照编码规则产生单据编码，如果设置使用编码规则，必须设置编码项目组合，必须包括流水号的定义。

8. 条形码规则

在 KIS 专业版中，物流条形码应用方案有两种，一种是条码等同于代码，如物料 A 的代码是 992011C10045，通过条码输入设备可以直接扫描输入该条码，系统转换条码为物料代码。系统认为这种条码不需要解析。

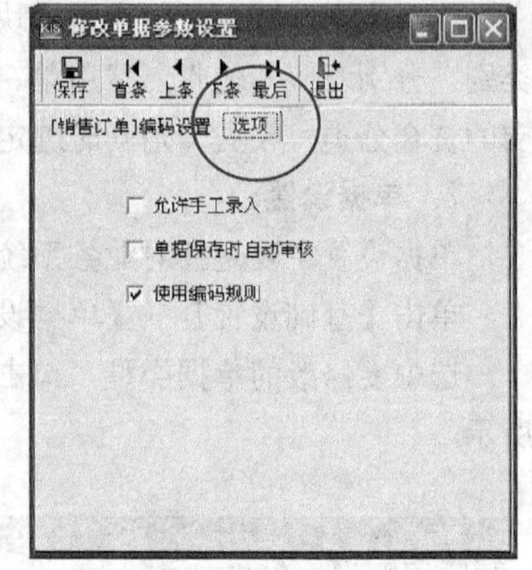

图 3-55

另一种是高级应用方式，条码包含较多的信息，如物料 A 的代码、保质期、批号、金额等信息。可以通过扫描条码将这多种信息一次性录入到单据。这种情况下的条码需要解析。

不需要解析的条码主要是指符合国家条码管理委员会规定的条形码，某些企业如果在内部管理中只是为了简化录入、提高物料录入准确率，也有可能使用不需要解析的企业内码。这种条码必须录入到系统中。

需要解析的条码是指条码包含较多的信息，在制单时希望通过扫描直接将这些信息填到单据上去。这种条码就不需要输入系统中，而只需要制定条码规则、指定单据与条码的关联就可以。

9. 条形码关联

定义好规则之后，进入条码关联界面对条码与单据进行关联，通过指定关联关系，将来在单据制作时，可以通过关联关系来解析条码信息。

单击【基础设置】→【条形码关联】，系统进入“条形码关联”窗口，在对应单类型下选择所要采用的“条形码解析规则”后，单击“保存”按钮保存设置。

定义好条码规则与单据的关联关系，并且使用条码打印软件打印出条码之后，要使用条码的解析功能，还必须将单据状态设置成需要进行条码解析的状态。例如外购入库单，在新增外购入库单窗口，将菜单【查看】→【选项】→【条形码解析】选中，这样才能在条码录入后按照与外购入库单关联的条码规则进行条码的解析。选中“条码解析”后，就可以在单据录入时将条形码按照指定的解析规则进行解析。

10. 上机日志

上机日志用于记录什么时间，哪个用户，进行了何种操作，以及操作的结果，以便于留下操作查找线索。上机日志系统设定为 5 000 条记录，超出 5 000 条记录，系统即按照先进先出的方式删除上机日志记录，保留最新的 5 000 条记录。上机日志记录可进行查看、引出、打印等处理。

单击菜单【基础设置】→【上机日志】，系统弹出“过滤条件”窗口，在过滤窗口中，可以详细设置用户名称、使用模块名称和时间范围等条件。条件设置完成，单击“确定”按钮，系统将满足条件的上机日志显示出来，如图 3-56 所示。

上机日志记录可以进行打印、引出和清除等操作。

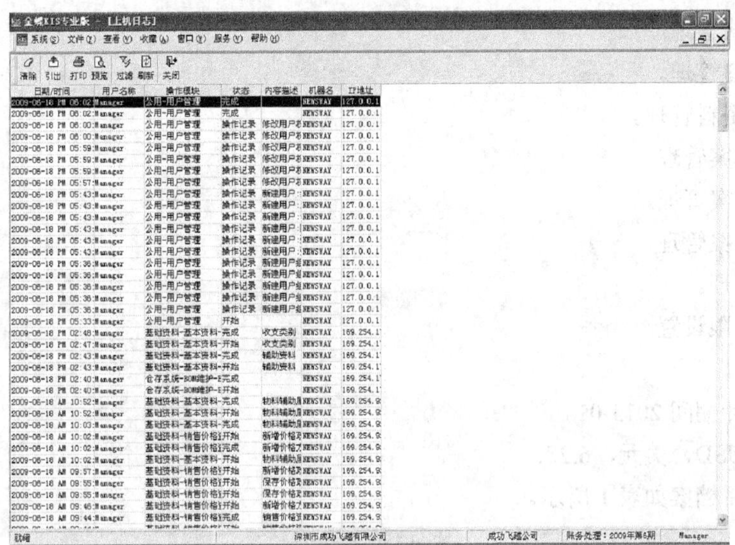

图 3-56

3.3 课后习题

（1）写出系统设置流程？

（2）会计期间能否设置为 13 个期间？

（3）业务系统是否必须与账务处理同一期间启用？

（4）在物料档案新增时，明细资料与上级资料的代码使用什么方式联系？

实验二 基础资料设置

【实验目的】

（1）掌握系统参数设置方法。

（2）掌握基础资料内容。

（3）掌握基础资料设置方法。

（4）掌握用户管理和权限设置

【实验内容】

（1）系统参数设置。

（2）引入会计科目。

（3）新增、修改会计科目。

（4）币别管理。

（5）凭证字管理。

（6）计量单位管理。

（7）结算方式管理。
（8）客户资料管理。
（9）供应商资料管理。
（10）部门档案管理。
（11）职员档案管理。
（12）物料档案管理。
（13）用户管理。
（14）用户权限设置。

【实验资料】

（1）启用会计期间 2013-01。
（2）币别：USD，美元，6.28。
（3）会计科目档案如表 1 所示。

表 1　　会计科目档案

科目代码	科目名称	科目代码	科目名称	科目代码	科目名称
1001.01	人民币	5001.01.01	直接材料	6602.01	差旅费
1001.02	美元	5001.01.02	直接人工	6602.02	业务招待费
1002.01	招行 319 本币	5001.01.03	制造费用转入	6602.03	办公费
1002.02	建行 712 美元	5101.01	房租水电费	6602.04	管理员工资
1601.01	办公设备	5101.02	折旧费	6602.05	折旧费
1601.02	生产设备	5101.03	员工工资	6602.06	其他
1601.03	运输类	6601.01	差旅费	6602.07	坏账损失
4001.01	王齐龙	6601.02	业务招待费	6603.01	利息
4001.02	何小川	6601.03	折旧费	6603.02	银行手续费
5001.01	基本生产成本	6601.04	业务员工资	6603.03	调汇

（4）凭证字：记。
（5）计量单位档案如表 2 所示。

表 2　　计量单位档案

组　别	代　码	名　称	系　数
数量组	11	支	1
	12	个	1
其他组	21	台	1
	22	辆	1

（6）结算方式：JF06 转账支票。
（7）客户档案见表 3。

表 3　　客户档案

代　码	名　称
01	上海常星礼品公司
02	广州鸿运文具店
03	广州明有文具店
04	深圳长友网络公司

（8）供应商档案见表4。

表4　供应商档案

代　码	名　称
01	广州浩友塑胶制品厂
02	广州书名文具厂
03	广州唯安包装公司
04	广州顺利货运公司

（9）部门档案见表5。

表5　部门档案

代　码	名　称
01	总经办
02	财务部
03	销售部
04	采购部
05	仓　库
06	生产部
07	品管部
08	行政部

（10）职员档案见表6。

表6　职员档案

代　码	姓　名	部　门
01	何小川	总经办
02	贺君兰	财务部
03	李　丽	财务部
04	王力保	销售部
05	叶小英	采购部
06	谭　艳	仓　库
07	唐友利	生产部
08	王宝强	生产部
09	袁　有	生产部
10	李丰富	生产部
11	张　先	品管部
12	谢至星	行政部

（11）仓库档案见表7。

表7　仓库

代　码	名　称
01	原材仓
02	半成品仓
03	成品仓
04	包装物仓

（12）物料档案见表 8。

表 8 物料

物料大类	1 原材料						2 半成品	3 产成品	
代码	1.01	1.02	1.03	1.04	1.05	1.06		3.01	3.02
名称	笔芯	笔壳	笔帽	笔芯	笔帽	纸箱		圆珠笔	圆珠笔
规格型号	蓝色		蓝色	红色	红色	500PCS 装		蓝色	红色
物料属性	外购	外购	外购	外购	外购	外购		自制	自制
计量单位组	数量组	数量组	数量组	数量组	数量组	数量组		数量组	数量组
基本计量单位	支	支	支	支	支	个		支	支
计价方法	加权平均法								
存货科目代码	1403	1403	1403	1403	1403	1403		1405	1405
销售收入科目代码	6001	6001	6001	6001	6001	6001		6001	6001
销售成本科目代码	6401	6401	6401	6401	6401	6401		6401	6401

（13）用户与权限见表 9。

表 9

用户名	密码	用户组	权限
贺君兰	111	系统管理员组	所有权限
李丽	222	财务组	基础资料、总账、固定资产、现金管理、工资和存货核算使用，销售发票和采购发票
叶小英	333	业务组	基础资料查询权，采购建议和采购管理
王力保	444	业务组	基础资料查询权，销售管理

【实验步骤】

（1）以“Manager”登录“TEST100 宇纵科技有限公司”账套，系统参数设置，所有模块的启用会计期间为 2013-01。

（2）引入“新会计准则科目”。

（3）新增币别：USD，美元，6.28。

（4）新增表 1 所列会计科目档案，注意 1001.02 与 1002.02 的“外币核算”与“期末调汇”的选择。

（5）修改 1122 应收账款和 2203 预收账款的科目属性中的“核算项目”为“客户”，修改 2202 应付账款和 1123 预付账款的科目属性中的“核算项目”为“供应商”。

（6）新增“记”凭证字。

（7）新增表 2 所列计量单位档案。

（8）新增结算方式：JF06 转账支票。

（9）新增表 3 所列客户档案。

（10）新增表 4 所列供应商档案。

（11）建立表 5 所列部门档案。

（12）建立表 6 所列职员档案。

（13）建立表 7 中仓库档案。

（14）建立表 8 中物料档案。

（15）建立表 9 用户档案。

（16）对用户进行权限设置。

第4章 初始化

学习重点

通过本章学习，了解初始化的意义，了解每一模块初始化数据的准备工作，了解初始化数据的录入，以及各模块之间的初始化数据录入先后次序。

4.1 初始化设置流程

账套初始化是会计信息系统中十分重要的工作，它是整个工作的基础。初始化数据的好坏，将直接影响到系统后期的运行质量。

初始化设置流程：初始化准备→系统参数设置→基础资料设置→初始数据录入→结束初始化。

- **初始化准备**：充足的初始化准备工作能让整个系统的初始化设置工作顺利进行。初始化设置准备工作包括准备账套启用时各会计科目的期初余额、本年累计借方发生额、本年累计贷方发生额，准备物料的期初结存数据等。
- **初始数据录入**：初始数据是根据所需使用的模块系统录入，如用户只购买了账务处理、报表与分析系统，则只需录入各会计科目的期初余额、本年累计借方发生额、本年累计贷方发生额；若是在年初启用账套，则只需录入年初余额。
- **启用系统**：启用系统即结束初始化工作，所有期初数据录入完成后，可以结束初始化工作。只有结束初始化工作才能进行日常的业务处理，如仓存日常的出入库业务等。

单击【初始化】主功能选项，系统切换到“初始化”明细窗口，如图 4-1 所示。

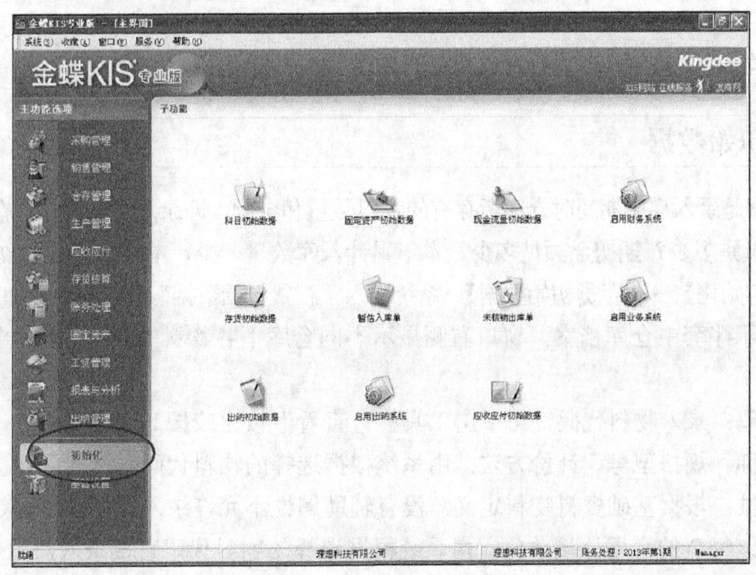

图 4-1

- **科目初始数据**：录入会计科目启用时的期初数据。针对“账务处理”模块。
- **固定资产初始数据**：录入固定资产初始卡片。针对“固定资产”模块。
- **现金流量初始数据**：录入启用期间时的现金流量初始数据。针对“报表与分析”中的“现金流量表”。
- **启用财务系统**：是指财务模块的初始化工作完成，可以结束初始化工作。
- **存货初始数据**：录入启用期间时仓库所存有的物料数量和金额。针对存货核算和仓存管理模块。
- **暂估入库单**：录入启用期间前已入库处理但未开具采购发票的外购入库单。针对存货核算管理和采购管理模块。
- **未核销出库单**：录入启用期间前已经出库处理但未开具销售发票的销售出库单。针对销售管理模块。
- **启用业务系统**：是指业务模块的初始化工作完成，可以结束初始化工作。
- **出纳初始数据**：录入启用时现金银行各科目的期初数据。针对“出纳管理”模块。
- **启用出纳系统**：是指出纳模块的初始化工作完成，可以结束初始化工作。
- **应收应付初始数据**：录入启用时客户和供应商的初始数据。针对“应收应付”模块。

实际初始化处理时是根据账套中所需要使用的模块进行初始化操作，如账套中只使用账务处理系统时，则只需要录入“科目初始数据”即可，如账套中只使用仓存管理系统时，则只需要录入“存货初始数据”。

本书中“理想科技有限公司”账套将使用财务和业务系统，所以明细中的初始数据都必须录入。本书中将采用先业务初始化再财务初始化的顺序，这样是方便将业务中的部分数据传递到“科目初始数据”中，以提高初始化工作效率。

4.2 业务系统初始化

业务系统初始化是指存货初始数据、暂估入库单和未核销出库单三种业务数据的初始化。

4.2.1 存货初始数据

存货初始数据是录入启用期间时仓库所存有的物料数量和金额，即录入每一种物料在不同的仓库中，启用时的期初数量是多少？期初金额是多少？本年累计入库数量多少？本年累计出库数量多少？在主界面窗口，单击【初始化】→【存货初始数据】，系统进入“存货初始数据”录入窗口，如图4-2所示。

窗口左侧显示账套中仓库档案，窗口右侧显示不同仓库下各物料的期初数据。期初数据窗口各项目说明如下。

- **物料代码**：录入物料代码，可单击工具栏“查看”按钮或按F7获取。
- **物料名称、规格型号、计价方法**：由系统根据选择的物料代码直接引入。
- **辅助属性**：根据基础资料物料定义，没有辅助属性不允许录入。按F7获取。
- **单位**：该物料的常用计量单位，由系统根据选择的物料代码直接录入，用户可以使用快捷键F7另行改为同组的其他计量单位。系统最终会根据用户录入的数据自动换算成基本单位计量。

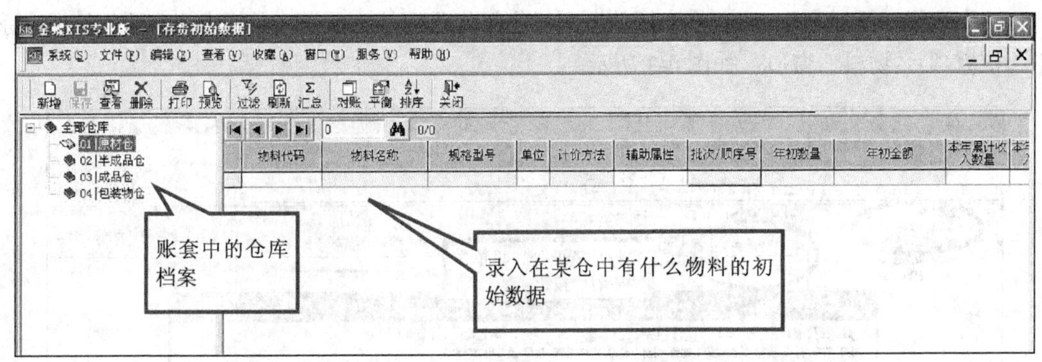

图 4-2

- **批次/顺序号**：物料采用的计价方法为分批认定法、先进先出法、后进先出法时，要使用到该字段；物料需要进行业务批次管理时，要使用到该字段。当物料不进行批次管理但采用保质期管理时，仍可调出批次录入的小界面，录入时，注意批次不允许用户录入，保质期允许录入；保质期的录入规则和原有一致，不进行更改。
- **年初数量**：启用期所在年度的年初存货数量余额，用户不必录入，由系统根据平衡公式算出。平衡公式是：年初数量=期初数量－本年累计收入数量+本年累计发出数量。
- **年初金额**：在启用期所在年度的年初存货金额，平衡公式是：年初金额=期初金额－本年累计收入金额+本年累计发出金额。
- **本年累计收入数量**：启用期所在年度期初至启用期前的期间为止的时间段中，企业累计的存货收入数量，用户根据实际情况录入。
- **本年累计收入金额**：启用期所在年度期初至启用期前的期间为止的时间段中，企业累计的存货收入金额。
- **本年累计发出数量**：启用期所在年度期初至启用期前的期间为止的时间段中，企业累计的存货发出数量，用户根据实际情况录入。
- **本年累计发出金额**：启用期所在年度期初至启用期前的期间为止的时间段中，企业累计的存货发出金额。
- **期初数量、期初金额**：在启用期当期的期初存货数量余额和启用期当期的期初存货金额余额，用户根据实际情况录入。
- **生产日期/采购日期**：是采用保质期管理的物料所必须录入的数据。
- **入库日期**：录入入库日期，用于计算库龄。默认为启用账套的期间的前一天。
- **保质期**：采用保质期管理的物料所必须录入的数据，系统由【基础设置】→【核算项目】→【物料】中的<保质期（天）>中自动带入。
- **有效期至**：有效期至=生产日期/采购日期-保质期。

例：新增表 4-1 中物料初始数据。

表 4-1　物料初始数据

仓库名称	物料代码	物料名称	期初数量	期初金额
原材仓	1.01	主板	550	6 500
原材仓	1.02	9 寸外壳—喷亮油	200	660
成品仓	3.01	9 寸数码相框—喷亮油	50	2 250

（1）先选择“原材仓”，然后将光标放置到“物料代码”处，单击工具栏上“查看”按钮，系统弹出“核算项目-物料”窗口，如图 4-3 所示。

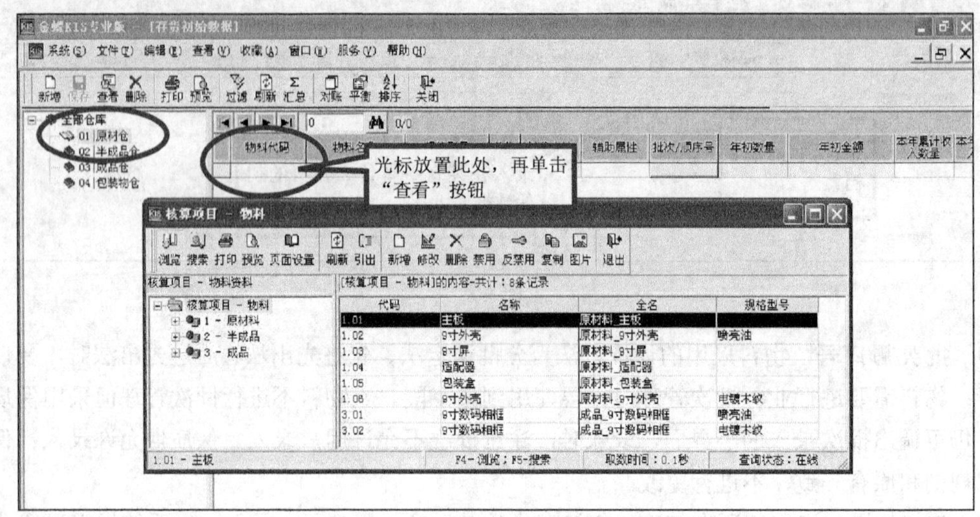

图 4-3

光标放置“物料代码”处时，可以按下键盘上“F7”功能键，系统同样可以弹出“核算项目-物料”窗口，可以称“F7”功能键为“万能查询键”。

在“核算项目-物料”窗口，可以对物料进行新增、修改和审核等操作。

（2）双击“1.01 主板”物料，将该物料引入到“初始数据录入”窗口，按表 4-1 数据录入初始数据，录入成功的窗口如图 4-4 所示。

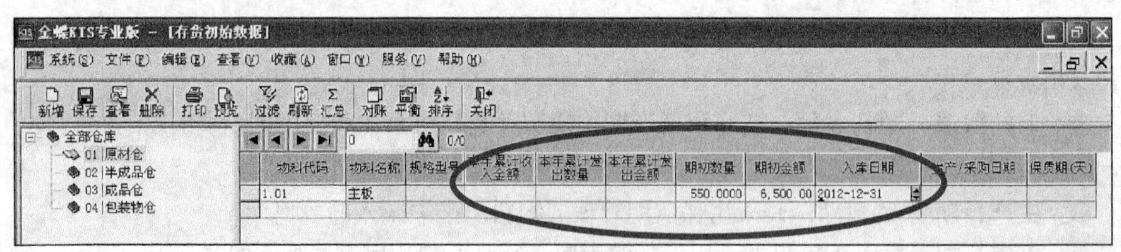

图 4-4

本年累计收入和本年累计发出，这两项数据是否录入视各企业管理而定，如果销售管理系统与财务系统同时启用，则必须录入，否则会导致无法与“总账”数据一致。但年初启用则不用录。

当物料采用的计价方法为分批计价法、先进先出法和后进先出法时，则“批次/顺序号”需要录入。

采用计划成本法的物料，差异金额需要根据实际情况录入。

（3）单击“新增”按钮，继续录入表 4-1 中其他物料的期初数据，单击“保存”按钮，保存初始数据录入。

在存货初始化时，系统提供将存货初始数据自动转为财务初始数据，同时传递到账务处理系统，可减轻账务系统初始化工作，避免手工录入容易造成的错误。在"初始化数据"录入窗口，单击工具栏上"对账"按钮，系统进入"对账"窗口，如图4-5所示。

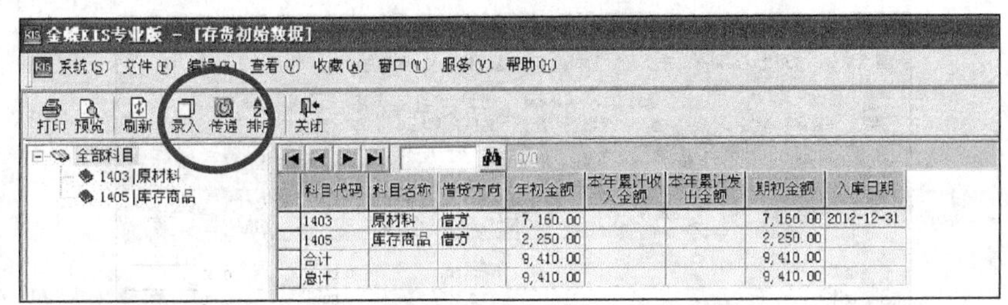

图 4-5

窗口中显示由物料属性中所设置的"存货科目代码"，并根据录入的初始数据汇总到"总账"中的会计科目。单击"传递"按钮，系统弹出提示窗口，如图4-6所示。

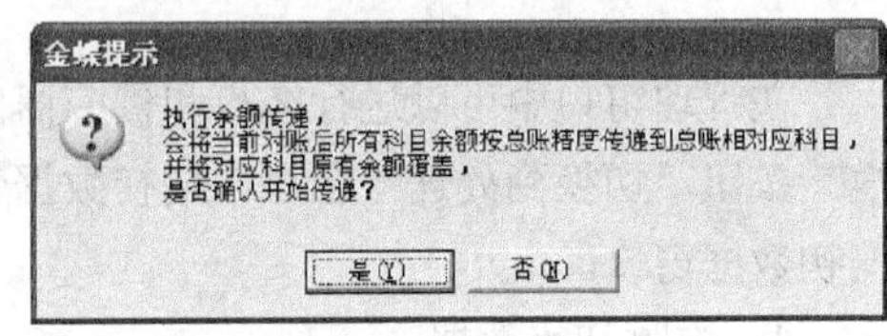

图 4-6

单击"是"按钮，则系统将初始数据传递到"总账"系统。单击"录入"，返回初始数据录入状态。

4.2.2 暂估入库单、录入启用期前的未核销销售出库单

暂估入库单是录入截止启用期间前已经收到货物，但是还未开具采购发票进行核算的外购入库单，以暂估入库核算材料成本的单据。录入暂估入库单是为了在开具采购发票时，重新核算材料入库成本。

单击【初始化】→【暂估入库单】，系统弹出"条件过滤"窗口，保持默认值，单击"确定"按钮，系统进入"暂估入库单"单据管理窗口，可以进行"暂估入库单"的新增、修改和删除等操作。暂估入库单的操作方法可以参照"11.2.1 采购入库单"一节。

录入启用期前的未核销销售出库单是指录入在系统启用期前已经开具销售出库单，但是尚未开出销售发票的单据，录入本单据是为以后系统方便进行发票的核销处理工作。

单击【初始化】→【未核销出库单】，系统弹出"条件过滤"窗口，在此保持默认值，单击"确定"按钮，系统进入"未核销出库"单据管理窗口，可以进行"未核销销售出库单"的新增、修改和删除等操作。具体操作方法可以参照"13.2.1 销售出库单"一节。

4.3 财务系统初始化

财务系统初始化是指科目初始数据、固定资产初始数据、现金流量初始数据、应收应付初始数据和出纳系统五种业务数据初始化。

4.3.1 应收应付初始数据

应收应付初始数据是处理往来单位的截止启用期间时的期初数据，客户要录入期初应收账款金

额和期初预收账款金额，供应商要录入期初应付账款金额和期初预付账款金额。

单击【初始化】→【应收应付初始数据】，系统进入“应收应付初始数据”管理窗口，如图4-7所示。

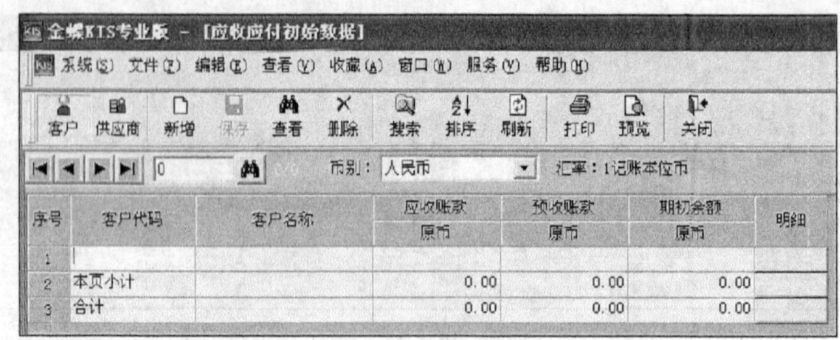

图 4-7

在管理窗口中可以进行客户和供应商的期初数据管理，如新增、修改和删除等操作。单击“客户”按钮，切换到处理“客户”期初数据管理窗口；单击“供应商”按钮，切换到处理“供应商”期初数据窗口。

1. 应收初始数据

应收初始数据是录入所有“客户”的初始数据。以表4-2中数据为例，讲述“客户”初始数据处理方法。

表 4-2　　客户初始数据

客　户	日　期	应收账款	预收账款	期初余额
北京宏码科技	2012-12-31	28 600.00		28 600.00
广州华商数码	2012-12-31	8 800.00		8 800.00
深圳易通贸易	2012-12-31	25 000.00		25 000.00

（1）首先选择正确的币别，在此选择“人民币”，光标置于“客户代码”处，单击工具栏上“查看”按钮，系统弹出“客户”档案窗口，如图4-8所示。

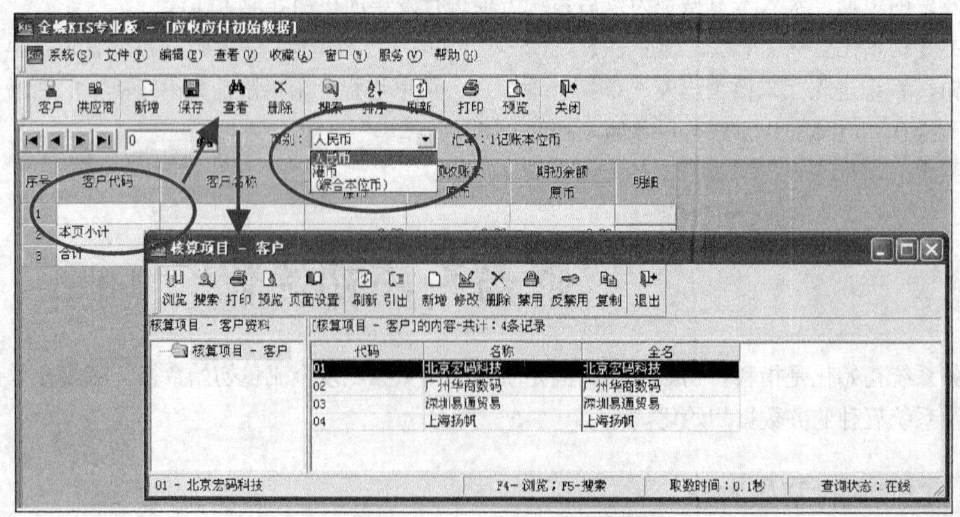

图 4-8

（2）双击“01 北京宏码科技”客户记录，获取到初始化管理窗口，单击“明细”打“勾”按钮，系统进入“应收应付初始余额录入”窗口，如图 4-9 所示。

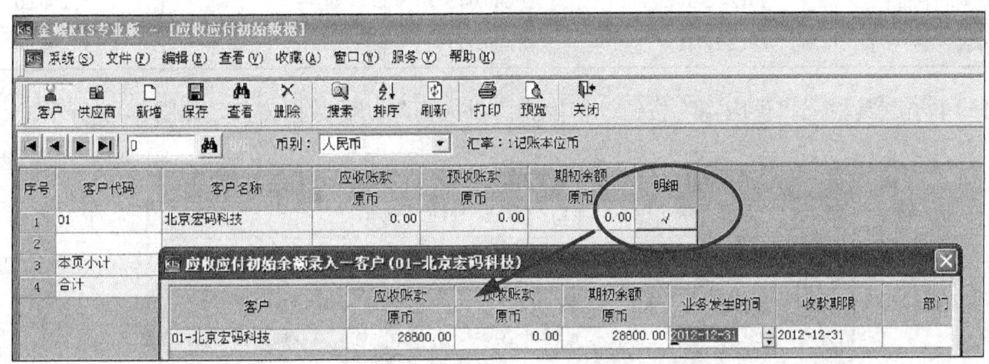

图 4-9

往来初始数据有两种处理方法。第一种是余额法，即将截止启用期间时该客户所有未收到“应收账款金额”和“预收账款金额”汇总为一条记录录入，该方法最简单，并能快速完成初始化，缺点是在以后的核销时不能明细知晓所收到款为某某销售发票的货款；第二种是明细法，即将截止启用期间时该客户所有未收到“应收账款金额”和“预收账款金额”一条一条记录录入，优点是在以后收到货款时，能有效的知晓为某某销售发票的金额，并且方便未来往来对账处理，缺点是工作量大。在此暂时采用第一种方法。

（3）在“应收账款”的“原币”下录入“28 600”，单击“保存”按钮保存录入，单击“关闭”按钮返回“应收应付初始数据”管理窗口，系统将所保存的数据返写到相应项目下。

若要修改初始数据时，可以单击对应“客户”的“明细”按钮，进入“应收应付初始余额录入”继续修改并保存即可。

（4）光标放置第二行，按照前面步骤录入其他客户的初始数据，单击“保存”按钮保存数据，录入完成的窗口如图 4-10 所示。

金蝶KIS专业版 － [应收应付初始数据]

序号	客户代码	客户名称	应收账款	预收账款	期初余额	明细
			原币	原币	原币	
1	01	北京宏码科技	28600.00	0.00	28600.00	√
2	02	广州华商数码	8800.00	0.00	8800.00	√
3	03	深圳易通贸易	25000.00	0.00	25000.00	√
4						
5	本页小计		0.00	0.00	0.00	
6	合计		0.00	0.00	0.00	

图 4-10

2. 应付初始数据

应付初始数据是录入所有“供应商”的初始数据。以表 4-3 中数据为例，讲述“供应商”初始数据处理方法。

表 4-3　　　　　　　　　　　　供应商初始数据

供应商	日期	应付账款	预付账款	期初余额
深圳富友电子加工厂	2012-12-31	11 000.00		11 000.00
深圳高显贸易公司	2012-12-31	32 400.00		32 400.00

（1）单击工具栏上“供应商”按钮，切换到“供应商”初始数据窗口，如图 4-11 所示。

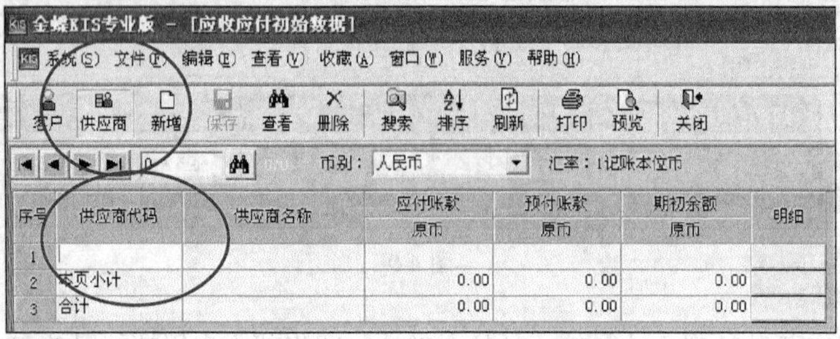

图 4-11

（2）光标放置“供应商代码”处，单击工具栏上“查看”按钮，系统弹出“供应商”档案管理窗口，双击“深圳富友电子加工厂”，并返回“初始数据”管理窗口。

（3）单击“明细”列“打勾”按钮，系统进入“应收应付初始数据余额录入”窗口，在“应付账款”的原币下录入“11 000”，单击“保存”按钮保存录入，单击“关闭”返回初始数据管理窗口，同样方法录入“深圳高显贸易公司”的初始数据，录入完成的窗口如图 4-12 所示。

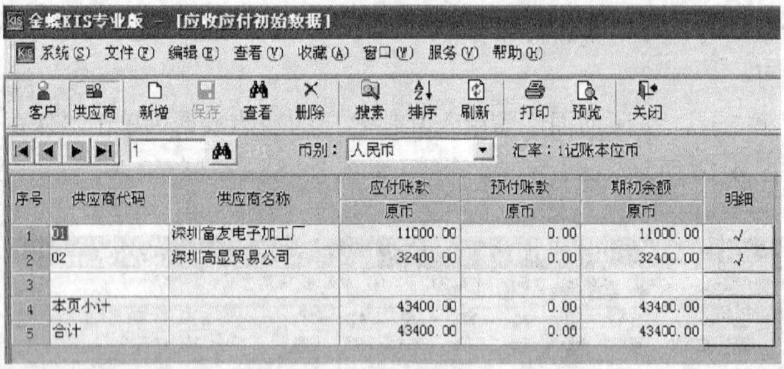

图 4-12

3. 传递到科目初始化

传递到科目初始化是指将应收应付的初始数据传递到“科目初始数据”中，以减少手工录入“科目初始数据”麻烦，并且可以同步保证双方模块的初始数据统一。

选择菜单【文件】→【传递到科目初始化】，弹出“应收应付初始数据传递到总账科目初始数据”窗口，客户应收账款对应“1122”科目，客户预收账款对应“2203”科目，供应商应付账款科目对应“2202”科目，供应商预付账款对应的“1123”科目，如图 4-13 所示。

单击“确定”按钮，系统会弹出提示窗口，根据要求选择，在此选择“是”按钮，稍后弹出传递成功提示窗口。

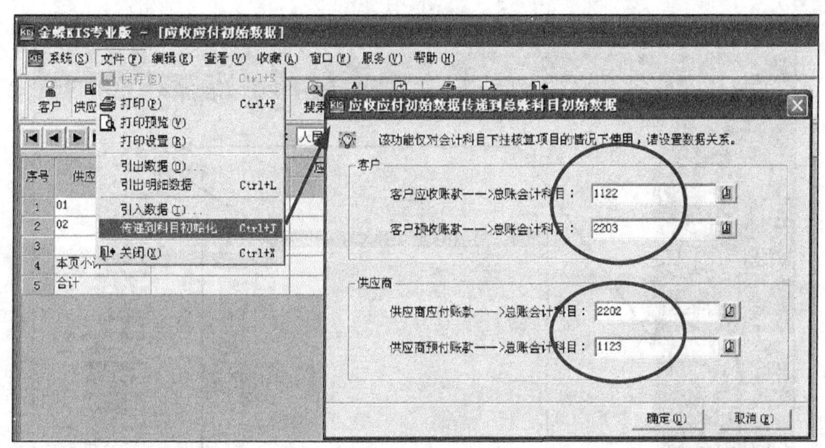

图 4-13

4.3.2 固定资产初始数据

固定资产系统初始数据是指把启用期间以前的固定资产初始数据通过新增固定资产卡片方式录入到系统中。

1. 基础资料

固定资产的基础资料主要包括资产类别、变动方式、使用状态、折旧方法和存放地点，以上资料都要在初始化之前设置完成。

（1）资产类别。为方便管理固定资产，可以对固定资产卡片进行资产分类管理。以表 4-4 中数据为例，介绍“卡片类别”的操作方法。

表 4-4　固定资产卡片类别

代码	类　别	常用折旧方法	净残值率
01	办公设备	平均年限法（基于入账原值和预计使用期间）	10%
02	机械设备	工作量法	10%
03	运输车辆	平均年限法（基于入账原值和预计使用期间）	10%

① 单击【固定资产管理】→【资产类别】，系统弹出“固定资产类别”管理窗口，如图 4-14 所示。

在此可进行资产类别的新增、删除、修改等操作。

② 在“固定资产类别”管理窗口上单击“新增”按钮，系统弹出“固定资产类别-新增”窗口，如图 4-15 所示。

- **代码**：设定类别代码。
- **名称**：设定类别名称
- **卡片编码规则**：设定编码原则，如 B001，则录入该类别下的第一张卡片为 B001，第二张时系统会自动改为 B002。

③ 录入代码“01”、名称“办公设备”，预设折旧方法处获取（按 F7 功能键）“平均年限法（基于入账原值和预计使用期间）”，录入净残值率“10”，选中“由使用状态决定是否计提折旧”，如图 4-16 所示。

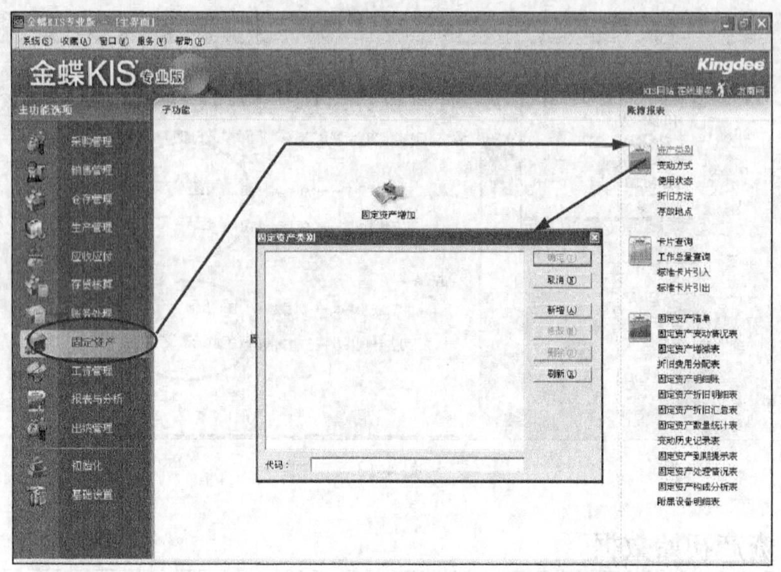

图 4-14

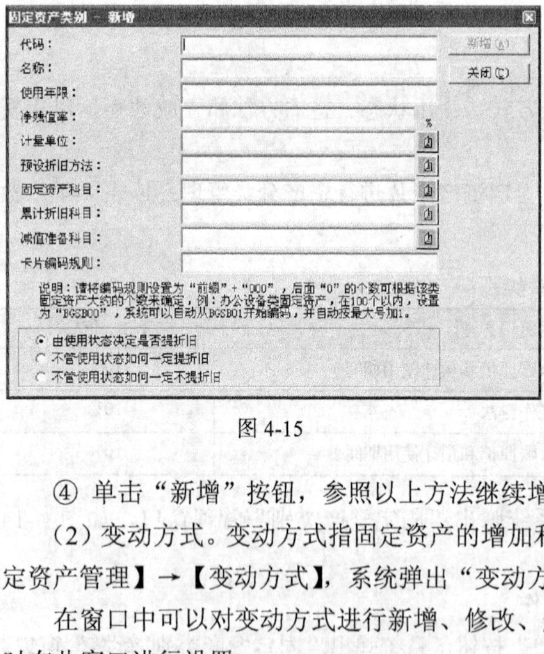

图 4-15

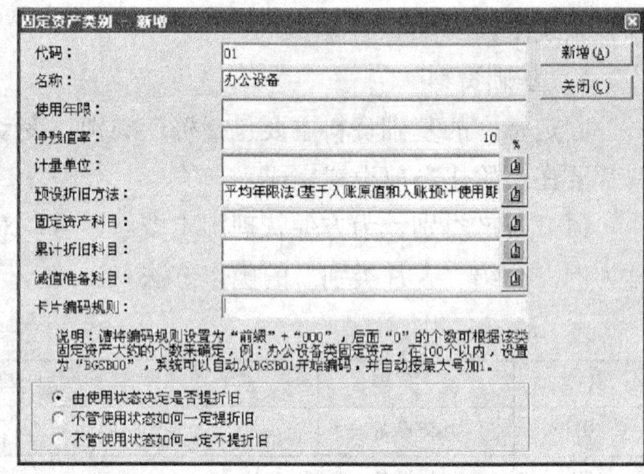

图 4-16

④ 单击“新增”按钮，参照以上方法继续增加表 4-4 中其他数据。

（2）变动方式。变动方式指固定资产的增加和减少方式，如购入、接受捐赠及出售等。单击【固定资产管理】→【变动方式】，系统弹出“变动方式类别”窗口，如图 4-17 所示。

在窗口中可以对变动方式进行新增、修改、删除或打印等操作。在此采用默认值，以后可以随时在此窗口进行设置。

（3）使用状态类别。使用状态类别可以设置固定资产的状态，如正常使用、融资租入或未使用等，并可根据状态设置是否“计提折旧”。单击【固定资产管理】→【使用状态】，系统弹出“使用状态类别”窗口，如图 4-18 所示。

在窗口中可以对使用状态类别进行新增、修改、删除或打印等操作。在此采用默认值，以后可以随时在此窗口进行设置。

（4）折旧方法。固定资产系统的一大特点就是期末为用户提供自动计提折旧费用凭证的功能。实现自动计提折旧的功能时，必须预先在固定资产卡片设置好折旧方法，如平均年限法、工作量法等，这样系统在计提固定资产折旧时会根据折旧方法、使用年限等数据自动计算出应计提的折旧费用。

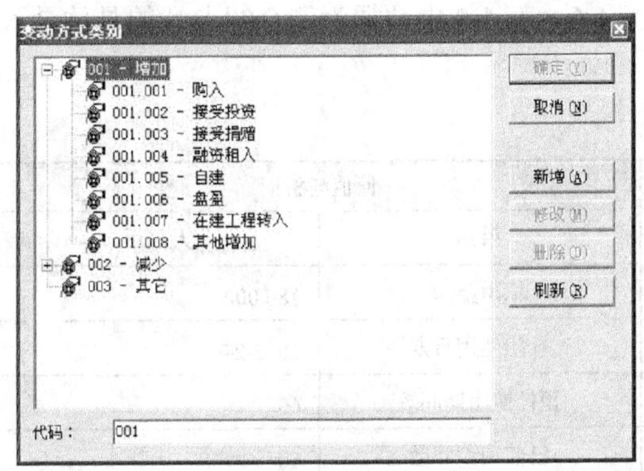

图 4-17

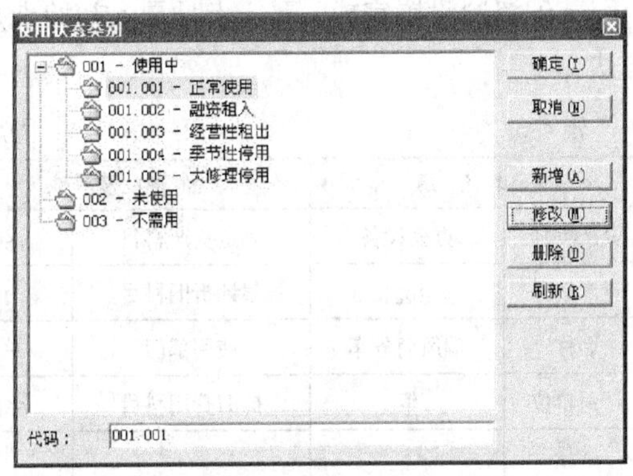

图 4-18

折旧方法功能是查询了解系统中预设的折旧方法，以折旧方法的计算公式，以方便在后期卡片处理时选择正确的折旧方法。单击【固定资产管理】→【折旧方法】，系统弹出“折旧方法定义”窗口，单击“折旧方法定义说明”选项卡，系统切换到折旧方法说明窗口，可以查看各折旧方法定义的说明。单击“折旧计算公式说明”选项卡，系统切换到折旧计算公式说明窗口，可以查看各折旧方法在计提折旧时的公式是如何计算。

（5）存放地点维护。为固定资产方便管理，金蝶 KIS 专业版提供“存放地点”管理，这样在卡片中能清晰地了解哪个部门使用、存放在什么地点。下面以表 4-5 中数据为例，介绍维护“存放地点”的具体操作方法。

表 4-5　　存放地点

代　　码	名　　称
01	办公室
02	生产车间
03	车库

① 在主界面窗口，单击【固定资产管理】→【存放地点】，系统弹出“存放地点”窗口，单击“新增”按钮，系统弹出“存放地点-新增”窗口，录入代码“01”、名称“办公室”，如图 4-19 所示。

② 单击“新增”按钮，参照以上方法继续新增表 4-5 中其他数据。新增完成单击“关闭”按钮返回“存放地点”窗口，如图 4-20 所示。

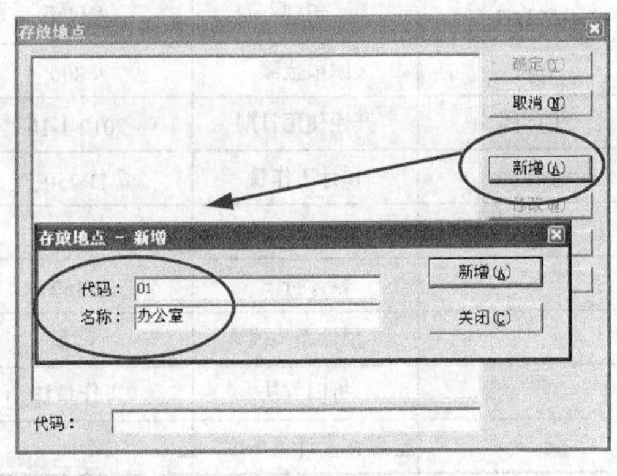

图 4-19

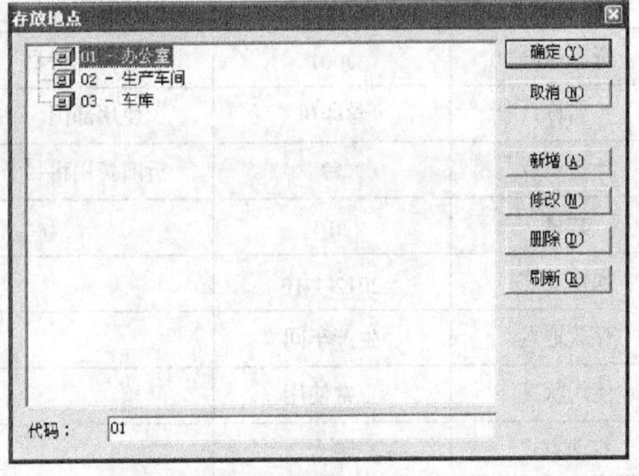

图 4-20

2. 初始卡片录入

基础资料设置完成，下一步是录入初始卡片。以表 4-6～表 4-8 中数据为例介绍卡片的具体录入方法。

表 4-6 固定资产 1

基本信息		部门及其他		原值与折旧	
资产类别	办公设备	固定资产科目	1601.01	币别	人民币
资产编码	B001	累计折旧科目	1602	原币金额	180 000
名称	瑞风商务车	使用部门	总经办	开始使用日期	2012-2-1
计量单位	辆	折旧费用科目	6602.06	预计使用期间数	60
数量	1			已使用期间数	10
入账日期	2012-2-1			累计折旧	27 000
存放地点	车库			预计净残值	18 000
使用状况	正常使用			折旧方法	平均年限法（基于入账原值和预计使用期间）
变动方式	购入				

表 4-7 固定资产 2

基本信息		部门及其他		原值与折旧	
资产类别	办公设备	固定资产科目	1601.01	币别	人民币
资产编码	B002	累计折旧科目	1602	原币金额	3 600
名称	办公电脑 1	使用部门	总经办	开始使用日期	2012-2-6
计量单位	台	折旧费用科目	6602.06	预计使用期间数	60
数量	1			已使用期间数	10
入账日期	2012-2-6			累计折旧	540
存放地点	办公室			预计净残值	360
使用状况	正常使用			折旧方法	平均年限法（基于入账原值和预计使用期间）
变动方式	购入				

表 4-8 固定资产 3

基本信息		部门及其他		原值与折旧	
资产类别	机械设备	固定资产科目	1601.02	币别	人民币
资产编码	J001	累计折旧科目	1602	原币金额	9 800
名称	丝印机	使用部门	生产部	开始使用日期	2012-1-10
计量单位	台	折旧费用科目	5101.03	预计工作量	11 250
数量	1			已使工作量	3 000
入账日期	2012-1-10			累计折旧	2 352
存放地点	生产车间			预计净残值	980
使用状况	正常使用			折旧方法	工作量法
变动方式	购入			工作量计量单位	小时

（1）单击【初始化】→【固定资产初始数据】，系统进入“初始化”窗口，同时系统弹出“卡片及变动-新增”窗口，如图 4-21 所示。

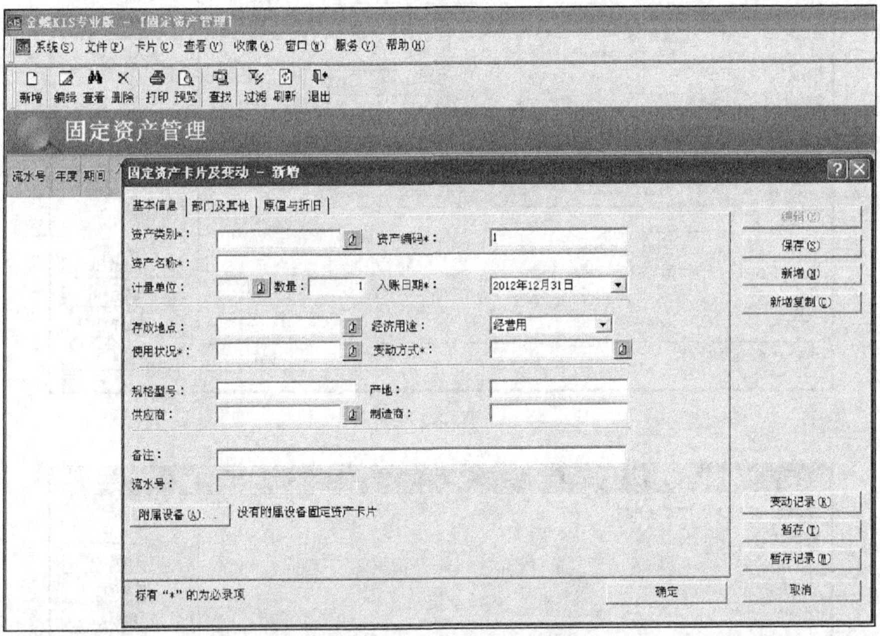

图 4-21

① 基本信息标签页。必填项为资产类别、资产编号、资产名称、计量单位、数量、入账日期、经济用途、使用状况和变动方式等。

② 部门及其他标签页。必填项包括固定资产科目、累计折旧科目、使用部门、折旧费用分配和核算项目。

③ 原值与折旧标签页。所有选项都要设置。

④ 初始化数据标签页。若固定资产为年中启用时，在“新增”窗口中同时会有“初始化数据”标签页。年初原值、年初累计折旧、年初减值准备由系统自动生成，其他选项根据实际情况录入。

（2）在基本信息窗口，资产类别处按 F7 键获取“办公设备”，录入资产编号“B001”，资产名称“瑞风商务车”，计量单位处按 F7 键获取“辆”，数量为“1”，入账日期修改为“2012-2-1”，存放地点按 F7 键获取“车库”，使用状况按 F7 键获取“正常使用”，变动方式按 F7 键获取“购入”，其他采用默认值，设置好的窗口如图 4-22 所示。

（3）单击“部门及其他”标签页，窗口切换到“部门及其他”界面。固定资产科目处按 F7 功能键获取“1601.01（固定资产下的办公设备科目）”，累计折旧科目处按 F7 功能键获取“1602”科目，使用部门处按 F7 功能键获取“总经办”，折旧费用分配科目处按 F7 功能键获取“6602.06”科目，设置好的窗口如图 4-23 所示。

（4）单击“原值与折旧”标签页，窗口切换到“原值与折旧”界面。币别选择“人民币”，原币金额录入“180 000”，开始使用日期修改为“2012-2-1”，录入预计使用期间数“60”、已使用期间数“10”、累计折旧“27 000”，选择折旧方法“平均年限法（基于入账原值和预计使用期间）”，设置好的窗口如图 4-24 所示。

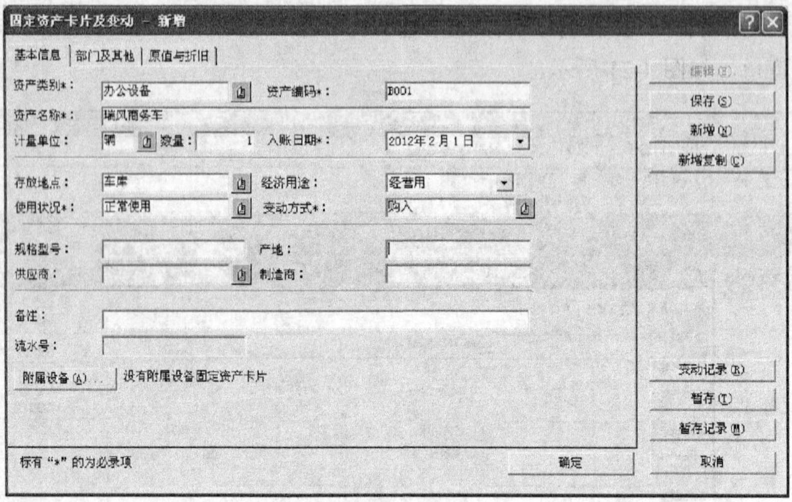

图 4-22

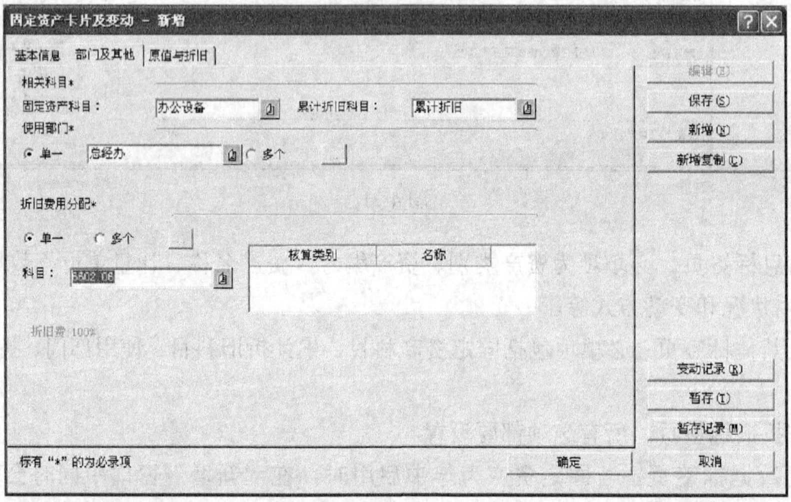

图 4-23

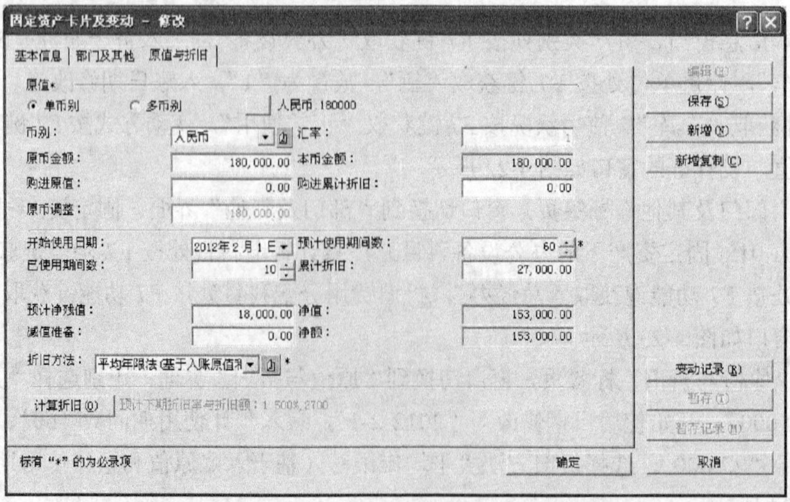

图 4-24

期间数是以“月”为单位，“60”即是60个月。

（5）单击“新增”按钮，系统经检查数据录入完整后保存卡片资料并新增一张空白卡片，请读者用同样方法录入其余固定资产的期初数据。

3. 将初始数据传送总账

将初始数据传送总账是将固定资产期初余额传到“科目初始数据”中。

单击菜单【文件】→【将初始数据传送总账】，系统弹出提示，单击“是”按钮，稍后系统提示传递成功。

4.3.3 科目初始数据

科目初始数据是录入各会计科目的本年累计借方发生额、本年累计贷方发生额和期初余额，涉及外币的要录入本位币、原币金额，涉及数量金额辅助核算的科目要录入数量、金额，涉及核算项目的科目要录入各明细核算项目的数据。

以表4-9中数据为例，介绍科目初始数据的录入方法。

表4-9 科目初始数据

科目代码	科 目 名 称	方向	本年累计借方	本年累计贷方	期 初 余 额
1001.01	人民币	借			5 000.00
1002.01	工行东桥支行125	借			803 082.00
1122	应收账款	借			62 400.00
1403	原材料	借			7 160.00
1405	库存商品	借			2 250.00
1601.01	办公设备	借			183 600.00
1601.02	机械设备	借			9 800.00
1602	累计折旧	贷			29 892.00
2202	应付账款	贷			43 400.00
4001.01	陈友生	贷			500 000.00
4001.02	陈静	贷			500 000.00

（1）单击【初始化】→【科目初始数据】，系统进入“科目初始余额录入”窗口，如图4-25所示。

1. 录入数据时选择正确的“币别”，选择外币时系统会自动切换到外币录入窗口。
2. 白色框表示可以录入数据，黄色框表示由明细数据汇总而得。
3. 核算项目上有打勾的表示单击切换到“核算项目初始余额录入”窗口。
4. 有数量金额辅助核算的科目，选中时系统会自动切换到数量、金额录入状态。
5. 若是年中启用账套，则必须录入本年累计借方金额和本年累计贷方金额。
6. 年初金额由以下计算公式得出：借方年初余额=期初余额+本年累计贷方发生额−本年累计借方发生额；贷方年初余额=期初余额+本年累计借方发生额−本年累计贷方发生额。

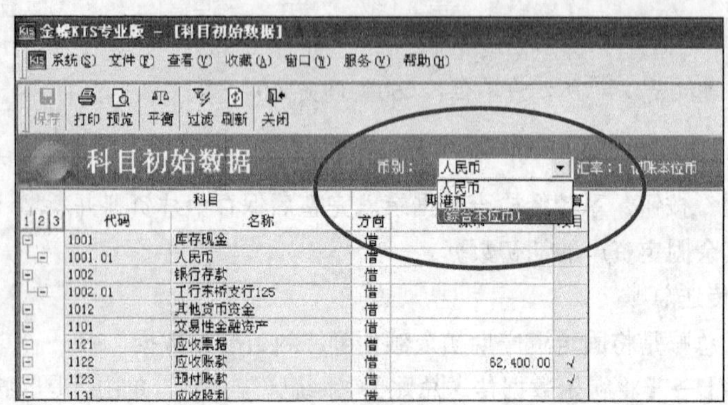

图 4-25

（2）以表 4-9 数据录入“人民币”科目初始数据。双击“1001.01 人民币”的“期初余额”，使该栏呈录入状态，录入“5000”，按下键盘“回车（Enter）”键，表示录入成功，同样方法录入其他科目金额，录入成功后如图 4-26 所示。

（3）若账套为年中启用时，由于应收应付只传递期初余额，未传递本年累计发生数，所以需要补录。单击“应收账款”科目下“核算项目”栏的打勾位置，系统弹出“核算项目初始余额录入”窗口，如图 4-27 所示。

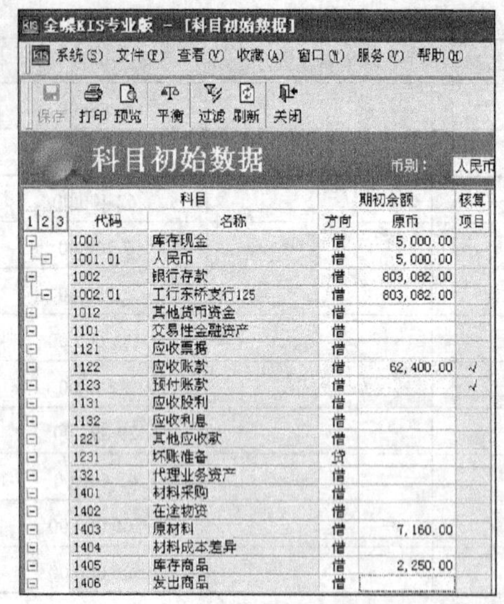

图 4-26

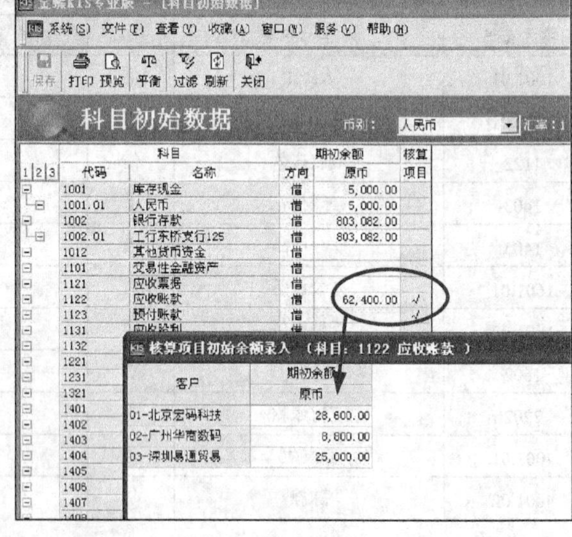

图 4-27

在窗口中可以修改和补充所需要的数据，录入完成单击“保存”按钮即可。

（4）其他数据请读者自行录入。录入完成后须查看数据是否平衡，单击工具栏上“平衡”按钮，系统会弹出“试算借贷平衡”窗口，如图 4-28 所示。若试算不平衡，则返回“科目初始余额录入”窗口检查数据，至试算平衡为止。

注

外币科目有初始数据时，试算平衡一定要选择“综合本位币”状态。只有试算平衡后，才能结束初始化，启用账套。

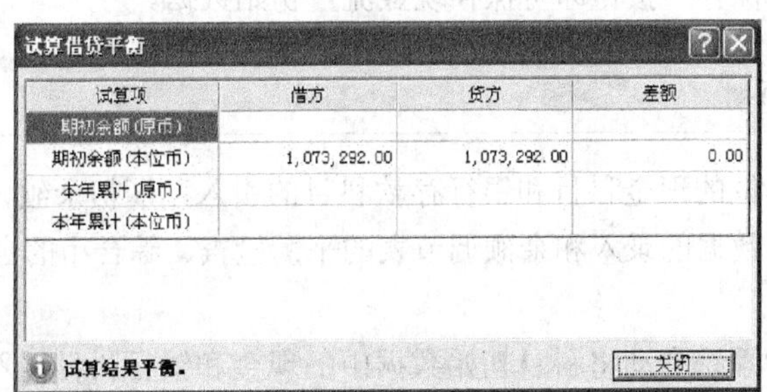

图 4-28

4.3.4 现金流量初始数据

现金流量初始数据是指账套为年中启用时，需要对启用前的现金流量的数据进行录入，系统才能计算“全年”的现金流量表。

在主界面窗口，单击【初始化】→【现金流量初始数据】，系统进入“现金流量初始数据录入”窗口，如图 4-29 所示。

金蝶KIS专业版 － [现金流量初始数据]

系统(S) 文件(F) 查看(V) 收藏(A) 窗口(W) 服务(V) 帮助(H)

保存 打印 预览 检查 过滤 刷新 关闭

现金流量初始数据　　币别：人民币　汇率：1 记账本位

项目	行次	金额
一、经营活动产生的现金流量		
销售商品、提供劳务收到的现金	1	
收到的税费返还	2	
收到的其他与经营活动有关的现金	3	
现金流入小计	4	
购买商品、接受劳务支付的现金	5	
支付给职工以及为职工支付的现金	6	
支付的各项税费	7	
支付的其他与经营活动有关的现金	8	
现金流出小计	9	
经营活动产生的现金流量净额	10	
二、投资活动产生的现金流量		
收回投资所收到的现金	11	
取得投资收益所收到的现金	12	
处置固定资产、无形资产和其他长期资产所收回的现金净额	13	
处置子公司及其他营业单位收到的现金净额	14	
收到的其他与投资活动有关的现金	15	
现金流入小计	16	
购建固定资产、无形资产和其他长期资产所支付的现金	17	
投资所支付的现金	18	
取得子公司及其他营业单位支付的现金净额	19	
支付的其他与投资活动有关的现金	20	
现金流出小计	21	
投资活动产生的现金流量净额	22	
三、筹资活动产生的现金流量		
吸收投资所收到的现金	23	
取得借款收到的现金	24	

支付的各项税费　　理想科技有限公司

图 4-29

窗口中金额列，白色单元格可以录入金额，绿色单元格由白色单元格汇总而得。在录入窗口输入正确的数据后，单击“保存”按钮即可保存现金流量初始数据。

4.3.5 出纳初始数据

出纳初始数据涉及单位的现金科目和银行存款科目的引入，期初余额、累计发生额录入，银行未达账、企业未达账初始数据的录入和余额调节表的平衡检查、综合币的定义等内容。

1. 从总账引入科目

从总账引入科目是指系统自动将科目初始数据中的现金和银行科目引入出纳管理系统，并且同步将科目初始数据下的发生额引入为出纳管理的初始数据，这样即可以提高工作效率，又能保证出纳管理系统中的期初数据与账务处理系统的期初数据相同。

（1）在主界面窗口，单击【初始化】→【出纳初始数据】，系统进入“现金初始数据录入”窗口，如图 4-30 所示。

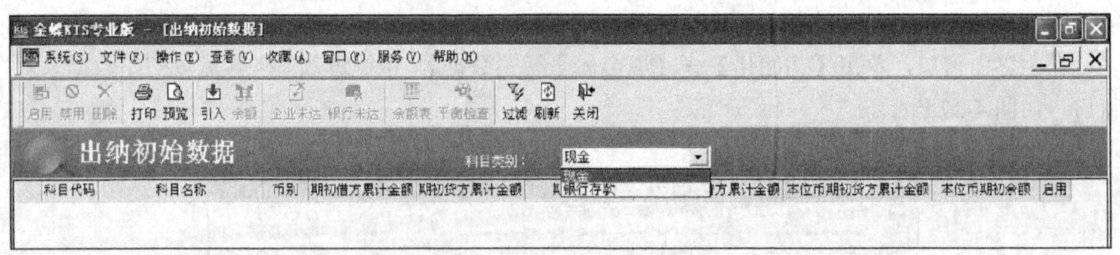

图 4-30

（2）单击菜单【操作】→【从总账引入科目】，系统弹出“从总账引入科目”设置窗口，如图 4-31 所示。

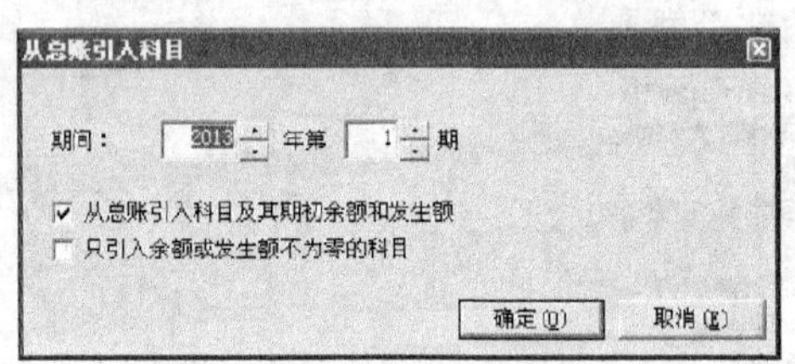

图 4-31

（3）采用默认值，单击“确定”按钮，稍后系统会将引入的数据显示在窗口中，如图 4-32 所示。

金蝶KIS专业版 - [出纳初始数据]

系统(S) 文件(F) 操作(E) 查看(V) 收藏(A) 窗口(W) 服务(V) 帮助(H)

启用 禁用 删除 打印 预览 引入 余额 企业未达 银行未达 余额表 平衡检查 过滤 刷新 关闭

出纳初始数据　　科目类别：现金（现金／银行存款）

	科目代码	科目名称	币别	期初借方累计金额	期初贷方累计金额	期初余额	本位币	币期初贷方累计金额	本位币期初余额	启用
1	1001.01	人民币	人民币	0.00	0.00	5,000.00	0.00	0.00	5,000.00	
2	1001.02	港币	港币	0.000	0.000	0.000	0.000	0.000	0.000	

图 4-32

1. 设置核算“所有币别”的科目，会自动分币别引入多个账户。

2. 从总账引入的科目，其科目属性必须有选择“现金科目”或“银行科目”，否则科目不能引入；引入时只引入总账中的明细科目。

3. 切换现金、银行科目的方法是单击“科目类别”右侧的下拉按钮，属银行存款科目的要填好“银行账号”，如图4-33所示。

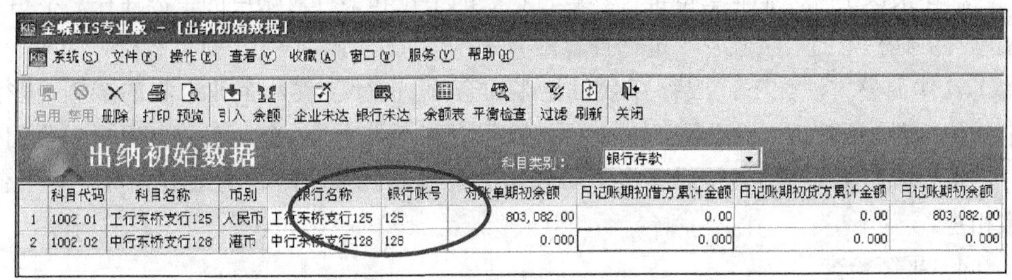

图 4-33

4. 引入科目时系统会自动将数据引入不用再“从总账中引入余额”。

（4）启用、禁用、删除。结束初始化后，系统会自动将所有引入的科目默认为启用状态。如果暂时不需要使用，可以对其进行禁用。也可启用已被禁用的科目，将光标放置于已被禁用的科目上，单击【启用】即可。

对启用的科目也可以进行禁用处理。将光标放置于已启用的科目上，单击【禁用】即可。

对不需要且没使用过的科目可以删除。将光标放置于想删除的科目上，单击【删除】即可。

2. 未达账

未达账设置包括企业未达账和银行未达账设置。所谓未达账项，就是结算凭证在企业与银行之间（包括收付双方的企业及双方的开户银行）流转时，一方已经收到结算凭证作了银行存款的收入或支出账务处理，而另一方尚未收到结算凭证尚未入账的账项。

（1）企业未达账。企业未达账是指银行已收，企业未收或银行已付，企业未付的账项。单击工具栏上“企业未达”按钮，系统切换到“企业未达账”窗口，如图4-34所示。

选中未达账的科目，如“1002.01 工行东桥支行 125”，单击工具栏上“新增”按钮，系统弹出“企业未达账–新增”窗口，如图4-35所示。

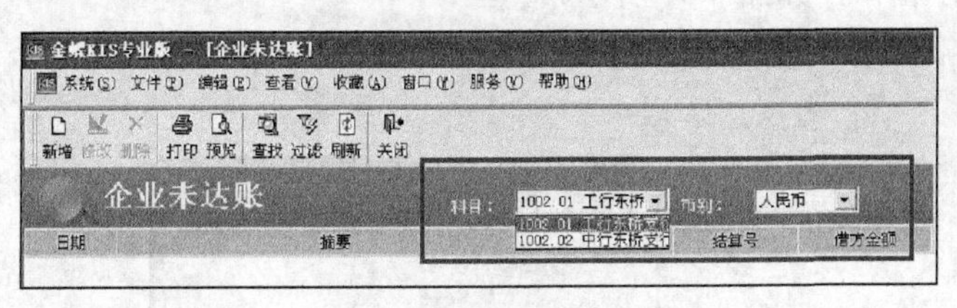

图 4-34

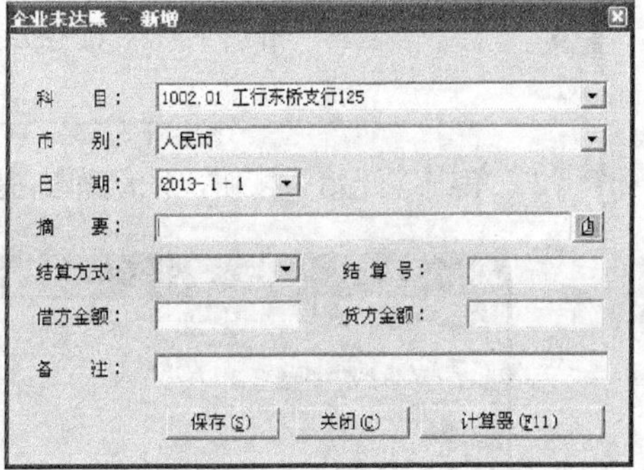

图 4-35

必填项有科目、币别、日期、结算方式和金额。

（2）银行未达账。银行未达账是指企业已收，银行未收或者企业已付，银行未付的账项。在“初始数据录入”窗口，单击工具栏上“银行未达”按钮，系统切换到“银行未达账”窗口，单击工具栏上的“新增”按钮，系统弹出“银行未达账-新增”窗口，必填项有科目、币别、日期和金额。

3. 余额调节表

存在未达账时，企业单位银行存款日记账的余额和银行对账单的余额往往是不相等的，可以通过单击工具栏上的“余额表”进行查看。

具体调整方法如下：银行存款日记账的余额+银行已收，企业未收的金额−银行已付，企业未付的金额=调整后（企业账面）余额；银行对账单的余额+企业已收，银行未收的金额−企业已付，银行未付的金额=调整后（银行对账单）余额。调整后两者的余额相等，表明企业银行存款账相符。

4. 平衡检查

平衡检查是指检查所有的银行存款科目的余额调节表是否都已平衡，系统会给予相应提示。

4.4 启用系统

启用系统是指各模块的期初数据已经录入完成，并且正确无误，可以结束初始化工作，即为启用系统。启用系统之后各模块才能进行正常的业务操作。

启用系统包括启用财务系统、启用业务系统和启用出纳系统。以上三项根据所要使用的模块确定是否启用，如只使用财务系统时，并且未启用“业务系统”模块，最好不要使用“启用业务系统”功能，否则，启用后，所涉及的期初数据只能用调整方式录入系统，这样会使部分报表不直观。

启用“理想科技有限公司”相关系统。操作步骤如下：

（1）单击【初始化】→【启用出纳系统】，系统弹出“启用出纳系统”窗口，如图 4-36 所示。

若“出纳系统”已经启用，则窗口中“反启用出纳系统”激活，并选中。

（2）单击“开始”按钮，系统弹出提示窗口，如图 4-37 所示。

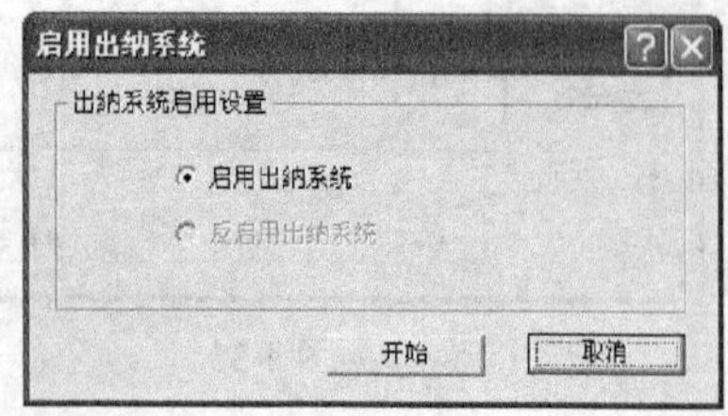

图 4-36

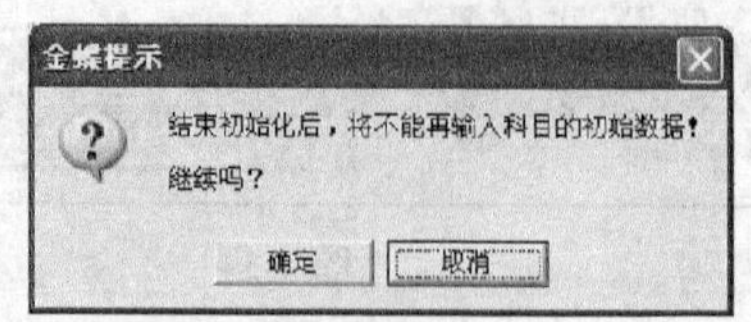

图 4-37

（3）单击“确定”按钮，稍后系统弹出启用成功提示，单击“确定”按钮结束启用工作。

（4）同样方法启用业务系统，再启用财务系统。

4.5 课后习题

（1）画出初始化设置流程。

（2）业务系统初始化要录入什么数据？

（3）财务系统初始化要录入什么数据？

实验三 初始化设置

【实验目的】

（1）掌握初始化数据录入次序。

（2）掌握初始化数据录入方法。

【实验内容】

（1）存货初始数据。

（2）应收应付初始数据。

（3）固定资产初始数据。

（4）科目初始数据。

（5）出纳初始数据。

【实验资料】

（1）存货初始数据如表1所示。

表1 存货初始数据

仓库名称	物料代码	物料名称	期初数量	期初金额
原材仓	1.01	笔芯—蓝色	10 000	1 000
原材仓	1.02	笔壳	9 900	2 970
成品仓	3.01	圆珠笔	5 000	3 000

（2）客户初始数据如表2所示。

表2 客户初始数据

客　户	日　期	应收账款	预付账款	期初金额
上海常星礼品公司	2012-12-31	28600.00		28 600.00
广州鸿运文具店	2012-12-31	8800.00		8 800.00
广州明有文具店	2012-12-31	25000.00		25 000.00

（3）供应商初始数据如表 3 所示。

表 3　供应商初始数据

供应商	日期	应付账款	预付账款	期初余额
广州浩友塑胶制品厂	2012-12-31	11 000.00		11 000.00
广州唯安包装公司	2012-12-31	5 000.00		5 000.00

（4）固定资产卡片类别如表 4 所示。

表 4　固定资产卡片类别

代码	类别	常用折旧方法	净残值率
01	办公设备	平均年限法（基于入账原值和预计使用期间）	10%
02	机械设备	工作量法	10%
03	运输类	平均年限法（基于入账原值和预计使用期间）	10%

（5）固定资产卡片存放地点如表 5 所示。

表 5　存放地点

代码	名称
01	办公室
02	生产车间
03	车库

（6）固定资产初始卡片共 2 张，如表 6 和表 7 所示。

表 6　固定资产 1

基本信息		部门及其他		原值与折旧	
资产类别	运输类	固定资产科目	1601.03	币别	人民币
资产编码	Y001	累计折旧科目	1602	原币金额	138 000
名称	五十铃人货车	使用部门	销售部	开始使用日期	2012-2-1
计量单位	辆	折旧费用科目	6601.03	预计使用期间数	60
数量	1			已使用期间数	10
入账日期	2012-2-1			累计折旧	20 700
存放地点	车库			预计净残值	13 800
使用状况	正常使用			折旧方法	平均年限法（基于入账原值和预计使用期间）
变动方式	购入				

表 7　固定资产 2

基本信息		部门及其他		原值与折旧	
资产类别	办公设备	固定资产科目	1601.01	币别	人民币
资产编码	B001	累计折旧科目	1602	原币金额	4800
名称	联想电脑	使用部门	总经办	开始使用日期	2012-2-6
计量单位	台	折旧费用科目	6602.05	预计使用期间数	60

续表

基本信息		部门及其他		原值与折旧	
数量	1			已使用期间数	10
入账日期	2012-2-6			累计折旧	720
存放地点	办公室			预计净残值	480
使用状况	正常使用			折旧方法	平均年限法（基于入账原值和预计使用期间）
变动方式	购入				

（7）科目初始数据如表8所示。

表8　科目初始数据

科目代码	科目名称	方　向	期初余额
1001	库存现金	借	3 255.00
1001.01	人民币	借	3 255.00
1002	银行存款	借	321 995.00
1002.01	招行319本币	借	321 995.00
4001	实收资本	贷	500 000.00
4001.01	王齐龙	贷	200 000.00
4001.02	何小川	贷	300 000.00

【实验步骤】

（1）以“Manager”登录“TEST100宇纵科技有限公司”账套，录入表1存货初始数据，然后将数据“传递”到账务处理系统。

（2）录入表2和表3应收应付初始数据，并将数据传递到账务处理系统。

（3）录入表4固定资产类别。

（5）录放表5固定资产的存放地点。

（6）录入表6和表7固定资产初始卡片，并将数据传递到账务处理系统。

（7）录入表8科目初始数据。

（8）根据科目初始数据录入出纳初始数据。

（9）启用出纳系统、业务系统和财务系统。

第5章 账务处理

学习重点

通过本章学习，了解账务处理模块主要包括的功能，了解凭证录入、修改、审核、查询和过账等操作方法，了解期末处理工作的方法，学会账簿查询操作。

5.1 概述

会计任务包括设置核算科目账户、填制凭证，然后对其审核、记账，最后统计各种账表，这些都是会计软件最基本的功能。账务处理系统就是完成这些基本功能的系统。

账务处理系统是金蝶 KIS 专业版的核心，可以进行凭证填制、审核和记账等工作，同时它可接收来自各业务系统传递过来的凭证（如固定资产的计提折旧凭证、各种材料采购凭证等）。账务处理系统在月末会根据转账定义自动生成结转凭证，自动结转损益凭证等。

账务处理系统根据填制的凭证经“过账”处理后生成相应的账簿报表，如总分类账、明细分类账和科目余额表等，可以随时查询，并设置各种条件来满足企业各种业务需求。

如果核算单位的账务非常简单，涉及往来款、库存等业务较少时，单独使用账务处理系统就可以实现财务核算的基本要求。

1. 系统数据关系图

系统数据关系图反映账务处理系统与其他系统的数据传递关系，如图 5-1 所示。账务处理系统是金蝶 KIS 专业版的核心，与其他业务系统通过凭证进行无缝数据连接，同时业务系统的凭证也可自行在账务处理系统中处理，并且报表、现金流量表和财务分析都可以从账务处理系统中取数。

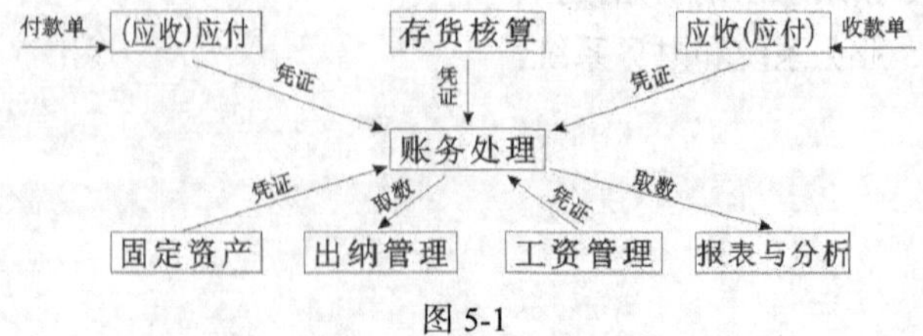

图 5-1

2. 操作流程

新用户需从系统初始化开始。老用户则因已经完成初始设置，所以可直接处理日常业务。系统初始化结束以后，随着公司的业务开展，还有许多基础资料需要设置，如银行科目的新增、客户和供应商的新增等，可以随时在凭证录入时处理。账务处理的系统参数设置和基础资料设置请参照第 3 章进行，账务处理的初始化余额请参照第 4 章中的“科目初始数据”进行。新用户和老用户的操作流程进行分别如图 5-2 和图 5-3 所示。

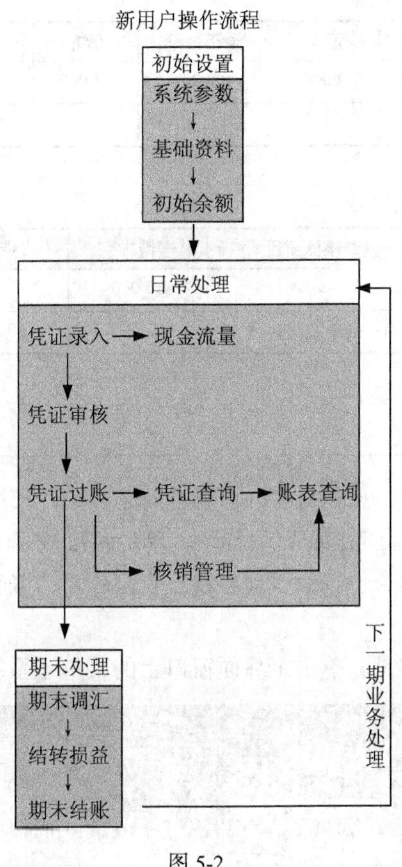

图 5-2

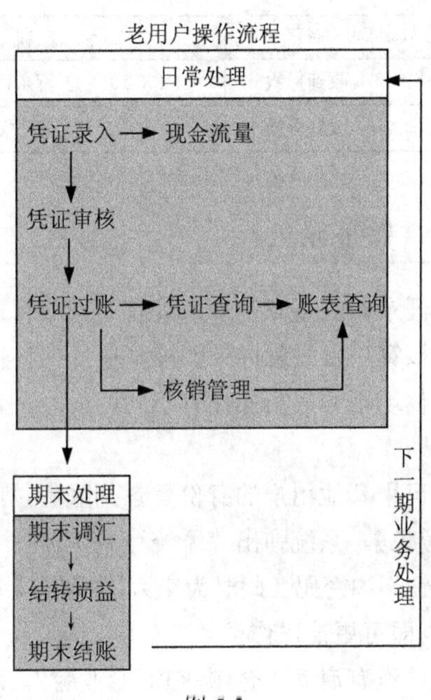

图 5-3

5.2 凭证处理

会计的基础工作就是凭证处理，在金蝶 KIS 专业版中通过录入和处理凭证（审核、修改凭证等），可以快速完成记账、算账、报账、结账、会计报表编制、证账表的查询和打印等工作。

凭证是会计核算系统中数据的主要来源，凭证的正确与否直接影响整个会计信息系统的真实性、可靠性，因此必须保证凭证录入的准确。凭证处理工作包含凭证录入、审核、过账、查询、修改、删除和打印等操作。凭证处理时会计科目可直接从科目表中获取并自动校验分录平衡关系，保证录入数据的正确。

下面以表 5-1～表 5-3 为例，详细介绍“凭证处理”过程。

表 5-1　　2013-1-8 陈铮报销出差费

日　期	摘　要	会计科目	借　方	贷　方
2013-1-8	陈铮报销费用	6601.01 差旅费	850	
	陈铮报销费用	1001.01 人民币		850

表 5-2　　2013-1-8 收到陈友生港币投资款

日期	摘　要	会 计 科 目	币别	汇率	原币金额	借方	贷方
2013-1-8	实收投资款	1002.02　中行东桥支行 128	HKD	0.81	100 000	81 000	
	实收投资款	4001.01　陈友生					81 000

表 5-3　　2013-1-8 收到北京宏码科技货款

日期	摘要	会 计 科 目	辅助核算项目	借方	贷方
2013-1-8	收到货款	1002.01　工行东桥支行 125		10 000	
	收到货款	1122　应收账款	01—北京宏码科技		10 000

5.2.1　凭证录入

凭证录入的重点是录入具有不同科目属性对应的内容，如科目有外币属性时怎样录入汇率，科目设有核算项目时怎样录入核算项目，科目设有辅助数量金额核算时怎样录入单价和数量等。

为体现不同人员操作有不同的权限，请以“何钰”的身份登录“理想科技有限公司”账套进行操作。

若已用其他用户的身份登录到账套，则需要更改操作员。单击主界面窗口上的菜单【系统】→【重新登录】，系统弹出“系统登录”窗口，用户名输入“何钰”和密码（此时为空），如图 5-4 所示，单击“确定”即可更换操作员。

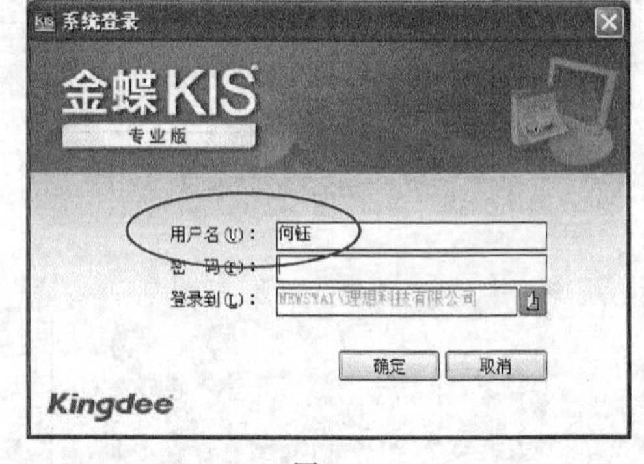

图 5-4

若并没有启动“金蝶 KIS 专业版”，双击桌面上的“金蝶 KIS 专业版”图标，系统弹出“系统登录”窗口，用户名直接录入“何钰”，如图 5-4 所示，单击“确定”按钮，即以“何钰”身份登录。

1. 一般凭证录入

一般凭证是指会计科目属性没有设置辅助核算和外币核算等特殊属性的凭证，是日常账务处理中最简单、也是最能体现会计电算化中凭证录入过程的凭证。根据表 5-1 中数据进行一般凭证录入操作，步骤如下。

（1）在主界面窗口，单击【账务处理】→【凭证录入】，系统进入“记账凭证-新增”窗口，如图 5-5 所示。

金蝶 KIS 专业版系统为用户提供了仿真凭证录入界面，使用户更容易掌握凭证录入方法。“记账凭证-新增”窗口各项含义见表 5-4。

表 5-4　　“记账凭证-新增”窗口项目

项　目	说　明
参考信息	凭证的辅助信息，可作为凭证查询的条件。可为空
业务日期	凭证录入日期，可修改
日期	凭证业务日期，可修改。日期只能是当前会计期间的日期或以后的日期，不能是以前的日期，如当前会计期间是 2013 年 1 月，则日期可以是 2013-1-1 以后的任意日期

续表

项　目	说　明
凭证字	选择要使用的凭证字，如记、收、付、转等凭证字
凭证号	所选择凭证字下的第几号凭证，系统采用递增方式自动填充
附件数	凭证的附件数，如有几张单据、发票等
序号	凭证的顺序号，系统自动生成
摘要	录入摘要内容
科目	录入会计科目代码或按F7功能键获取。必须录入最明细科目，如在本账套中，收到10元人民币，录入时不能选择“1001–库存现金”，而一定要选择“1001.01–人民币”
借方	录入借方金额
贷方	录入贷方金额
合计	自动累加生成
结算方式	科目中录入的是银行科目时激活此项，包含支票、商业汇票等方式。若勾选“账务处理参数”中的“银行存款科目必须输入结算方式和结算号”选项，则必须录入结算方式，未选可以不录
结算号	与结算方式对应的号码
经办	该笔业务的经办人，可为空
往来业务	录入的会计科目属性中设有“往来业务核算”时，录入业务编号，以供查询和往来账核销处理时使用

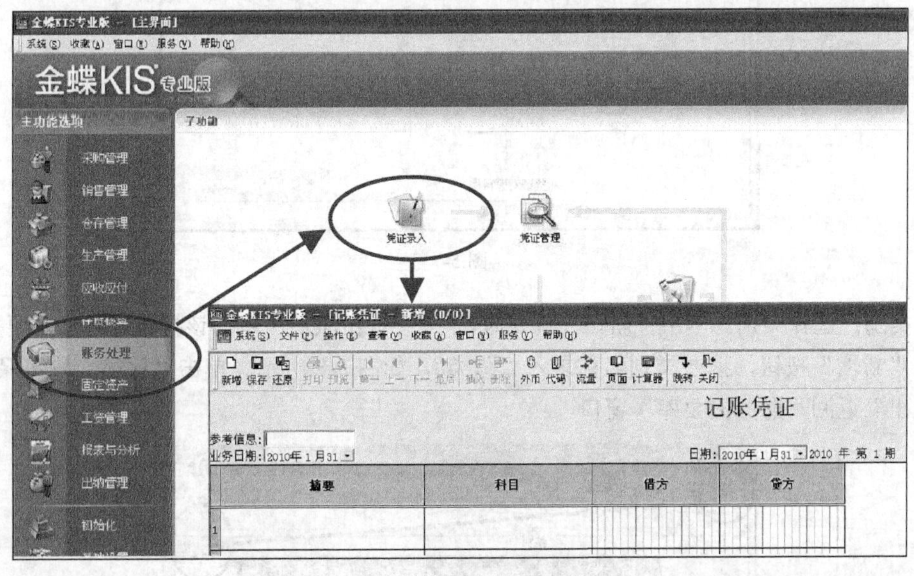

图 5-5

（2）日期修改为“2013-1-8”。可以单击日期直接修改也可以单击日期右侧的下拉按钮进行选择，如图 5-6 所示。

（3）凭证字采用默认的“记”字，凭证号自动生成，附件数录入“1”。

（4）摘要录入“陈铮报销费用”。摘要录入有两种方法，一种是光标移到摘要栏直接输入“陈铮报销费用”；另一种是建立摘要库，也就是为经常使用的摘要（如销售产品、应收货款和报销费用等摘要）建立一个库，日后使用时可直接选取，以提高效率。在此介绍第二种方法的操作步骤。

将光标移到摘要栏，按 F7 键或单击工具栏上的“代码”按钮，系统弹出“财务摘要库”窗口，如图 5-7 所示。

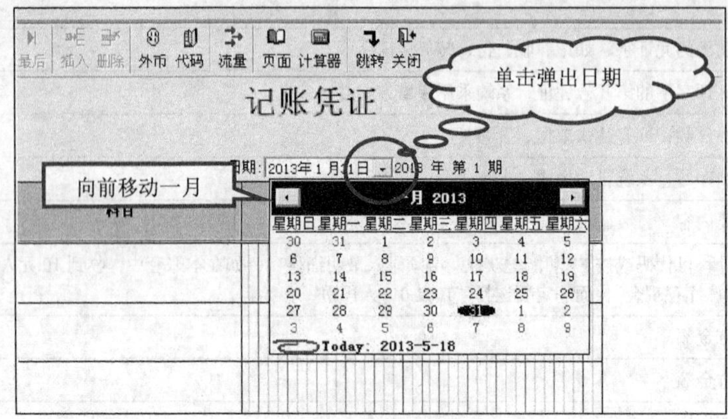

图 5-6

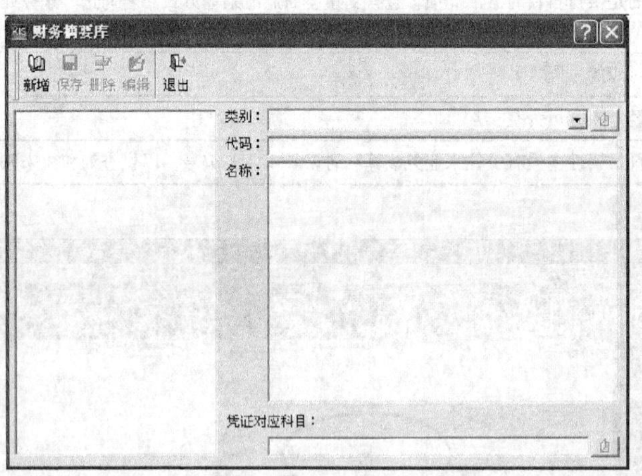

图 5-7

● **类别**：选择类别。单击“新增”摘要时，“ ”按钮激活，单击该按钮进入“摘要类别”窗口。单击“新增”按钮，摘要类别名称录入“总类”，如图 5-8 所示。单击“保存”按钮保存录入，单击“退出”返回“财务摘要库”窗口。

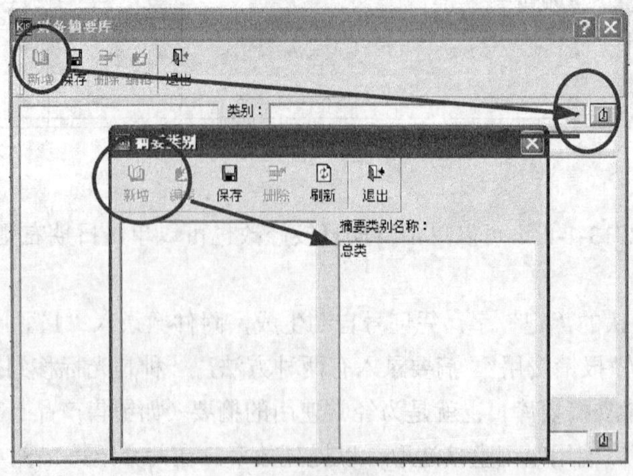

图 5-8

- **代码**：为摘要定义一个代码。
- **名称**：录入摘要内容。例如录入“报销费用”，如图 5-9 所示。

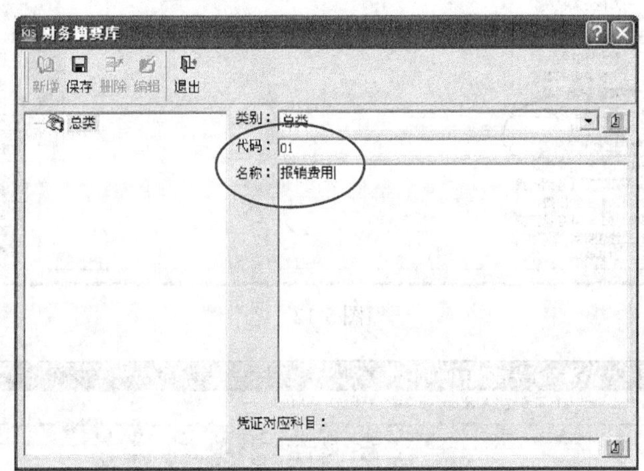

图 5-9

- **凭证对应科目**：可以针对摘要预先设置会计科目，当获取该摘要时，系统会自动将所设置的会计科目带出。

单击“保存”按钮保存摘要录入，摘要库录入成功窗口如图 5-10 所示。

选中总类下的“报销费用”，单击“确定”按钮或双击鼠标，系统将所选中的摘要引入到凭证的摘要栏下，如图 5-11 所示。

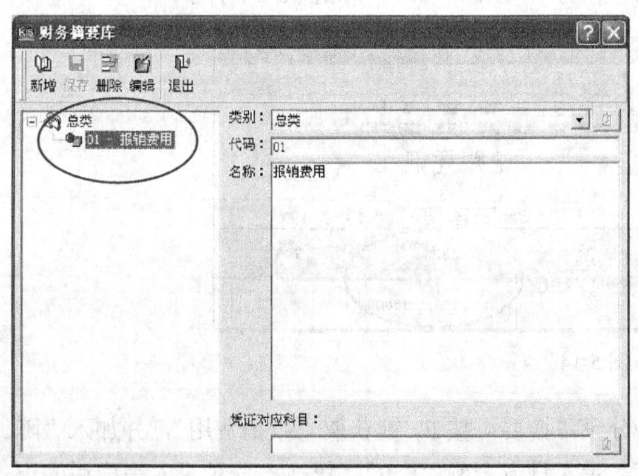

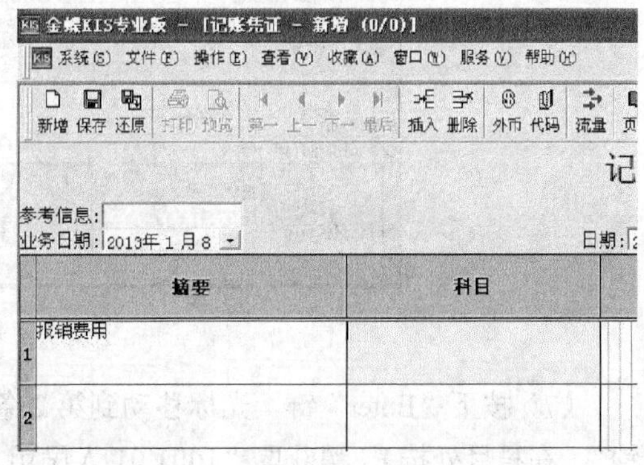

图 5-10　　　　图 5-11

所获取的摘要可以修改，例如可在报销费用前加入“陈铮”字样。

（5）按下“Enter”键或单击“科目”项，按 F7 键获取会计科目，系统弹出“会计科目”窗口，切换到“损益”类选项卡，如图 5-12 所示。

在“会计科目”窗口可以进行科目的新增、修改和删除等操作，若所选科目前有“+”图标，则表示非明细科目，单击“+”可以展开明细科目。选中“6601.01 差旅费”，单击“确定”按钮，系统会将所选中的科目引入到凭证的“科目”项中，如图 5-13 所示。

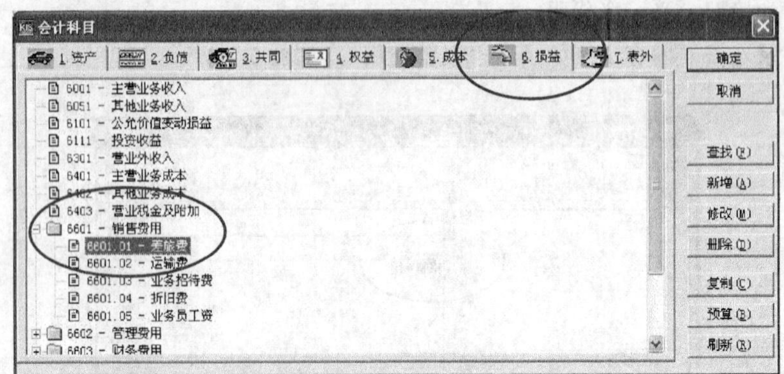

图 5-12

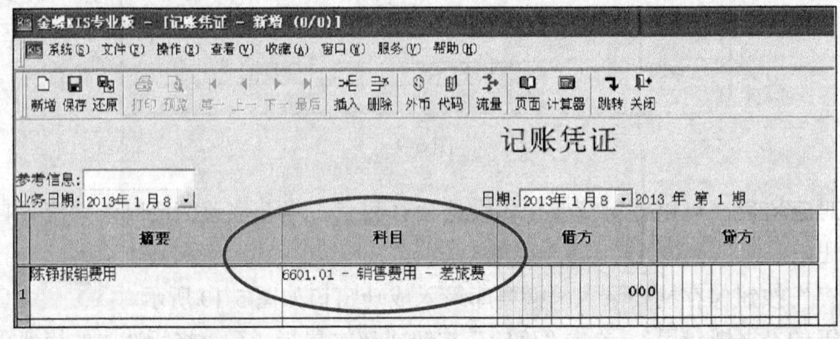

图 5-13

（6）按下“Enter”键，这时光标自动移动“借方”，录入“850”，如图 5-14 所示。

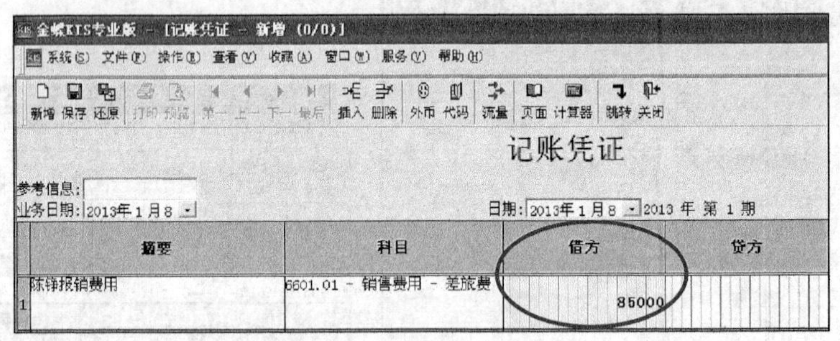

图 5-14

（7）按下“Enter”键，光标移动到第 2 条分录，摘要可按 F7 键获取“报销费用”，并加入“陈铮”，在科目处按 F7 键获取“1001.01 人民币”，录入贷方金额“850”，第 2 条分录录入完成后的窗口如图 5-15 所示。单击“保存”按钮保存凭证。

注

录入凭证时的快捷键有：

F7 键：获取代码　　Ctrl+F7 组合键：自动借贷平衡

F4 键：新增凭证　　F12 键：保存当前凭证

“..”（不是两个句号，是两个小数点，注意输入法全半角的转换）：复制上一分录的摘要。

“//”：当前凭证有多条分录时，只复制第一条分录的摘要。

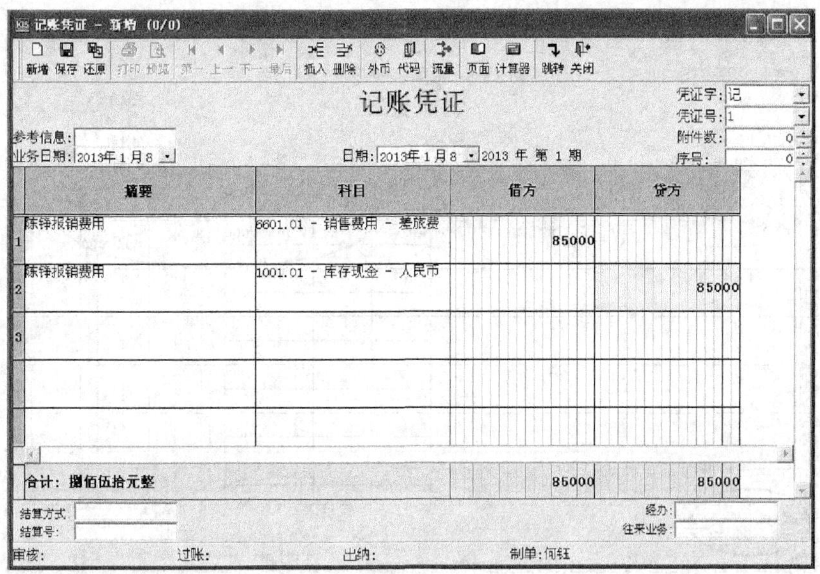

图 5-15

2. 录入外币凭证

外币凭证是指会计科目属性设置有“外币”核算功能的凭证，录入该类凭证时的重点是选择币别和设置汇率。以表 5-2 中数据为例，进行外币凭证录入的练习，操作步骤如下。

（1）进入“记账凭证-新增”窗口，若已在“记账凭证”窗口则单击工具栏上的“新增”按钮弹出一张空白凭证窗口，日期修改为“2013-1-8”，录入附件数“1”，第一条分录摘要录入“实收投资款”，会计科目处按 F7 功能键获取“1002.02 中行东桥支行 128”，这时请注意“记账凭证”窗口格式的变化，如图 5-16 所示。

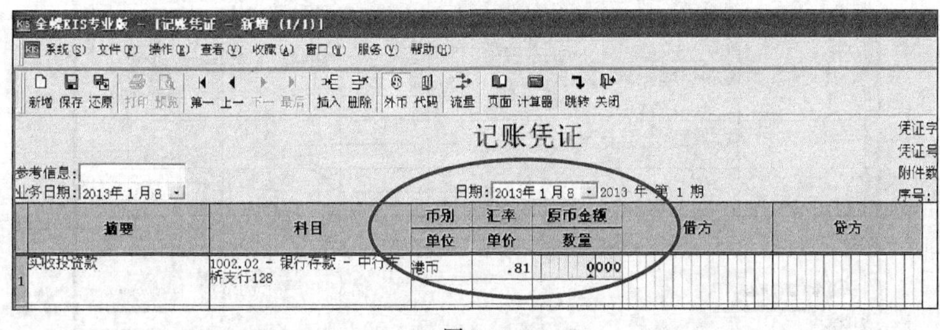

图 5-16

这是因为在初始设置中，已将“1002.02 中行东桥支行 128”会计科目的属性设置为外币核算中的“港币”，系统检测到科目属性有核算外币功能后自动转换录入格式。

1. 若该科目是核算所有币别，则可以在港币位置处按 F7 键进行币别修改。

2. 若所选择科目有设置为“数量金额辅助核算”时，则凭证格式会更换为数量金额式凭证格式，会要求在 “计量单位”基础上录入单价和数量，自动核算出金额。

（2）汇率保持不变，录入原币金额“100 000”，这时在借方金额栏会自动核算出本币金额，结算方式选择“电汇”，结算号为“2013001”，如图 5-17 所示。

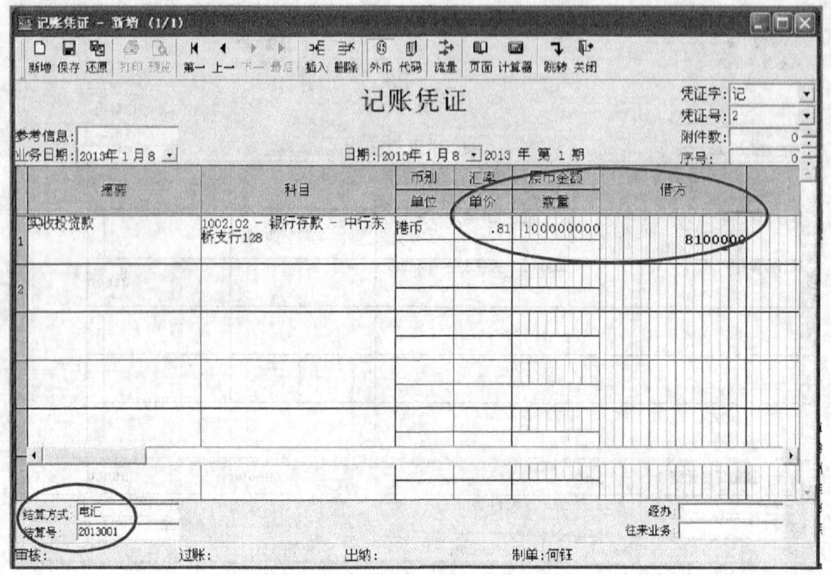

图 5-17

（3）将光标移动到第二条分录，在摘要录入“实收投资款”，在科目中获取“4001.01-陈友生”，光标移至“贷方金额”处，按 Ctrl+F7 组合键，使凭证“借贷平衡”，保存当前凭证，保存成功如图 5-18 所示。

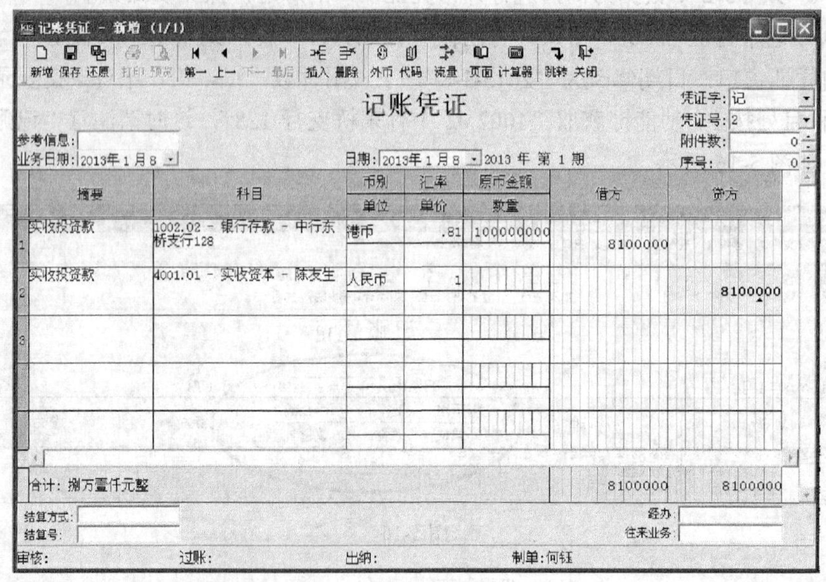

图 5-18

选择结算方式和录入结算号，是因为考虑日后要与出纳管理系统连接使用。若用户不使用出纳管理系统，结算方式和结算号可以不录。

3. 录入核算项目凭证

核算项目凭证是指会计科目属性设有项目辅助核算功能的凭证。录入时要正确选择“核算项目代码”。以表 5-3 凭证为例，介绍核算项目凭证的录入步骤。

（1）在“记账凭证-新增”窗口，修改凭证日期，摘要录入“收到货款”，科目处获取“1002.01 工行东桥支行 125”，结算支式选择“支票”，结算号录入“2013002”，录入借方金额“10 000”。

（2）光标移至第二条分录，摘要录入“收到货款”，科目获取“1122 应收账款”，按 Enter 键，这时光标会移到窗口下部的“客户”项处，这是因为系统检测到“1122 应收账款”科目有设置“客户”辅助核算功能，所以自动引用设置，按 F7 功能键，系统弹出“客户”档案管理窗口，如图 5-19 所示。

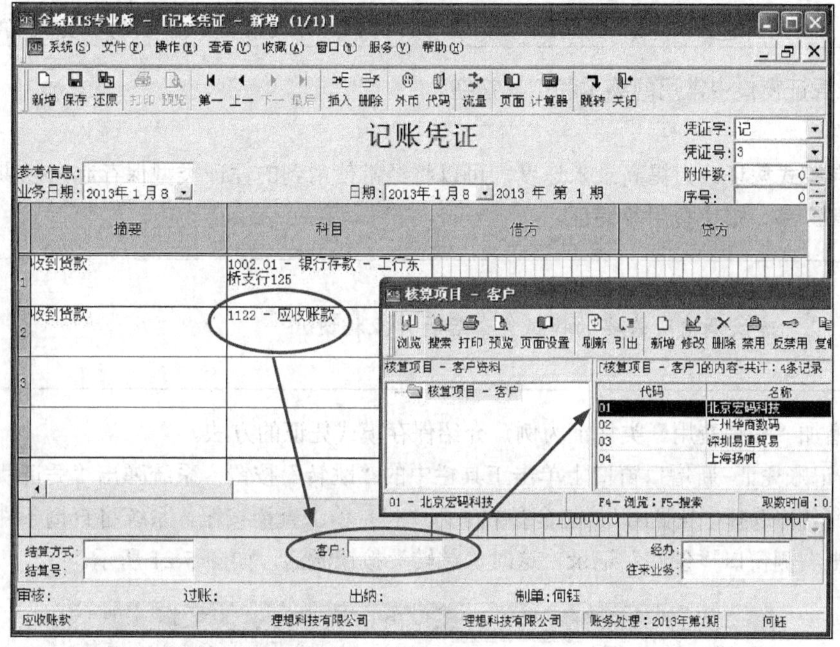

图 5-19

（3）双击“北京宏码科技”客户，并返回新增凭证窗口，贷方录入“10 000”，此时请注意第二条分录中的“会计科目”的显示状态，如图 5-20 所示。

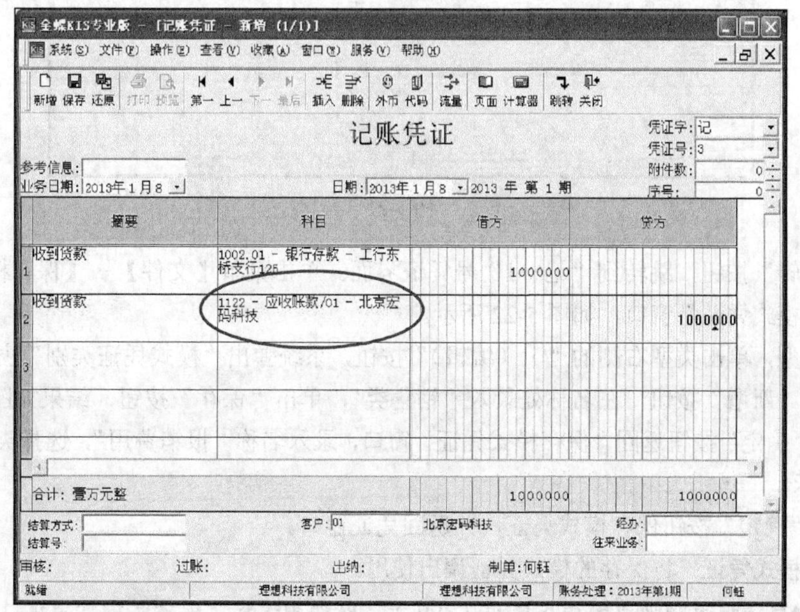

图 5-20

（4）单击“保存”按钮保存当前凭证。

1. 若科目属多个项目核算时，在科目项下会同时显示出来。

2. 通过辅助核算功能，可以减轻基础设置工作，同时能满足工作需求。如使用最多的是“销售费用”类下明细科目要核算“每一位业务员”时，如果手工新增科目方式，需要增加几十或者上百个科目，而通过挂核算项目为“职员”，只要设置二级明细科目并设置“职员”辅助核算，在实际凭证录入时再选择正确的职员代码即可。

4. 记账凭证窗口中常用的菜单和工具按钮

（1）文件。

- **保存模式凭证**：为提高录入速度，可以将经常使用到的凭证类型保存起来以供调用，如经常使用的销售产品、报销费用等凭证。

建议调出所需要的模板凭证后再建立档案。

下面以增加“报销费用”类凭证为例，介绍保存模式凭证的方法。

① 在“记账凭证-新增”窗口上单击工具栏中的“跳转”按钮，系统弹出“凭证跳转到...”过滤窗口，查询名称选择“凭证号”，包含参数录入“1”，单击查询按钮，系统将查询条件显示在右侧窗口，再单击右侧窗口“条件”记录，这时“跳转”按钮激活，如图 5-21 所示。

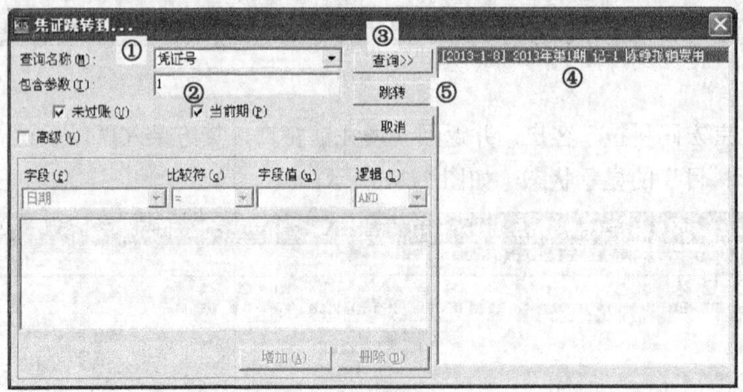

图 5-21

单击“跳转”按钮，跳转到“记—1”号凭证界面。单击菜单【文件】→【保存模式凭证】，系统弹出“保存模式凭证”窗口，如图 5-22 所示。

先建立类型，单击类型右侧的“…（编辑）”按钮，系统弹出“模式凭证类别”窗口，单击“编辑”窗口下的“新增”按钮，在名称处录入“销售类”，单击“保存”按钮，结果如图 5-23 所示。

② 单击“确定”按钮返回“保存模式凭证”窗口，录入名称“报销费用”，选择类型“销售类”，如图 5-24 所示。

③ 单击“确定”按钮保存模式凭证，并返回凭证窗口。

- **调入模式凭证**：将保存的模式凭证调出使用。

例：陈静总经理报销出差费用人民币 1 200 元，以调用模式凭证方式增加凭证。

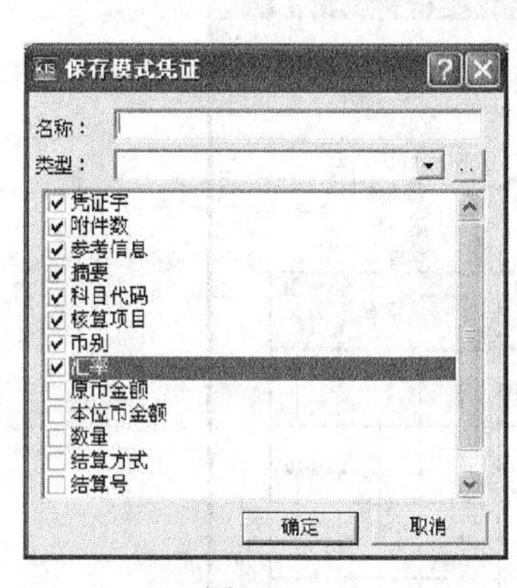

图 5-22

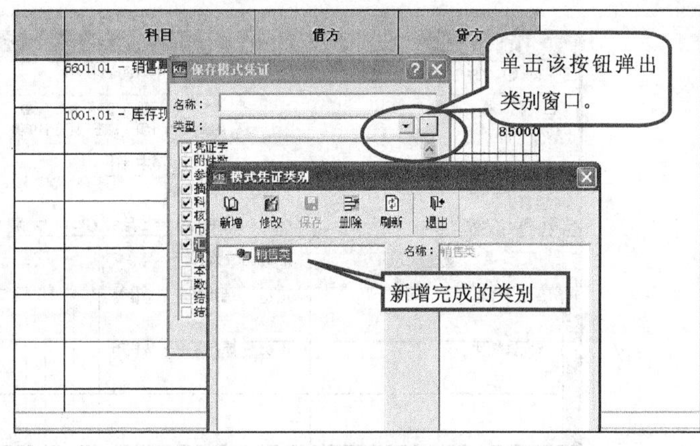

图 5-23

① 在“记账凭证-新增”窗口中单击菜单【文件】→【调入模式凭证】，系统弹出“模式凭证”窗口，如图 5-25 所示。

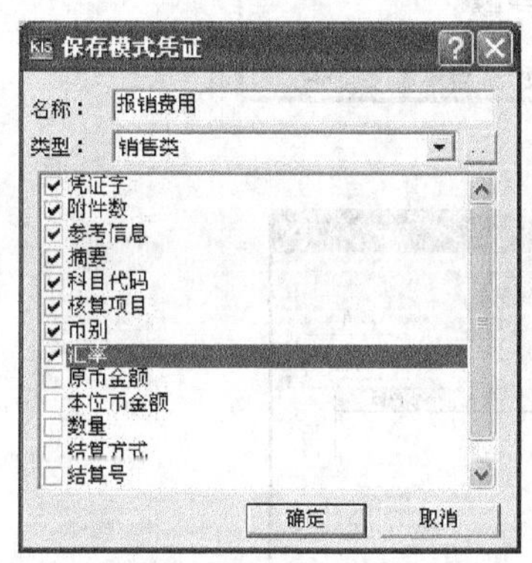

图 5-24

图 5-25

在模式凭证窗口中可以进行“模式凭证”的新增、修改、删除等操作。选中“报销费用”模式凭证，单击“确定”按钮，系统引入的“模式凭证”。

② 引入的凭证有摘要、科目和客户，只需录入金额和修改摘要即可。摘要修改为“陈静报销费用”，第 1 条分录借方金额处录入“1 200”，第 2 条分录贷方金额处录入“1 200”，结果如图 5-26 所示。

③ 单击“保存”按钮保存凭证。

- **使用套打**：选中则使用已经设置好的套打格式进行打印，并可使用金蝶公司的套打纸，输出格式美观。不选中则以普通方式进行打印。
- **打印设置**：进行打印机的选择和纸张设置。
- **套打设置**：包括套打格式的设计、引入及引出等，请参考“5.2.3 打印凭证”一节。

（2）操作。

- **还原**：取消对凭证所做的修改。
- **出纳复核**：单击该按钮，凭证窗口下部“出纳”处显示复核人的“用户名”。已经复核过的凭证，单击该按钮取消复核。
- **现金流量项目**：将科目中的数据指定为某个现金流量项目的数据。选择该功能，系统弹出“现金流量项目指定”窗口，如图 5-27 所示。

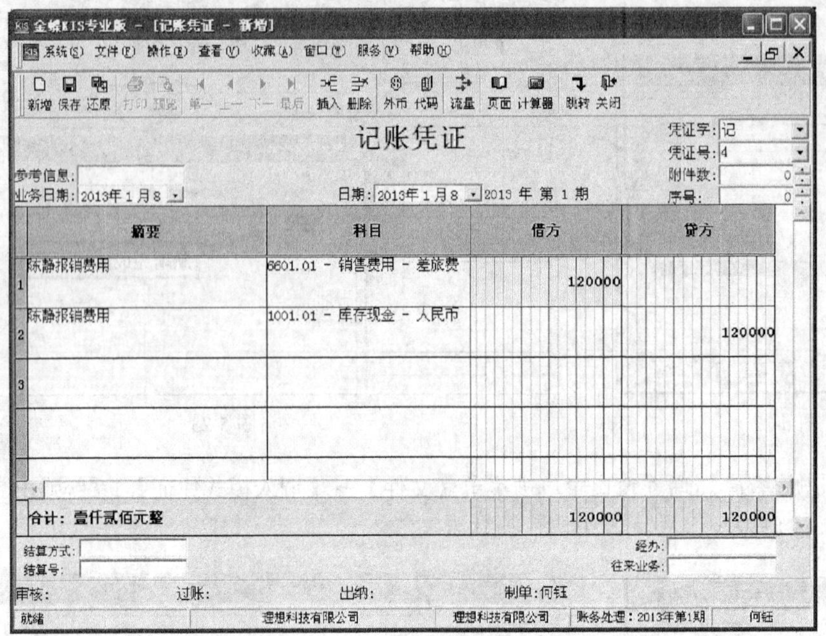

图 5-26

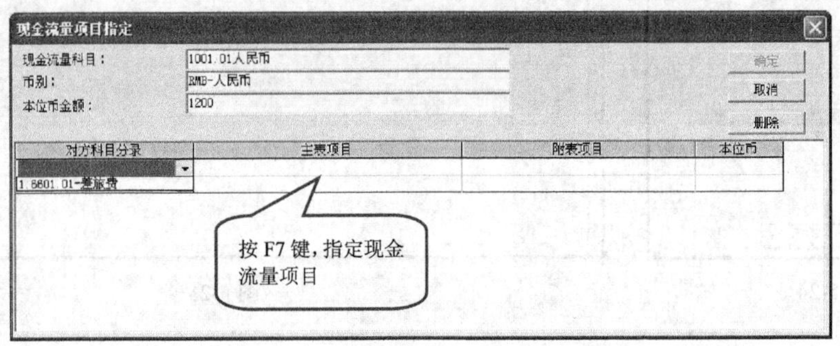

图 5-27

- **预算控制**：若科目的属性设有“预算科目”时，弹出预算控制窗口。

（3）查看。

- **查看外币/数量**：将凭证显示格式切换为外币/数量格式。
- **查看代码**：查看光标所处项目的代码，如获取摘要、会计科目代码。
- **查看明细账**：查看该条分录的会计科目明细账。
- **查看单据**：查看该凭证所附的单据。账套与业务系统连接使用，如与应收、应付系统连接时，可以查看到该张凭证是由哪些单据生成的。
- **跳转**：快速移动到满足条件的凭证。
- **页面设置**：进行凭证页面的设置。单击此项，系统弹出“凭证页面设置”窗口，如图 5-28 所示。在窗口中可以设置字体、颜色和尺寸等内容。
- **选项**：设置凭证录入时的各种选项，如“凭证保存后立即新增”和“新增分录借贷自动平衡”等选项，如图 5-29 所示。

“凭证录入选项”窗口各项目释义如表 5-5 所示。

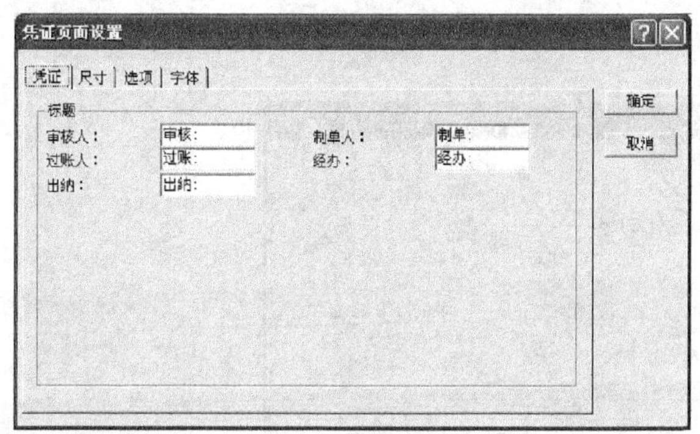

图 5-28

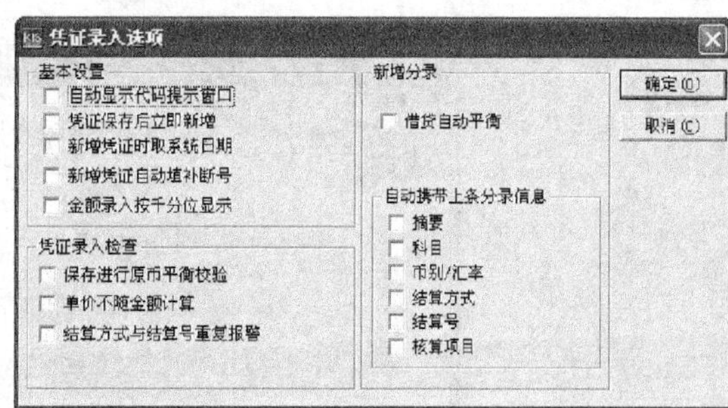

图 5-29

表 5-5　　凭证录入选项

项　目	解　释
自动显示代码提示窗口	选中该项，在录入有代码的基础资料时，系统会自动显示所有代码。如录入会计科目时录入 5，系统会自动将代码为 5 开头的所有会计科目显示出来，这样可提高工作效率。不选中则不显示代码，但按 F7 键可以获取代码
凭证保存后立即新增	选中该项，凭证保存后，立即新增一张空白凭证。适用于一次录入多张凭证。反之，新增凭证时需单击“新增”按钮
新增凭证时取系统日期	新增凭证时取电脑当前的日期
新增凭证时自动填补断号	当系统中的凭证号有断号情况时，新增凭证的凭证号会自动更新为断号号码
金额录入按千分位显示	选中，金额以千分位隔断显示
保存进行原币平衡校验	进行原币的校验
单价不随金额计算	数量金额核算的会计科目，在录入凭证时，默认为“单价×数量=金额”。选中该项，金额不会自动计算出来，需手工录入单价、数量、金额
结算方式与结算号重复报警	当结算方式与结算号重复时弹出提示
借贷自动平衡	录入凭证时，一旦增加分录系统默认为借贷平衡，如第 1 条分录借方 1 000 元，当录入第 2 条分录时，贷方也会自动显示 1 000 元
摘要、科目、币别/汇率、单位、单价、数量、原币、本位币、结算方式、结算号、核算项目	选中某些项目，则在录入凭证时，系统会自动携带上条分录中所选中的项目

5.2.2　凭证管理

凭证管理中可以对凭证进行查询、新增、审核、修改和删除等操作。

单击【账务处理】→【凭证管理】，系统弹出“过滤”窗口，如图 5-30 所示。

在凭证过滤时，用户在“条件”选项卡中可以设置只过滤本位币或外币凭证，以及是否审核、是否过账和是否复核等条件。在“过滤条件”选项卡可以设置组合条件进行查询，如查询日期等于、大于、小于某个日期，查询在某个时间段的业务往来资料，如图 5-31 所示。

在排序选项卡窗口可以设置查询结果中凭证资料的排序方式，默认以时间先后次序排列。

查询时还可以将经常使用的查询条件以方案形式保存下来，以备下次查询使用。

保持默认条件，单击“确定”按钮，系统进入“会计分录序时簿”窗口，如图 5-32 所示。

1. 凭证查询

下面通过查询凭证（日期为 2013-1-8、凭证号小于 3），并将其保存为方案 A 来介绍查询方案的设置方法。

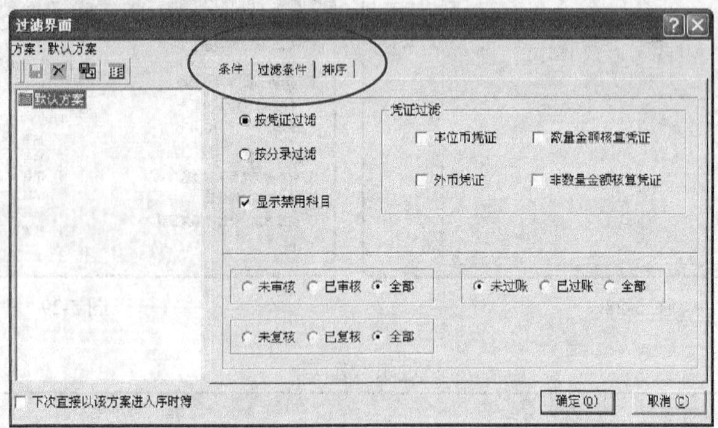

图 5-30

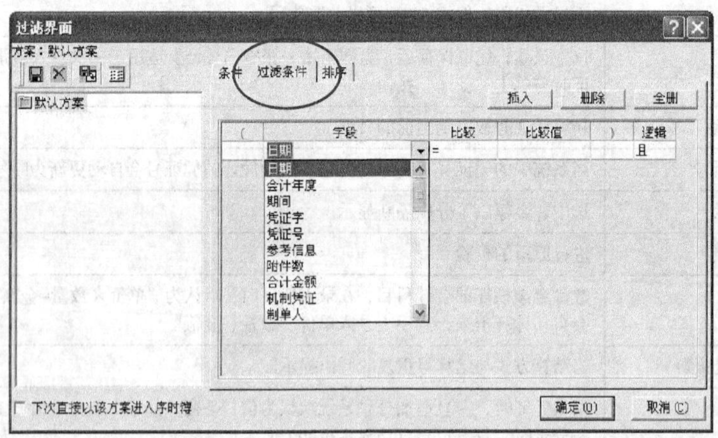

图 5-31

金蝶KIS专业版 - [凭证管理]

系统(S) 文件(F) 操作(E) 查看(V) 收藏(A) 窗口(W) 服务(V) 帮助(H)

新增 复制 修改 删除 停止 打印 预览 凭证 审核 复核 查找 过滤 刷新 明细账 单据 流量 关闭

会计分录序时簿

审核	复核	过账	日期	会计期间	凭证字号	摘要	科目代码	科目名称	币别	原币金额	借方	贷方	制
			2013-01-08	2013.1	记 - 1	陈静报销费用	6601.01	销售费用 - 差旅费	人民币	850.00	850.00		何钰
						陈静报销费用	1001.01	库存现金 - 人民币	人民币	850.00		850.00	
			2013-01-08	2013.1	记 - 2	实收投资款	1002.02	银行存款 - 中行东桥支行12	港币	100,000.000	81,000.00		何钰
						实收投资款	4001.01	实收资本 - 陈友生	人民币	81,000.00		81,000.00	
			2013-01-08	2013.1	记 - 3	收到货款	1002.01	银行存款 - 工行东桥支行12	人民币	10,000.00	10,000.00		何钰
						收到货款	1122	应收账款/[01]北京宏码科技	人民币	10,000.00		10,000.00	
			2013-01-08	2013.1	记 - 4	陈静报销费用	6601.01	销售费用 - 差旅费	人民币	1,200.00	1,200.00		何钰
						陈静报销费用	1001.01	库存现金 - 人民币	人民币	1,200.00		1,200.00	
						合计					93,050.00	93,050.00	

图 5-32

（1）单击工具栏上的“过滤”按钮，系统弹出“过滤”窗口，在“过滤条件”选项卡中，在第 1 条件的字段以下拉列表中选择“日期”，在“比较”框中设置“=”，比较值录入“2013-1-8”，逻辑选择“且”，第 2 条件字段选择“凭证号”，比较设置为“<”，比较值录入“3”，条件设置完成。

（2）单击窗口上的“另存为”按钮，系统弹出“金碟提示”窗口，录入“A”，如图 5-33 所示。

（3）单击“确定”按钮，返回过滤窗口，在“设置方案”中选择“A”，如图 5-34 所示。

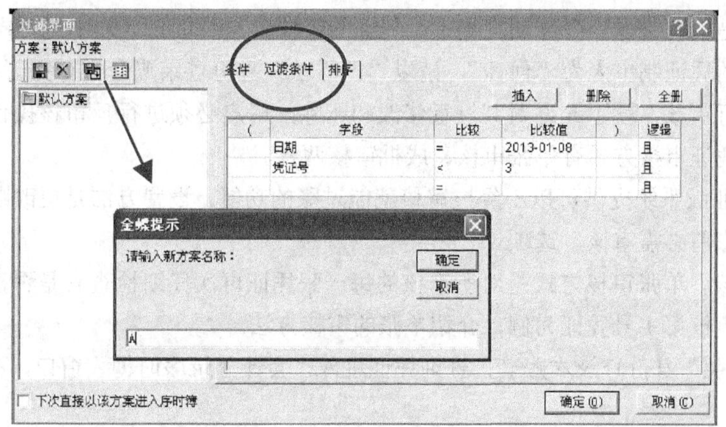

图 5-33

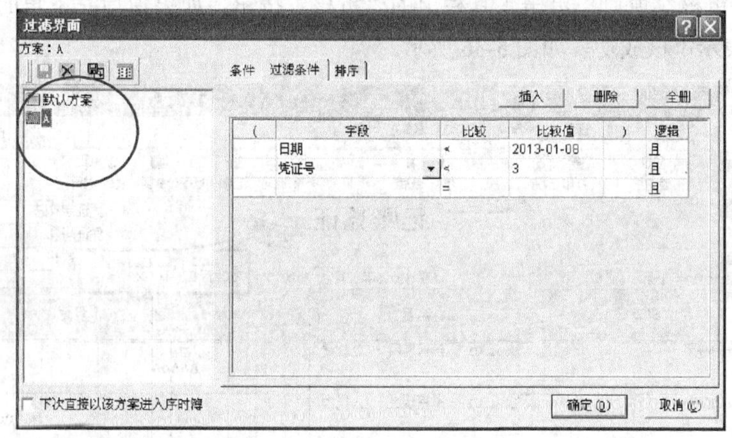

图 5-34

（4）单击“确定”按钮，将显示满足条件的凭证，如图 5-35 所示。

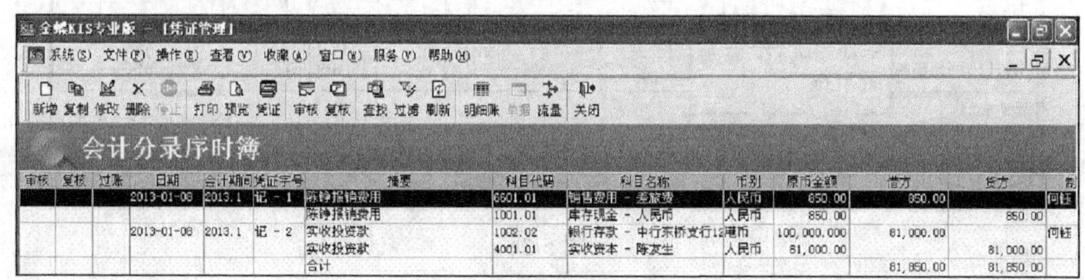

图 5-35

注

1. 不需要设置的方案和要在过滤窗口删除的方案，选中并单击“删除”按钮即可。若不想使用自定义过滤方案，则在方案窗口选中“默认方案”做条件查询即可。

2. 请注意“过滤界面”窗口下部的“未审核、已审核、全部”和“未过账、已过账、全部”的设置，如果有时自己认为系统中有满足条件的凭证而没有显示出来，查看一下这两个选项是否设置错误，这是用户经常忽略的选项。

2. 凭证审核

记账凭证是登记账簿的依据，它的准确性是正确核算的基础。因此凭证记账前必须经专人审核，以检查凭证输入是否有错误。会计制度规定，凭证的审核人与制单人必须不能为同一人。

因本账套中的凭证制单人为“何钰”，请以“严秀兰”身份登录账套进行凭证审核。

凭证一旦进行审核，就不允许对其进行修改和删除，用户必须进行反审核操作后才能对凭证进行修改和删除。凭证审核方式有单张审核、成批审核两种。

金蝶 KIS 专业版系统提供可以不经过审核就能过账的功能，设置方法是更改账务处理的系统参数中的“凭证过账前必需审核”选项。

（1）单张审核。单张审核方式是对所审核的每一张凭证再次仔细检查其是否正确，确认无误即可审核。下面以审核第 1 号凭证为例，介绍单张的审核方法。

① 以“严秀兰”身份登录本账套，查询凭证进入“会计分录序时簿”窗口，不设置条件，将所有凭证显示。

② 在“会计分录序时簿”窗口，选中“记-1”号凭证，单击工具栏上的“审核”按钮，系统进入“记账凭证-审核”窗口，单击工具栏上的“审核”按钮，如果窗口左下角的“审核”项显示审核人的名字，表示审核成功，如图 5-36 所示。

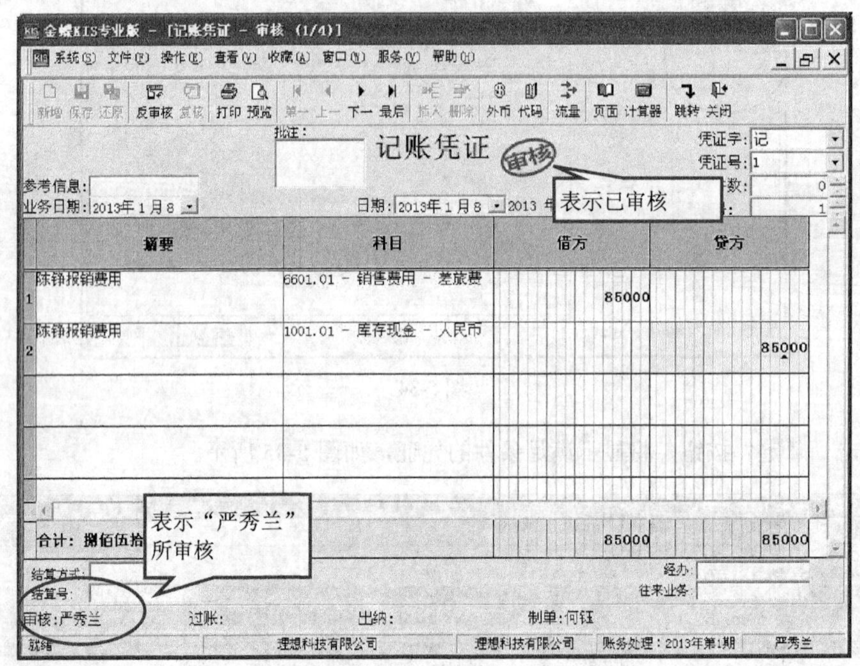

图 5-36

关闭“审核”窗口，在“会计分录序时簿”窗口，若审核列有“打勾”，就表示该凭证已经审核成功。

反审核（取消审核）类似审核。选中要反审核的凭证，单击工具栏上的“审核”按钮，系统弹出“审核”窗口，再单击工具栏上“反审核”按钮，窗口左下角“审核”处无用户名显示就表示反审核成功。

（2）成批审核。金蝶 KIS 专业版系统为提高工作效率，为用户提供“成批审核”凭证的功能。此功能只对未过账凭证并且制单人不是当前操作员的凭证有效。

下面以成批审核本账套中所有凭证为例，介绍成批审核的操作方法。

① 在“会计分录序时簿”窗口，单击菜单【操作】→【成批审核】，系统弹出“成批审核凭证”

窗口，如图 5-37 所示。

窗口中有两个选项——审核未审核的凭证和对已审核的凭证取消审核，两个选项只能选择其一。

② 在窗口中选择“审核未审核的凭证”，单击“确定”按钮，稍后系统弹出成功提示。

③ 单击“关闭”按钮。成批审核成功后的“会计分录序时簿”窗口如图 5-38 所示。

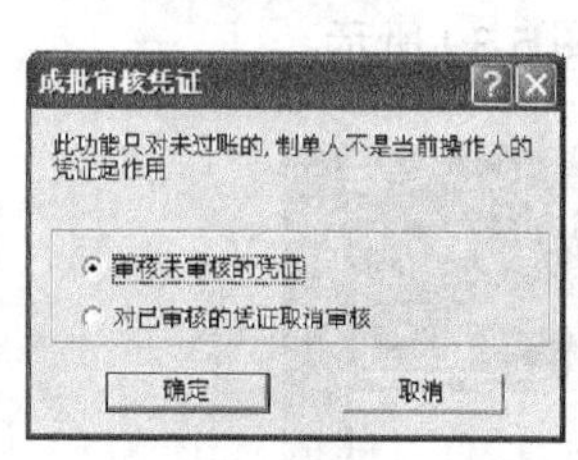

图 5-37

图 5-38

注

1. 已经提示审核成功的凭证，如果在“会计分录序时簿”中的“审核”项中未显示“审核人”的名字，单击工具栏上的“刷新”按钮即可。

2. 成批反审核（取消审核）的方法是在“成批审核凭证”窗口，选中“对已审核的凭证取消审核”选项，单击“确定”按钮。

（3）凭证修改、删除。要修改或删除的凭证只能是未过账和未审核的凭证。如果凭证已经过账或审核，删除和修改功能按钮变成灰色，不能使用，凭证一定要反过账、反审核后才能修改。

修改时，在“会计分录序时簿”窗口选中需要修改的凭证，单击工具栏上“修改”按钮，系统弹出该张凭证的“记账凭证-修改”窗口，在窗口中直接修改即可，然后单击“保存”按钮。

删除时，在“会计分录序时簿”窗口选中需要删除的凭证，单击工具栏上“删除”按钮，系统会提示是否进行删除操作，用户根据实际情况而定。

如果对“作废”凭证重新启用，单击“编辑”菜单下“反作废”命令。

5.2.3 凭证打印

凭证打印也属于“凭证管理”中的一项功能，为体现其重要性，特另起一节讲述。

凭证正确处理后，可以将凭证打印出来，并装订成册妥善保管。凭证打印在会计电算化中也是财务业务资料的另一种备份形式。金蝶 KIS 专业版系统为用户提供两种凭证打印方式，一种是普通打印，另一种是套打打印。下面分别介绍两种方法。

1. 普通打印

普通打印就是指使用普通白纸，并不“使用套打”功能进行格式设定的打印，步骤如下。

（1）先预览格式情况。在“会计分录序时簿”窗口，单击菜单【文件】→【打印凭证】→【打印预览】，系统弹出“打印预览”窗口。

通过预览发现有几个问题：

① 纸张方向不对或纸张过大，怎么办？

② 若涉及外币和数量式的凭证怎样打印？

③ 如参考信息等项目不想打印怎么办？

（2）设置打印纸张大小。假设使用 24cm×12cm 的打印纸（这种打印纸张在文具店有售，有的是 24cm×14cm）。设置步骤如下。

① 确认打印机是否具有自定义纸张功能。

② 单击“开始”菜单“设置”下的“打印机和传真机”选项，系统弹出“打印机和传真机”窗口，选中使用的打印机名称，再单击“文件”菜单下的“服务器属性”命令，系统弹出“打印服务器属性”窗口，选中“创建新格式”项，将“宽度”修改为“24cm”，“高度”修改为“12cm”（此数值由用户实际所使用的打印纸张大小设定）。表格名录入“凭证纸”，如图 5-39 所示。

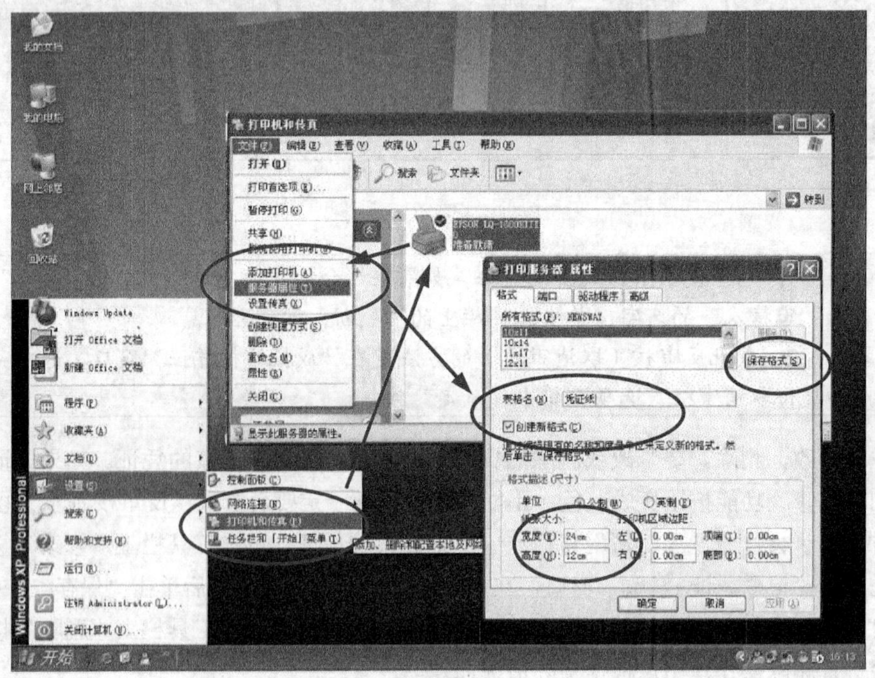

图 5-39

③ 单击“保存格式”按钮保存所设置的格式。单击“关闭”按钮退出窗口。

（3）切换到金蝶 KIS 专业版，在“凭证管理”窗口，单击菜单：【文件】→【打印凭证】→【打印预览】，进入凭证“打印预览”窗口，单击工具栏上“打印设置”按钮，系统弹出“打印设置”窗口，在窗口中可以选定打印机的名称、纸张大小和方向等，纸张大小选择刚才设置的“凭证纸”，如图 5-40 所示。

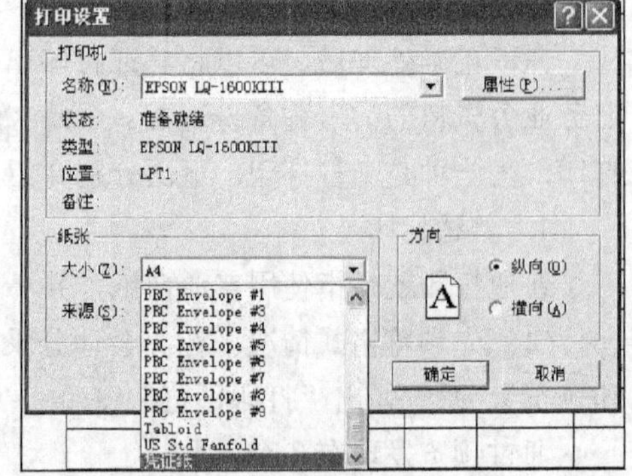

图 5-40

（4）单击“确定”按钮返回“打印预览”窗口，这时请注意打印格式的变换。在预览窗口发现纸张高度太小，那么可以更改纸张大小（通常不采用，因纸张大小是固定数据）或调整分录的高度，在此采用第二种方法。

（5）单击“退出”返回“会计分录序时簿”窗口，单击菜单【文件】→【打印凭证】→【页面设置】，系统弹出“凭证页面设置”窗口，单击“尺寸”选项卡，切换到尺寸修改窗口，在窗口中请注意右下角的

“单位”选择，选择单位“厘米”，修改栏目高度下的分录高度为“1”，如图5-41所示。

（6）单击“确定”按钮，返回“会计分录序时簿”窗口，再单击【文件】→【打印凭证】→【打印预览】，系统弹出“打印预览”窗口，如图5-42所示。这表示所设置的高度起了作用。

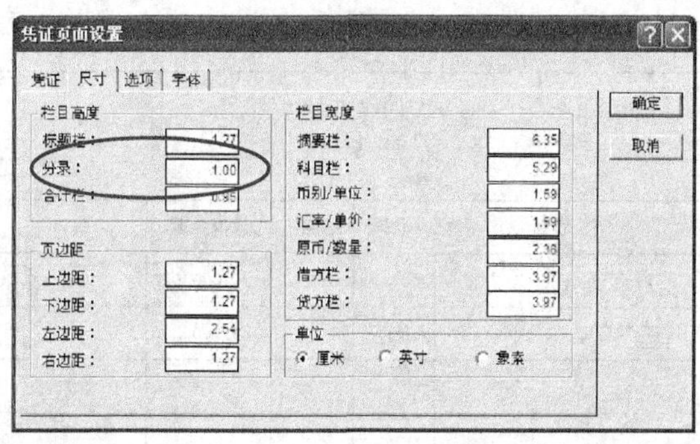

图5-41

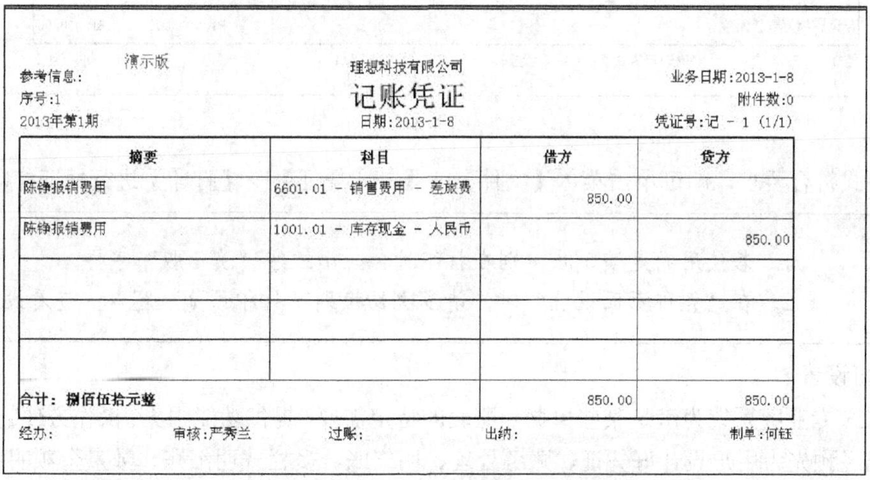

演示版

参考信息：　　理想科技有限公司　　业务日期:2013-1-8

序号:1　　**记账凭证**　　附件数:0

2013年第1期　　日期:2013-1-8　　凭证号:记 - 1 (1/1)

摘要	科目	借方	贷方
陈铮报销费用	6601.01 - 销售费用 - 差旅费	850.00	
陈铮报销费用	1001.01 - 库存现金 - 人民币		850.00
合计：捌佰伍拾元整		850.00	850.00

经办：　　审核:严秀兰　　过账：　　出纳：　　制单:何钰

图5-42

（7）设置凭证为外币/数量时的打印格式。单击菜单【文件】→【打印凭证】→【页面设置】，系统弹出“凭证页面设置”窗口，切换到“选项”窗口，如图5-43所示。

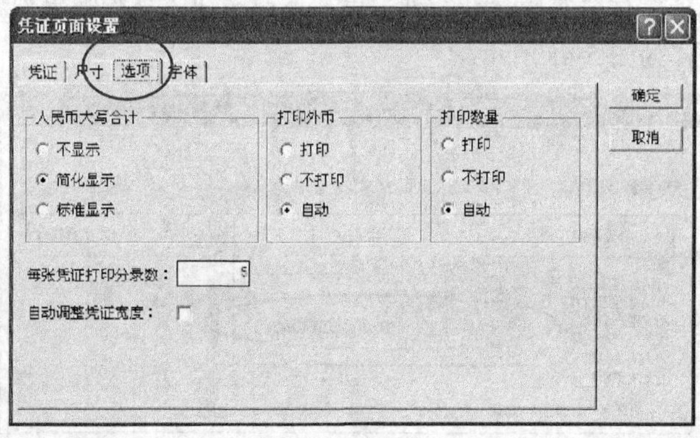

图5-43

在窗口中有人民币大写合计、打印外币、打印数量3个选项，打印外币和打印数量建议选中“自动”，这样系统在打印凭证时，检测到外币或数量时，会将外币和数量打印出来，如果没有选中“自动”则不打印外币或数量。“每张凭证打印分录数”是指打印时一张凭证上打印几条分录。

（8）各选项设置完成后单击“确定”按钮，返回“会计分录序时簿”窗口，单击【文件】→【打印凭证】→【打印预览】，系统弹出“打印预览”窗口，单击窗口左上角的“向下翻页”按钮，查看第二张凭证的格式，如图 5-44 所示。

参考信息：　　　　理想科技有限公司　　　　业务日期：2013-1-8

序号：2　演示版　　　　记账凭证　　　　附件数：0

2013年第1期　　　　日期：2013-1-8　　　　凭证号：记 - 2 (1/1)

摘要	科目	币别	汇率	原币金额	借方	贷方
实收投资款（电汇 - 2013 001）	1002.02 - 银行存款 - 中行东桥支行128	港币	.81	100,000.000	81,000.00	
实收投资款	4001.01 - 实收资本 - 陈友生	人民币	1	81,000.00		81,000.00
合计：捌万壹仟元整					81,000.00	81,000.00

经办：　　审核：严秀兰　　过账：　　出纳：　　制单：何钰

图 5-44

（9）格式符合要求，即可单击菜单【文件】→【打印凭证】→【打印】进行凭证打印。

1. 若使用的是演示版，则在打印时会显示红字“演示版”字样。
2. 在“凭证页面设置”时，请多次切换到“打印预览”窗口，查看设置的效果。

2. 套打设置

金蝶 KIS 专业版系统为满足某些单据和账表的特定需要，提供功能强大、操作方便的套打功能，金蝶系统已经预先为用户设计好凭证、账务处理、明细账、多栏式明细账、数量金额明细账、发票和各种出入库单据类型的套打打印输出格式。

下面练习将“会计分录序时簿”中的凭证以“套打”形式打印，操作步骤如下。

（1）在“会计分录序时簿”窗口单击菜单【文件】→【打印凭证】→【套打设置】，系统弹出“套打设置”窗口，在“凭证”行“对应套打”列，单击下拉按钮，系统弹出列表，例如选择“金蝶记账凭证（外币、数量）”，如图 5-45 所示。

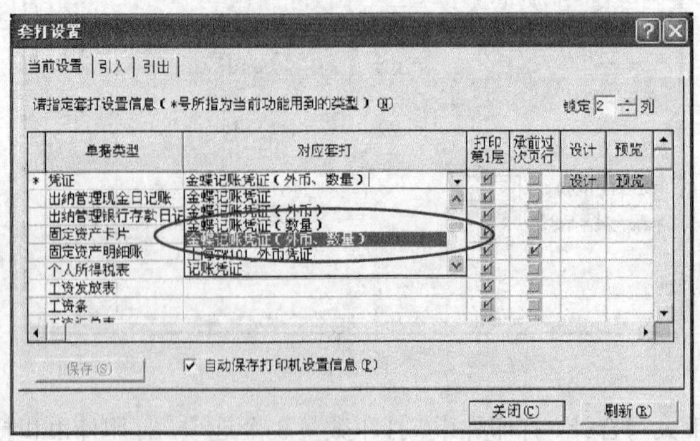

图 5-45

单击“预览”按钮可以查询所选择的套打格式，若对格式不满意可以单击“设计”按钮进行修改。

（2）单击“保存”保存当前设置，单击“关闭”按钮返回会计分录序时簿窗口，单击菜单【文件】→【打印凭证】→【使用套打】选项，再单击菜单【文件】→【打印凭证】→【打印预览】，系统进入打印预览窗口，如图 5-46 所示。

记 账 凭 证

2013 年 1 月 8 日

公司名称： 理想科技有限公司　　　　凭证编号： 记 1　　1/1

摘　要	会 计 科 目	币别	汇率	原币金额	借方本位币	贷方本位币
		单位	单价	数量		
陈铮报销费用	6601.01 销售费用 - 差旅费				85000	
陈铮报销费用	1001.01 库存现金 - 人民币					85000
	演示版					
附件　张	合计 捌佰伍拾元整				85000	85000

审　核 严秀兰　　过 帐　　出 纳　　制 单 何钰　　经 办

图 5-46

1. 因系统中预设的格式与专用的金蝶凭证套打纸（金蝶公司有售）规格相同，若用户使用该种纸张，则先在打印机的服务器属性先自定义纸张，之后再返回选择打印纸张。在购买套打纸之后，金蝶销售人员会为用户调整好打印机。

2. 设置不同打印格式时多用“打印预览”功能进行查看。

3. 打印格式设置完成，建议先放一张打印纸测试输出效果。

4. 若一次只想打印某一张凭证，可以在“会计分录序时簿”窗口选中要打印的凭证，双击进入“凭证–查看”窗口进行打印，也可以打印时设置打印范围。

5. 使用套打时，可以使用“过滤”功能，将需要打印的凭证筛选出来，然后设置套打格式。

5.2.4 凭证过账

凭证过账是指系统根据已录入凭证的会计科目将其登记到相关的明细账簿。只有本期的凭证过账后才能进行期末结账。过账操作步骤如下。

（1）在主界面窗口，单击【账务处理】→【凭证过账】，系统弹出“凭证过账”窗口，如图 5-47 所示。

（2）在窗口中用户根据需要设置相应选项，在此采用默认值。单击“开始过账”按钮，稍后系统弹出过账情况信息窗口。

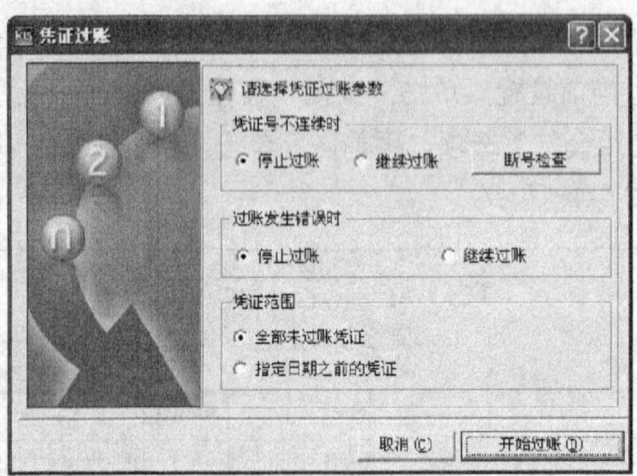

图 5-47

（3）单击“关闭”按钮，以凭证查询的方式进入“会计分录序时簿”窗口查看是否过账完成，过账成功的凭证会在过账项目下显示过账人的用户名，如图 5-48 所示。

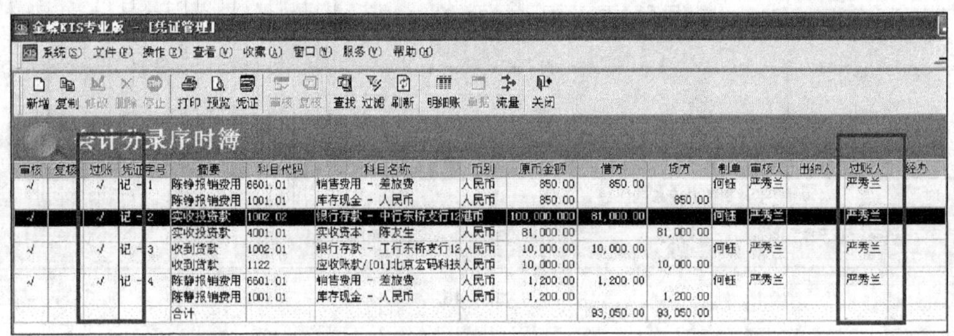

图 5-48

注

1. 理论上已经过账的凭证不允许修改，只能采取补充凭证或红字冲销凭证的方式进行更正。因此，在过账前应该对记账凭证的内容仔细审核，系统只能检验记账凭证中的数据关系是否错误，而无法检查其业务逻辑关系。

2. 金蝶 KIS 专业版为用户提供反过账功能，在“会计分录序时簿”窗口单击菜单【操作】→【反过账】即可。

5.2.5 凭证练习

以“何钰”身份录入表 5-6 中的凭证，以备后面操作时使用，并以“严秀兰”身份审核和过账所有凭证。

表 5-6　凭证练习

日期	摘　要	会 计 科 目	辅助核算项目	借　方	贷　方
2013-1-14	提备用金	1001.01　人民币		5 000	
		1002.01　工行东桥支行 125			5 000
2013-1-14	行政部报销费用	5101.01　伙食费		1 000	
		6602.04　伙食费		1 200	
		1001.01　人民币			2 200

续表

日期	摘　要	会计科目	辅助核算项目	借　方	贷　方
2013-1-15	生产使用材料	5001.01.01　直接材料		1 324	
		1403　原材料			1 324
2013-1-15	销售北京宏码科技产品	1122　应收账款	客户—01 北京宏码科技	18 000	
		6001　主营业务收入			1 8000

5.3 账簿

金蝶 KIS 专业版为用户提供详细的账簿查询功能，账簿有总分类账、明细分类账、数量金额账务处理、数量金额明细账、多栏账、核算项目分类账务处理和核算项目明细账等。

注　账簿报表下的会计科目、凭证字和核算项目与“基础设置”下的功能相同，应用方法请参照“基础设置”章节。

5.3.1　总分类账

“总分类账”用于查询科目账务处理数据，查询科目的本期借方发生额、本期贷方发生额和期末余额等项目数据。操作步骤如下。

（1）在主界面窗口，单击【账务处理】→【总分类账】，双击该功能，系统弹出“过滤条件”窗口，如图 5-49 所示。

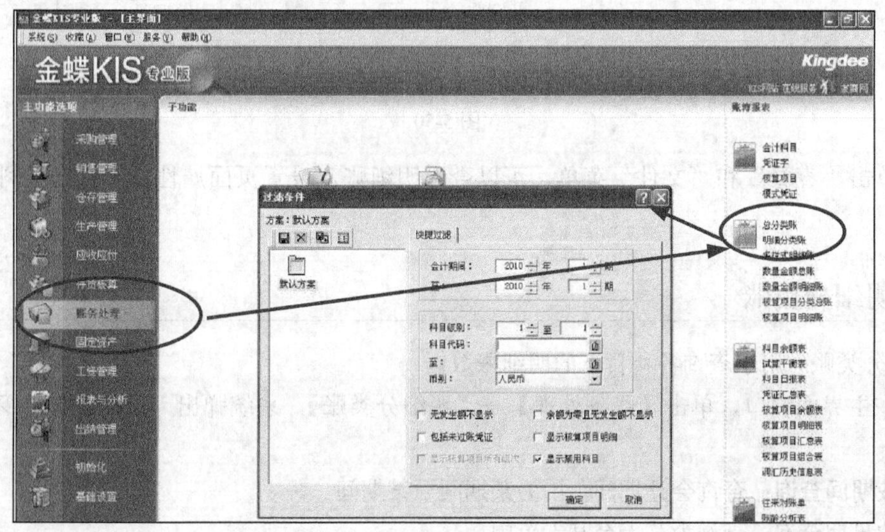

图 5-49

常用菜单和工具按钮的介绍如下。

- 科目级别：选择要求显示的科目级次。

- **科目代码**：设置查询的科目范围，按 F7 功能键获取会计科目。
- **无发生额不显示**：选中该项，不显示在期间范围内没有发生业务的科目。
- **包括未过账凭证**：选中该项，科目的汇总数据含有未过账凭证；不选中，汇总数据只有已过账凭证。
- **余额为零且无发生额不显示**：选中该项，不显示科目余额为零且在期间范围内无发生额账务处理。
- **显示核算项目明细**：选中该项，科目下有核算项目的显示核算项目明细数据，不选中不显示。
- **显示核算项目所有级次**：选中上一项，再选中该项，当核算项目有分级时，核算项目显示到最明细，不选中，只显示核算项目的第一级数据。
- **显示禁用科目**：选中该项，若禁用科目下有数据也显示出来；不选中该项则不显示。

（2）保持默认值，单击“确定”按钮，系统进入“总分类账”窗口，如图 5-50 所示。

金蝶KIS专业版 － [总分类账]

系统(S) 文件(F) 查看(V) 收藏(A) 窗口(W) 服务(V) 帮助(H)

打印 预览 过滤 刷新 明细账 关闭

总分类账

期间：2013年第1期 币别：人民币

科目代码	科目名称	期间	凭证字号	摘要	借方	贷方		余额
1001	库存现金	1		年初余额			借	5,000.00
		1	记1~6	本期合计	5,000.00	4,250.00	借	5,750.00
		1		本年累计	5,000.00	4,250.00	借	5,750.00
1002	银行存款	1		年初余额			借	803,082.00
		1	记3~5	本期合计	10,000.00	5,000.00	借	808,082.00
		1		本年累计	10,000.00	5,000.00	借	808,082.00
1122	应收账款	1		年初余额			借	62,400.00
		1	记3~8	本期合计	18,000.00	10,000.00	借	70,400.00
		1		本年累计	18,000.00	10,000.00	借	70,400.00
1403	原材料	1		年初余额			借	7,160.00
		1	记7	本期合计		1,324.00	借	5,836.00
		1		本年累计		1,324.00	借	5,836.00
1405	库存商品	1		年初余额			借	2,250.00
		1		本期合计			借	2,250.00
		1		本年累计			借	2,250.00
1601	固定资产	1		年初余额			借	193,400.00
		1		本期合计			借	193,400.00
		1		本年累计			借	193,400.00
1602	累计折旧	1		年初余额			贷	29,892.00

操作完毕，总共42行！ 理想科技有限公司 理想科技有限公司 账务处理：2013年第1期 严秀兰

图 5-50

（3）单击“查看”和“文件”菜单，可以查看明细账，设置页面属性，套打或按科目分页打印等。

5.3.2 明细分类账

“明细分类账”用于查询各科目下的明细账数据。

（1）在主界面窗口，单击【账务处理】→【明细分类账】，系统弹出“过滤条件”窗口，如图 5-51 所示。

- **按期间查询**：查询会计期间范围为某期间至某期间。
- **按日期查询**：查询为某天至某天范围。
- **只显示明细科目**：选中，当科目级别为多级别时，明细账只显示最明细科目的数据。
- **强制显示对方科目**：选中，同时显示对方科目。
- **显示对方科目核算项目**：选中，对方科目下有核算项目的同时显示。

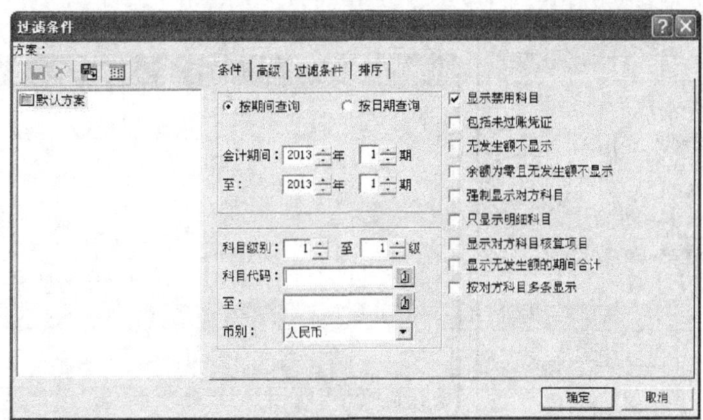

图 5-51

- **按明细科目列表显示：**选中，则以明细科目列表格式显示。
- **高级和过滤条件选项卡：**可以设置更详细的过滤条件。
- **排序选项卡：**设置明细账的排序条件。

（2）科目级别设置为 1 至 3 级，选中“显示明细科目”，单击“确定”按钮，系统弹出“明细分类账”窗口，如图 5-52 所示。

金蝶KIS专业版 － [明细分类账]

明细分类账 --[1001]库存现金

日期	凭证字号	摘要	对方科目	借方金额	贷方金额		余额
2013-1-1		年初余额				借	5,000.00
2013-1-8	记 - 1	陈静报销费用	6601.01 销售费用 － 差旅费		850.00	借	4,150.00
2013-1-8	记 - 4	陈静报销费用	6601.01 销售费用 － 差旅费		1,200.00	借	2,950.00
2013-1-14	记 - 5	提备用金	1002.01 银行存款 － 工行东桥支行125	5,000.00		借	7,950.00
2013-1-14	记 - 6	行政部报销费用	6602.04 管理费用 － 伙食费		2,200.00	借	5,750.00
2013-1-31		本期合计		5,000.00	4,250.00	借	5,750.00
2013-1-31		本年累计		5,000.00	4,250.00	借	5,750.00

图 5-52

单击“第一”、“上一”、“下一”、“最后”按钮查询不同科目的明细账，单击“账务处理”查看该科目的账务处理数据。

5.3.3 多栏式明细账

不同企业的科目设置情况不同，因此多栏式明细账需要用户自行设定。下面以查询“销售费用”的多栏账为例，介绍多栏账的设置方法。

（1）在主界面窗口，单击【账务处理】→【多栏式明细账】，系统弹出“多栏式明细分类账”窗口，如图 5-53 所示。

- **多栏账名称：**选择已设计好的多栏账。
- **会计期间：**查询期间范围。
- **设计：**进行多栏账的设计管理，如新增、修改或删除等。

（2）设计“销售费用多栏账”。单击“设计”按钮，系统弹出“多栏式明细账定义”窗口，如图 5-54 所示。

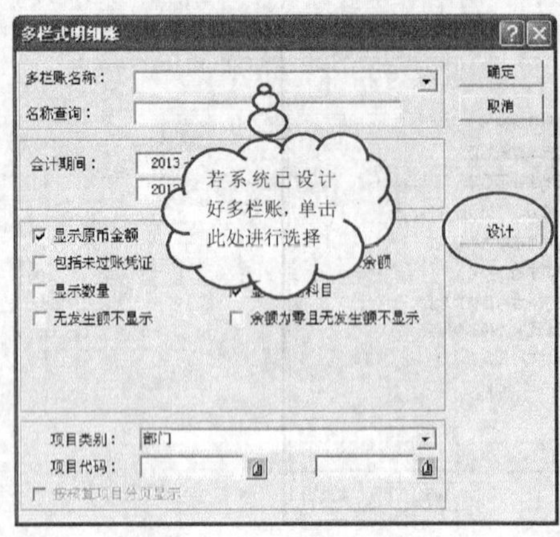

图 5-53

图 5-54

（3）单击“新增”按钮，进入“多栏式明细账定义—新增”窗口，在会计科目处按 F7 功能键获取“6601 销售费用”科目，再单击窗口右下角“自动编排”按钮，系统会自动将该科目下的明细科目排列出来，币别代码选择“人民币”，多栏账名称保持默认值，如图 5-55 所示。

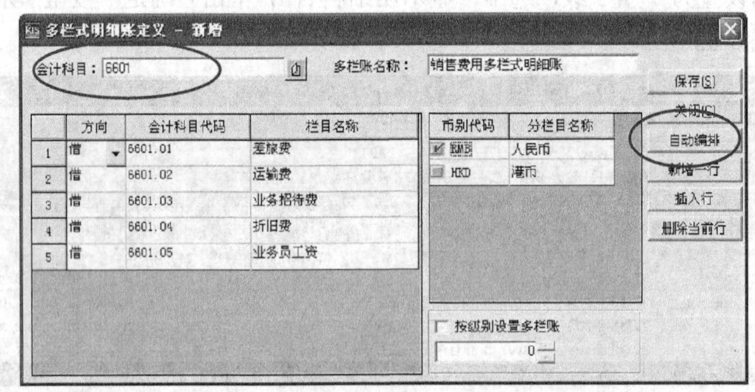

图 5-55

（4）单击“保存”按钮保存当前设置，并返回“定义”窗口，在“定义”窗口选中“销售费用多栏明细账”，单击“确定”按钮，返回“多栏式明细分类账”窗口。

（5）多栏账名称选择刚才所设计的“销售费用多栏明细账”，单击“确定”按钮，系统弹出“多栏式明细账”窗口，如图 5-56 所示。

日期	凭证字号	摘要	借方	贷方	余额(本位币) 方向	余额(本位币)	借方 差旅费	运输费	业务招待费	折旧费	业务员工资
2013-1-1		年初余额			平						
2013-1-8	记-1	陈静报销费用	850.00		借	850.00	850.00				
2013-1-8	记-4	陈静报销费用	1,200.00		借	2,050.00	1,200.00				
2013-1-31		本期合计	2,050.00		借	2,050.00	2,050.00				
2013-1-31		本年累计	2,050.00		借	2,050.00	2,050.00				

图 5-56

5.3.4 科目余额表

通过科目余额表可查询账套中所有会计科目的余额情况。可设置查询期间范围和查询级次等。

在主界面窗口，单击【账务处理】→【科目余额表】，系统弹出“过滤条件”窗口在窗口中可以设置查询条件，单击“高级”按钮可以进行更复杂的条件设置。科目级别设为“2”，单击“确定”按钮，系统进入“科目余额表”窗口，如图5-57所示。

金蝶KIS专业版 - [科目余额表]

系统(S) 文件(F) 查看(V) 收藏(A) 窗口(W) 服务(V) 帮助(H)

打印 预览 过滤 刷新 明细账 关闭

科目余额表 期间：2013年第1期

科目代码	科目名称	期初余额		本期发生		本年累计		期末余额	
		借方	贷方	借方	贷方	借方	贷方	借方	贷方
1001	库存现金	5,000.00		5,000.00	4,250.00	5,000.00	4,250.00	5,750.00	
1001.01	人民币	5,000.00		5,000.00	4,250.00	5,000.00	4,250.00	5,750.00	
1001.02	港币								
1002	银行存款	803,082.00		10,000.00	5,000.00	10,000.00	5,000.00	808,082.00	
1002.01	工行东桥支行125	803,082.00		10,000.00	5,000.00	10,000.00	5,000.00	808,082.00	
1002.02	中行东桥支行128								
1012	其他货币资金								
1101	交易性金融资产								
1121	应收票据								
1122	应收账款	62,400.00		18,000.00	10,000.00	18,000.00	10,000.00	70,400.00	
1123	预付账款								
1131	应收股利								
1132	应收利息								
1221	其他应收款								
1231	坏账准备								
1321	代理业务资产								
1401	材料采购								
1402	在途物资								
1403	原材料	7,160.00			1,324.00		1,324.00	5,836.00	
1404	材料成本差异								
1405	库存商品	2,250.00						2,250.00	
1406	发出商品								
1407	商品进销差价								
1408	委托加工物资								
1411	周转材料								
1471	存货跌价准备								
1501	持有至到期投资								
1502	持有至到期投资减值准备								
1503	可供出售金融资产								
1511	长期股权投资								
1512	长期股权投资减值准备								
1521	投资性房地产								
1531	长期应收款								
1532									

操作完毕，总共124行！ 理想科技有限公司 理想科技有限公司 账务处理：2013年第1期

图5-57

其他账簿和报表的操作方法基本同前面操作。

5.4 往来管理

往来管理提供核销管理、往来对账单和账龄分析表等功能。要应用这些功能的前提是科目的属性必须设置“往来业务核算”。该功能适用于“账务处理”单独使用。

由于本书的写作思路考虑为应收和应付系统与“账务处理”系统连接使用模式，所以本节中的所有实例图片来源其他账套。本节讲述账务处理系统单独使用时，并且选中账务处理参数中的“启用往来业务核销”选项后，“往来管理”子功能的使用方法。

初始化预设“1122 应收账款”和“2202 应付账款”属性，选中“往来业务核算”选项。已设置“往来业务核算”科目在录入凭证时，系统会提示录入“往来业务编号”，如图 5-58 所示。

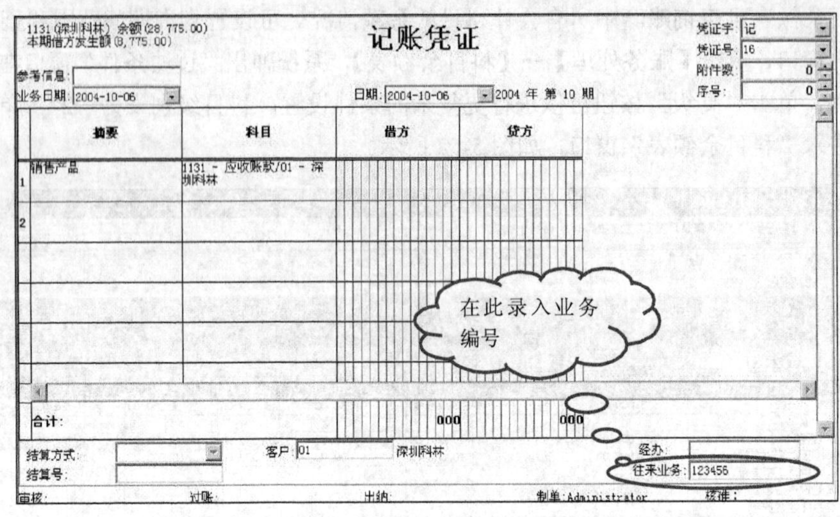

图 5-58

5.4.1 往来核销

要使用“往来核销”功能有几大前提。

（1）会计科目属性包含“往来业务核算”选项。

（2）涉及往来业务核算科目的凭证，往来业务编号一定要录入（或 F7 键获取），因为核销的原理是根据同一业务编号，不同方向进行核销的。

（3）一定要选中账务处理参数中的“启用往来业务核销”选项。

因本账套初始没有设置往来业务核算，所以涉及应收、应付的凭证暂没有录入业务编号，所以，在此只讲原理，不讲操作。下面举例说明。

例：10 月 1 日销售 A 公司产品，凭证如下。

借：应收账款—A 公司—123（业务编号） 5 000

　　贷：主营业收入 5 000

10 月 2 日销售 A 公司产品，凭证如下。

借：应收账款—A 公司—131（业务编号） 680

　　贷：主营业收入 6 80

10 月 3 日销售 A 公司产品，凭证如下。

借：应收账款—A 公司—133（业务编号） 1 000

　　贷：主营业收入 1 000

假设 10 月 5 日收到 A 公司货款 5 500 元，凭证如下。

借：银行存款 5 500

　贷：应收账款—A 公司—123 5 000

　贷：应收账款—A 公司—131 500

通过该张收款凭证可以知道，所收款项为 123 号单据的 5 000 元和 131 号单据的 500 元，并且

131 号还欠 180 元。

往来核销功能就是对上述凭证的同一会计科目，同一核算项目或同一业务编号，但是不同方向的金额进行核销处理，以便了解每张单据的款项已付、未付和欠款等情况。

往来核销是为详细知道每个业务编号核销情况。若公司管理要求只要知道客户的本期借方发生额、本期贷方发生额，则两项相减即可知道客户的期末余额（欠款数），而不用业务编号核销管理。

该功能适合于“账务处理”系统单独使用，用户要求知道详细的往来业务的情况。因本账套中有使用应收应付系统，在这两个系统中能详细了解客户往来情况，所以在“账务处理”系统就不必再重复管理。

5.4.2 往来对账单

往来对账单可用于查询会计科目设有“往来业务核算”属性的科目借方额、贷方额和余额。

在主界面窗口，单击【账务处理】→【往来对账单】，系统弹出“过滤条件”窗口，会计科目按 F7 功能键获取，选择对应项目类别，单击“确定”按钮，系统进入“往来对账单”窗口，如图 5-59 所示。

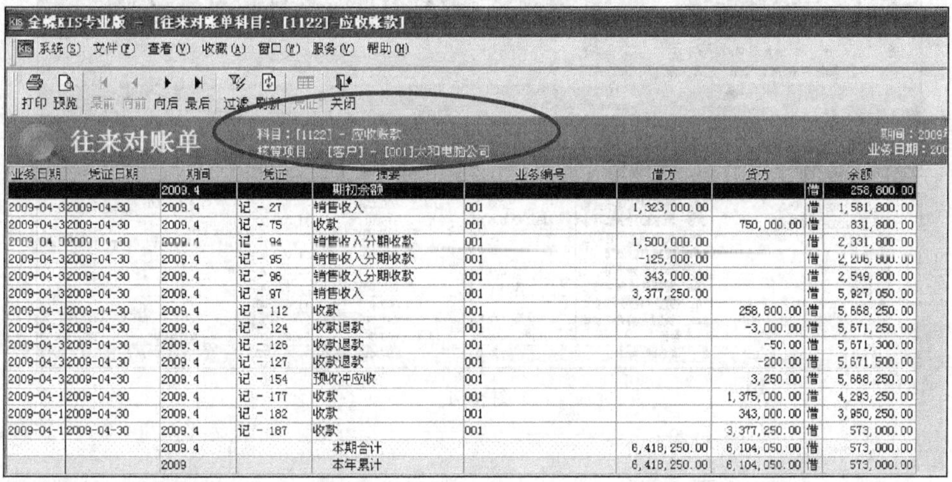

金蝶KIS专业版 － [往来对账单科目：[1122]-应收账款]

系统(S) 文件(F) 查看(V) 收藏(A) 窗口(W) 服务(V) 帮助(H)

打印 预览 最前 向前 向后 最后 过滤 刷新 凭证 关闭

往来对账单

科目：[1122] － 应收账款
核算项目：[客户] － [001]太阳电脑公司

业务日期	凭证日期	期间	凭证	摘要	业务编号	借方	贷方		余额
		2009.4		期初余额				借	258,800.00
2009-04-3	2009-04-30	2009.4	记 - 27	销售收入	001	1,323,000.00		借	1,581,800.00
2009-04-3	2009-04-30	2009.4	记 - 75	收款	001		750,000.00	借	831,800.00
2009-04-3	2009-04-30	2009.4	记 - 94	销售收入分期收款	001	1,500,000.00		借	2,331,800.00
2009-04-3	2009-04-30	2009.4	记 - 95	销售收入分期收款	001	-125,000.00		借	2,206,800.00
2009-04-3	2009-04-30	2009.4	记 - 96	销售收入分期收款	001	343,000.00		借	2,549,800.00
2009-04-3	2009-04-30	2009.4	记 - 97	销售收入	001	3,377,250.00		借	5,927,050.00
2009-04-1	2009-04-30	2009.4	记 - 112	收款	001		258,800.00	借	5,668,250.00
2009-04-3	2009-04-30	2009.4	记 - 124	收款退款	001		-3,000.00	借	5,671,250.00
2009-04-3	2009-04-30	2009.4	记 - 126	收款退款	001		-50.00	借	5,671,300.00
2009-04-3	2009-04-30	2009.4	记 - 127	收款退款	001		-200.00	借	5,671,500.00
2009-04-3	2009-04-30	2009.4	记 - 154	预收冲应收	001		3,250.00	借	5,668,250.00
2009-04-1	2009-04-30	2009.4	记 - 177	收款	001		1,375,000.00	借	4,293,250.00
2009-04-1	2009-04-30	2009.4	记 - 182	收款	001		343,000.00	借	3,950,250.00
2009-04-1	2009-04-30	2009.4	记 - 187	收款	001		3,377,250.00	借	573,000.00
		2009.4		本期合计		6,418,250.00	6,104,050.00	借	573,000.00
		2009		本年累计		6,418,250.00	6,104,050.00	借	573,000.00

图 5-59

若要查看其他客户的对账单，单击工具栏上的“上一”“下一”按钮进行查看。

5.4.3 账龄分析表

账龄分析表可用于对设有往来核算科目的往来款项余额的时间分布进行分析。

在主界面窗口，单击【账务处理】→【账龄分析表】，系统弹出“过滤条件”窗口，如图 5-60 所示。

- **会计科目**：选择要查询的会计科目。为空时，系统会自动将设有往来业务核算的科目显示出来。
- **项目类别**：必选项。
- **账龄分组**：录入天数后，标题会自动更改，可增加或删除行。

项目类别选择“客户”，单击“确定”按钮，系统进入“账龄分析表”窗口，如图 5-61 所示。

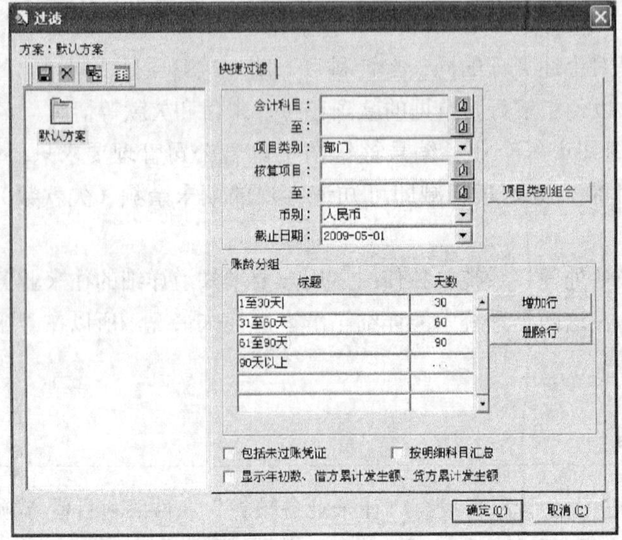

图 5-60

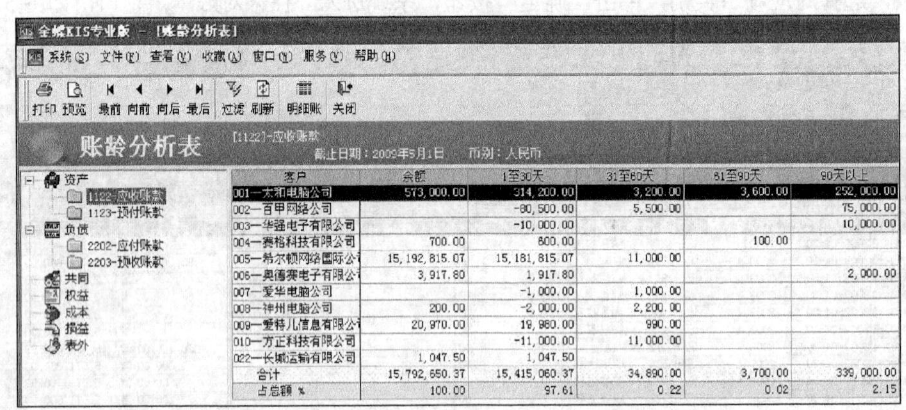

客户	余额	1至30天	31至60天	61至90天	90天以上
001—太和电脑公司	573,000.00	314,200.00	3,200.00	3,600.00	252,000.00
002—百甲网络公司		-80,500.00	5,500.00		75,000.00
003—华强电子有限公司		-10,000.00			10,000.00
004—赛格科技有限公司	700.00	600.00		100.00	
005—希尔顿网络国际公司	15,192,815.07	15,181,815.07	11,000.00		
006—奥德赛电子有限公司	3,917.80	1,917.80			2,000.00
007—爱华电脑公司		-1,000.00	1,000.00		
008—神州电脑公司	200.00	-2,000.00	2,200.00		
009—爱特儿信息有限公司	20,970.00	19,980.00	990.00		
010—方正科技有限公司		-11,000.00	11,000.00		
022—长城运输有限公司	1,047.50	1,047.50			
合计	15,792,650.37	15,415,060.37	34,890.00	3,700.00	339,000.00
占总额 %	100.00	97.61	0.22	0.02	2.15

图 5-61

5.5 期末处理

当期凭证业务处理完成后，可以进行期末处理，即期末调汇、自动转账、结转损益和期末结账操作。

1. 若用户单独使用“账务处理”系统，可以开始期末处理。若用户有与固定资产、应收应付和业务等系统连接使用，则建议业务系统先结账后再进行期末处理工作。
2. 建议先出完资产负债表、损益表后，再进行期末结账。

5.5.1 自动转账

期末转账凭证用于将相关科目下的余额转入到另一相关科目下。例如将制造费用转入生产成本科目，可以直接录入，即查看相关科目下的余额，用“凭证录入”功能将余额转出；也可以使用自动转账功能，定义好转账公式，在期末只要选中要转账的项目，生成凭证即可，这样即简单又提高效率。

下面以定义“制造费用转生产成本”的自动转账凭证为例，介绍自动转账的使用方法。

（1）在主界面窗口，单击【账务处理】→【自动转账】，系统弹出“自动转账凭证”窗口，如图5-62所示。

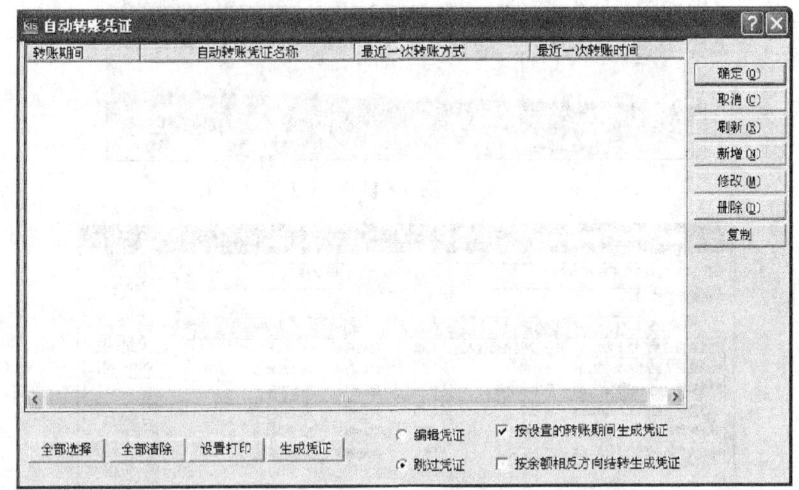

图 5-62

（2）单击“新增”按钮，录入名称“制造费用转生产成本”，选择机制凭证“自动转账”，按转账期间右边的编辑按钮，系统弹出“转账期间”设定窗口，单击“全选”按钮，单击“确定”按钮，返回“自动转账凭证”窗口。

（3）在第一条分录中录入凭证摘要“制造费用转生产成本”，科日获取“5001.01.03 制造费用转入”，选择方向“自动断定”，选择转账方式“转入”。

（4）单击“新增行”按钮，在第二条分录中录入摘要“制造费用转生产成本”，科目获取“5101.01 伙食费”，方向“自动断定”，转账方式为“按公式转出”，公式方法为“公式取数”，公式定义单击“下设”按钮，系统弹出“公式定义”窗口，如图5-63所示。

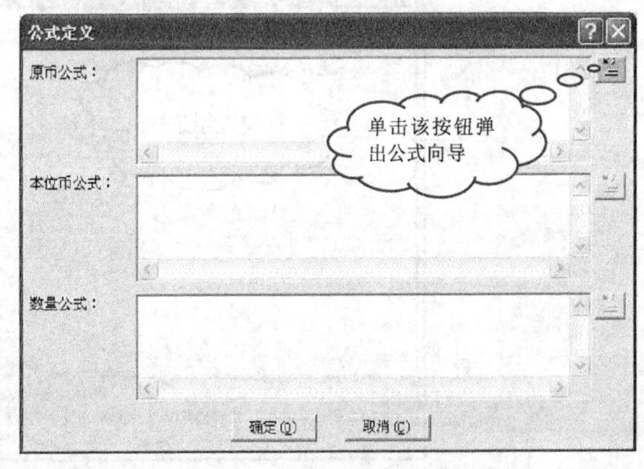

图 5-63

单击窗口右侧的“公式向导”按钮，系统弹出“报表函数”窗口，选择“ACCT”函数，单击“确定”按钮，系统进入“公式向导”窗口，科目获取“5101.01 伙食费”，取数类型获取“Y期末余额”，如图5-64所示。

单击“确认”按钮，返回“公式定义”窗口，单击“确定”按钮，返回“自动转账凭证”窗口。

（5）按步骤（4）录入剩余的科目，结果如图5-65所示。

（6）单击“保存”按钮，并返回“自动转账凭证”窗口，选中刚才所建立的转账凭证方案，如图5-66所示。

单击“生成凭证”按钮，系统会根据所设置的转账凭证方案生成一张记账凭证，由于本练习账套数据暂时不全，所以在此不进行“生成凭证”操作。

函数表达式：ACCT("5101.01","Y","",0,0,0,"")

科目 5101.01
取数类型 Y
货币
年度
起始期间
结束期间

总账科目取数公式：
该公式共六个参数，计算指定科目、类型、币别、年、期的数据。取数出错显示为空。科目参数支持通配符的功能，规则：1、每一个通配符"*"只匹配一个字符。2、带有通配符的科目或核算项目不能有起止范围。3、通配符只支持连续匹配如：55**.**|产品|01.**.**.****

货币：货币的代码，默认为综合本位币。

确认 取消

图 5-64

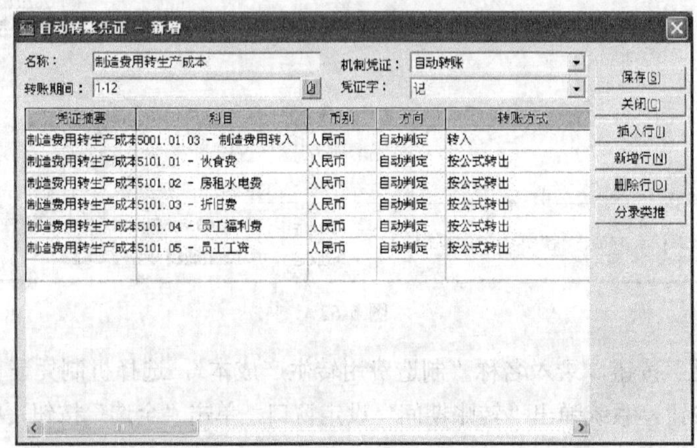

凭证摘要	科目	币别	方向	转账方式
制造费用转生产成本	5001.01.03 - 制造费用转入	人民币	自动判定	转入
制造费用转生产成本	5101.01 - 伙食费	人民币	自动判定	按公式转出
制造费用转生产成本	5101.02 - 房租水电费	人民币	自动判定	按公式转出
制造费用转生产成本	5101.03 - 折旧费	人民币	自动判定	按公式转出
制造费用转生产成本	5101.04 - 员工福利费	人民币	自动判定	按公式转出
制造费用转生产成本	5101.05 - 员工工资	人民币	自动判定	按公式转出

图 5-65

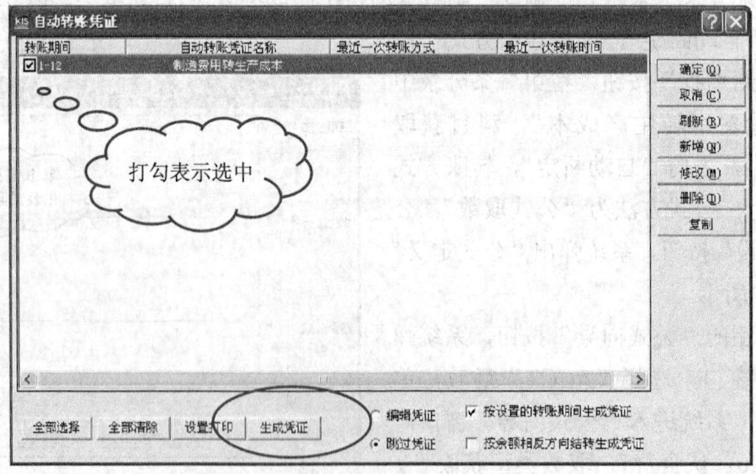

图 5-66

生产成本转库存商品和库存商品转主营业成本的自动转账凭证请读者自行设置。

5.5.2 期末调汇

期末调汇是在期末自动对有外币核算和设有“期末调汇”的会计科目计算汇兑损益，生成汇兑损益转账凭证及期末汇率调整表。

（1）在主界面窗口，单击【账务处理】→【期末调汇】，系统弹出“期末调汇”窗口，如图 5-67 所示。

（2）假设调整汇率为“0.80”。调整汇率录入“0.80”，单击“下一步”按钮，系统进入下一窗口，在窗口中“汇兑损益科目”处按F7键获取“6603.03-调汇”科目，选择正确的凭证字，录入正确的摘要，如图5-68所示。

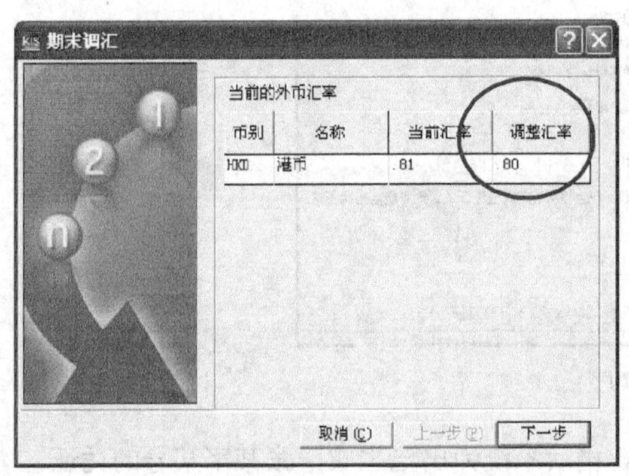

图 5-67

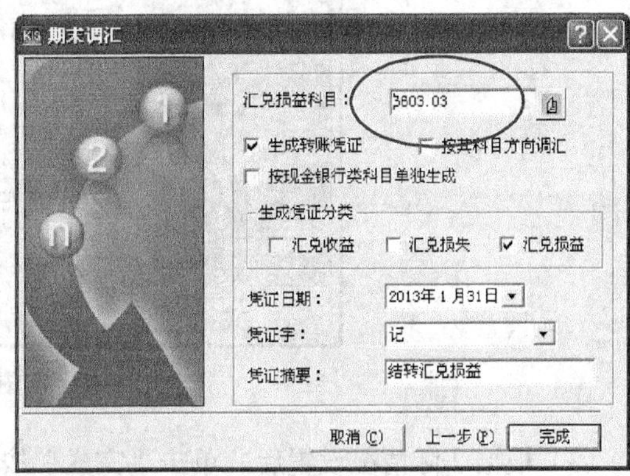

图 5-68

（3）科目获取成功，勾选生成“汇兑收益”选项，单击“完成”按钮，稍后系统弹出提示：“已经生成凭证”，表示调汇成功。

（4）查看生成的凭证。单击【账务处理】→【凭证管理】，设定过滤条件后进入“会计分录序时簿”窗口，即可看到生成的凭证。

5.5.3 结转损益

结转损益是指将损益类科目下的所有余额结转到“本年利润”科目，并生成一张结转损益的凭证。

在结转损益前，一定要将本期的凭证都过账，包括自动转账生成的凭证。

（1）在主界面窗口，单击【账务处理】→【结转损益】，系统进入“结转损益”向导窗口，单击“下一步”，系统进入“损益类科目对应本年利润科目”窗口，如图5-69所示。

（2）单击“下一步”，进入设置窗口，如图5-70所示。

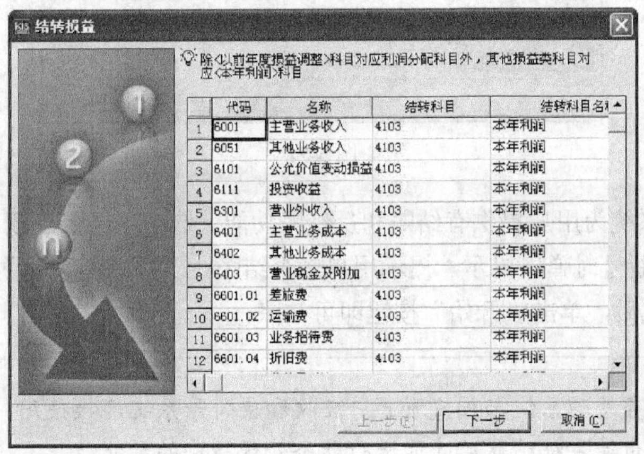

	代码	名称	结转科目	结转科目名
1	6001	主营业务收入	4103	本年利润
2	6051	其他业务收入	4103	本年利润
3	6101	公允价值变动损益	4103	本年利润
4	6111	投资收益	4103	本年利润
5	6301	营业外收入	4103	本年利润
6	6401	主营业务成本	4103	本年利润
7	6402	其他业务成本	4103	本年利润
8	6403	营业税金及附加	4103	本年利润
9	6601.01	差旅费	4103	本年利润
10	6601.02	运输费	4103	本年利润
11	6601.03	业务招待费	4103	本年利润
12	6601.04	折旧费	4103	本年利润

图 5-69

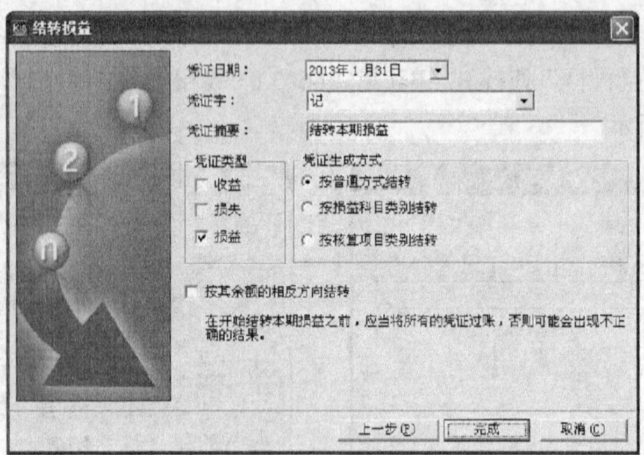

图 5-70

（3）根据实际情况设置后，单击“完成”按钮。稍后系统弹出已生成一张某字某号的凭证。

5.5.4 期末结账

本期会计业务全部处理完毕后，可以进行期末结账处理，本期期末结账后，系统才能进入下一期间进行业务处理。

期末结账的前提是本期所有凭证已过账完毕。

（1）在主界面窗口，单击【账务处理】→【期末结账】，系统弹出“期末结账”窗口，如图 5-71 所示。

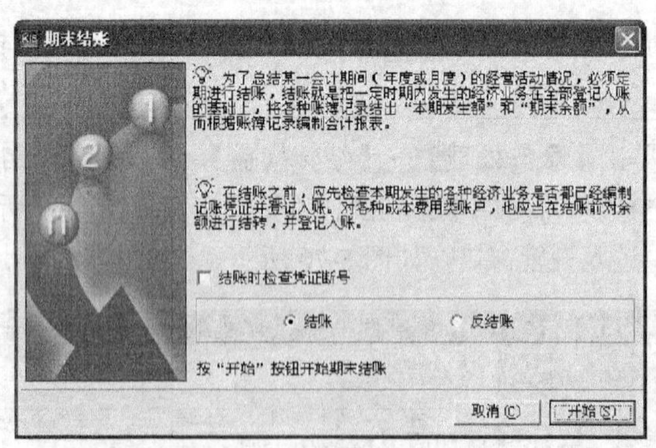

图 5-71

金蝶 KIS 专业版系统为用户提供有结账和反结账功能。选中“结账”项，勾选“结账时检查凭证断号”，则凭证中有断号时弹出提示，提示用户是否结账。

（2）项目设置完成后，单击“开始”按钮即可结账。

因账务处理系统与固定资产、应收和应付等系统连接使用，所以一定要固定资产、应收和应付等系统结账后才能进行账务处理模块的结账。

5.6 课后习题

（1）审核凭证时对审核人有什么要求？

（2）在会计分录序时簿中选中要修改、删除的凭证，但是修改、删除功能是灰色，要如何处理？

（3）凭证打印方式有几种？

（4）期末转账凭证有几种生成方式？

（5）账务处理模块期末结账的前提是什么？

实验四 账务处理系统

【实验目的】

（1）掌握凭证处理方法和流程。

（2）掌握转账凭证自定义、期末调汇、结转损益方法。

（3）掌握账簿查询方法。

【实验内容】

（1）凭证录入、审核、过账。

（2）转账凭证自定义。

（3）期末调汇方法。

（4）结转损益方法。

（5）总账、明细账、多栏账查询方法。

【实验资料】

2013 年 1 月凭证数据，见表 1。

表 1

日期	凭证号	摘　要	科目代码	币别	原币金额	借方	贷方	方式	结算号
2013-1-8	记-1	提备用金	1001.01	人民币	12 000	12 000			
			1002.01	人民币	12 000		12 000	支票	201301001
2013-1-8	记-2	王力保报销客户招待费	6601.02	人民币	165	165			
			1001.01	人民币	165		165		
2013-1-10	记-3	谢至星报销购买办公用品费用	6602.03	人民币	1 623	1 623			
			1001.01	人民币	1 623		1 623		
2013-1-11	记-4	李丽购买账簿费用	6602.03	人民币	185	185			
			1001.01	人民币	185		185		
2013-1-11	记-5	何小川追加投资-美元	1002.02	美元	100 000	628 000		电汇	201301002
			4001.02	人民币	628 000		628 000		
2013-1-13	记-6	何总招待相关单位餐费	6602.02	人民币	968	968			
			1001.01	人民币	968		968		

续表

日期	凭证号	摘　　要	科目代码	币别	原币金额	借方	贷方	方式	结算号
2013-1-16	记-7	何总报销差旅费	6602.01	人民币	2 130	2 130			
			1001.01	人民币	2 130		2 130		
2013-1-19	记-8	购买黄页	6602.03	人民币	380	380			
			1001.01	人民币	380		380		
2013-1-20	记-9	购买 SL123 专利	1701	人民币	200 000	200 000			
			1002.01	人民币	200 000		200 000	支票	201301003
2013-1-23	记-10	支付 1 月物业清洁费	6602.06	人民币	1 200	1 200			
			1002.01	人民币	1 200		1 200	支票	201301004
2013-1-24	记-11	支付房租水电费	5101.01	人民币	13 520	13 520			
			6602.03	人民币	5 860	5 860			
			1002.01	人民币	19 380		19 380	支票	201301005

【实验步骤】

（1）以“李丽”身份登录“宇纵科技有限公司”账套，录入表 1 所列凭证数据。

（2）以“贺君兰”身份登录“宇纵科技有限公司”账套，审核并过账以上凭证。

（3）以“李丽”身份登录进行“期末调汇”，美元期末汇率为 6.29。

（4）以“贺君兰”身份登录审核并过账调汇凭证。

（5）以“李丽”身份登录，设置自动转账方案，并生成相应凭证。请注意审核和过账的先后次序。

（6）以“贺君兰”身份登录审核并过账自动转账凭证。

（7）以“李丽”身份登录，结转损益。

（8）以“贺君兰”身份登录审核并过账结转损益凭证。

（9）查询总账。

（10）查询明细账。

（11）查询科目余额表。

（12）制作“管理费用”多栏账簿并查询。

报表与分析 第10章

学习重点

通过本章学习，了解如何查询报表，如何修改报表格式，如何进行公式修改和定义，如何打印报表，如何自定义报表，如何进行报表分析和现金流量表操作。

6.1 概述

金蝶 KIS 报表系统可以处理资产负债表、利润表等常用的财务报表，并可以根据管理需求自定义报表，还可以由计算出来的报表数据进行各种报表分析工作，以及提供现金流量表的查询。

报表系统与账务处理系统连接使用时，可以通过 ACCT、ACCTCASH 等取数函数从账务处理系统的科目中取数；和供应链系统连接使用时，可以通过函数从供应链系统中取数。

报表的界面显示为一个表格，操作与 Excel 类似。

报表系统不涉及初始设置和期末结账，主要用于查询报表、修改格式和修改公式，然后输出。

报表系统与其他系统的关系如图 6-1 所示。

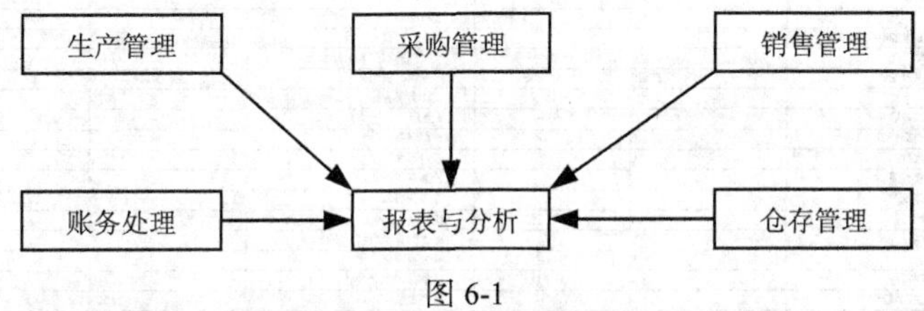

图 6-1

6.2 报表处理

报表系统为用户预设有部分行业的报表模板，如资产负债表、利润表和利润分配表等。用户也可以利用公式向导更改取数公式，可以通过页面设置更改输出格式。下面以处理“资产负债表”为例，介绍报表的处理方法。

6.2.1 查看报表

（1）以“严秀兰”身份登录练习账套。在主界面窗口，单击【报表与分析】→【资产负债表】，系统进入“资产负债表”窗口，如图 6-2 所示。

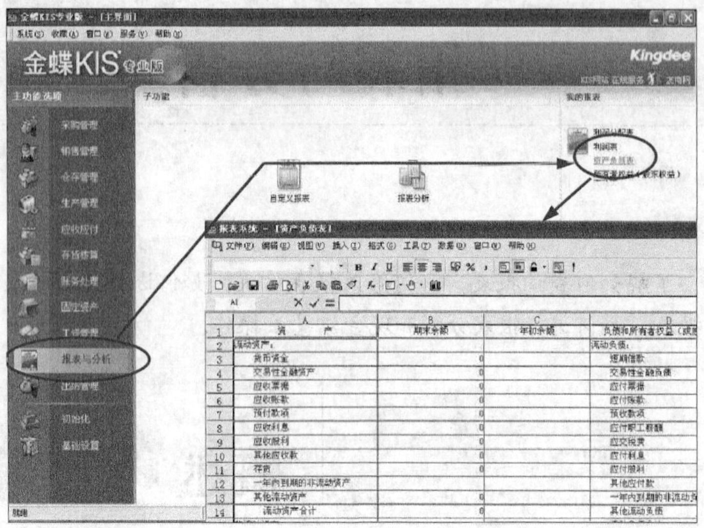

图 6-2

（2）单击菜单【数据】→【报表重算】，计算出来的数据如图 6-3 所示。

	A	B	C	D	E	F
1	资　　产	期末余额	年初余额	负债和所有者权益（或股东权益）	期末余额	年初余额
2	流动资产：			流动负债：		
3	货币资金	867872	783,122.00	短期借款	0	
4	交易性金融资产	0		交易性金融负债	0	
5	应收票据	0		应付票据	0	
6	应收账款	62634	62,400.00	应付账款	16000	16,000.00
7	预付款项	0		预收款项	0	
8	应收利息	0		应付职工薪酬	0	
9	应收股利	0		应交税费	0	
10	其他应收款	0		应付利息	0	
11	存货	6970	6,970.00	应付股利	0	
12	一年内到期的非流动资产			其他应付款	0	
13	其他流动资产	0		一年内到期的非流动负债		
14	流动资产合计	937476	852,492.00	其他流动负债	0	
15	非流动资产：			流动负债合计	16000	16,000.00
16	可供出售金融资产	0		非流动负债：		
17	持有至到期投资	0		长期借款	0	
18	长期应收款	0	0	应付债券	0	0
19	长期股权投资	0	0	长期应付款	0	0
20	投资性房地产	0	0	专项应付款	0	0
21	固定资产	163508	163,508.00	预计负债	0	
22	在建工程	0		递延所得税负债	0	
23	工程物资	0		其他非流动负债	0	
24	固定资产清理	0		非流动负债合计	0	
25	生产性生物资产			负债合计	16000	16,000.00
26	油气资产			所有者权益（或股东权益）：		
27	无形资产	0	0	实收资本（或股本）	1087800	1,000,000.00
28	开发支出	0		资本公积	0	
29	商誉	0		减：库存股	0	
30	长期待摊费用	0		盈余公积	0	
31	递延所得税资产	0		未分配利润	-1816	
32	其他非流动资产			所有者权益（或股东权益）合计	1085984	1,000,000.00
	产合计	163508	1			

图 6-3

注　发现公式有错误时，要检查公式中的科目代码是否引用正确，如把没有的代码也引用，则会出现公式错误，把错误代码修改为正确代码即可。若科目代码引用正确，则可能是多输入某些字符，如空格、逗号或文字等，这些都不易查到，因此可以直接重新录入公式。

6.2.2　打印

报表输出为求美观，随时要对报表格式进行设置，如列宽、行高、字体和页眉页脚等内容。下面以输出“资产负债表”为例介绍格式设置步骤。

（1）修改列宽。方法有 2 种，一种是用鼠标拖动修改列宽，如修改 C 列的宽度，将光标移到 C、D 列之间的竖线位置，当光标变成↔箭头时按住左键拖动，将列宽拖动至适当位置即可；另一种是选定要修改的列，单击菜单【格式】→【列属性】，系统弹出“列属性”窗口，修改列宽为 250，如图 6-4 所示。

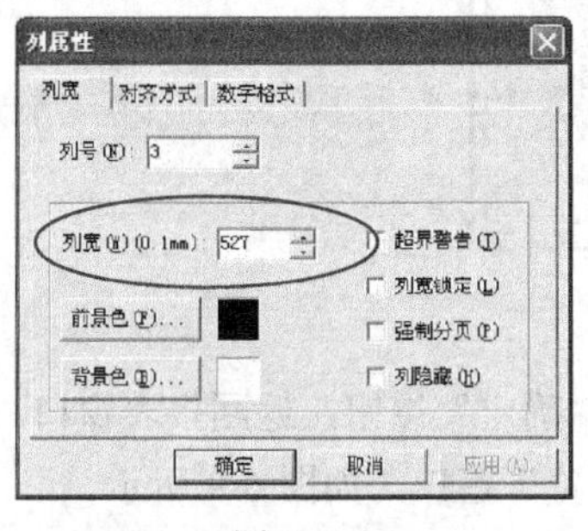

图 6-4

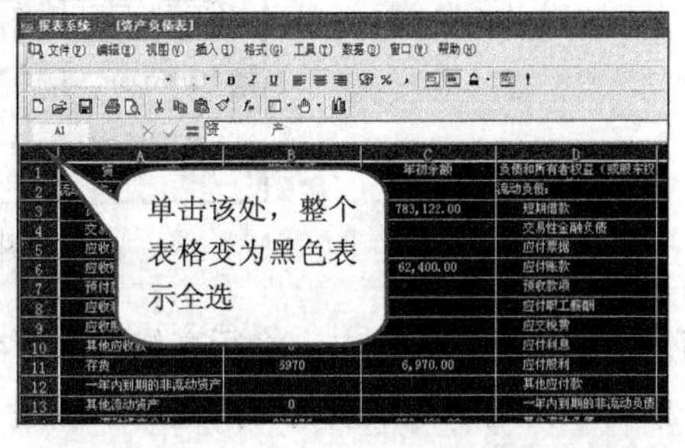

图 6-5

（2）修改数据列的对齐方式为“居中对齐”。选中要修改的数值列或单元格，单击工具栏上的“（对齐方式）”按钮中的居中对齐按钮即可。

（3）设置打印时使用的纸张大小和方向。单击工具栏上的“打印预览”按钮，系统进入“打印预览”窗口，发现该报表分 2 页输出，高度刚好打印完，宽度还不够打印右侧的“负债和股东权益”。单击窗口上的“打印设置”按钮，系统弹出“打印设置”窗口，将方向改为“横向”，单击“确定”返回“预览”窗口，发现宽度满足要求，而高度不够。在这情况下，有两种方式选择，一种是在“打印设置”窗口，选择纸张大小为“A3”；另一种是更改文字大小、单元格高度、宽度等设置，以使其能在一张 A4 纸上打印出来。

本练习采用第二种方式，纸张大小选择 A4，方向为“横向”打印。

（4）更改字体大小。单击“退出”按钮，返回报表窗口。选定整个表格的内容，如图 6-5 所示。

修改字体大小，单击菜单【格式】→【单元属性】，系统弹出“单元属性”窗口，如图 6-6 所示。单击窗口上的“字体”按钮，系统弹出“字体”设置窗口，在设置窗口选择适当的字体大小，选择“小五号”，如图 6-7 所示。

单击“确定”按钮，返回单元属性窗口，再单击“确定”按钮返回报表，报表中的所有内容的字体已变小。

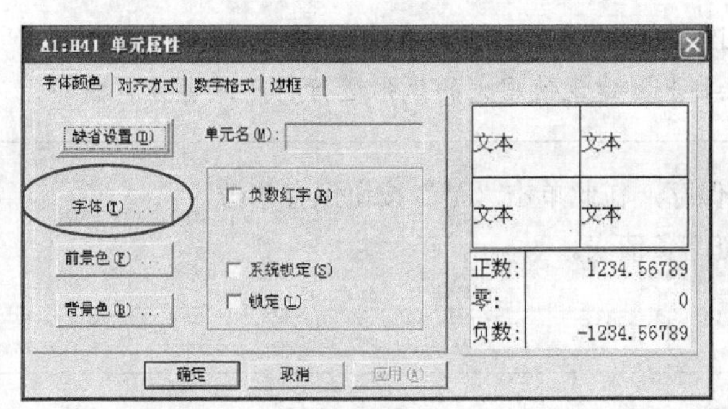

图 6-6

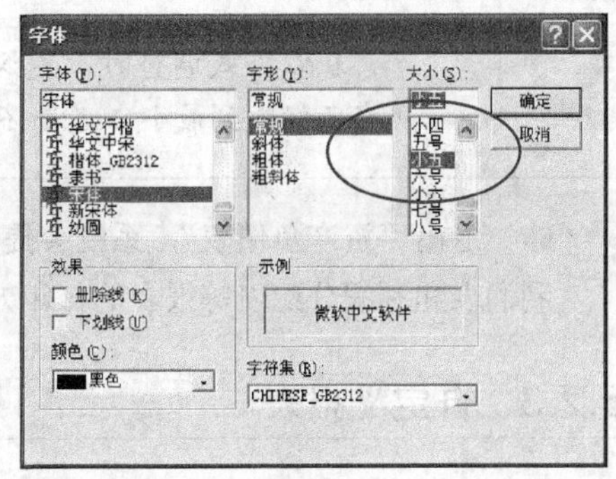

图 6-7

（5）压缩行高。全选整个表格，单击菜单【格式】→【行属性】，系统弹出“行属性”窗口，如

图 6-8 所示。

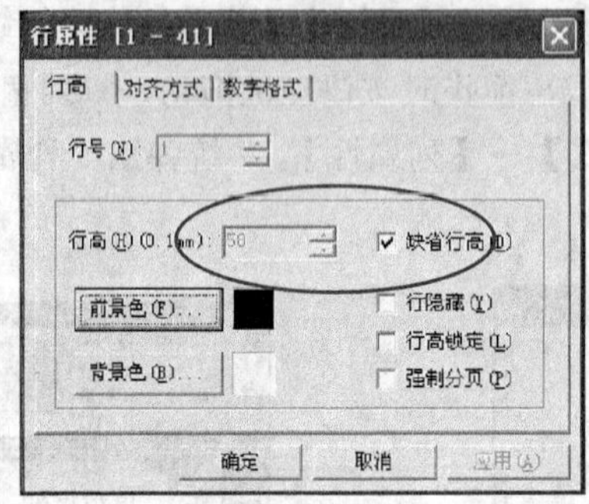

图 6-8

取消“缺省行高”的选中，将行高修改为“45”，单击“确定”按钮，返回报表窗口。

（6）单击工具栏“打印预览”按钮，系统进入“打印预览”窗口，如图 6-9 所示。

资产负债表

单位名称：成功飞越公司　　2010-01-31　　单位：元

资　　产	期末余额	年初余额	负债和所有者权益（或股东权益	期末余额	年初余额
流动资产：			流动负债：		
货币资金	867872	783,122.00	短期借款	0	
交易性金融资产	0		交易性金融负债	0	
应收票据	0		应付票据	0	
应收账款	62634	62,400.00	应付账款	16000	16,000.00
预付款项	0		预收款项	0	
应收利息	0		应付职工薪酬	0	
应收股利	0		应交税费	0	
其他应收款	0		应付利息	0	
存货	6970	6,970.00	应付股利	0	
一年内到期的非流动资产			其他应付款	0	
其他流动资产	0		一年内到期的非流动负债		
流动资产合计	937476	852,492.00	其他流动负债	0	
非流动资产：			流动负债合计	16000	16,000.00
可供出售金融资产	0		非流动负债：		
持有至到期投资	0		长期借款	0	
长期应收款	0	0	应付债券	0	0
长期股权投资	0	0	长期应付款	0	0
投资性房地产	0	0	专项应付款	0	0
固定资产	163508	183,508.00	预计负债	0	
在建工程	0		递延所得税负债	0	
工程物资	0		其他非流动负债	0	
固定资产清理	0		非流动负债合计	0	
生产性生物资产			负债合计	16000	16,000.00
油气资产			所有者权益（或股东权益）：		
无形资产	0	0	实收资本（或股本）	1087800	1,000,000.00
开发支出	0		资本公积	0	
商誉	0		减:库存股	0	
长期待摊费用	0		盈余公积	0	
递延所得税资产	0		未分配利润	-1816	
其他非流动资产			所有者权益（或股东权益）	1085984	1,000,000.00
非流动资产合计	163508	183,508.00			
资产总计	1100984	1,018,000.00	负债和所有者权益（或股东权益	1101984	1,018,000.00

编制人：　　主管：　　打印日期：2010-02-02

图 6-9

在做格式调整时，建议多使用“打印预览”功能，以查看格式。若字体、行高、列宽已经设到最小，还是不能满足要求，建议使用大的纸张进行打印或者分页打印。

（7）退出“资产负债表”，系统会提示是否保存，在此单击“是”按钮保存修改。

利润表和利润分配表等报表的打印方法同资产负债表。

6.2.3 自定义报表

在实际工作中，企业报表是多种多样，不同企业有不同要求，不同领导也需要不同报表。报表系统提供“自定义报表”功能，用户可以根据需要随意编制报表。

下面以图 6-10 所示报表为例介绍如何“自定义报表”。

应收账表

第1页

单位名称 深圳成功飞越有限公司

客户名称	本期期初	本期增加货款	本期收款	本期余额
深圳科林	28600	1234	1000	28834
东莞丽明	8800	0	0	8800
深圳爱克	25000	0	0	25000
深圳永昌	0	0	0	0

图 6-10

（1）在主界面窗口，单击【报表与分析】→【自定义报表】，系统进入“自定义报表”管理窗口，如图 6-11 所示。

（2）单击“新建”按钮，系统进入一空白报表窗口，选择菜单【视图】→【显示公式】功能，录入文字项目。选定 A1 单元格录入“客户名称”，以同样方法录入其他单元格内容，如图 6-12 所示。

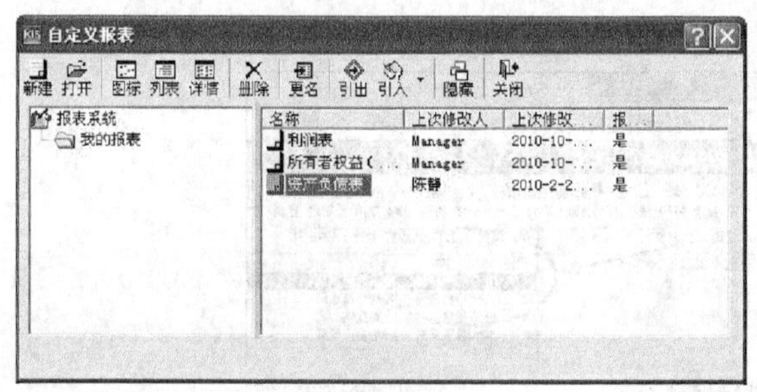

图 6-11

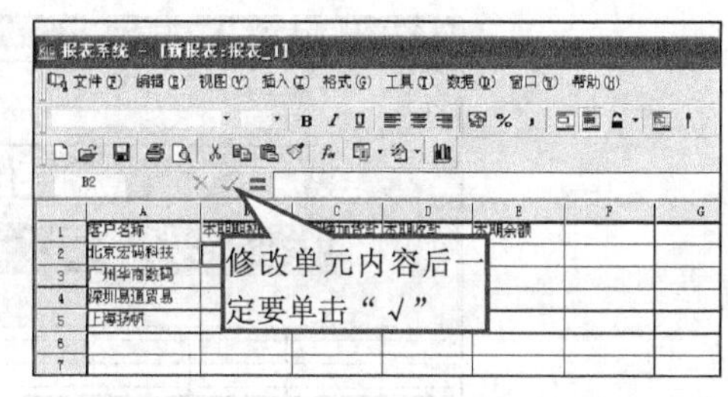

图 6-12

若要修改单元格内容，修改后单击“√”表示确定，不单击表示取消，此操作不能省略。修改报表内容、公式，或自定义报表时建议在“显示公式”状态下进行。

（3）在 B2 单元格取“应收账款”下“北京宏码科技”客户的本期期初数。选定 B2 单元格，单击工具栏上的“fx（函数）”按钮，系统弹出“报表函数”窗口，如图 6-13 所示。

（4）选择“全部函数”下的“ACCT（总账科目取数公式）”项，单击“确定”按钮，系统进入“公式”设置窗口，如图 6-14 所示。

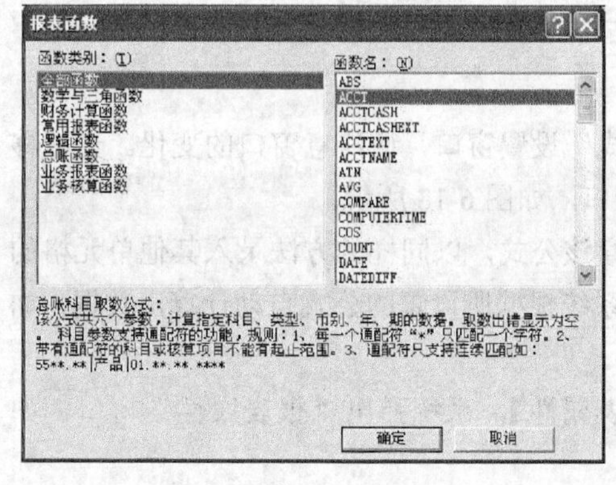

图 6-13

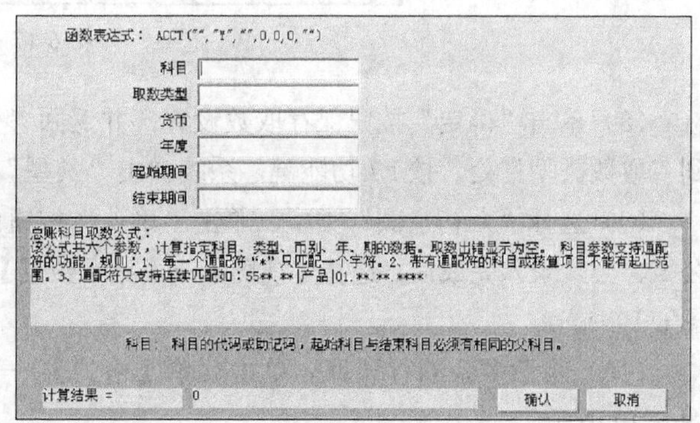

图 6-14

（5）在“科目”处按 F7 键，系统弹出“取数科目向导”，获取科目代码“1122”，选择核算类别“客户”，如图 6-15 所示。

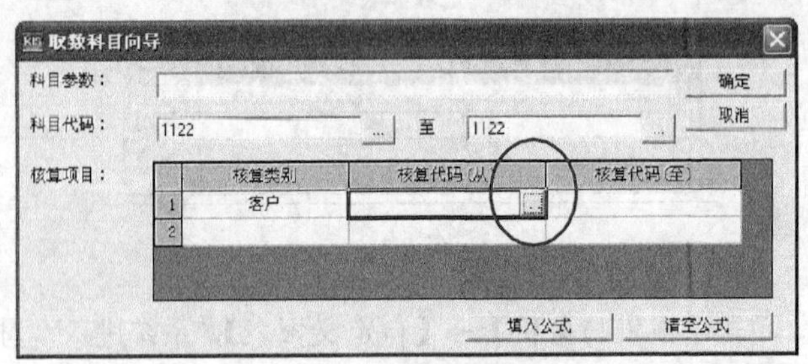

图 6-15

（6）单击“核算代码（从）”项下的“…（获取）”按钮，系统弹出“客户”档案窗口，如图 6-16 所示。

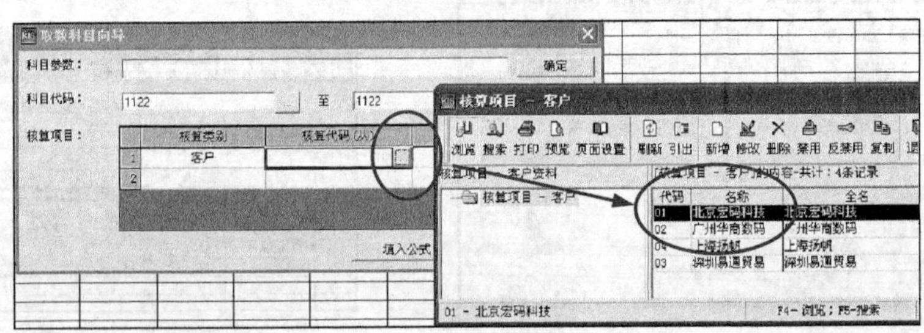

图 6-16

（7）双击“01—北京宏码科技”档案，并返回“取数科目向导”窗口，注意核算代码项的变化，单击“填入公式”，将设置的参数填写到“科目参数”处，如图 6-17 所示。

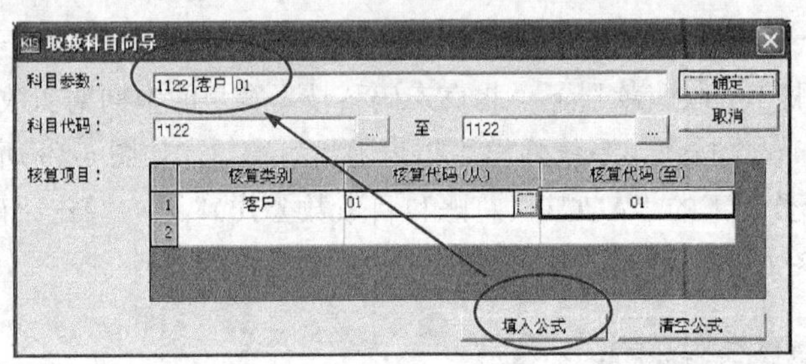

图 6-17

（8）单击“确定”按钮保存取数设置，并返回“公式”设置窗口，请注意窗口的变化。光标移到“取数类型”处，按 F7 功能键，系统弹出“类型”窗口，如图 6-18 所示。

（9）选择“期初余额”类型，单击“确认”按钮保存该公式，以同样的方法录入其他单元格的公式，公式录入完成后，选择【视图】→【显示数据】，系统根据所设置的公式自动计算出数据，如图 6-19 所示。

（10）隐藏多余的行和列。单击菜单【格式】→【表属性】，系统弹出“报表属性”窗口，如图 6-20 所示。

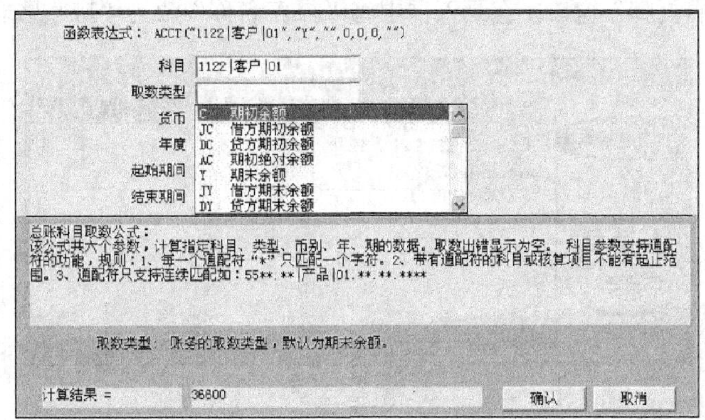

图 6-18

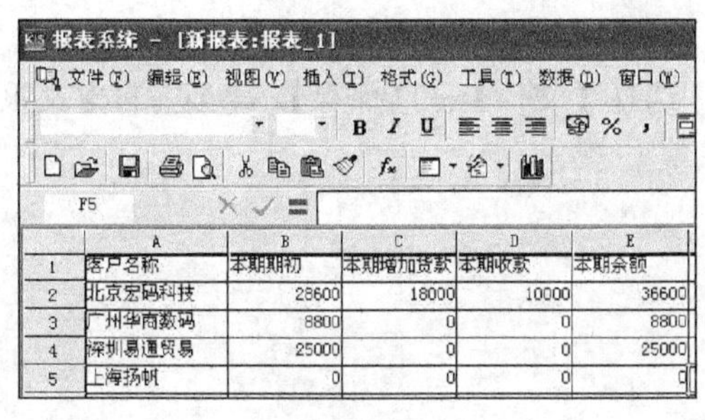

	A	B	C	D	E
1	客户名称	本期期初	本期增加货款	本期收款	本期余额
2	北京宏码科技	28600	18000	10000	36600
3	广州华商数码	8800	0	0	8800
4	深圳易通贸易	25000	0	0	25000
5	上海扬帆	0	0	0	0

图 6-19

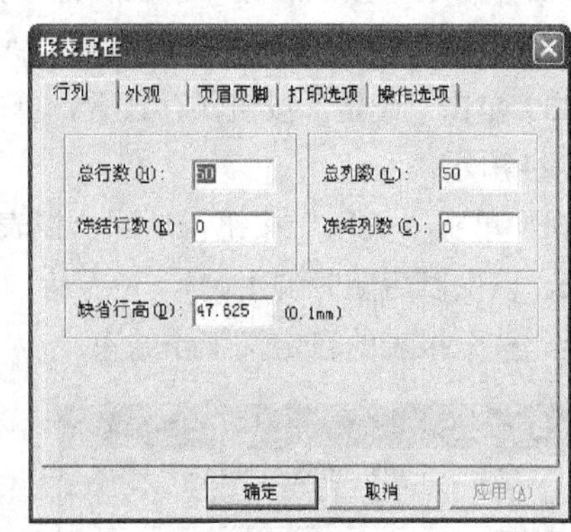

图 6-20

报表属性窗口主要管理报表的行列、外观、页眉页脚等。

① 行列选项卡，包含总行数、总列数、冻结行数、冻结列数和缺省行高。

② 外观选项卡，包含前景色、背景色、网格色、缺省字体、是否显示网格以及公式或变量底色。

③ 页眉页脚选项卡，包含页眉页脚内容、编辑页眉页脚、编辑附注和打印预览。

④ 打印选项卡，包含标题行数、标题列数、是否彩打、是否显示页眉页脚以表格、页脚是否伸。勾选页脚延伸，表示页脚定位于页面底部，反之页脚显示在表格后。

⑤ 操作选项卡，包含自动重算和人工重算。人工重算时，按 F9 功能键或单击菜单【数据】→【报表重算】时才会重算。当编辑大量单元公式并且计算较慢时，该选项较为适用。

在行列选项卡中，将“总行数”修改为“5”，“总列数”修改为“5”，缺省行高修改为“55”，外观选项卡上的字体修改为“小四”号字体，设置完成单击“确定”按钮，返回“报表”窗口，若部分项目没有显示或列宽过大，可以调整列宽。

(11) 选中第一行，选择【格式】→【单元属性】，前景色改为“白色”，背景色改为“黑色”，单击“确定”按钮返回“报表”窗口，设置效果如图 6-21 所示。

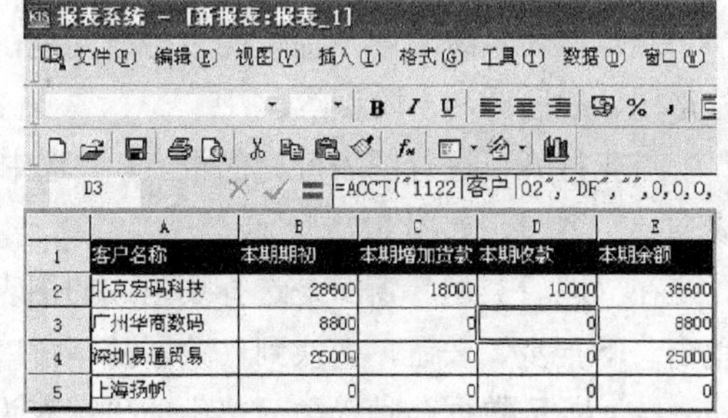

	A	B	C	D	E
1	客户名称	本期期初	本期增加货款	本期收款	本期余额
2	北京宏码科技	28600	18000	10000	36600
3	广州华商数码	8800	0	0	8800
4	深圳易通贸易	25000	0	0	25000
5	上海扬帆	0	0	0	0

图 6-21

(12) 选择【格式】→【表属性】，系统弹出“报表属性”窗口，单击“页眉页脚”选项卡，选中“报表名称”页眉，单击“编辑页眉页脚”按钮，系统弹出“自定义页眉页脚”窗口，在录入框中将“报表名称”改为“应收账表”，如图 6-22 所示。

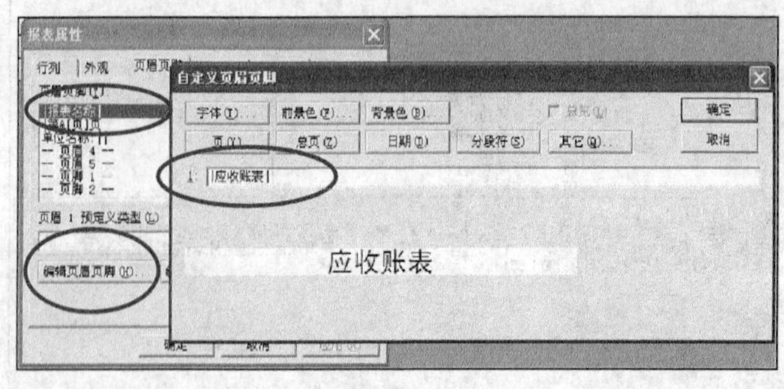

图 6-22

单击“确定”按钮返回“报表属性”窗口，以同样的方法在“单位名称”页眉后增加“理想科技有限公司”，设置完成的窗口如图 6-23 所示。

（13）单击“确定”按钮保存设置，单击工具栏上的“预览”按钮，系统进入“打印预览”窗口，如图 6-24 所示。

（14）单击“关闭”按钮，返回“报表”窗口，选择【文件】→【保存】，将当前自定义报表保存起来，以供以后随时调用。

至此整个报表的自定义工作结束。

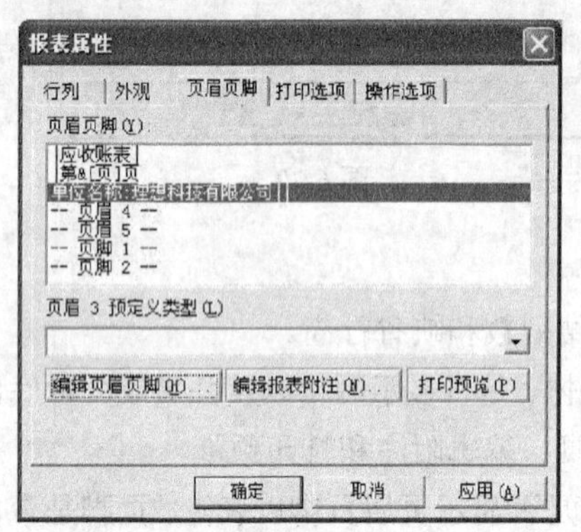

图 6-23

应收账表

第1页

单位名称:理想科技有限公司

客户名称	本期期初	本期增加货款	本期收款	本期余额
北京宏码科技	28600	18000	10000	36600
广州华商数码	8800	0	0	8800
深圳易通贸易	25000	0	0	25000
上海扬帆	0	0	0	0

图 6-24

6.2.4 常用菜单

一、图表

金蝶报表系统为用户提供图表分析功能，在需要的报表中，选中要建立的图表区域，可以建立柱形图、线段图和台阶图等。

首先打开要进行图表分析的报表，并选中相应区域，单击菜单【插入】→【图表】，系统弹出“图表向导”窗口，如图 6-25 所示。

在“图表类型”窗口是选择要生成的图表形状，如平面柱形图、立体线段图和平面区域图等。单击“下一步”按钮，切换到“数据源”窗口，如图 6-26 所示。

- **显示数据**：填入单元格中的坐标变为报表中相应单元格的值，同时按钮变为“显示定义”。显示定义下，“添入数据”变为“刷新数据”，可以对数据刷新，此时不能添入数据，必须切换为“显示数据”才可添入数据。

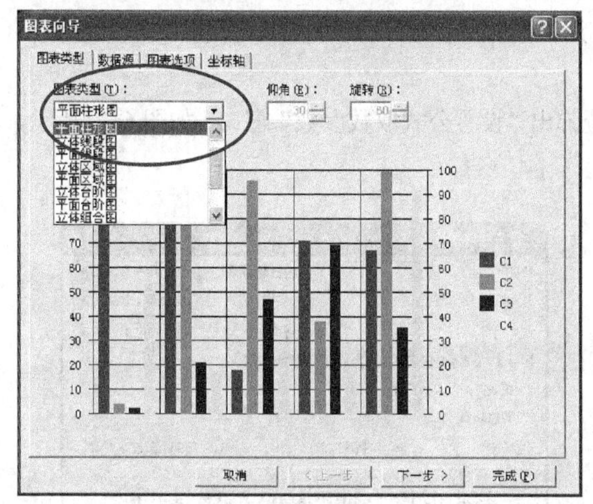

图 6-25

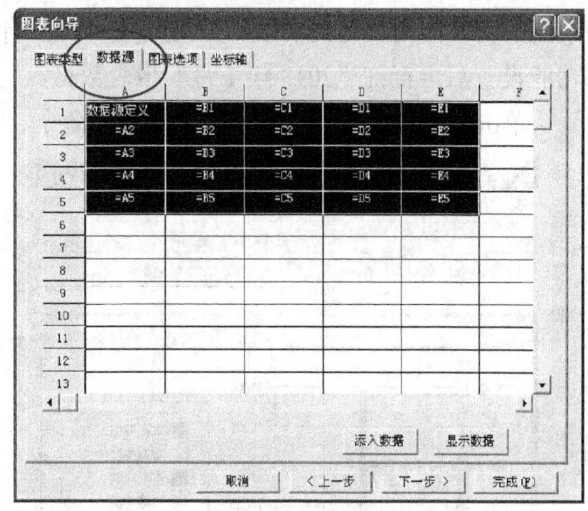

图 6-26

单击“下一步”按钮，系统进入“图表选项”窗口，录入图表标题，并选择数据系列定义于行或列，以及数据标签是否显示等，如图 6-27 所示。

单击“下一步”按钮，系统进入“坐标轴”窗口，录入对应坐标轴标题，设置显示方式，如图 6-28 所示。

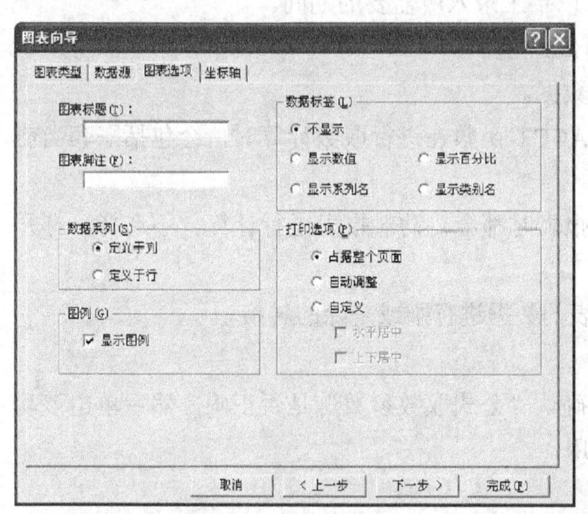

图 6-27

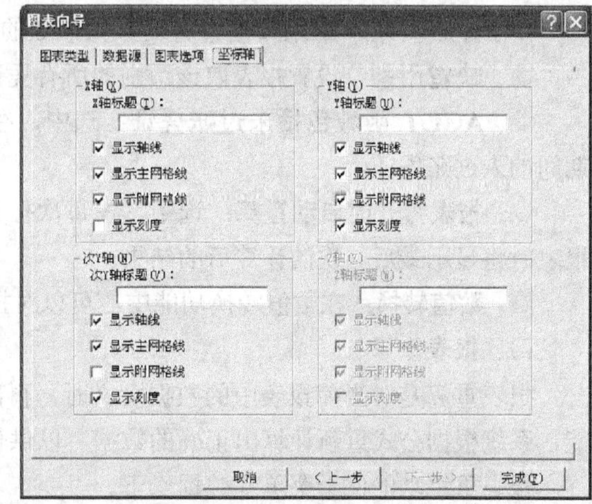

图 6-28

以上选项设置完成后，单击“完成”按钮，系统根据图表向导中所设置的内容生成图表，如图 6-29 所示。

若对图表不满意，可以单击菜单“图表属性”下的相应子菜单，然后再进行设置即可。单击“保存”按钮可以保存当前图表。

二、单元融合

单元融合是对选中的两个或两个以上的单元格合并一个单元格，选中的单元格必须是连接在一起的。该功能位于菜单“格式”下。

若取消单元合并，则可以单击菜单“格式”下的“解除融合”命令即可。

三、公式取数参数

有些时候，当账套已经完成好几期的业务处理工作，如现在是 2013 年 5 期，报表也正处于当前期间，而实际情况是需要返回查询一下“2013 年 1 期”的报表数据，就可以通过“公式取数参数”功能设置后再查询“2013 年 1 月”报表数据。

单击菜单“工具”下“公式取数参数”命令，系统弹出“设置公式取数参数”窗口，如图 6-30 所示。

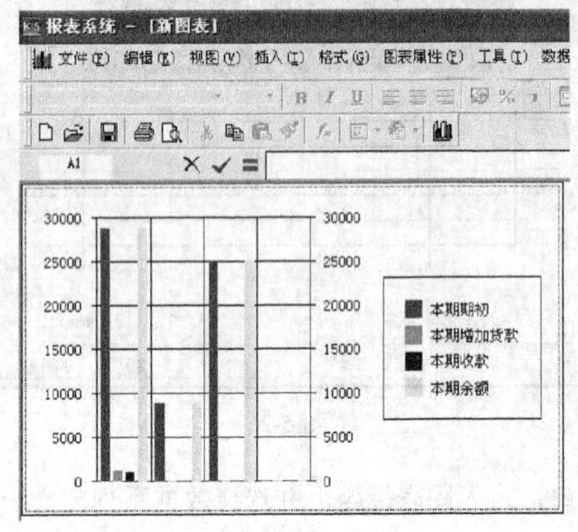

图 6-29

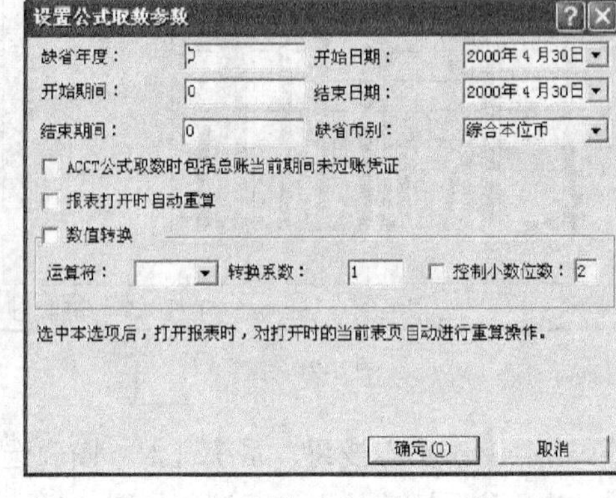

图 6-30

- **缺省年度**：默认当前期间年度。可以手工录入。
- **开始期间、结束期间**：默认当前期间。可以手工录入所需要的期间。
- **开始日期、结束日期**：针对按日取数的函数。
- **缺省币别**：设置报表取该币别的所有凭证数据。
- **ACCT 函数包括未过账凭证**：选中，在 ACCT 函数在进行取数计算时，会包括账套当前期间的未过账凭证。
- **报表打开时自动重算**：选中，在每次打开报表时都会自动对报表进行计算。不选择，打开报表时将显示最后一次的计算后的结果。
- **数值转换**：在数值转换功能中，可以对报表的数据进行乘或是除的转换。

四、报表重算

报表重算是对当前报表中的数据疑义时，再次确认“公式取数参数”是否正确，然后单击该功能，系统根据公式重新计算出正确的数据，以供使用。

报表重算功能位于菜单“数据”下。

6.3 报表分析

财务分析可以对企业的经营活动报表进行分析从而形成分析报表，为企业决策、计划和控制提供有效的帮助。

财务分析系统运用电算化手段对财务报表数据进行分析，对企业过去的财务状况和经营成果及未来前景进行评估，进而对企业的财务决策、发展方向等提供帮助。随着企业管理要求的提升，财务人员可以通过财务分析，即时、准确地为管理工作提供决策支持。

金蝶 KIS 专业版分析系统提供报表分析、指标分析、因素分析和预算管理分析功能，用户可以随意地选择分析方法，以对自己的财务状况进行一个比较全面的分析。

（1）自定义报表分析。

财务分析系统提供对资产负债表和利润报表的分析。对每一报表系统提供有结构分析、比较分析和趋势分析三种分析方法。

① 结构分析：对某一指标的各组成部分占总体的比重进行分析，如应收账款中各客户余额的百分比、产品销售收入中各个产品占总收入的比重等。

② 比较分析：对同口径的财务指标在两个或一个会计期间与它的预算数的比较，借以揭示其增减金额及增减幅度。系统提供了月、季、年和预算数 4 个选项。

③ 趋势分析：趋势分析是对事物在不同时间阶段上的变化趋势的分析，能够揭示企业财务指标或损益指标的变动规律，借以对企业未来的经济活动进行预测和规划。趋势分析又分为绝对数趋势分析和相对数趋势分析两种。

- 绝对数趋势是指某一指标在本年各月，各季以及各年之间并行排列，借以观察其发展的动态趋势和规律。
- 相对数趋势分析是指某期与一个基期相比的变化趋势，由于其基础的不同，又可以分为定基分析（各期与指定基期相比，变动额、变动幅度的趋势）和环比分析各个会计期间指标分别与上期相比的发展趋势。

（2）指标分析：指标分析是指通过计算各种财务指标的方法来了解企业的经营和收益情况，如通过计算应收账款周转率可以了解企业资金回笼的速度，通过资产负债率可以了解企业的负债总额占总资产的比重，确定企业的融资和投资方案等。

（3）因素分析：因素分析是指选定某一个因素进行分析，可以是收入、利润，也可以是某一个产品的成本构成，因素的设定由用户自己确定。在确定了因素和因素分析的方法之后，可以对该因素进行各种分析。

6.3.1 报表分析实例解析

下面以查看“资产负债表”的分析情况为例，介绍报表分析的使用方法。

1. 查看分析

在主界面窗口，单击【报表与分析】→【报表分析】，系统进入“报表分析系统”查询窗口，如图 6-31 所示。

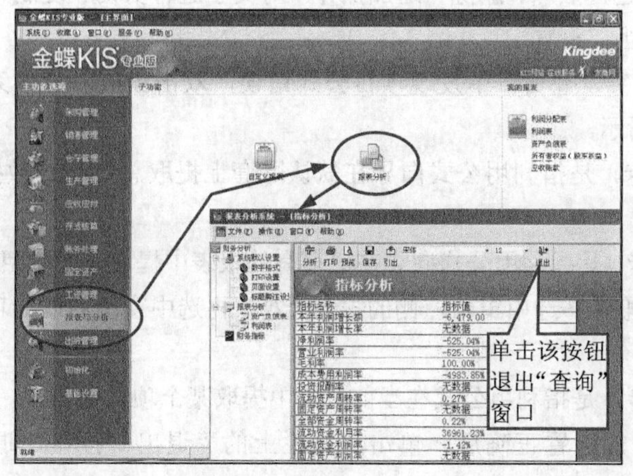

图 6-31

2. 报表项目设置

报表项目设置主要用于管理报表的项目名称、定义项目取数公式以及数字格式。“资产负债表”报表项目设置步骤如下。

（1）单击工具栏上“退出”按钮，关闭“指标分析”分析窗口，选中左侧的“资产负债表”，单击鼠标右键，系统弹出“快捷菜单”，如图 6-32 所示。

（2）选择菜单中的“报表项目”项，系统进入“报表设置”状态窗口，如图 6-33 所示。

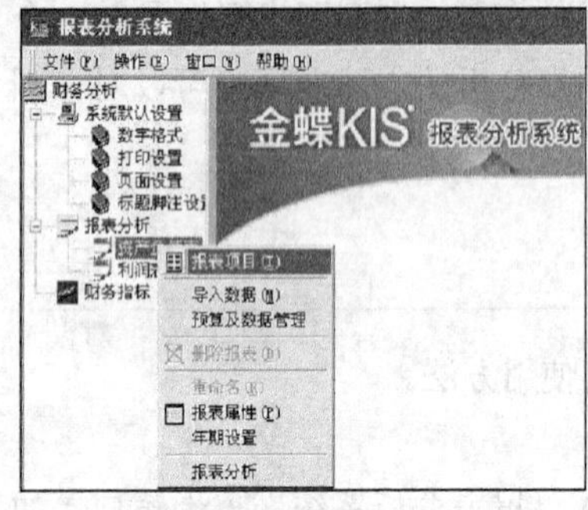

图 6-32

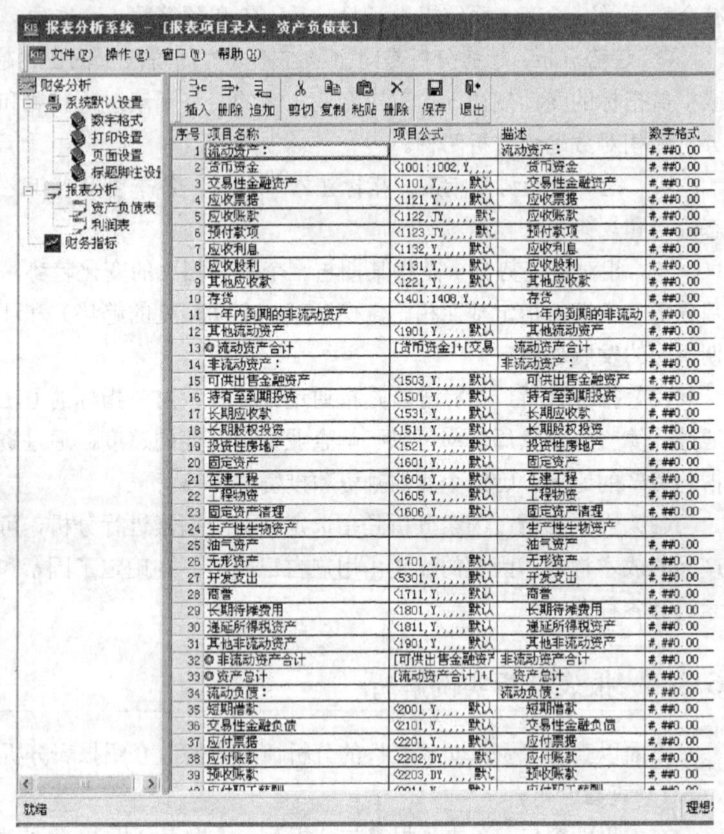

图 6-33

在窗口中可以对行进行插入、删除、追加操作，对文字进行剪切、复制、粘贴操作，设置完成，单击“保存”按钮保存当前设置。

（3）在“报表项目”设置窗口中发现项目公式错误，双击鼠标左键，系统弹出“公式定义向导”窗口，如图 6-34 所示。

① 账上取数选项卡，是指利用公式向导在默认账套上提取总账科目数据，选择账套、科目等即可。

② 表间取数选项卡，是指利用公式向导在已存有的报表中提取某个项目的数据。可以从本账套已有的账务分析报表中取数，选中窗口左侧的报表类型，再选中窗口右侧的项目，单击“填入公式”按钮即可。

③ 表内取数选项卡，是指利用公式在当前报表中提取某个项目的值。

（4）报表项目和公式设置正确后，单击工具栏上的“退出”按钮，退出“报表项目”设置窗口。

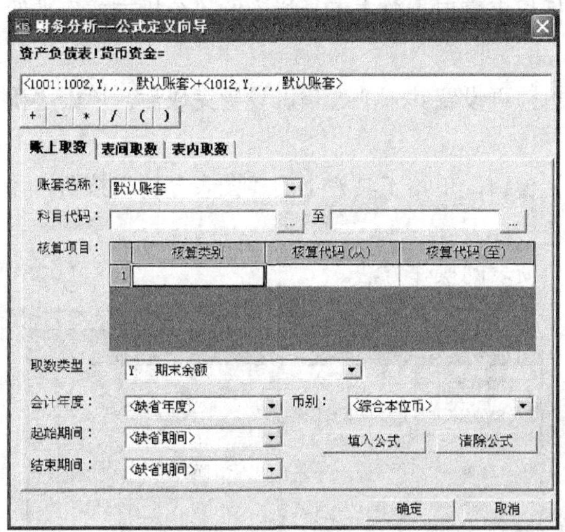

图 6-34

（5）双击窗口左侧“报表分析”下的“资产负债表”，系统经过计算后弹出“资产负债表”分析窗口，如图 6-35 所示。

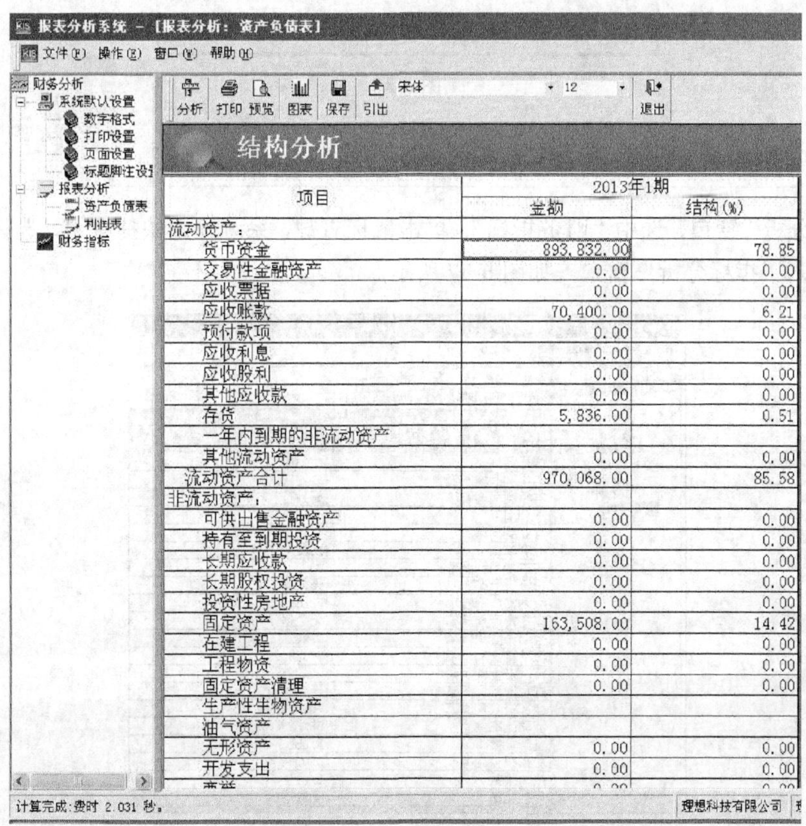

项目	2013年1期 金额	结构(%)
流动资产：		
货币资金	893,832.00	78.85
交易性金融资产	0.00	0.00
应收票据	0.00	0.00
应收账款	70,400.00	6.21
预付款项	0.00	0.00
应收利息	0.00	0.00
应收股利	0.00	0.00
其他应收款	0.00	0.00
存货	5,836.00	0.51
一年内到期的非流动资产		
其他流动资产	0.00	0.00
流动资产合计	970,068.00	85.58
非流动资产：		
可供出售金融资产	0.00	0.00
持有至到期投资	0.00	0.00
长期应收款	0.00	0.00
长期股权投资	0.00	0.00
投资性房地产	0.00	0.00
固定资产	163,508.00	14.42
在建工程	0.00	0.00
工程物资	0.00	0.00
固定资产清理	0.00	0.00
生产性生物资产		
油气资产		
无形资产	0.00	0.00
开发支出	0.00	0.00

图 6-35

3. 分析方式

报表分析有结构分析、比较分析和趋势分析 3 种分析方法，不同方法下有不同的选项。

在“资产负债表”分析报表窗口，单击工具栏上的“分析方式”按钮，系统弹出“报表分析方式”窗口，如图 6-36 所示。

在窗口中选中结构分析，再设置其下的选项，设置完成后，单击“确定”按钮，系统会自动计算出数据。

在“资产负债表”分析窗口，单击工具栏上的“图表分析”按钮，系统会根据当前的分析结果自动生成“图表”。

其他报表分析同资产负债表的操作方法。

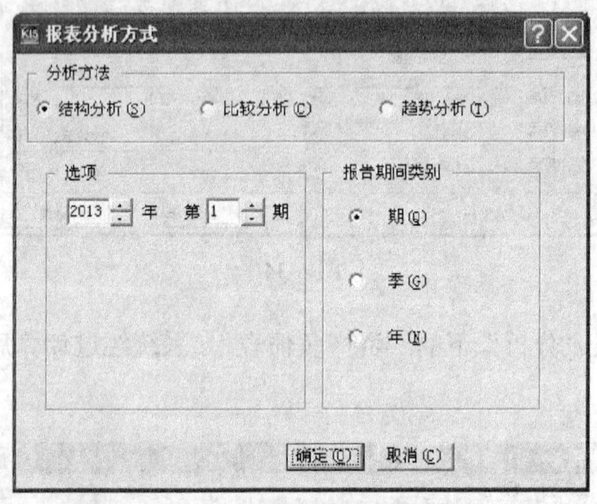

图 6-36

6.3.2 财务指标

在“财务分析”窗口，选中“财务指标”，单击鼠标右键，系统弹出快捷菜单，选择“指标分析”功能，系统进入“指标分析”窗口，如图 6-37 所示。

报表分析系统 - [指标分析]

文件(F) 操作(E) 窗口(W) 帮助(H)

财务分析：系统默认设置（数字格式、打印设置、页面设置、标题脚注设置）；报表分析（资产负债表、利润表）；财务指标

分析 打印 预览 保存 引出 退出

指标分析

指标名称	指标值
本年利润增长额	-1,816.00
本年利润增长率	无数据
净利润率	-147.16%
营业利润率	-147.16%
毛利率	100.00%
成本费用利润率	908.00%
投资报酬率	无数据
流动资产周转率	0.26%
固定资产周转率	无数据
全部资金周转率	0.22%
流动资金利用率	37985.25%
流动资金利润率	-0.39%
固定资产利润率	无数据
全部资金利润率	-0.33%
流动比率	58.59
资产负债率	1.45%
股东权益比率	0.00%
权益乘数	1.01
产权比率	无数据

图 6-37

若要修改指标项目内容，需退出“指标分析”窗口，选中“财务指标”，单击鼠标右键，系统弹出快捷菜单，选择“指标定义”，系统进入“报表项目”设置窗口，如图 6-38 所示。

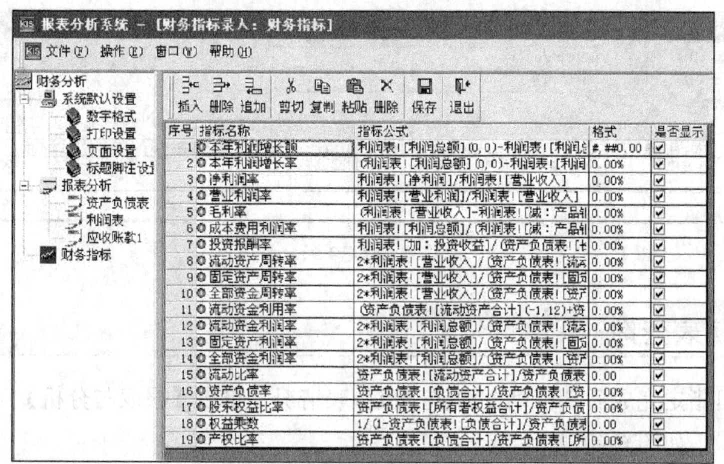

图 6-38

根据指标公式可知，指标分析的数据来源是“报表分析”下的“利润表”数据，所以只有“利润表”数据正确，指标分析出的数据才能正确。根据“利润表”数据，修改正确的公式项目，再进行指标分析。

6.4 现金流量表

现金流量表是以现金的流入和流出反映企业在一定期间内的经营活动、投资活动和筹资活动的动态，反映企业现金流入和流出的全貌。

现金流量表可以处理所有期间的数据，账套中所有凭证不论是否过账、是否审核、不论会计期间是否结账，系统均可以对凭证进行拆分处理，编制报表。在任意时间都可以编制报表，如每年、每月或每天出一张现金流量表。

现金流量表是提取账务处理系统凭证分录中有“现金类科目”和“现金等价物类科目”的数据，再根据指定现金流量项目生成现金流量表。

6.4.1 现金流量项目指定

现金流量项目指定方式是在“凭证录入”时，单击工具栏上的“流量”按钮，系统弹出“现金流量项目指定”窗口，在窗口中指定“对方科目分录”项，获取报表项目以及现金流量的金额，也可以在凭证业务处理好之后，重新返回“凭证管理”窗口中指定。

若系统参数中选中“录入凭证时必须指定现金流量项目”，则在录入凭证时，系统会自动弹出“现金流量项目指定”窗口。

单击【账务处理】→【凭证管理】，查询所有凭证，选中涉及“现金流量”业务的凭证，例如选中“记—1”凭证，单击“流量”按钮，系统进入“现金流量项目指定”窗口，首先选择“对方分录”，然后再选择“主表项目”，能选择“附表项目”时同时选择，如图 6-39 所示。

单击“确定”按钮保存指定。请继续对其他凭证进行指定。

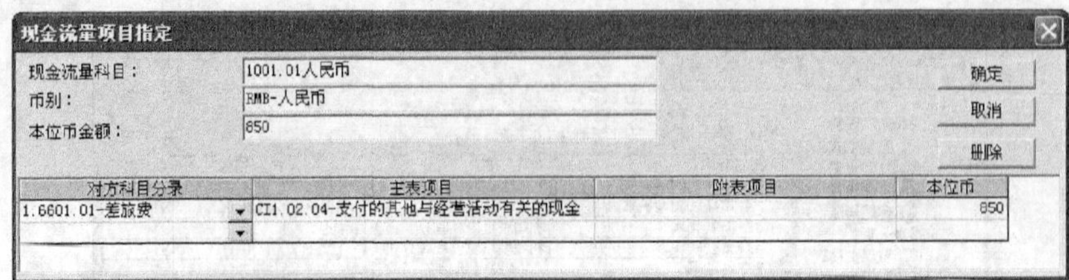

图 6-39

6.4.2 现金流量表查询

现金流量项目指定完成后，可以查询现金流量表情况。单击【报表与分析】→【现金流量表】，系统弹出过滤窗口，如图 6-40 所示。

保持默认值，单击“确定”按钮，系统进入“现金流量表”窗口，如图 6-41 所示。窗口中圆圈处即由刚才所指定的凭证而得。

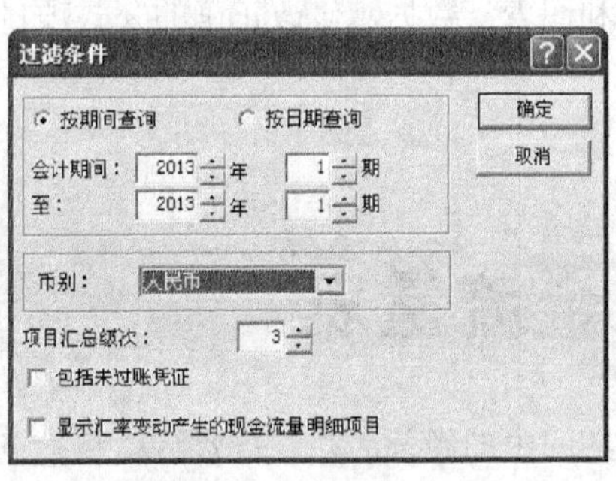

图 6-40

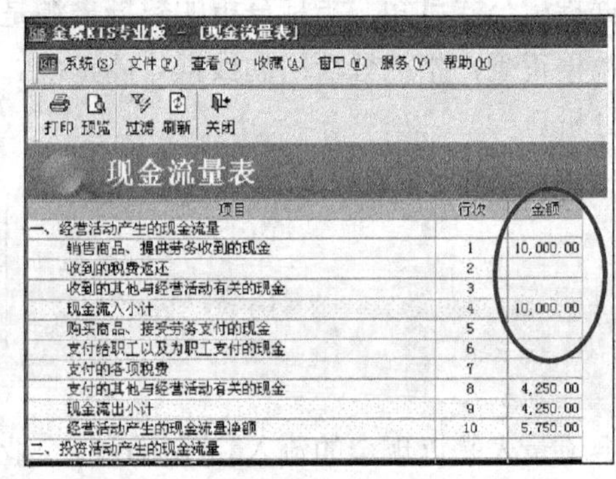

图 6-41

6.4.3 T 形账户

【报表与分析】→【T 形账户】，系统弹出“过滤”窗口，如图 6-42 所示。

保持默认条件，单击“确定”按钮进入“T 型账户”窗口，在窗口中选中相应记录后，单击鼠标右键，系统弹出快捷菜单，可以选择展开方式。如选中“非现金类”项后单击鼠标右键，在弹出的菜单中选择“按下级科目展开”方式，展开后的结果如图 6-43 所示。

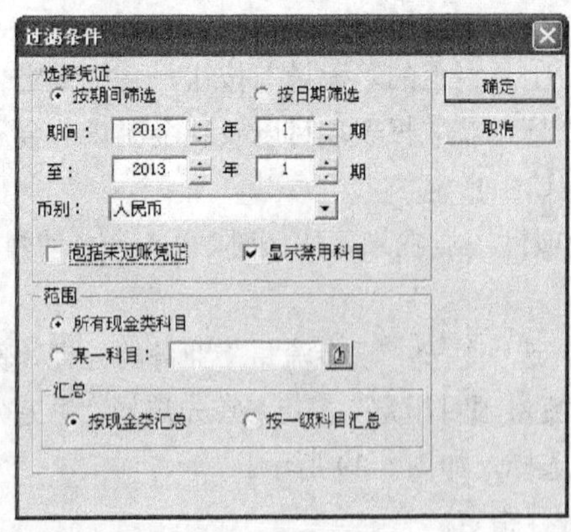

图 6-42

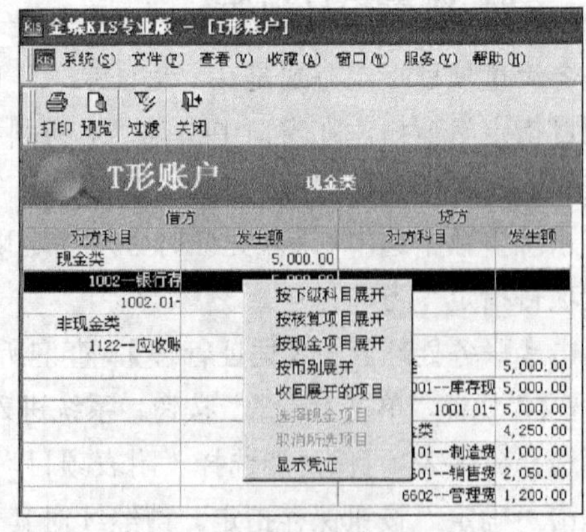

图 6-43

当报表中数据错误时，可以选中要修改的记录，单击鼠标右键，在弹出的菜单选择“选择现金项目”，系统会进入“现金流量项目”窗口，在窗口中选中正确的项目名称即可，如图 6-44 所示。

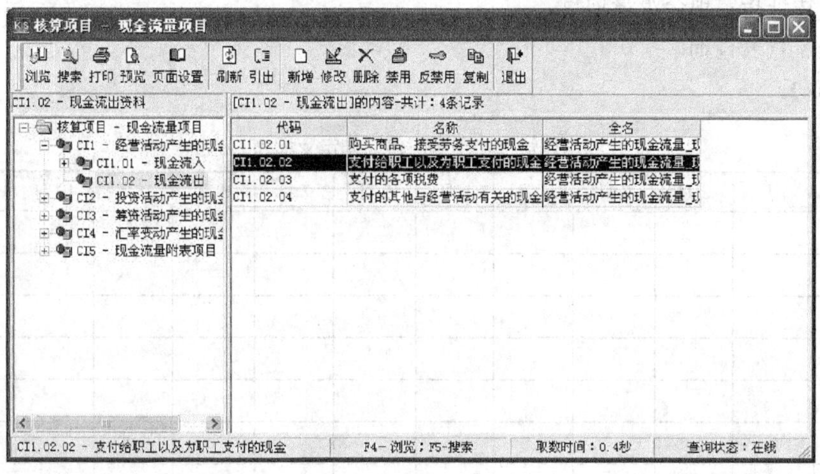

图 6-44

双击鼠标左键，表示“确定”选中该项目，系统后台处理后返回“T 形账户”窗口。要查看“现金流量项目”指定是否成功，可返回“现金流量表”查看窗口进行查看。

附表是指定现金流量项目后的附表数据，操作方法同查看“现金流量表”的操作方法。

6.5 课后习题

（1）如何确定修改单元格的内容？

（2）自定义报表应在什么状态下编辑？

（3）将所有涉及现金科目的凭证进行现金流量项目指定，并出“现金流量表”。

实验五 会计报表查询

【实验目的】

（1）掌握会计报表查询方法。

（2）掌握会计报表格式设置。

（3）财务分表应用。

（4）现金流量项目指定方法。

（5）现金流量表查询方法。

【实验内容】

（1）查询资产负债表。

（2）查询利润表。

（3）自定义报表。

（4）报表分表操作。

（5）根据凭证指定现金流量项目。

（6）现金流量表查询。

【实验资料】

表1 “每月管理费用情况表”自定义报表

项　目	1月	2月	3月	4月	5月	6月	7月	8月	9月	10月	11月	12月
差旅费												
业务招待费												
办公费												
管理员工资												
折旧费												
其他												
坏账损失												

【实验步骤】

（1）以“李丽”登录“宇纵科技有限公司”账套，查询资产负债表，并调整以A4纸张输出的最佳格式。

（2）查询利润表，并调整以A4纸张输出的最佳格式。

（3）建立“每月管理费用情况表”自定义报表，并进行报表数据获取。

（4）对资产负债表进行报表分析。

（5）在“凭证管理”窗口进行现金流量项目的指定。

（6）查询现金流量表，并打印输出现金流量表。

第7章 固定资产管理

学习重点

通过本章学习，了解固定资产卡片如何新增，如何进行固定资产变动处理，如何查询固定资产卡片信息，如何期末计提折旧和学会各种固定资产报表的查询方法。

7.1 系统概述

固定资产管理系统可以对企业的固定资产物品进行有效管理，包括对固定资产变动情况进行管理。变动可以生成凭证并传递到“账务处理”系统，在月末处理时可以根据设定的折旧方法自动计提折旧，生成计提折旧凭证并传递到“账务处理”系统。系统同时提供各种财务所需的报表，如固定资产清单、资产增减表、固定资产明细账和折旧费明细表等。

1. 系统数据关系图

固定资产系统与其他系统的数据传输关系如图 7-1 所示。

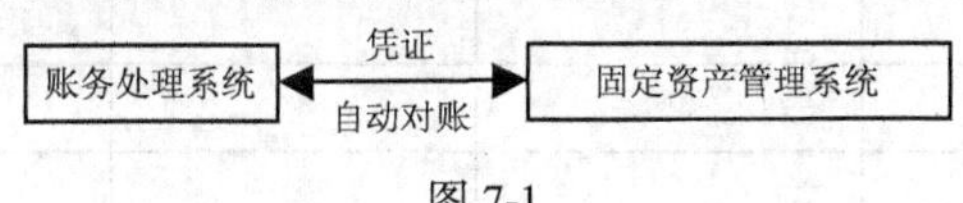

图 7-1

- 账务处理：可以接收固定资产业务处理后生成的凭证，以及固定资产随时可以与账务处理系统进行对账处理，以保证两方系统的数据统一。

2. 应用流程

新用户的使用需要从系统初始化开始。老用户使用时因已经完成系统初始设置，所以直接进行日常业务处理即可。系统初始化结束以后，随着公司的业务开展，还有许多基础资料设置，如卡片类别维护、存放地点维护等，可以随时在业务处理时进行设置。新用户和老用户的操作流程分别如图 7-2 和图 7-3 所示。

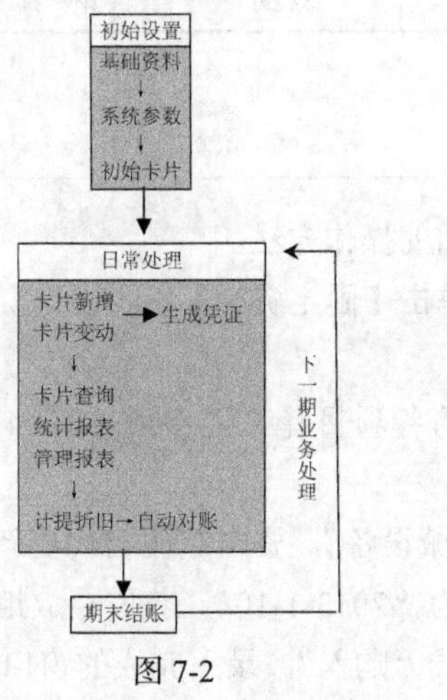

图 7-2

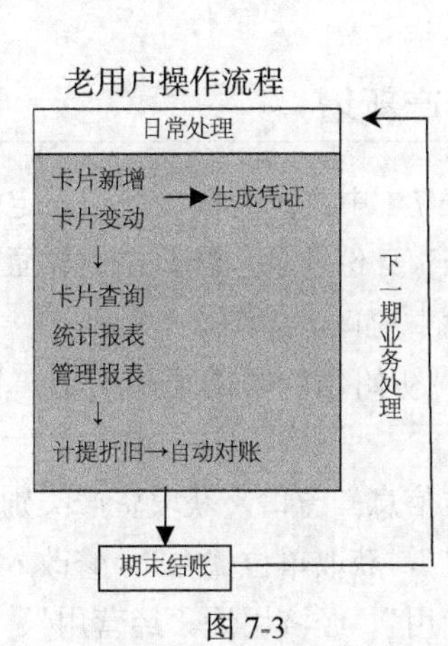

图 7-3

固定资产管理系统的基础资料录入和初始化设置请参照“第 4 章初始化”的相关内容。

7.2 日常处理

固定资产的日常处理包括固定资产的增加、固定资产的清理、固定资产的变动、卡片查询和凭证管理等。

以表 7-1～表 7-3 中数据为例介绍固定资产日常处理的方法。

表 7-1　新增固定资产

基本信息		部门及其他		原值与折旧	
资产类别	机械设备	固定资产科目	1601.02	币别	人民币
资产编码	J002	累计折旧科目	1602	原币金额	58 000
名称	组合装配机	使用部门	生产部	开始使用日期	2013-1-10
计量单位	台	折旧费用科目	5101.03	预计工作量	20 000
数量	1			预计净残值	5 800
入账日期	2013-1-10			折旧方法	工作量法
存放地点	生产车间			工作量计量单位	小时
使用状况	正常使用				
变动方式	购入				

表 7-2　出售丝印机，并收款

变动日期	备注	编码	名称	变动方式	原值原币	累计折旧	出售价（已收款）
2013-1-13	清理	J001	丝印机	出售	9 800	836.20	9 900

表 7-3　将总经办电脑改由财务部使用

变动日期	编码	名称	类别	原使用部门	现使用部门	变动方式
2013-1-13	B002	办公电脑	办公设备	总经办	财务部	其他

7.2.1　固定资产新增

下面以新增表 7-1 中数据为例，介绍固定资产新增的操作方法。

（1）以“何钰”身份登录系统。在主界面窗口，单击【固定资产】→【固定资产增加】，系统进入固定资产“新增”窗口，如图 7-4 所示。

当前窗口与“初始化”时的窗口类似，窗口上的各项目释义请参照“第 4 章初始化”的相关内容。

（2）在“基本信息”窗口，获取资产类别“02 机械设备”，资产编码自动更新为“J002”、资产名称“组合装配机”，获取单位“台”，修改入账日期为“2013-1-10”，获取存放地点“生产车间”、使用情况“正常使用”、经济用途“经营用”、变动方式“购入”，录入完成的窗口如图 7-5 所示。

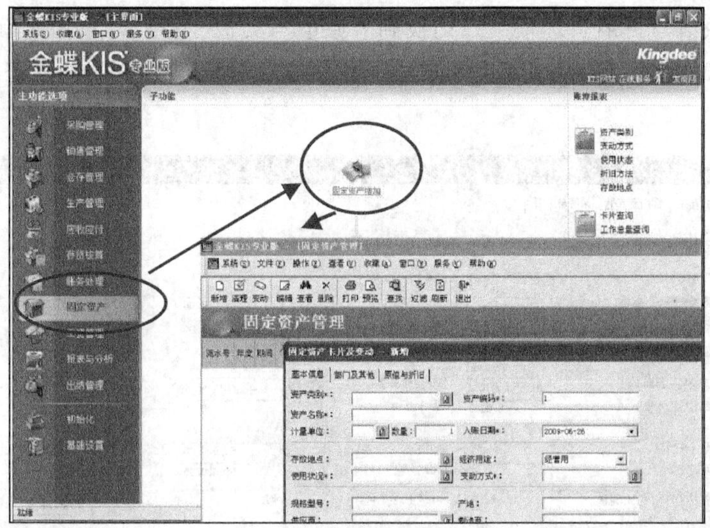

图 7-4

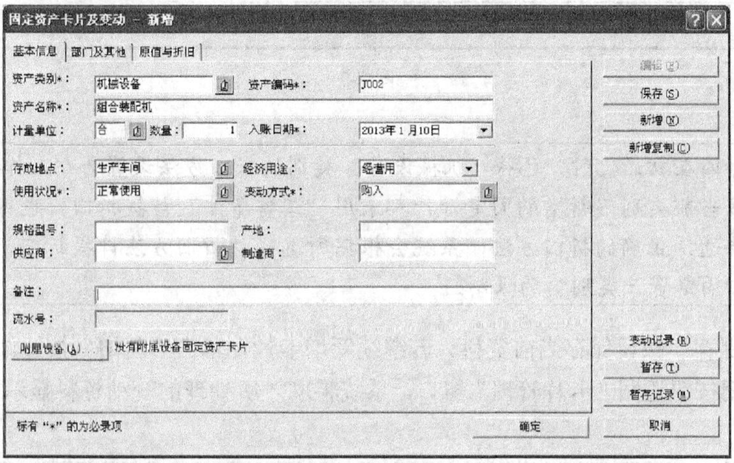

固定资产卡片及变动 － 新增

基本信息 | 部门及其他 | 原值与折旧

资产类别*：机械设备　资产编码*：J002
资产名称*：组合装配机
计量单位：台　数量：1　入账日期*：2013年1月10日
存放地点：生产车间　经济用途：经营用
使用状况*：正常使用　变动方式*：购入
规格型号：　产地：
供应商：　制造商：
备注：
流水号：
附属设备(A)...　没有附属设备固定资产卡片

编辑(E)　保存(S)　新增(N)　新增复制(C)　变动记录(R)　暂存(T)　暂存记录(M)

标有"*"的为必录项　确定　取消

图 7-5

（3）单击“部门及其他”选项卡，切换到“部门及其他”窗口，如图 7-4 所示，获取固定资产科目“1601.02”、累计折旧“1602”、使用部门“生产部”、折旧费用分配“5101.03”。

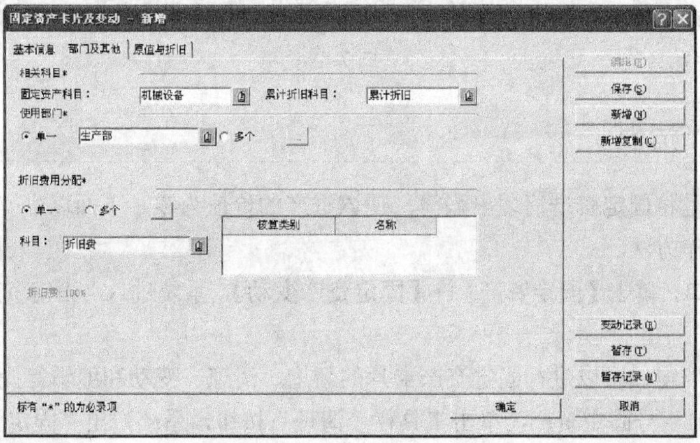

固定资产卡片及变动 － 新增

基本信息 | 部门及其他 | 原值与折旧

相关科目*
固定资产科目：机械设备　累计折旧科目：累计折旧
使用部门*
单一　生产部　多个

折旧费用分配*
单一　多个
科目：折旧费　核算类别　名称
折旧费：100%

编辑(E)　保存(S)　新增(N)　新增复制(C)　变动记录(R)　暂存(T)　暂存记录(M)

标有"*"的为必录项　确定　取消

图 7-6

（4）单击“原值与折旧”选项卡，切换到“原值与其他”窗口，录入原币金额“58 000”、预计工作总量“20 000”、预计残值“5 800”、工作量计量单位“小时”，设置完成的窗口如图7-7所示。

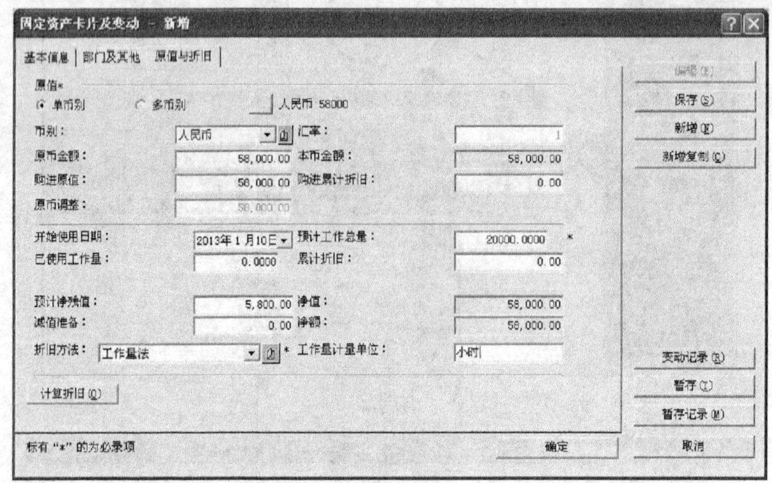

图 7-7

因在初始化时，已将“机械设备”类别的折旧方法设置为“工作量法”，所以系统默认当前类别下新增的固定资产都采用“工作量法”计提折旧。也可以根据工作实际需要选择正确的折旧方法，系统会根据所选择的折旧方法计提折旧，选择折旧方法不受“固定资产类别”的限制。

（5）单击“保存”按钮保存当前资料。若继续新增卡片，单击“新增”按钮。

（6）单击关闭按钮返回“卡片管理”窗口，系统将刚才所处理的变动资料显示在窗口，如图7-8所示。

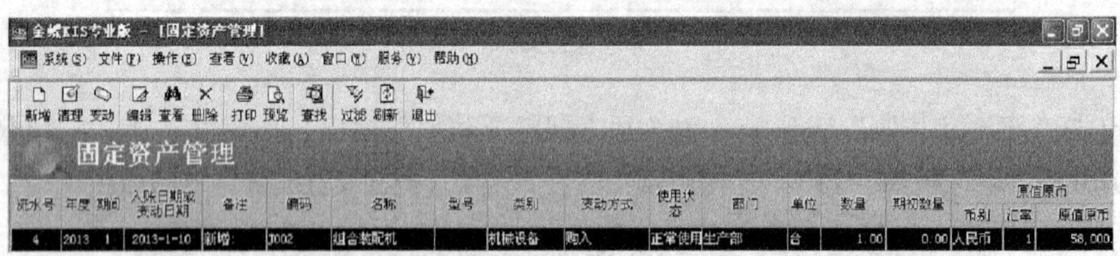

图 7-8

7.2.2 固定资产清理

固定资产清理是将固定资产清理出账簿，使该资产的价值为零。下面以表7-2中数据为例介绍固定资产清理的操作方法。

（1）主界面窗口，单击【固定资产】→【固定资产变动】，系统进入“固定资产”卡片管理窗口，如图7-9所示。

在“卡片管理”窗口可以进行固定资产卡片的新增、清理、变动和编辑等操作。

（2）选中“J001”号固定资产，单击工具栏“清理”按钮，系统弹出“固定资产清理–新增”窗口，如图7-10所示。日期修改为“2013-1-13”，录入残值收入“9 900”，获取变动方式“002.001 出售”，录入摘要“清理丝印机”。

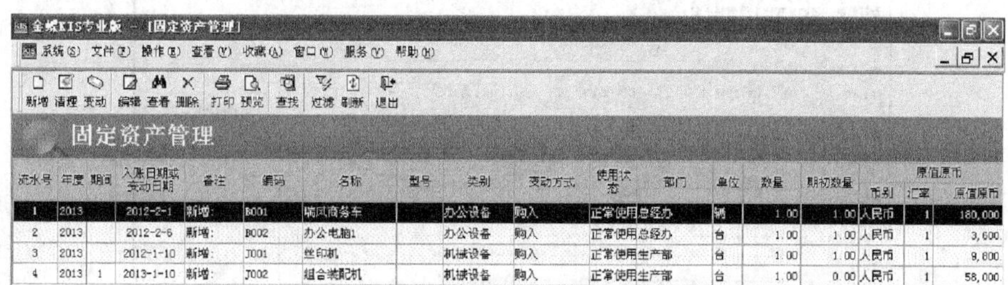

图 7-9

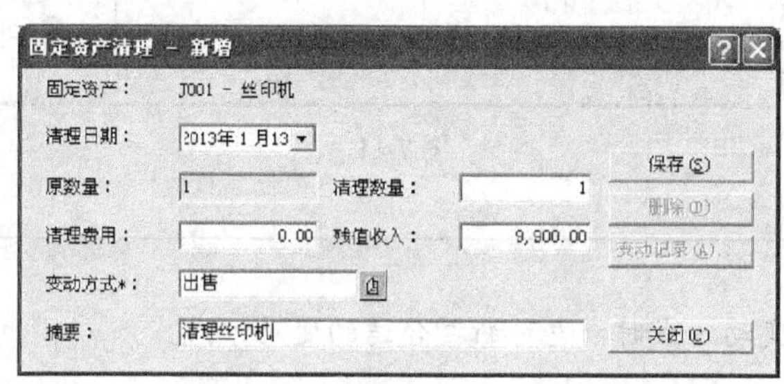

图 7-10

- **固定资产**：显示当前要处理的固定资产名称。
- **清理日期**：固定资产清理的日期。
- **原数量**：固定资产现有数量。
- **清理数量**：需要清理的数量，若清理的固定资产是一批时，可以录入清理的数量。
- **清理费用**：清理时发生的费用。
- **残值收入**：清理时的残值收入。
- **变动方式**：选择清理时的变动方式。

（3）单击“保存”按钮，系统弹出“提示”窗口，单击“确定”按钮，会在“固定资产卡片管理”窗口显示一条清理记录，单击“关闭”返回“固定资产管理”窗口。

注

当期已进行变动的资产不能清理。当期新增及当期清理的功能只适用于单个固定资产清理，不适用于批量清理。

7.2.3 固定资产变动

固定资产变动业务处理固定资产减少或卡片项目内容有变动的情况，如固定资产原值、部门、使用情况、类别和使用寿命等发生变动。

下面以表 7-3 中数据为例介绍固定资产变动的操作方法。

（1）在“固定资产管理”窗口，选中“B002”号固定资产，单击工具栏上“变动”按钮，系统弹出该固定资产的“卡片及变动-新增”窗口。

（2）获取变动方式“其他”，如图 7-11 所示。

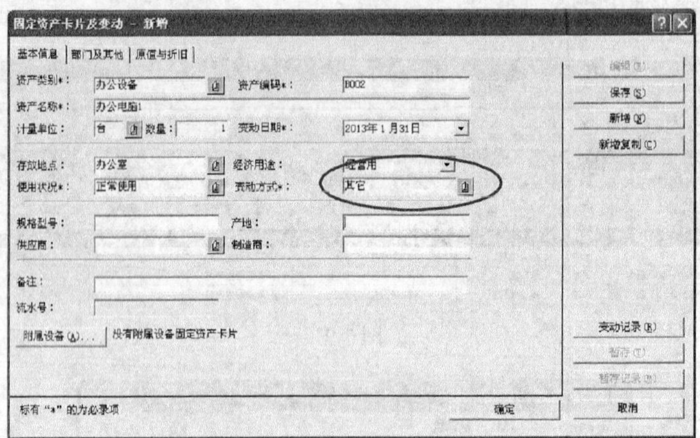

图 7-11

在获取变动方式时，也可新增合适的变动方式。

（3）在“部门及其他”选项卡中将“部门”修改为“02 财务部”，如图 7-12 所示。

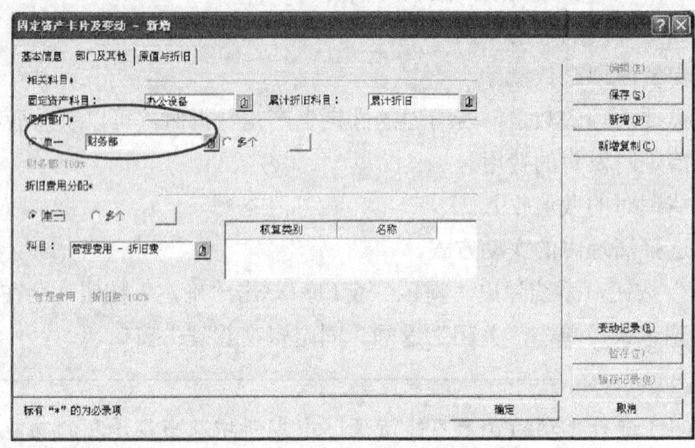

图 7-12

（4）单击“确定”按钮，系统保存当前变动资料并返回“固定资产管理”窗口。

7.2.4 批量清理、变动

为提高工作效率，系统提供固定资产批量清理功能。在“卡片管理”窗口，按住 Shift 键或 Ctrl 键选中多条需要清理的资产，单击菜单【操作】→【批量清理】，系统弹出“批量清理”窗口，录入清理数量、清理收入、清理费用、变动方式等内容后，单击“确定”按钮。

为提高工作效率，系统可以批量处理固定资产变动，在“卡片管理”窗口，按住 Shift 键或 Ctrl 键选中多条需要变动的固定资产，单击菜单【操作】→【批量变动】，系统弹出“批量变动”窗口，录入变动内容后，单击“确定”按钮即可。

7.2.5 固定资产卡片查看、编辑、删除

在“卡片管理”窗口，选中要查看的卡片（含变动卡片），单击工具栏“查看”按钮，系统弹出“查看”窗口，如图 7-13 所示。

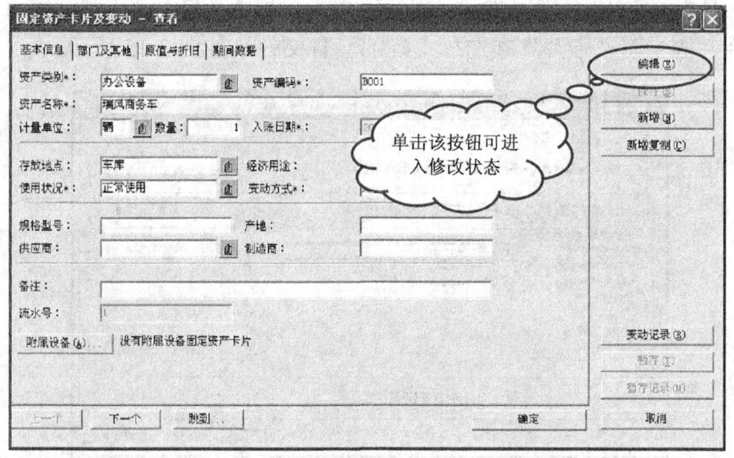

图 7-13

在“卡片管理”窗口选中要修改的内容，单击“编辑”按钮即可进入“卡片及变动–修改”窗口，可以在此修改卡片资料。在“卡片管理”窗口选中要删除的变动资料，单击“删除”按钮即可取消该固定资产的变动。

1. 只能修改当前会计期间的业务资料。

2. 固定资产清理记录的编辑和删除有所不同，选中生成的清理记录，单击工具栏的“清理”按钮，系统弹出提示窗口，单击“是”，系统弹出“固定资产清理–编辑”窗口，可以修改清理内容，单击“删除”按钮，可以取消该固定资产的清理工作，如图 7-14 所示。

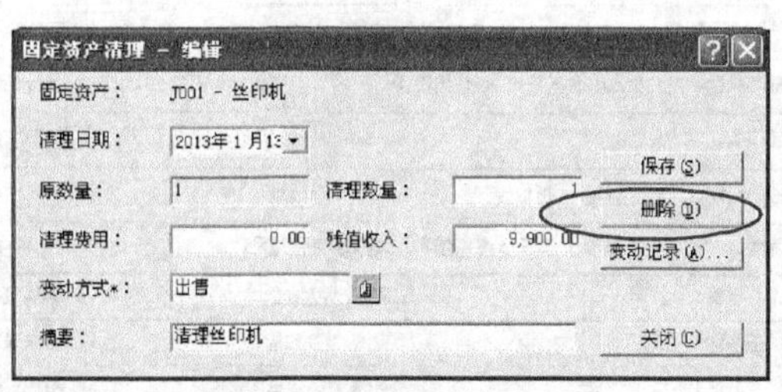

图 7-14

7.2.6 固定资产审核

固定资产审核以“审核人与制单人不是同一人”为基础，以“严秀兰”身份登录后审核全部变动资料。

审核位于“固定资产管理”窗口中的菜单“操作”之下。

7.2.7　固定资产卡片打印

固定资产卡片打印是将固定资产卡片信息以“卡片”格式打印输出，也是另一种备份形式，也可以将打印出来的卡片贴在固定资产实物上，以方便管理。

首先进行“套打设置”，在“固定管理”窗口，单击菜单【文件】→【套打设置】，系统进入“套打设置”窗口，在“固定资产卡片”项选择正确的套打文件，如图 7-15 所示。

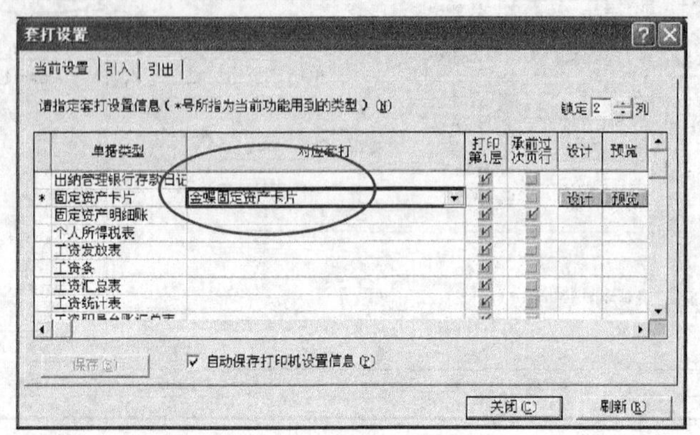

图 7-15

保存套打设置，关闭窗口返回“固定资产管理”窗口。单击菜单【文件】→【卡片打印】→【打印预览】，系统进入“预览”窗口，如图 7-16 所示。

若格式满足输出要求，可以单击“打印”按钮输出固定资产卡片。

固　定　资　产　卡　片

资产编码：　B001	资产名称：　瑞风商务车	变动日期：　2012-02-01
资产类别：　办公设备	变动方式：　购入	经济用途：　经营用
计量单位：　辆	数量：　1	存放地点：　车库
原值：　180,000.00	累计折旧：　27,000.00	预计净残值：　18,000.00
预计使用期间数：　60	已使用期间数：　10	开始使用日期：　2012-02-01
固定资产科目：　1601.01 固定资产 - 办公设备	累计折旧科目：　1602 累计折旧	
使用部门：　总经办		使用状态：　正常使用
费用分配科目：　管理费用 - 折旧费		
折旧方法：　平均年限法（基于入账原值和入账预计使用期间）		工作量计量单位：
附属设备名称：	附属设备数量：	附属设备金额：
附属设备名称：	附属设备数量：	附属设备金额：
附属设备名称：	附属设备数量：	附属设备金额：

单位名称：理想科技有限公司　　　　打印日期：2013-05-19

图 7-16

7.2.8　凭证管理

凭证管理是根据固定资产增加、变动等业务资料生成凭证，并对凭证进行有效的管理，包括生成凭证、修改凭证、审核凭证等操作。固定资产系统和账务处理连接使用时，所生成的凭证会传递到账务处理系统，以保证固定资产系统和总账系统的固定资产科目、累计折旧科目数据一致。

将本账套中固定资产的新增和变动资料生成凭证，操作步骤如下。

（1）以“何钰”登录账套，在主界面窗口，单击【固定资产】→【凭证管理】，系统弹出“过滤界面”窗口，如图 7-17 所示。

在窗口中可以设置过滤的事务类型、会计年度、会计期间和审核等项目。

（2）事务类型选择“全部”，其他保持不变，单击“确定”按钮，系统进入“凭证管理”窗口，如图 7-18 所示。

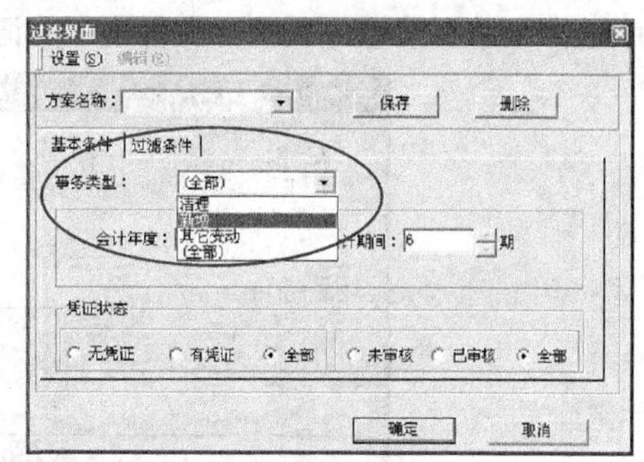

图 7-17

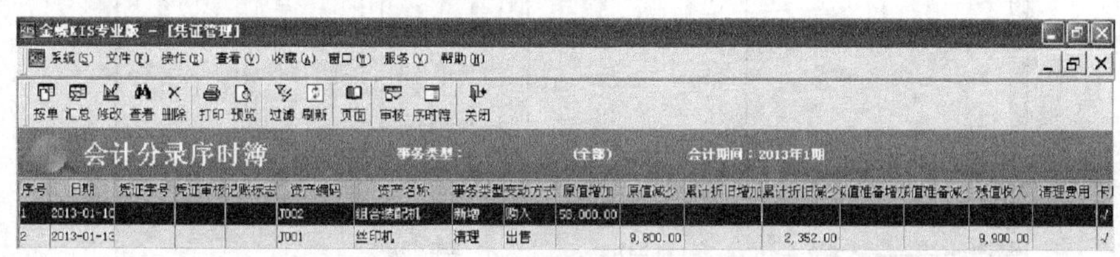

图 7-18

（3）选中第一条记录，单击工具栏上“按单”按钮，系统弹出“按单生成凭证”窗口，如图 7-19 所示。

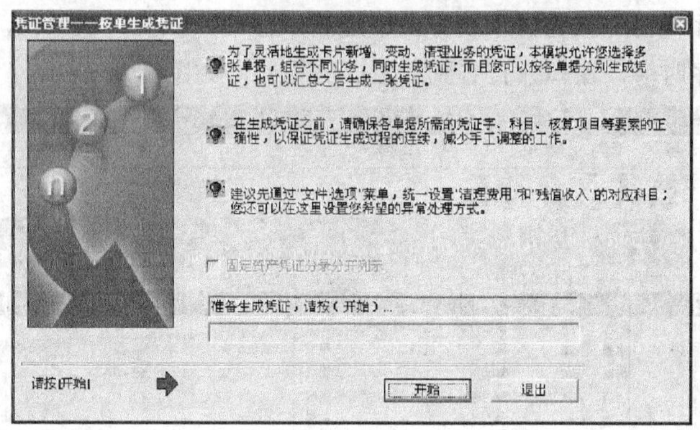

图 7-19

（4）单击“开始”按钮，稍后系统弹出提示“凭证出错是否手工修改字样”的对话框，单击“是”按钮，系统进入“记账凭证”窗口，在第二条分录处获取“1002.01”科目，选择结算方式“支票”，录入结算号“124567”，修改正确的凭证如图 7-20 所示。

（5）单击“保存”按钮保存当前凭证，单击“关闭”返回“按单生成凭证”窗口，系统显示生成几张凭证，单击“查看报告”按钮，可以查看生成凭证的过程，单击“退出”按钮返回“凭证管理”窗口。请注意已生成凭证后记录的显示颜色。

生成凭证时出错不是系统原因，是因为系统不知道相应的固定资产对方科目，如固定资产增加时，系统不知道是付的现金还是银行存款，所以需要手工将凭证补充完整。

（6）其余记录，请读者自行生成凭证。

要查看、修改、审核或删除固定资产凭证，单击工具栏上的相应按钮即可。以“严秀兰”身份审核所有固定资产凭证。

金蝶系统可以用“汇总”方式生成凭证，即在“凭证管理”窗口，选中多条记录，单击工具栏上的“汇总”按钮，系统会为所选中的记录生成一张凭证。

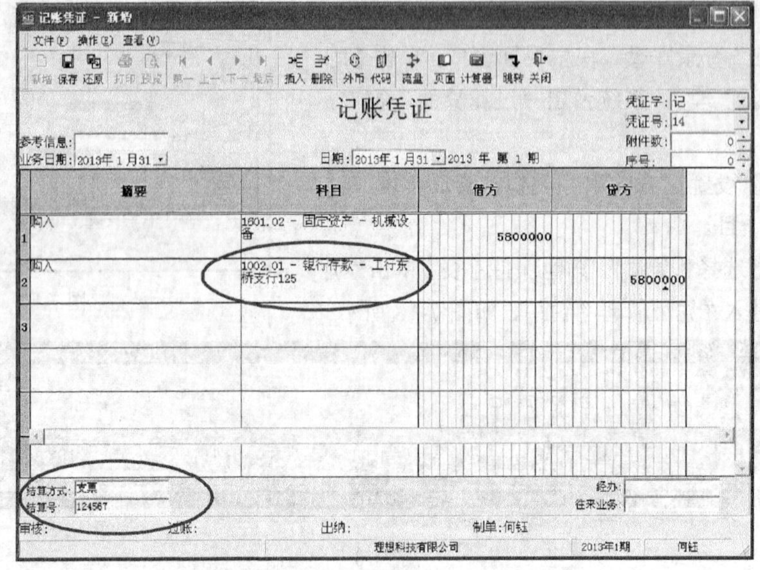

图 7-20

单击工具栏上“序时簿”按钮，系统弹出“过滤”窗口，保持默认条件，单击“确定”按钮，系统进入“会计分录序时簿”窗口，查看到所生成的凭证，如图 7-21 所示。

金蝶KIS专业版 - [会计分录序时簿]

日期	期间	凭证字号	摘要	科目代码	科目名称	币别	原币金额	借方	贷方	制单	审核
2013-01-31	2013.1	记 - 14	购入	1601.02	固定资产 - 机械设备	人民币	58,000.00	58,000.00		何钰	
			购入	1002.01	银行存款 - 工行东桥支行12	人民币	58,000.00		58,000.00		
2013-01-31	2013.1	记 - 15	出售	1601.02	固定资产 - 机械设备	人民币	9,800.00		9,800.00	何钰	
			出售	1602	累计折旧	人民币	2,352.00	2,352.00			
			出售	1002.01	银行存款 - 工行东桥支行12	人民币	9,800.00	9,800.00			
			出售	6301	营业外收入	人民币	2,452.00		2,452.00		

图 7-21

7.2.9 工作量管理

如果账套中有采用工作量法计提折旧的固定资产，则在计提折旧之前需输入本期完成的实际工作量。工作量的输入通常是在每个月末的时间进行处理。

在主界面窗口，单击【固定资产】→【工作量管理】，系统弹出“过滤”方案设置窗口，在此保持默认条件，单击“确定”按钮，系统进入“工作量管理”窗口。在“丝印机”的本期工作量录入“1 250”，如图 7-22 所示。

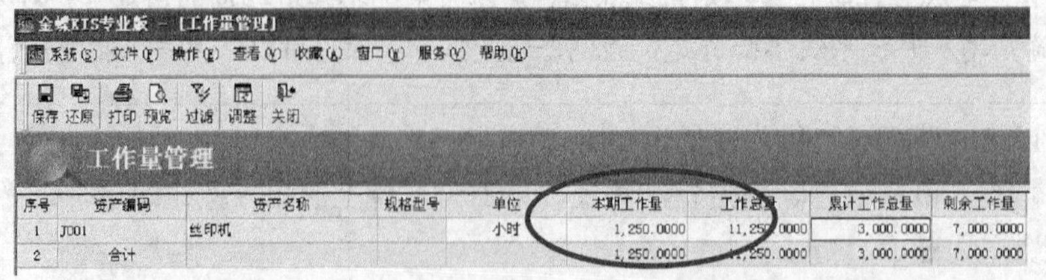

图 7-22

单击工具栏上“保存”按钮，保存对工作量的修改。

7.2.10 计提折旧

计提折旧是根据固定资产卡片上的折旧方法生成计提折旧凭证。计提折旧操作通常是在月末所有固定资产卡片业务处理后再进行。

在主界面窗口，单击【固定资产】→【计提折旧】，系统弹出“计提折旧”向导窗口，单击“下一步”按钮，在弹出窗口中录入摘要和凭证字，可以修改摘要，如有多个凭证字时可以选择所需要的凭证字，如图 7-23 所示。

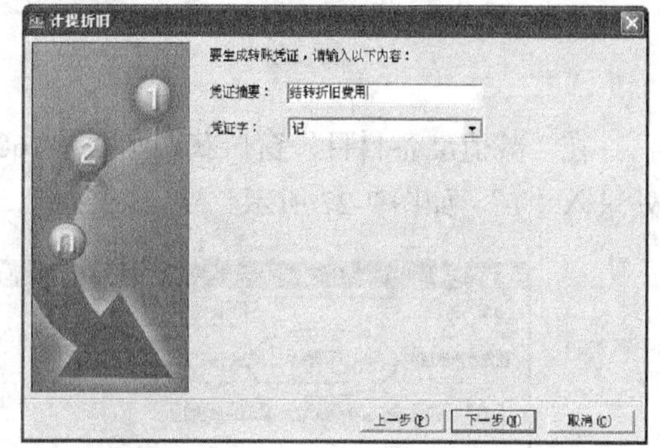

图 7-23

单击“下一步”按钮，在弹出的窗口中单击“计提折旧”按钮计算计提折旧，稍后系统提示计提成功，单击“完成”按钮结束“计提折旧”工作。

计提折旧生成的凭证可以在“会计分录序时簿”中进行管理：在“凭证管理”窗口单击工具栏上“序时簿”按钮，系统进入“会计分录序时簿”，找到“计提”凭证进行相应的操作即可。在“账务处理”系统中也可以进行查询，但不能编辑。计提折旧凭证如图 7-24 所示。

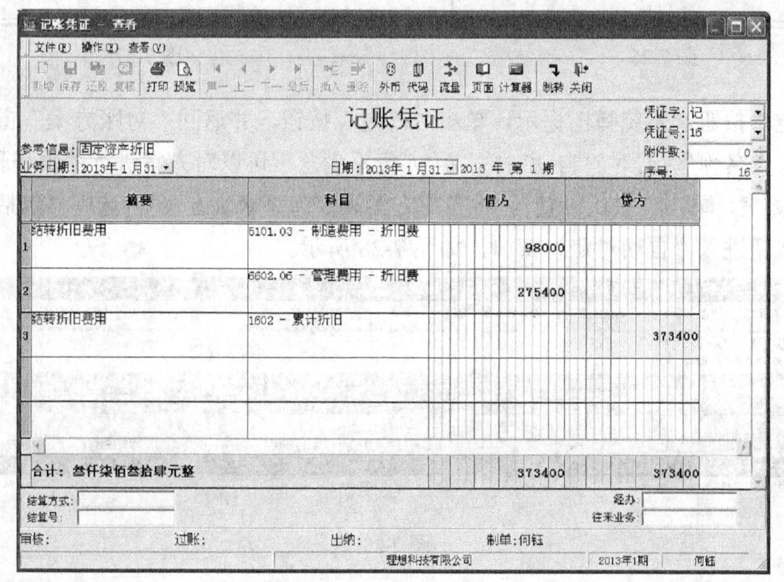

图 7-24

7.2.11 与总账对账

固定资产系统与账务处理系统连接使用时，与总账对账功能是将固定资产系统的业务数据与账务处理系统的财务数据进行核对，以保证双方系统数据的一致性。

在主界面窗口，单击【固定资产】→【与总账对账】，系统弹出“对账方案”窗口，首先增加一个方案。单击“增加”按钮，系统弹出“固定资产对账”窗口，在“固定资产原值科目”窗口单击“增加”按钮，分别获取“1601.01 办公设备”、“1601.02 机械设备”和“1601.03 运输类”三个科目，如图 7-25 所示。

在“累计折旧科目”窗口，单击“增加”按钮，获取科目“1602 累计折旧”，如图 7-26 所示。

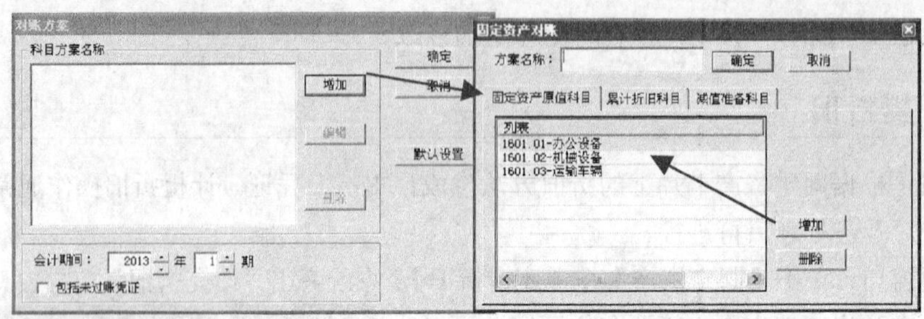

图 7-25

在“减值准备科目”窗口获取科目“1603 固定资产减值准备”。科目设置完成，在“方案名称”处录入“1”，如图 7-27 所示。

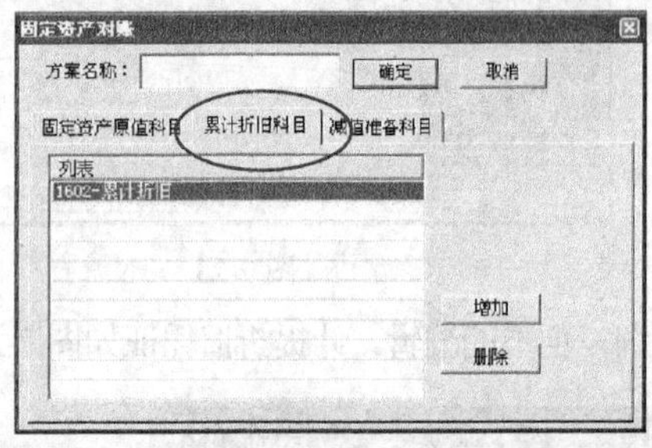

图 7-26

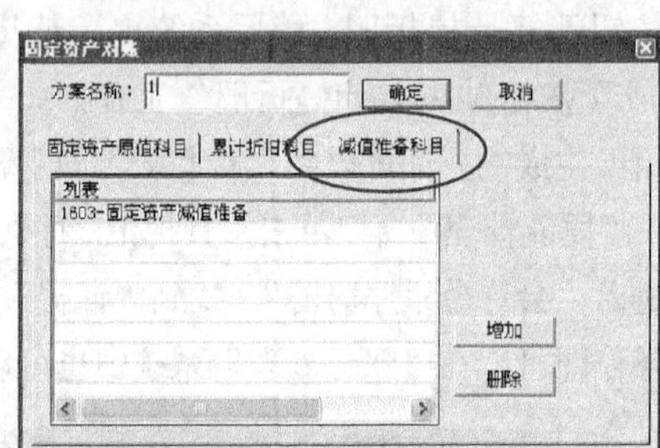

图 7-27

单击“确定”按钮，系统弹出提示，单击“确定”按钮，并返回“对账方案”窗口，可以看到已经新增的“方案名称”。若对“自动对账”的方案不满意，可以对方案进行编辑和删除操作。

选中“1”方案，单击“默认设置”，将当前方案设定为“默认方案”，选中“包括未过账凭证”，单击“确定”按钮进入“自动对账”窗口，如图 7-28 所示。

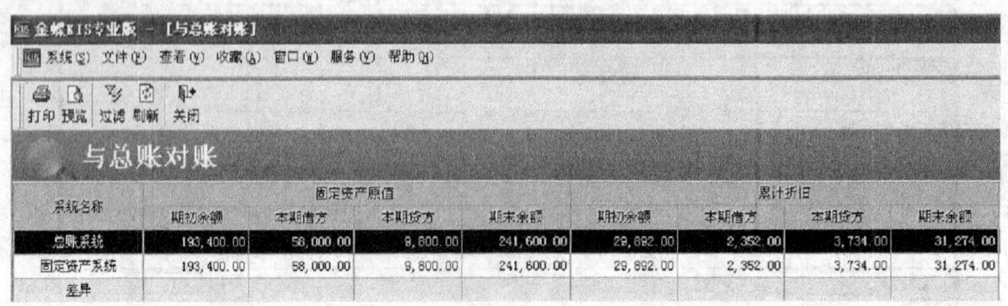

图 7-28

自动对账时，建议审核并过账本期所有的固定资产业务凭证。

7.2.12　期末结账

期末结账在完成当前会计期间的固定资产业务处理，结转到下一期间进行新的业务处理时进行。包括将固定资产的有关账务处理，如折旧或变动等信息转入已结账状态。已结账的业务不能再进行修改和删除。

固定资产的期末结账功能与"账务处理"系统中的"期末结账"为同一功能，即当"账务处理"系统期末结账后，也相当于固定资产模块同步结账，当"账务处理"系统反结账时，也相当于固定资产模块同步反结账处理。

7.3 报表

金蝶 KIS 专业版为用户提供了丰富的固定资产报表查询功能，包含有固定资产清单、固定资产变动情况表、固定资产折旧明细表和固定资产到期提示表等报表。

资产类别、变动方式、使用状态、折旧方法和存放地点属于基础资料设置功能，请参照"第 4 章初始化"的相关内容。

7.3.1 固定资产清单

固定资产清单是当前系统中已有的固定资产卡片清单的详细列表。

在主界面窗口，单击【固定资产】→【固定资产清单】，系统弹出"过滤"窗口，如图 7-29 所示。

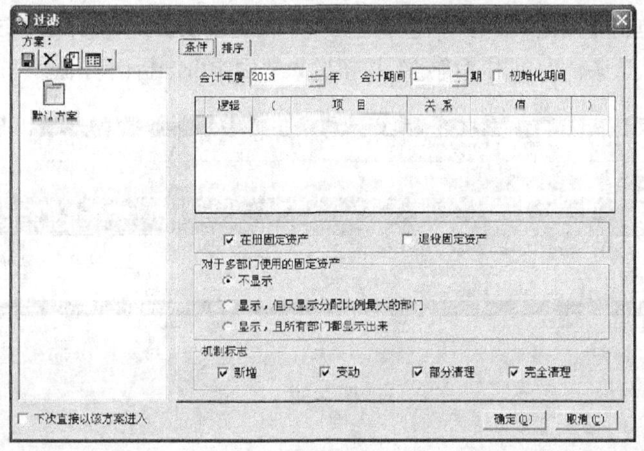

图 7-29

在窗口中可以设置查询的期间、固定资产状态、显示部门资料和报表项目显示等内容。保持默认条件，单击"确定"按钮，系统进入"固定资产清单"窗口，如图 7-30 所示。

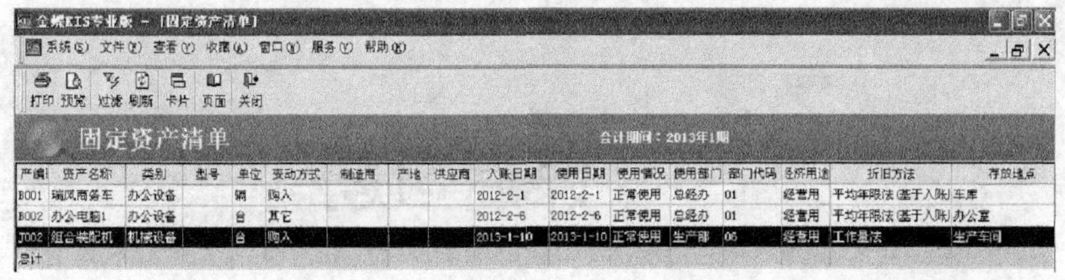

图 7-30

若要查看固定资产的卡片情况，选中记录后单击工具栏上的"卡片"按钮即可。

7.3.2 固定资产变动情况表

固定资产变动情况表反映固定资产的变动情况。

在主界面窗口，单击【固定资产】→【固定资产变动情况表】，系统弹出“方案设置”窗口，“基本条件”选项卡中设置要查询的期间和是否“包含本期已清理的卡片”，“汇总设置”选项卡中可以设置汇总条件，“过滤条件”选项卡中设置更详细的过滤条件。保持默认条件，单击“确定”按钮，系统进入“固定资产变动情况表”窗口，如图 7-31 所示。

类别	资产编码	资产名称	规格	原值期初余额	原值借方	原值贷方	原值期末余额	累计折旧期初余额	累计折旧借方	累计折旧贷方	累计折旧期末余
办公设备	B001	瑞风商务车		180,000.00	0.00	0.00	180,000.00	27,000.00	0.00	2,700.00	29,70
	B002	办公电脑1		3,600.00	0.00	0.00	3,600.00	540.00	0.00	54.00	594
	小计			183,600.00	0.00	0.00	183,600.00	27,540.00	0.00	2,754.00	30,294
机械设备	J002	组合装配机		0.00	58,000.00	0.00	58,000.00	0.00	0.00	0.00	0
	小计			0.00	58,000.00	0.00	58,000.00	0.00	0.00	0.00	0
合计				183,600.00	58,000.00	0.00	241,600.00	27,540.00	0.00	2,754.00	30,294

图 7-31

7.3.3 固定资产折旧明细表

固定资产折旧明细表是反映固定资产折旧情况的表格。如固定资产使用期限是多少，已经使用多少期，累计折旧多少金额等信息。

在主界面窗口，单击【固定资产】→【固定资产折旧明细表】，系统弹出“过滤”窗口，过滤条件类似前面报表，保持默认条件，单击“确定”按钮进入“固定资产折旧明细表”窗口，如图 7-32 所示。

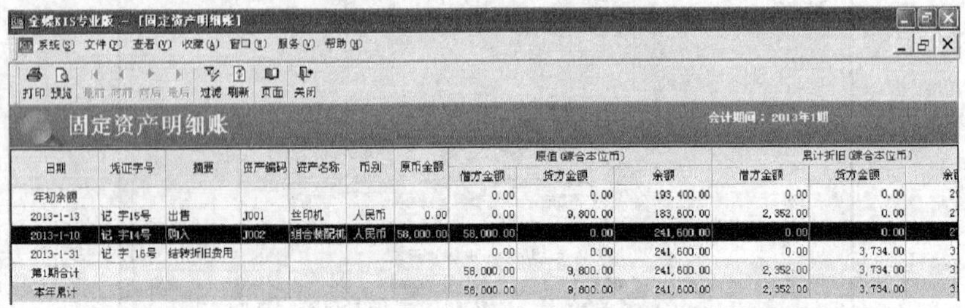

日期	凭证字号	摘要	资产编码	资产名称	币别	原币金额	原值(综合本位币) 借方金额	原值(综合本位币) 贷方金额	原值(综合本位币) 余额	累计折旧(综合本位币) 借方金额	累计折旧(综合本位币) 贷方金额	累计折旧(综合本位币) 余额
年初余额							0.00	0.00	193,400.00	0.00	0.00	2
2013-1-13	记 字15号	出售	J001	丝印机	人民币	0.00	0.00	9,800.00	183,600.00	2,352.00	0.00	2
2013-1-10	记 字14号	购入	J002	组合装配机	人民币	58,000.00	58,000.00	0.00	241,600.00	0.00	0.00	2
2013-1-31	记 字 16号	结转折旧费用					0.00	0.00	241,600.00	0.00	3,734.00	3
第1期合计							58,000.00	9,800.00	241,600.00	2,352.00	3,734.00	3
本年累计							58,000.00	9,800.00	241,600.00	2,352.00	3,734.00	3

图 7-32

7.3.4 其他管理报表

其他管理报表如工作总量查询、折旧费用分配表和固定资产数量统计表等报表的查询方法同前面报表，请读者自行练习。

7.4 课后习题

（1）当期已进行变动的资产能否清理？

（2）固定资产清理资料的删除方法是什么？

实验六 固定资产管理

【实验目的】

（1）掌握固定资产日常业务处理。

（2）掌握固定资产期末处理。

【实验内容】

（1）新增卡片。

（2）固定资产清理。

（3）业务单据生成凭证。

（4）计提折旧。

（5）固定资产报表查询。

【实验资料】

（1）2013-1-16 购买瑞风商务车一辆，卡片信息如表 1 所示。

表 1

基本信息		部门及其他		原值与折旧	
资产类别	运输车辆	固定资产科目	1601.03	币别	人民币
资产编码	Y001	累计折旧科目	1602	原币金额	110 000
名称	瑞风商务车	使用部门	销售部	开始使用日期	2013-1-16
计量单位	辆	折旧费用科目	6601.03	预计使用期间数	60
数量	1			已使用期间数	0
入账日期	2013-1-16			累计折旧	0
存放地点	车间			预计净残值	11 000
使用状况	正常使用			折旧方法	平均年限法（基于入账原值和预计使用期间）
变动方式	购入				

（2）出售五十铃人货车，并收款，信息如表 2 所示。

表 2

变动日期	备注	编码	名称	变动方式	原值原币	累计折旧	出售价（已收款）
2013-1-19	清理	Y001	五十铃人货车	出售	138 000	20 700	117 000

【实验步骤】

（1）以“李丽”登录“宇纵科技有限公司”账套，以新增卡片形式录入 2012-1-16 购买的瑞风商务车。

（2）清理表 2 固定资产。

（3）将本期发生的业务生成凭证。

（4）计提固定资产折旧。

（5）以“贺君兰”审核固定资产凭证

（6）查询固定资产清单、折旧费用分配表。

第8章 工资管理

学习重点

通过本章学习，了解工资类别设置方法，工资项目设置方法，工资计算公式设置方法和个人所得税计算方法，以及查询和输出各种工资报表。

8.1 系统概述

金蝶 KIS 专业版工资管理系统采用多类别管理，可处理多种工资类型以及完成各类企业的工资核算、工资发放、工资费用分配和银行代发等功能。工资管理系统能及时反映工资的动态变化，实现完备而灵活的个人所得税计算与申报功能，并提供丰富实用的各类管理报表。

1. 系统数据关系图

工资管理系统与其他系统的关系如图 8-1 所示。

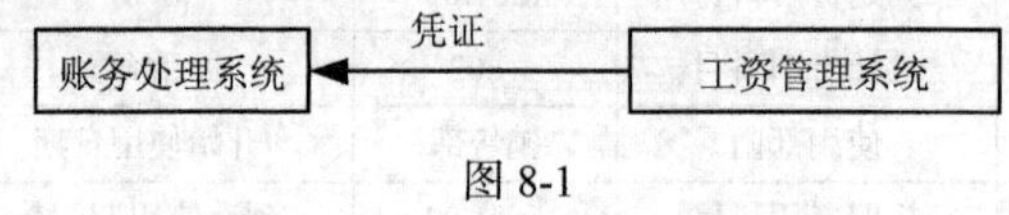

图 8-1

- 账务处理系统：接收工资管理系统生成的费用分配凭证。

2. 应用流程

新用户和老用户的操作流程分别如图 8-2 和图 8-3 所示。

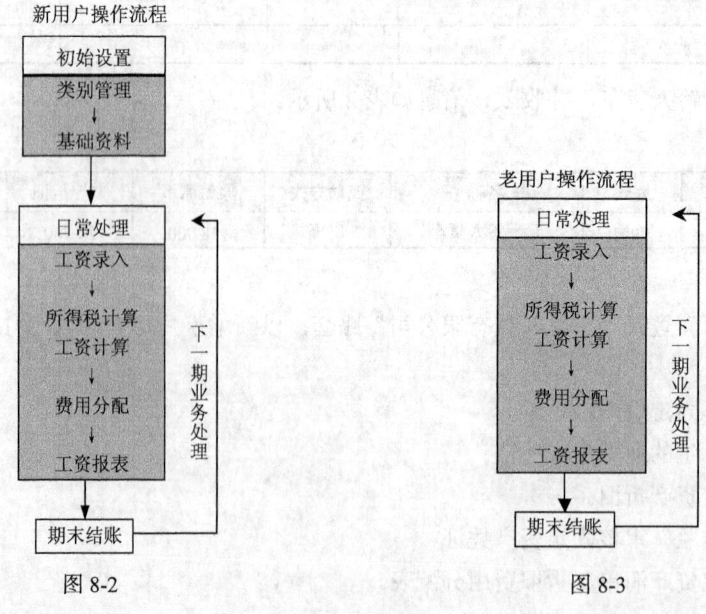

图 8-2　　图 8-3

8.2 初始设置

初始设置主要包括类别管理、部门和职员等设置，只有初始设置正确后，在最后的工资报表中才能得到自己所需要的报表，以及方便费用分配处理。

8.2.1 类别管理

为方便工资管理，金蝶 KIS 专业版提供工资类别管理，如设置外籍人员、国内人员、管理人员和计件工资等类别，账套中至少存在一个工资类别。类别管理包括类别新增、编辑及删除等操作。

在“理想科技有限公司”账套中新增管理人员工资和计件员工工资两个类别，操作步骤如下：

（1）以“何钰”身份登录账套，在主界面窗口，单击【工资管理】→【类别管理】，系统弹出“类别管理”窗口，如图 8-4 所示。

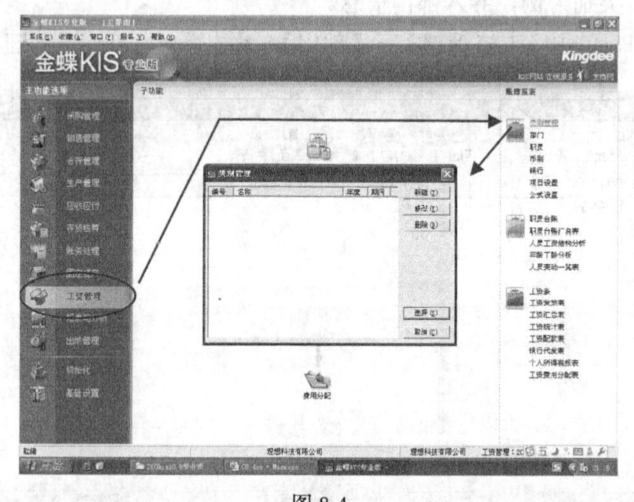

图 8-4

（2）单击“新建”按钮，系统弹出“新建工资类别”窗口，类别名称录入“管理人员工资”，币别选择“人民币”，如图 8-5 所示。

（3）币别是选择实际发放工资时的币种，单击“确定”按钮保存设置，同样新增“计件员工工资”类别，新增类别成功的窗口如图 8-6 所示。

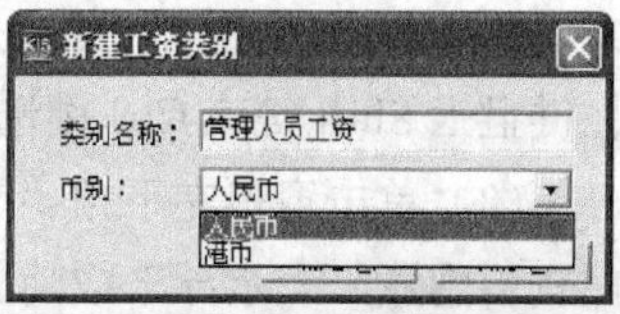

图 8-5

在“类别管理”窗口可以进行类别的修改和删除等操作。

每一次进行工资业务处理时，必须要选择正确的“类别”，例如选择处理“管理人员工资”业务，选中“管理人员工资”类别后，单击“选择”按钮，这时在状态栏中会显示“工资类别：管理人员工资”，表示当前处理的业务为“管理人员工资”类别，如图 8-7 所示。

如果要处理“计件员工工资”业务，则在“类别管理”窗口重新选中“计件员工工资”类别后，再单击“选择”按钮即可。

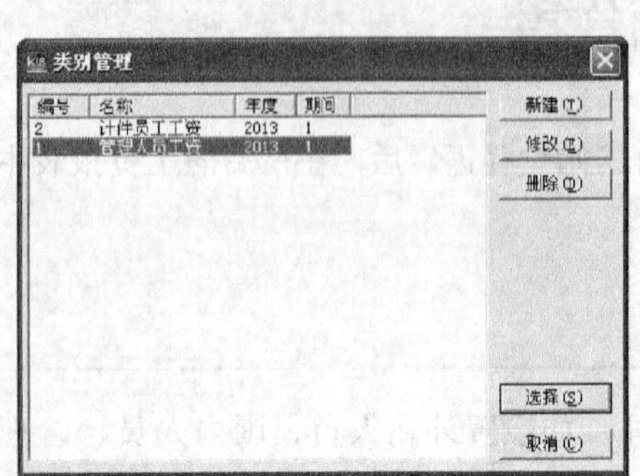

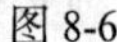
图 8-6

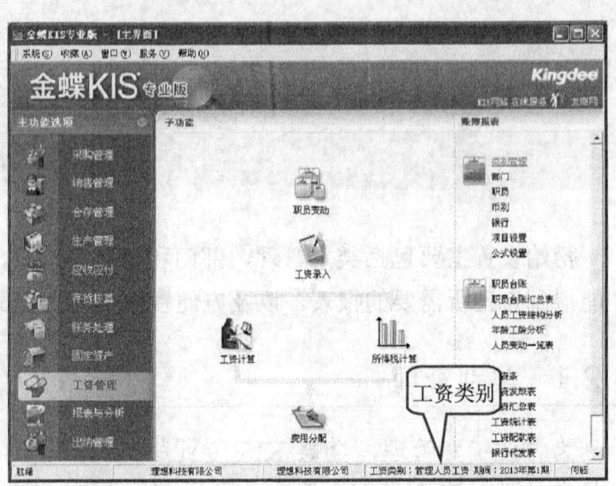

图 8-7

8.2.2 部门

部门是管理当前工资类别下的部门信息，部门信息可以手工录入，也可以从基础资料中导入。以在“管理人员工资”类别为例，导入部门信息。

（1）在主界面窗口，单击【工资管理】→【部门】，系统弹出“部门”管理窗口，如图 8-8 所示。

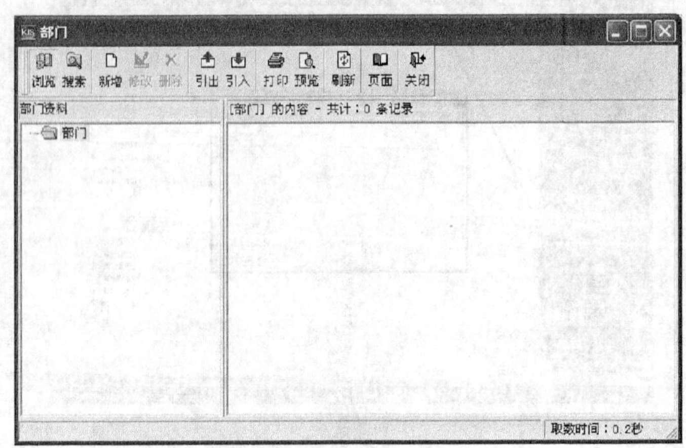

图 8-8

（2）单击“引入”按钮，并选择左侧“总账”，系统会显示所有“总账”系统下的部门信息，按住键盘上 Shift 键或 Ctrl 键选中除“生产部”的所有部门，如图 8-9 所示。

（3）单击窗口左下角“导入”按钮，稍后弹出提示，单击“确定”按钮即可，系统将选中的部门资料隐藏，表示导入成功。

注

导入数据源中工资其他类别是指从其他工资类别中导入部门信息。工资单一类别是指从某一个类别下导入部门信息。全选是选中窗口右侧所显示的全部部门资料，全清是取消全部部门资料的选中。

单击工具栏“浏览”按钮，系统切换到部门信息查看状态，可以看到刚才导入成功的部门资料。

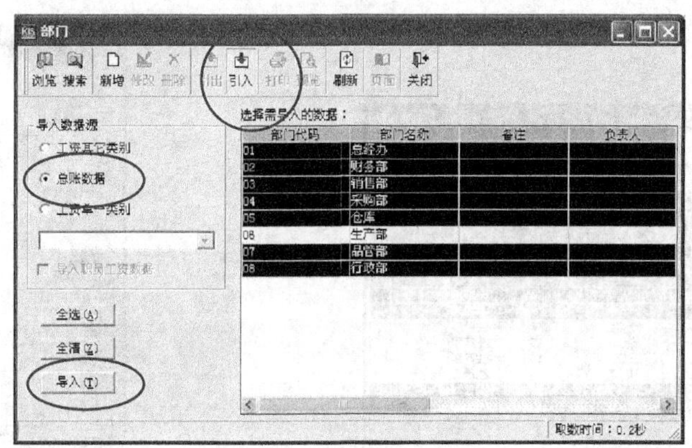

图 8-9

在部门“浏览”窗口中可以对部门资料进行修改、删除，选中记录后单击相应按钮即可。单击“引出”按钮，可将部门资料引出为其他类型的文件。

8.2.3 银行管理

若企业采用银行代发工资时，在银行管理中要录入银行名称，然后在职员管理中录入每位职员的“银行账号”，以方便输出相应的银行代发工资表。

在主界面窗口，单击【工资管理】→【银行】，系统弹出“银行”信息管理窗口，如单击工具栏上的“新增”按钮，系统弹出“银行–新增”窗口。录入代码“1”，录入名称“招行”，如图 8-10 所示。

单击“保存”按钮保存当前的录入资料。单击“退出”按钮返回“银行”窗口，系统会显示新增的资料，单击工具栏上相应按钮，可以进行银行的新增、修改或删除等操作。

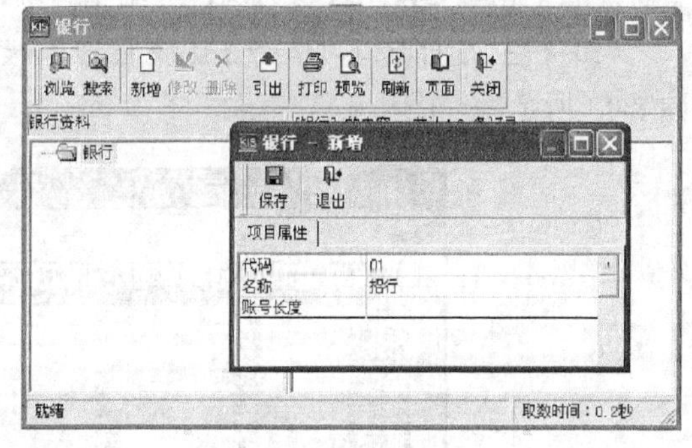

图 8-10

说明

“币别”是管理当前工资业务上所涉及的币种，设置请参照“第 3 章基础设置”的相关内容。

8.2.4 职员

职员是管理当前工资类别下的职员档案信息，可以手工新增或导入。

在主界面窗口，单击【工资管理】→【职员】，系统弹出“职员”管理窗口，单击“引入”按钮，系统切换到“导入数据”状态窗口。选中“总账”，系统会显示总账基础资料中的部门资料，按住键盘上 Shift 键或 Ctrl 键选中除“生产部”的所有职员，如图 8-11 所示。

单击“导入”按钮，稍后系统将隐藏导入的职员资料，表示导入成功。

若要补充银行账号等信息，则单击“浏览”按钮，窗口切换到“职员”资料查看窗口，选中要修改的职员，单击工具栏上的“修改”按钮，系统弹出“职员–修改”窗口，在相应位置录入所要的信息即可，如图 8-12 所示。

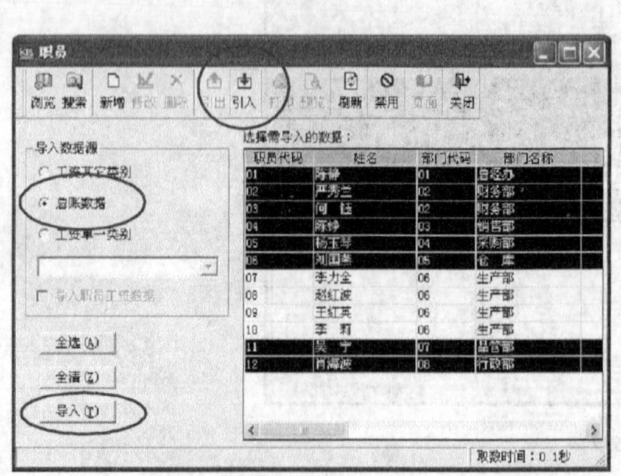

图 8-11

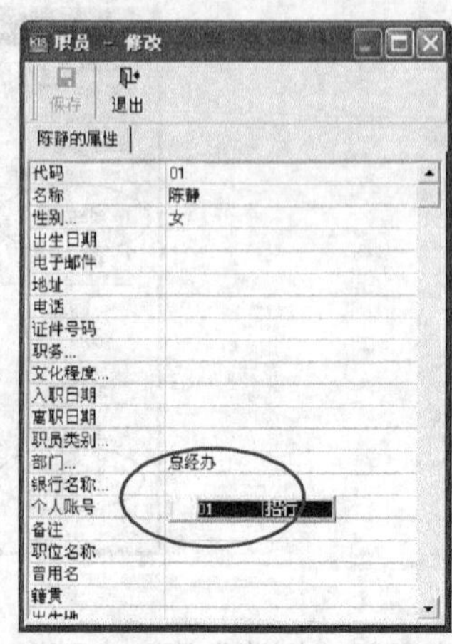

图 8-12

8.2.5 项目设置

项目是工资管理中的重要组成部分，它是在工资计算时的一些计算和判断数据。以新增“计件工资”和“扣零实发”项目为例，介绍工资项目设置方法。

（1）在主界面窗口，单击【工资管理】→【项目设置】，系统弹出“工资项目设置”窗口，如图 8-13 所示。

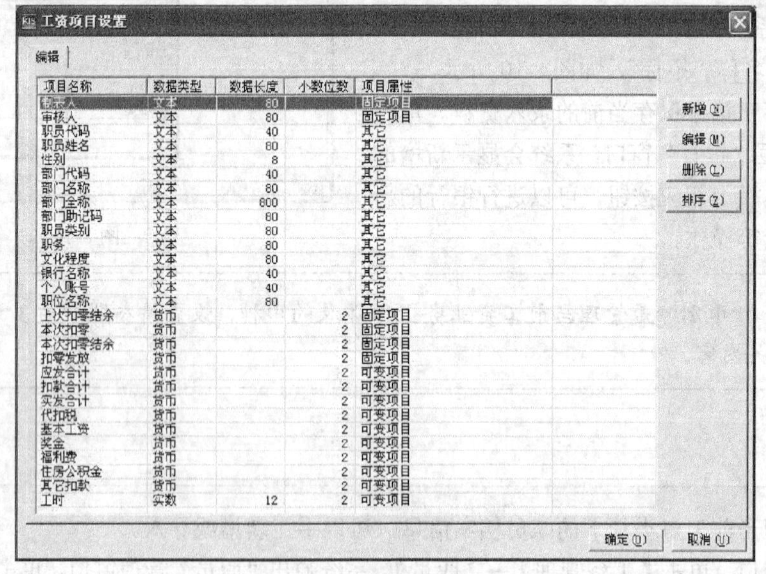

图 8-13

（2）窗口中预设有部分项目，选中后可以对其进行编辑或删除。选中“基本工资”项目，单击“编辑”按钮，系统弹出该项目的“修改”窗口，修改项目属性为“固定项目”，如图 8-14 所示。单击“确定”按钮保存修改。

（3）单击“新增”按钮，系统弹出“工资项目-新增”窗口，录入项目名称“计件工资”，选择数据类型“实数”，输入数据长度“18”、小数位数“2”，选择项目属性“可变项目”，如图 8-15 所示。

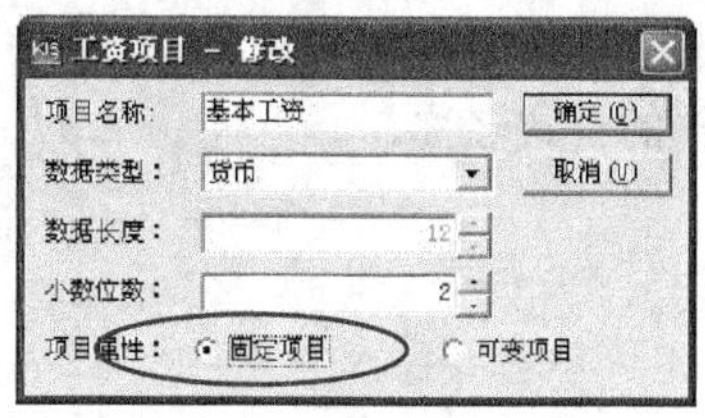
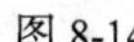

图 8-14

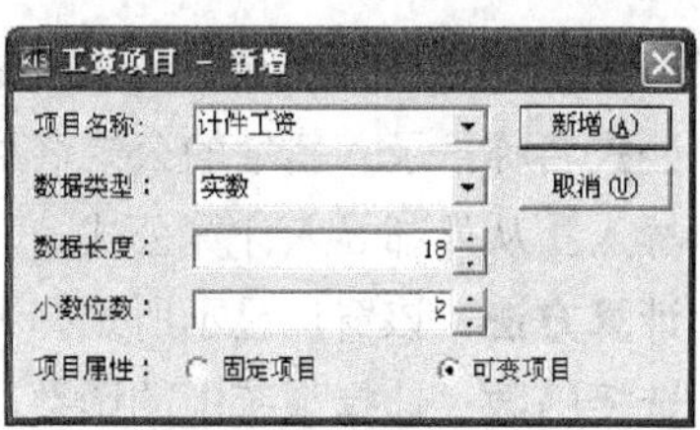

图 8-15

- **项目名称**：单击下拉按钮可选择系统已有的项目，也可直接录入新的项目名称。
- **数据类型**：系统预设日期型、实数型等类型，单击下拉按钮选择。
- **数据长度**：设置当前项目的最大长度。
- **项目属性**：固定项目为一般工资计算所需要的基本要素，不需要经常改变，其内容可以直接代入到下一次工资计算，如预设的职员姓名项。可变项目的内容随工资计算发生改变，如预设的应发合计项。

（4）单击“新增”按钮，系统保存新增项目并返回“工资项目设置”窗口，在窗口可以查看到新增成功的项目。使用同样方法增加“扣零实发”项目。

在以后的工作中，需要修改、新增项目时，可以随时进入该功能进行操作。

8.2.6　公式设置

公式设置是指建立当前工资类别下的工资计算公式。下面以表 8-1 中公式为例介绍公式设置的操作方法。

表 8-1　“管理人员”类别下的公式

公式 1	应发合计=基本工资+奖金+福利费+住房公积金
公式 2	扣款合计=其他扣款+代扣税
公式 3	实发合计=应发合计−扣款合计

（1）在主界面窗口，单击【工资管理】→【公式设置】，系统弹出“公式设置”窗口，如图 8-16 所示。

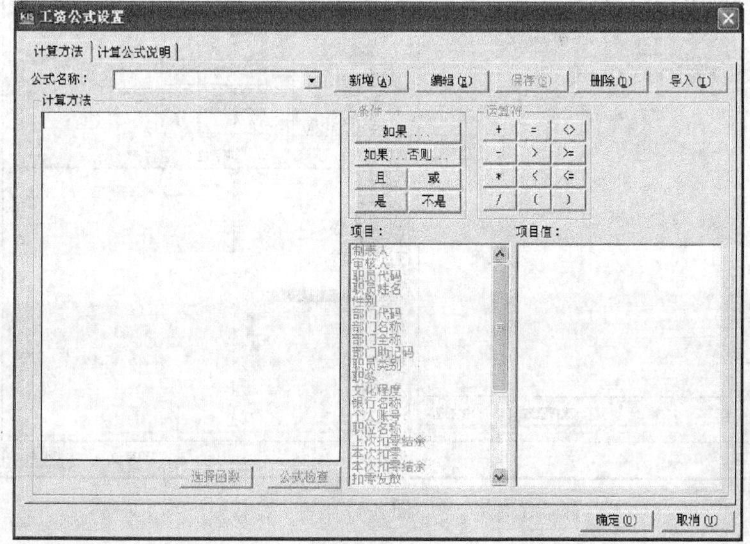

图 8-16

计算方法窗口用于对工资计算公式进行管理。

- **公式名称**：录入新增的公式名称或选择要查看、编辑的公式名称。
- **导入**：从外部导入计算公式。
- **计算方法**：该窗口显示所选择公式名称下的计算公式。
- **选择函数**：选择系统中的函数。
- **公式检查**：对所建立公式的正确性进行检测。
- **条件**：系统内部的判断条件。
- **运算符**：计算公式经常用到的计算符号。
- **项目**：在项目设置中所有建立的项目都显示出来，供选择。
- **项目值**：显示当前项目的内容。如选中“部门”项目，右侧会自动显示当前工资类别下的所有部门。

（2）建立公式 1。在“计算方法”窗口，单击“新增”按钮，窗口切换到可编辑状态。双击项目下的“应发合计”，单击运算符下的“=”，双击项目下的“基本工资”，单击运算符下的“+”，双击项目下的“奖金”，单击运算符下的“+”，双击项目下的“福利费”，单击运算符下的“+”，双击项目下的“住房公积金”。

公式可手工录入，也可用上面的方法录入。手工录入时一定要注意所录入的项目是否存在。录入时一定要注意光标的位置，以防公式录入错误。修改公式方法是：将光标移到要修改的位置，按键盘上的“退格”或“删除”键进行修改即可。

（3）建立公式 2。光标在第一条公式最末，按下键盘上“Enter（回车）”键，光标移动到第二条行。双击项目下“扣款合计”，单击运算符下“=”，双击项目下“其他扣款”，单击运算符下的“+”，双击项目下“代扣税”。

（4）按照前面的设置方法建立公式 3，录入公式名称“管理人员公式”，如图 8-17 所示。

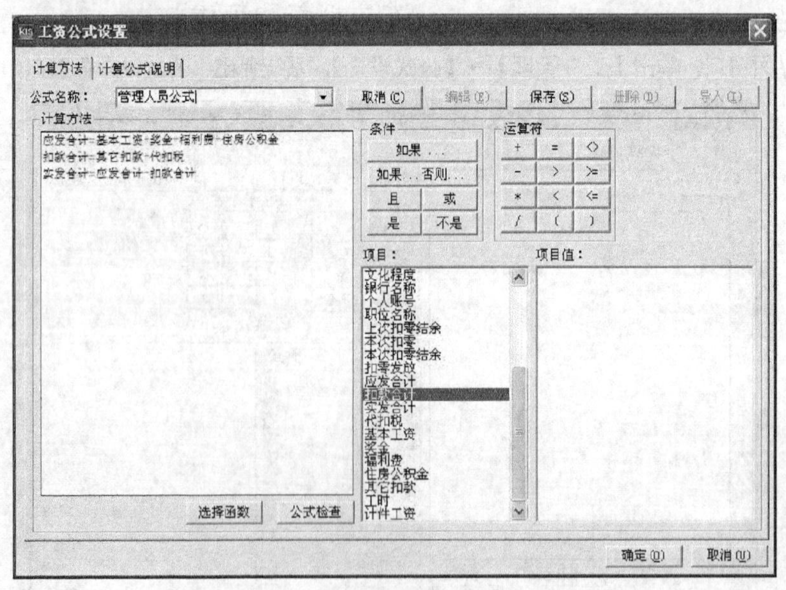

图 8-17

（5）单击“公式检查”按钮可检查公式是否正确。单击“保存”按钮保存当前公式名称和计算方法的定义。

要修改公式，一定要先选中“公式名称”，然后单击“编辑”按钮，在“计算方法”窗口下修改为正确公式，然后单击“保存”按钮。

8.3 日常处理

日常处理包括工资的录入、计算以及工资报表的查看和输出等操作。下面以“管理人员”类别的工资为例，介绍工资的日常处理工作。

8.3.1 工资录入

工资录入提供工资数据录入、扣零控制和工资数据审核等功能。

1. 工资数据录入

下面以表 8-2 中数据表为例介绍工资录入的方法。

表 8-2 要录入的工资数据

职员代码	职员姓名	基本工资	奖　金	福　利　费	其他扣款
01	陈静	5 000	200	50	50.23
02	严秀兰	3 000	150	50	45.78
03	何钰	2 000	100	50	23.18
04	陈铮	2 000	100	50	45
05	杨玉琴	1 800	100	50	12.98
06	刘国燕	1 500	100	50	24.5
11	吴宁	1 650	100	50	33.85
12	肖海波	1 250	50	50	22.35

（1）在主界面窗口，单击【工资管理】→【工资录入】，系统弹出“过滤器”窗口，如图 8-18 所示。

在窗口中可以新增、编辑、删除和导入过滤方案。第一次使用该功能时首先要建立一个“过滤方案”。

（2）单击“增加”按钮，系统弹出“定义过滤条件”窗口，录入过滤名称“1”，选择计算公式“管理人员公式”，在工资项目中选择以下项目：职员代码、职员姓名、部门名称、银行名称、个人账号、上次扣零结余、本次扣零、本次扣零结余、扣零发放、应发合计、扣款合计、实发合计、代扣税、基本工资、奖金、福利费、住房公积金、其他扣款、扣零实发、审核人和制表人，如图 8-19 所示。

窗口中的“序号”是当前项目显示的列号，单击“上移、下移”按钮，可以将所选中的项目移动到所要的序号处，选中制表人、审核人项目，单击“下移”按钮，将此两项移到最后位置。在“条件”窗口可以设置过滤条件，如只过滤某部门人员条件，“排序”窗口设置工资录入窗口的职员排序方式。

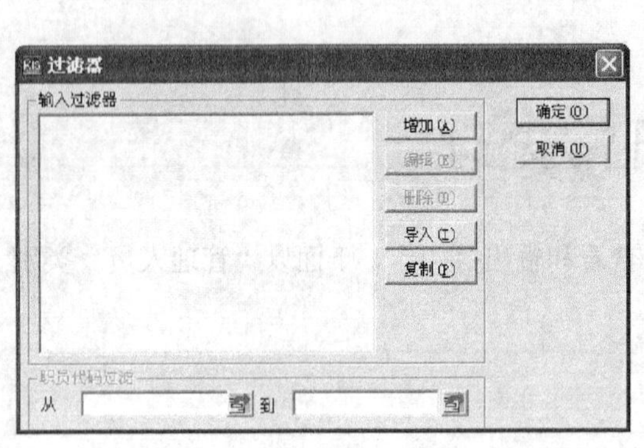

图 8-18

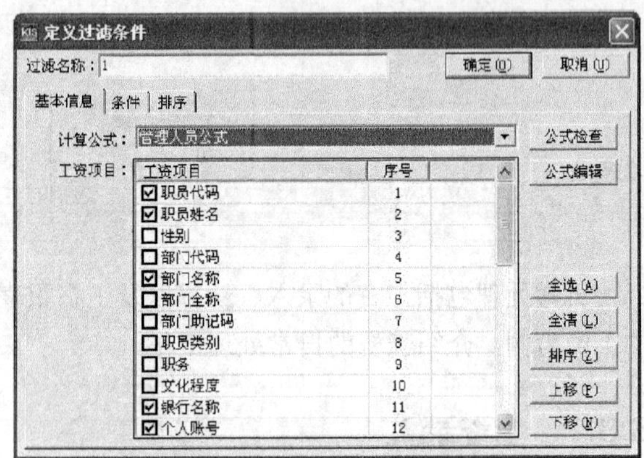

图 8-19

（3）单击“确定”按钮，系统弹出提示，单击“确定”按钮，系统返回“过滤器”窗口，并显示刚才所增加的方案，选中“1”方案，单击“确定”按钮，系统进入“工资数据录入”窗口，如图 8-20 所示。

工资数据录入-[1]----(年份:2013　期间：1) 人数：8

职员代码	职员姓名	本次扣零结余	扣零发放	应发合计	扣款合计	实发合计	代扣税	基本工资	奖金	福利费	住房公积金	其它扣款	扣零实发	制表人	审核人
01	陈静							0.00							
02	严秀兰														
03	何　钰														
04	陈静														
05	杨玉琴														
08	刘国燕														
11	吴　宁														
12	肖海波														

图 8-20

窗口上的项目有两种颜色数据，黄色表示是由系统自动生成的，如职员代码、实发合计等，白色是可录入和修改窗口。

（4）录入表 8-2 所示数据。移动窗口下部的“滚动条”，移到相关项目，并录入数据，单击“保存”按钮保存工资。

2. 扣零

扣零是设置扣除零钱，如实发工资为 2345.58 元，可以设置工资发到元还是角，或者是 5 角以上的要发，5 角以下的下次发放等。

在“工资数据录入”窗口，单击工具栏上【设置】，系统弹出“扣零设置”窗口，选择扣零项目“实发合计”，录入扣零标准“0.5”（5 角以上的要发，5 角以下的下次再发），扣零后项目选择“扣零实发”，如图 8-21 所示。

图 8-21

单击“确定”按钮保存当前设置。

扣零的标准有 5、1、0.5、0.1 等数。

扣零设置完成后，单击工具栏上“扣零”按钮，系统将“实发合计”处理后重新显示在“扣零实发”一列，如图 8-22 所示。

工资数据录入-[1]----(年份:2013 期间: 1) 人数: 8

文件(F) 操作(E) 查看(V)

复制 保存 引出 引入 查找 过滤 刷新 审核 反审核 区选 设置 扣零 发放 计算器 所得税 关闭

职员代码	职员姓名	本次扣零结余	扣零发放	应发合计	扣款合计	实发合计	代扣税	基本工资	奖金	福利费	住房公积金	其它扣款	扣零实发	制表人	审核人
01	陈静	0.27	0.00	5,250.00	50.23	5,199.77		5,000.00	200.00	50.00		50.23	5199.50		
02	严秀兰	0.22	0.00	3,200.00	45.78	3,154.22		3,000.00	150.00	50.00		45.78	3154.00		
03	何　钰	0.32	0.00	2,150.00	23.18	2,126.82		2,000.00	100.00	50.00		23.18	2126.50		
04	陈铮	0.00	0.00	2,150.00	45.00	2,105.00		2,000.00	100.00	50.00		45.00	2105.00		
05	杨玉琴	0.02	0.00	1,950.00	12.98	1,937.02		1,800.00	100.00	50.00	0.00	12.98	1937.00		
06	刘国燕	0.00	0.00	1,650.00	24.50	1,625.50		1,500.00	100.00	50.00		24.50	1625.50		
11	吴　宁	0.15	0.00	1,800.00	33.85	1,766.15		1,650.00	100.00	50.00		33.85	1766.00		
12	肖海波	0.15	0.00	1,350.00	22.35	1,327.65		1,250.00	50.00	50.00		22.35	1327.50		

图 8-22

3. 工资审核

为确保工资的正确，需要对工资数据进行审核，审核后的工资数据不能修改，只有反审核后才能修改。工资审核通常是在“期末结账”前才处理。

审核功能位于“工资数据录入”窗口中的“操作”菜单下。

- **审核**：将当前光标所处的工资记录进行审核处理。
- **反审核**：将当前光标所处的已审核工资记录进行反审核处理。
- **全部审核**：审核当前窗口所有工资记录。
- **全部反审核**：取消当前窗口中所有已经审核工资记录。

由于个人所得税还未计算，所以在此暂时不用审核。

8.3.2 所得税计算

所得税计算可以按照不同标准灵活计算个人所得税，为财务人员减轻工作。下面练习在“管理人员工资”类别下进行个人所得税的设置，操作步骤如下：

（1）在主界面窗口，单击【工资管理】→【所得税计算】，系统弹出“过滤”窗口，保持默认值，单击“确定”按钮进入“个人所得税数据录入”窗口，如图 8-23 所示。

（2）单击“设置”按钮，系统进入“个人所得税初始设置”窗口，如图 8-24 所示。

（3）单击“新增”按钮，再单击“税率类别”右侧按钮，系统进入“个人所得税税率设置”窗口，单击“新增”按钮，系统弹出提示窗口，单击“是”按钮，系统将自动显示税率设置，名称录入“税率”，如图 8-25 所示。

图 8-23

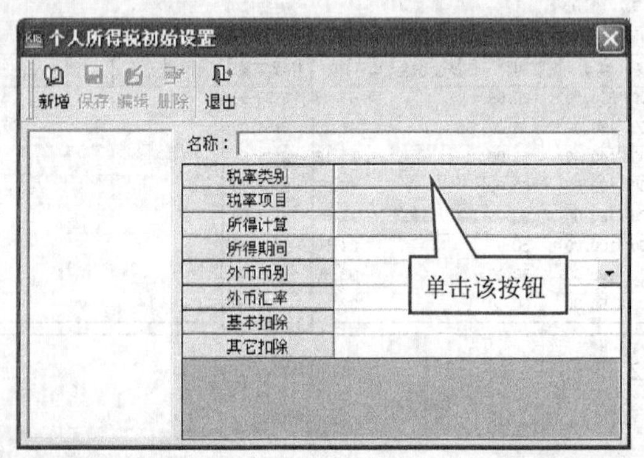

图 8-24

	下限	上限	税率%	速算扣除数
1	0	500	5.00	0
2	500	2000	10.00	25
3	2000	5000	15.00	125
4	5000	20000	20.00	375
5	20000	40000	25.00	1375
6	40000	60000	30.00	3375
7	60000	80000	35.00	6375
8	80000	100000	40.00	10375

图 8-25

（4）单击“保存”按钮保存设置，单击“退出”按钮返回“个人所得税初始设置”窗口，请注意“税率类别”旁的按钮变化。单击“税率项目”旁按钮，系统弹出“所得项目计算”窗口，单击“新增”按钮，在所得项目 1 选择“应发合计”，并选择“增项”，所得项目 2 选择“住房公积金”，并选择“减项”，名称录入“税项目”，如图 8-26 所示。

“增项”表示计算所得税时作为计算基础的增项，而“减项”表示计算所得税时作为计算基础的减项，如住房公积金和社保费用等。

（5）单击“保存”按钮保存设置，单击“退出”按钮返回“个人所得税初始设置”窗口，请注意“税率项目”旁的按钮变化。单击“所得计算”旁按钮，系统弹出“所得项目计算”窗口，双击“税项目”，并返回“个人所得税初始设置”，所得期间录入“1-12”，币别选择“人民币”，基本扣除录入“3 500”，名称录入“个人所得税”，如图 8-27 所示。

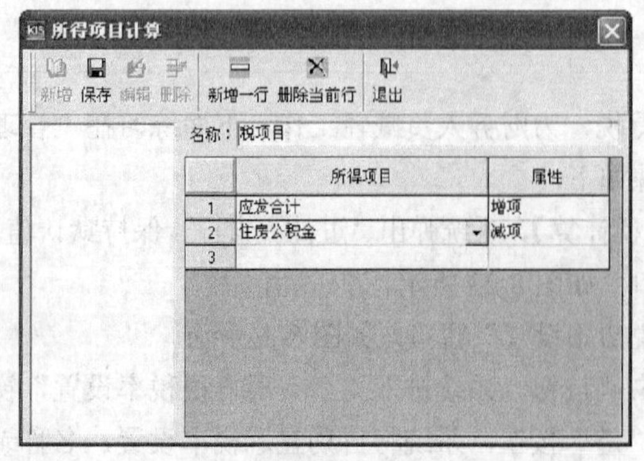

图 8-26

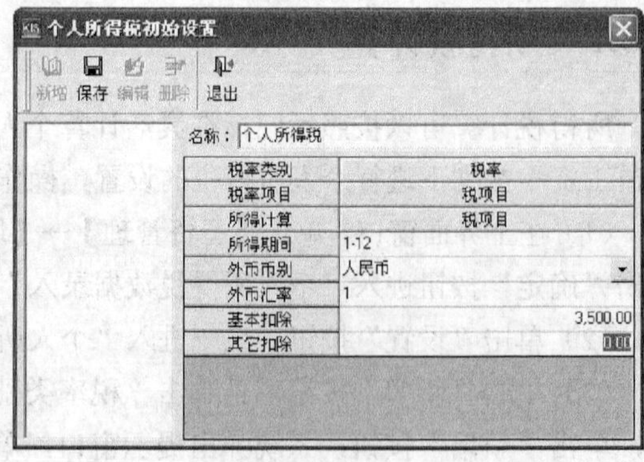

图 8-27

（6）单击“保存”按钮保存设置，单击“退出”返回“个人所得税数据录入”窗口，系统弹出提示窗口，单击“确定”按钮，系统获取数据成功后，再次弹出提示窗口，单击“确定”按钮，系统开始计算所得税，计算成功的窗口，如图 8-28 所示。

个人所得税数据录入-[标准格式] [方法 - 本期]

文件(F) 查看(V)

保存 引出 查找 过滤 刷新 设置 计税 所得项 税率 锁定列 计算器 关闭

纳税义务人	人民币合计	减费用额	应纳税所得额	税率项目	税率项目合计	税率计算值	税率	速算扣除数	扣缴所得税额	批准延期缴纳税额	实际扣缴所
陈静	5,250.00	3,500.00	1,750.00	5,250.00	5,250.00	1,750.00	.1	25.00	150.00	0.00	
严秀兰	3,200.00	3,500.00	0.00	3,200.00	3,200.00	0.00	0	0.00	0.00	0.00	
何 钰	2,150.00	3,500.00	0.00	2,150.00	2,150.00	0.00	0	0.00	0.00	0.00	
陈铮	2,150.00	3,500.00	0.00	2,150.00	2,150.00	0.00	0	0.00	0.00	0.00	
杨玉琴	1,950.00	3,500.00	0.00	1,950.00	1,950.00	0.00	0	0.00	0.00	0.00	
刘国燕	1,650.00	3,500.00	0.00	1,650.00	1,650.00	0.00	0	0.00	0.00	0.00	
吴 宁	1,800.00	3,500.00	0.00	1,800.00	1,800.00	0.00	0	0.00	0.00	0.00	
肖海波	1,350.00	3,500.00	0.00	1,350.00	1,350.00	0.00	0	0.00	0.00	0.00	

图 8-28

（7）单击“保存”按钮保存所得税计算。

单击“引出”按钮可以引出其他类型文件，并上交税务局。

8.3.3 个人所得税导入工资表

个人所得税计算后，并未直接使用在工资表中，只有在“工资录入”窗口，引入个人所得税数据，然后再进行工资计算，才是正确的工资数据。下面将刚才所计算的个人所得税数据引入工资表中，操作步骤如下：

在主界面窗口，单击【工资管理】→【工资录入】，系统弹出“过滤”窗口，选中“1”方案，单击“确定”按钮进入“工资数据录入”窗口，光标放置“代扣税”列，单击工具栏上“区选”按钮，再单击“代扣税”列头，选中整列并反黑显示，单击“所得税”按钮，系统弹出提示窗口，单击“确定”按钮，引入所有职员个人所得税数据，如图 8-29 所示。

工资数据录入-[1]----(年份:2013 期间: 1) 人数: 8

文件(F) 操作(E) 查看(V)

复制 保存 引出 引入 查找 过滤 刷新 审核 反审核 区选 设置 扣零 发放 计算器 所得税 关闭

职员代码	职员姓名	应发合计	扣款合计	实发合计	代扣税	基本工资	奖金	福利费
01	陈静	5, 250. 00	200. 23	5, 049. 77	150. 00	5, 000. 00	200. 00	50. 00
02	严秀兰	3, 200. 00	45. 78	3, 154. 22	0. 00	3, 000. 00	150. 00	50. 00
03	何 钰	2, 150. 00	23. 18	2, 126. 82	0. 00	2, 000. 00	100. 00	50. 00
04	陈铮	2, 150. 00	45. 00	2, 105. 00	0. 00	2, 000. 00	100. 00	50. 00
05	杨玉琴	1, 950. 00	12. 98	1, 937. 02	0. 00	1, 800. 00	100. 00	50. 00
06	刘国燕	1, 650. 00	24. 50	1, 625. 50	0. 00	1, 500. 00	100. 00	50. 00
11	吴 宁	1, 800. 00	33. 85	1, 766. 15	0. 00	1, 650. 00	100. 00	50. 00
12	肖海波	1, 350. 00	22. 35	1, 327. 65	0. 00	1, 250. 00	50. 00	50. 00

图 8-29

（3）单击“保存”按钮保存个人所得税数据引入。

8.3.4 费用分配

费用分配是根据系统所设置的分配方案或计提方案生成凭证的过程。

例：将总经办、财务部、采购部、品管部、行政部和仓库下的“扣零实发”分配到“管理费用-工资”科目，将“销售部”下的“扣零实发”分配到“营业费用-员工工资”科目。

（1）在主界面窗口，单击【工资管理】→【费用分配】，系统弹出“费用分配”窗口，如图 8-30 所示。

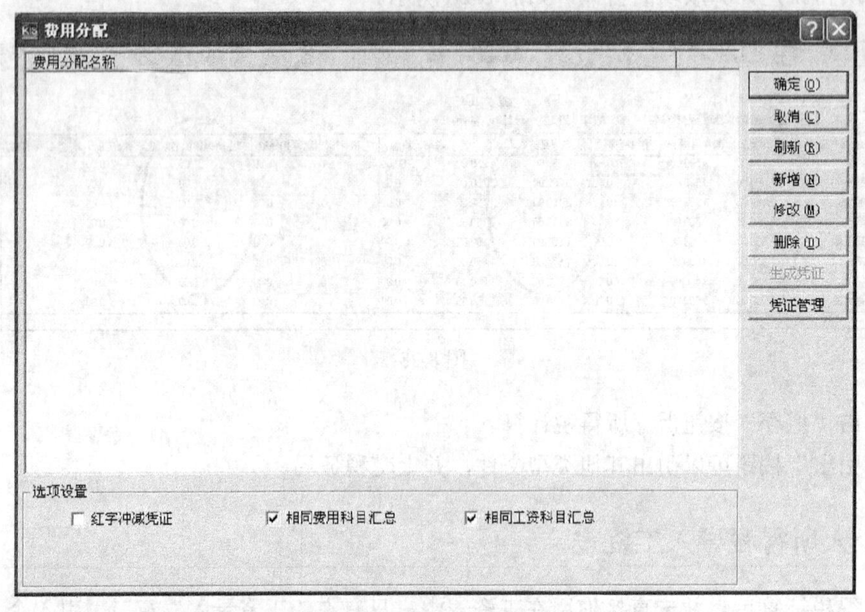

图 8-30

（2）单击“新增”按钮，系统进入“费用分配”新增窗口，录入分配名称“工资分配”、摘要内容“工资分配”，单击第一行部门项的“ (获取)”按钮，获取“总经办”，工资项目处选择“扣零实发”项目，费用科目获取“6602.05 管理员工资”科目，工资科目获取“2211 应付职工薪酬”科目；在第二行部门处获取“销售部”，工资项目处选择“扣零实发”项目，费用科目获取“6601.05 业务员工资”，工资科目获取“2211 应付职工薪酬”科目；其他部门设置同“总经办”，如图 8-31 所示。

费用分配 － 新增

分配名称：工资分配　　凭证字：记

摘要内容：工资分配　　分配比例：100 %

保存(S)　关闭(C)　插入一行　删除当前行

部　门	职员类别	工资项目	费用科目	核算项目	工资科目	核算项目
总经办		扣零实发	02.05-管理员工	无	211-应付职工薪	无
财务部		扣零实发	02.05-管理员工	无	211-应付职工薪	无
销售部		扣零实发	01.05-业务员工	无	211-应付职工薪	无
采购部		扣零实发	02.05-管理员工	无	211-应付职工薪	无
仓　库		扣零实发	02.05-管理员工	无	211-应付职工薪	无
品管部		扣零实发	02.05-管理员工	无	211-应付职工薪	无
行政部		扣零实发	02.05-管理员工	无	211-应付职工薪	无

图 8-31

（3）单击“保存”按钮保存当前设置，单击“关闭”返回“费用分配”管理窗口。若要修改、删除该方案，单击工具栏上修改按钮即可。

（4）将设定的方案生成凭证。勾选“工资分配”，单击“生成凭证”按钮，系统弹出提示，单击“确定”按钮。稍后系统弹出“信息”窗口，单击“关闭”按钮，单击“凭证管理”按钮，系统进入“凭证处理”窗口，选中凭证记录后双击鼠标，系统弹出该凭证的查看窗口，如图 8-32 所示。

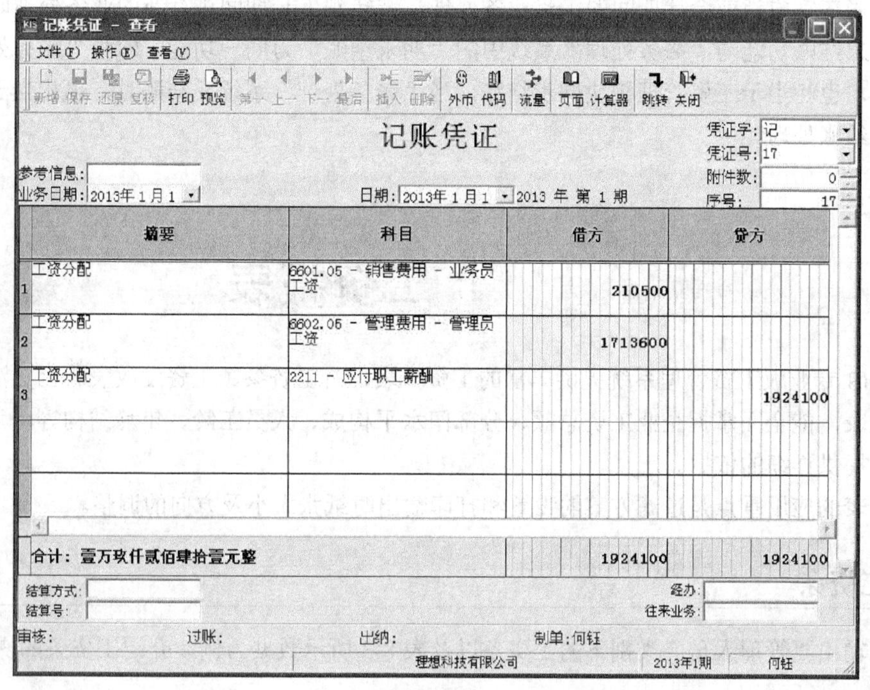

图 8-32

在“凭证处理”窗口中可以对凭证进行打印、删除等操作。

8.3.5 职员变动

职员变动处理企业中职员的信息变动，如部门更换、职位变动等，这可以保证财务人员在分类核算核算工资时的准确性。

在主界面窗口，单击【工资管理】→【职员变动】，系统弹出“职员变动”窗口，如图 8-33 所示。

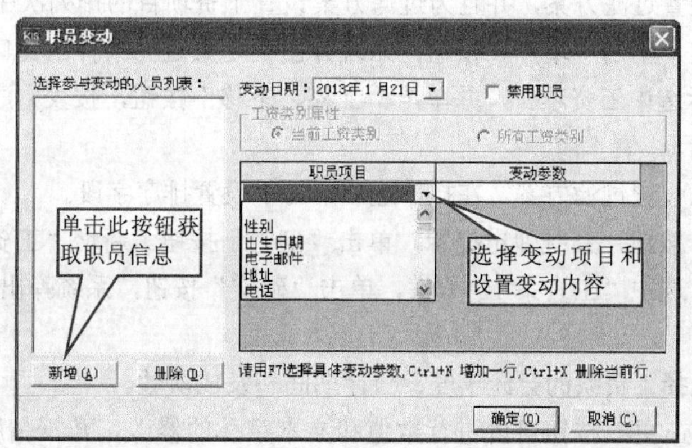

图 8-33

单击“新增”按钮，获取“职员”档案，在右侧选择要变动的项目和变动内容。

8.3.6 期末结账

期末结账在完成当前会计期间的工资业务处理，结转到下一期间进行新的业务处理时进行。工资管理的期末结账功能与“账务处理”系统中的“期末结账”为同一功能，即当“账务处理”系统期末结账后，也相当于工资管理模块同步结账，当“账务处理”系统反结账时，也相当于工资管理模块同步反结账处理。

8.4 工资报表

金蝶 KIS 专业版工资管理系统提供丰富的工资报表，有工资条、工资发放表、工资汇总表等报表。通过报表，能全面掌握企业工资总额、分部门水平构成、人员工龄、年龄结构等，为制定合理的薪资管理提供详细的依据。

工资报表的应用重点是过滤方案的设置和打印输出时纸张大小及方向的调整。

8.4.1 工资条

下面以输出“管理人员”类别下的工资条以及表 8-3 所示数据为例，介绍工资条的操作。

表 8-3 工资条项目排列顺序

1	2	3	4	5	6	7	8	9	10	11	12	13	14	15	16
职员代码	职员姓名	部门名称	上次扣零结余	本次扣零	本次扣零结余	扣零发放	基本工资	奖金	福利费	应发合计	代扣税	其他扣款	扣款合计	实发合计	扣零实发

（1）单击【工资管理】→【类别管理】，选择“管理人员工资”类别。

（2）在主界面窗口，单击【工资管理】→【工资条】，系统弹出“过滤器”窗口，如图 8-34 所示。

在过滤窗口中可设置过滤方案，并且为过滤方案设置工资项目的排列次序。

（3）新增过滤方案。单击“增加”按钮，系统弹出“定义过滤条件”窗口，录入过滤名称“工资条 1”，按表 8-4 所示选中工资项目，并单击“上移、下移”按钮，按表中序号进行排列，设置完成的窗口如图 8-35 所示。

在条件选项卡可以设置过滤方案，在排序选项卡可以设置排序字段。

（4）单击“确定”按钮，系统弹出提示，单击“确定”按钮。新增“工资条 1”过滤方案，并返回“过滤器”窗口。选中“工资条 1”方案，单击“确定”按钮，系统弹出“工资条打印”窗口，如图 8-36 所示。

- **发放设置**：选择工资条的会计年度、会计期间和发放次数。
- **字体设置**：单击更改按钮可以进行数值和文本字体的修改，数据精度可以设置小数位。
- **显示设置**：微调选中右下角项目的列宽和行高等。
- **过滤方案**：重新选择过滤方案。

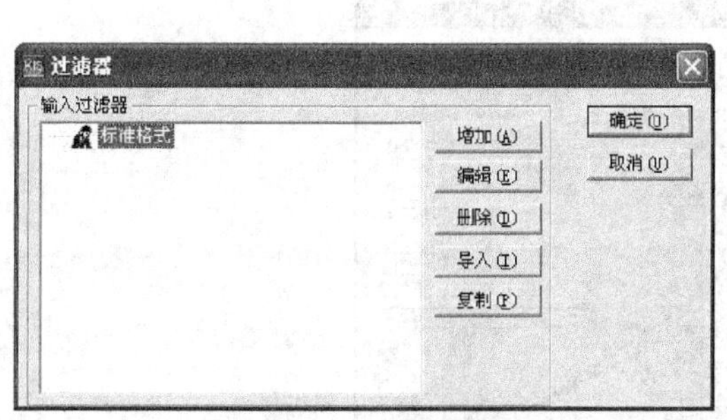

图 8-34

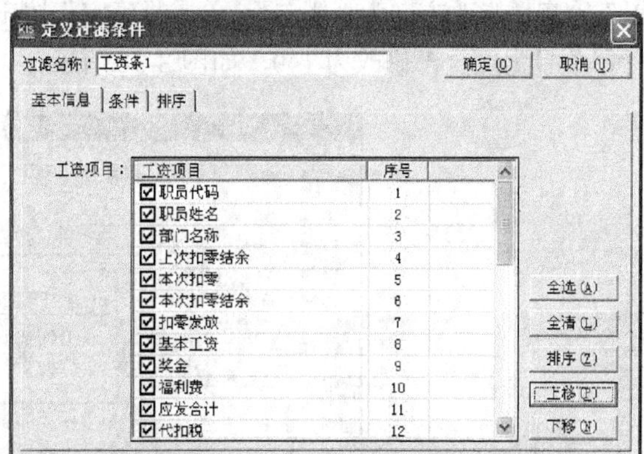

图 8-35

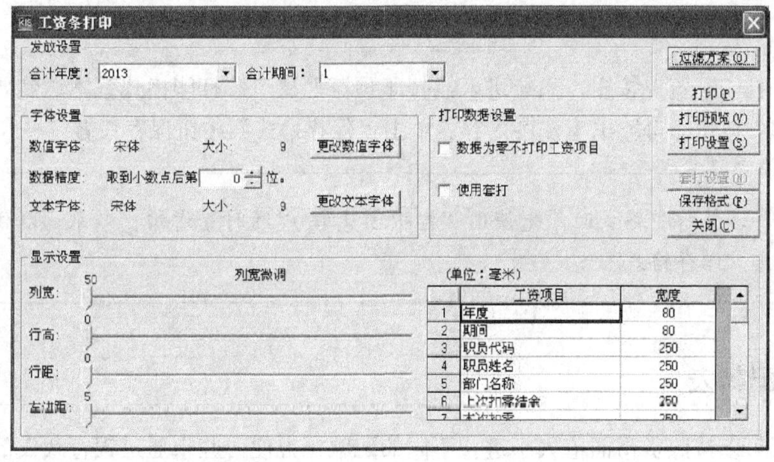

图 8-36

- **打印设置：**设置打印时的打印机、纸张大小和方向等内容。
- **使用套打、套打设置：**选中使用套打，则可以进行套打设置。
- **数据为零不打印工资项目：**选中该项，当项目数据为零时不打印，不选中则打印出来。

（5）单击“打印预览”按钮，系统进入“打印预览”窗口，如图 8-37 所示。

年度	期间	职员代码	职员姓名	部门名称	上次扣零结余	本次扣零	本次扣零结余
2013	1	01	陈静	总经办			

扣零发放	基本工资	奖金	福利费	应发合计	代扣税	其它扣款
	5,000	200	50	5,250	150	50

实发合计	扣零实发
5,050	5,200

图 8-37

通过预览发现打印格式不美观，更改方法有 3 种，第 1 种是纸张方向选择“横向”，第 2 种是选择尽量大的纸张，如 A3 纸张，第 3 种是修改列的宽度，在此采用第 1 种和第 3 种方法。

（6）单击“退出”按钮返回“工资条打印”窗口，单击“打印设置”按钮，系统弹出“打印设置”窗口，修改方向为“横向”，单击“确定”按钮返回“工资条打印”窗口，除年度、期间项目外，所有项目宽度全部修改为140，如图8-38所示。

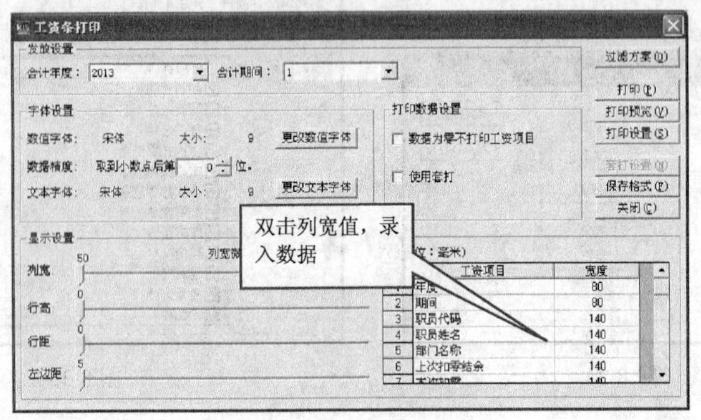

图 8-38

（7）单击“打印预览”按钮，系统进入“打印预览”窗口，打印格式基本达到要求后，单击工具栏上的“打印”按钮即可输出工资条内容。单击“保存格式”按钮保存设置。

调整打印格式时，先使用“打印预览”，以随时查看输出效果，以供参考调整，且注意“保存格式”。

8.4.2 工资配款表

工资配款表可以按照货币面值大小进行不同的配款，方便一些未通过银行代发的公司进行货币组织，提高工作效率。

在主界面窗口，单击【工资管理】→【工资配款表】，系统进入“配款设置”窗口，如图8-39所示。

浏览窗口是选择已经设置好的配款方案，编辑窗口是新增、修改配款方案。

在“编辑”窗口，单击“新增”按钮，窗口切换到编辑状态，录入代码“1”，选择币别“人民币”，名称和面值按图8-40所示录入。

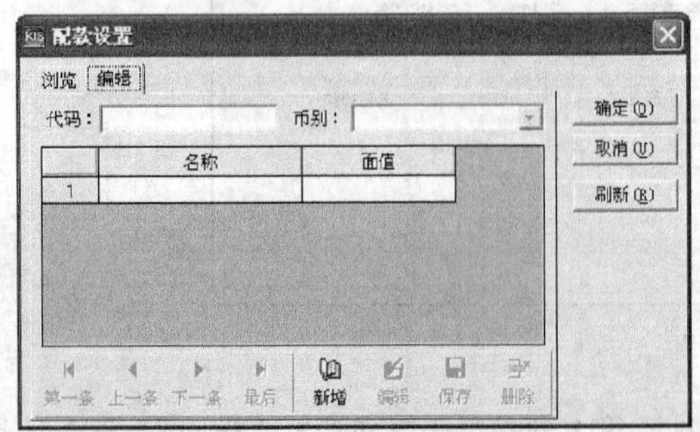

图 8-39

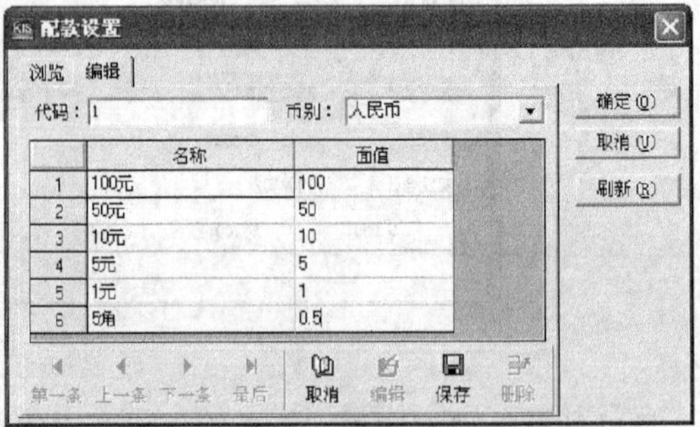

图 8-40

单击“保存”按钮保存配款方案，切换到“预览”窗口，选中“1”方案，单击“确定”按钮，进入“工资配款表”窗口，选择工资项目下的“扣零实发”选项，系统计算出“扣零实发”所需面值的数量，如图 8-41 所示。

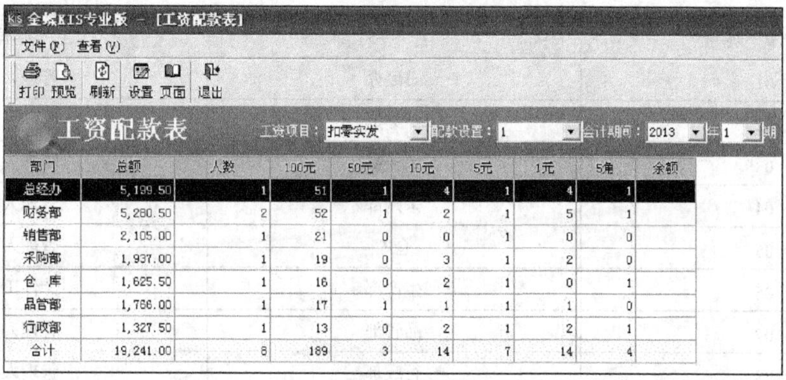

全蝶KIS专业版 － [工资配款表]

文件(F) 查看(V)

打印 预览 刷新 设置 页面 退出

工资配款表 工资项目：扣零实发 配款设置：1 会计期间：2013 年 1 期

部门	总额	人数	100元	50元	10元	5元	1元	5角	余额
总经办	5,199.50	1	51	1	4	1	4	1	
财务部	5,280.50	2	52	1	2	1	5	1	
销售部	2,105.00	1	21	0	0	1	0	0	
采购部	1,937.00	1	19	0	3	1	2	0	
仓　库	1,625.50	1	16	0	2	1	0	1	
品管部	1,766.00	1	17	1	1	1	1	0	
行政部	1,327.50	1	13	0	2	1	2	1	
合计	19,241.00	8	189	3	14	7	14	4	

图 8-41

在窗口上可以选择核算工资项目、配款方案和期间以查询配款。

工资发放表、工资汇总表和工资统计表等报表的使用方法与工资条报表类似，读者自行练习。

8.5 课后习题

（1）何时使用选择类别？

（2）部门导入数据时有几种数据源？

实验七 工资管理

【实验目的】

（1）掌握工资基本设置。

（2）掌握工资日常业务处理。

（3）掌握工资报表的查询。

【实验内容】

（1）建立工资类别。

（2）分别导入部门信息和职员信息。

（3）工资项目设置。

（4）工资公式设置。

（5）工资数据录入。

（6）个人所得税处理。

（7）工资报表查询。

【实验资料】

（1）工资类别：①管理人员；②计件工资。

（2）部门档案。

表1

代　码	名　称	工资类别
01	总经办	管理人员
02	财务部	管理人员
03	销售部	管理人员
04	采购部	管理人员
05	仓库	管理人员
06	生产部	计件工资
07	品管部	管理人员
08	行政部	管理人员

（3）职员档案。

表2

代　码	姓　名	部　门	工资类别
01	何小川	总经办	管理人员
02	贺君兰	财务部	管理人员
03	李丽	财务部	管理人员
04	王力保	销售部	管理人员
05	叶小英	采购部	管理人员
06	谭艳	仓　库	管理人员
07	唐友利	生产部	计件工资
08	王宝强	生产部	计件工资
09	袁有	生产部	计件工资
10	李丰富	生产部	计件工资
11	张先	品管部	管理人员
12	谢至星	行政部	管理人员

（4）管理人员类别下的公式。

表3

公式1	应发合计=基本工资+奖金+福利费
公式2	扣款合计=其他扣款+代扣税
公式3	实发合计=应发合计-扣款合计

（5）计件工资类别下的公式。

表4

公式1	应发合计=基本工资+奖金+福利费+计件工资
公式2	扣款合计=其他扣款+代扣税
公式3	实发合计=应发合计-扣款合计

（6）管理人员工资。

表5

职员代码	职员姓名	基本工资	奖　金	福　利　费	其他扣款
01	何小川	10 000	500	50	50.23
02	贺君兰	8 000	300	50	45.78
03	李丽	3 500	100	50	23.18
04	王力保	5 000	100	50	45
05	叶小英	3 200	100	50	58.30
06	谭艳	3 000	100	50	67
11	张先	2 800	100	50	23
12	谢至星	3 100	100	50	55

（7）计件工资数据。

表6

职员代码	职员姓名	基本工资	计件工资	福　利　费	其他扣款
07	唐友利	2 000	1 200	50	35
08	王宝强	1 800	880	50	35
09	袁有	1 500	960	50	35
10	李丰富	1 500	1 100	50	35

【实验步骤】

（1）以“李丽”登录“100 宇纵科技有限公司”账套，新增管理人员和计件工资类别。

（2）导入部门信息。

（3）导入职员档案。

（4）新增“计件工资”项目。

（5）新增管理人员类别下的公式。

（6）新增计件工资类别下的公式。

（7）录入管理人员工资。

（8）进行所得税设置，设置个税扣除基数 3 500。

（9）计算个税后，再返回工资录入中导入个税，再重新计算工资数据。

（10）录入计件工资数据。

（11）费用分配凭证处理。

（12）查询设置工资条格式。

第9章 出纳管理

学习重点

通过本章学习，了解现金日记账处理方法和现金对账，了解银行日记账处理方法，了解银行对账单录入，对账单如何与银行日记账进行对账处理，支票管理和各种出纳报表的查询。

9.1 系统概述

出纳管理系统主要处理企业中的日常出纳业务，包括现金业务、银行业务、票据管理及其相关报表等内容。会计人员在该系统中可以根据出纳录入的收付款信息生成凭证并将其传递到账务处理系统。出纳管理系统既可同账务处理系统连用，也可单独使用。

1. 系统数据关系图

出纳管理系统与其他系统的数据传输关系如图 9-1 所示。

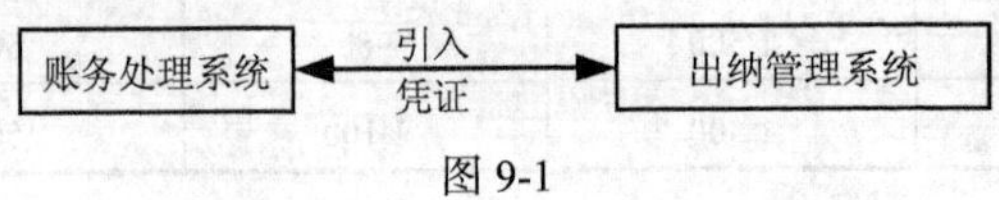

图 9-1

- **账务处理系统：**出纳管理系统从账务处理系统引入现金和存款日记账数据，在出纳管理系统可以根据录入的收付款数据生成凭证并传送到账务处理系统。

2. 应用流程

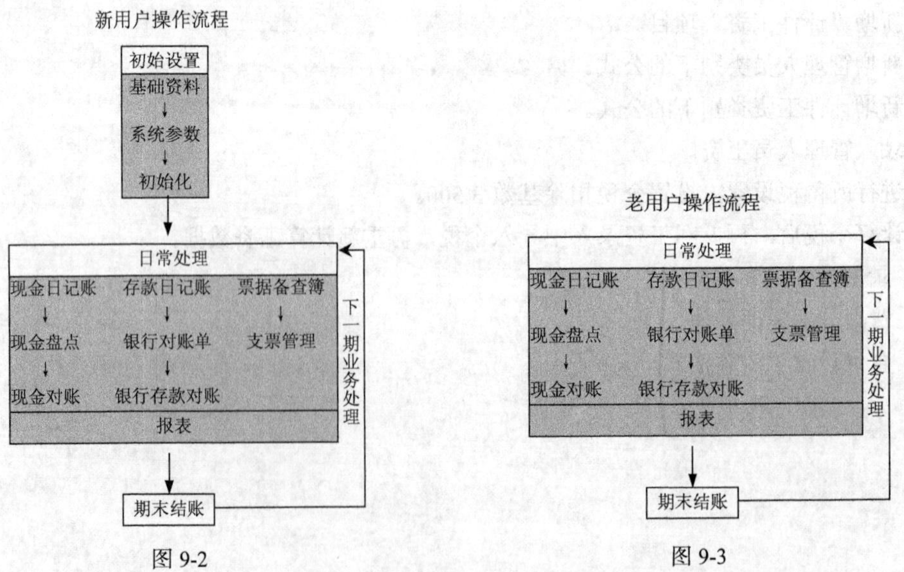

图 9-2

图 9-3

新用户的使用需从系统初始化开始；老用户使用时因已经完成系统初始设置，所以直接进行日常业务处理即可。新用户和老用户的操作流程分别如图 9-2 和图 9-3 所示。

9.2 日常处理

日常处理是初始设置完成后，日常的现金日记账和存款日记账数据录入等工作。

9.2.1 现金日记账

现金日记账处理现金日记账的新增、修改、删除和打印等操作。操作方法步骤如下。

以“何钰”身份登录账套，在主界面窗口，单击【出纳管理】→【现金日记账】，系统弹出“现金日记账”过滤窗口，如图 9-4 所示。

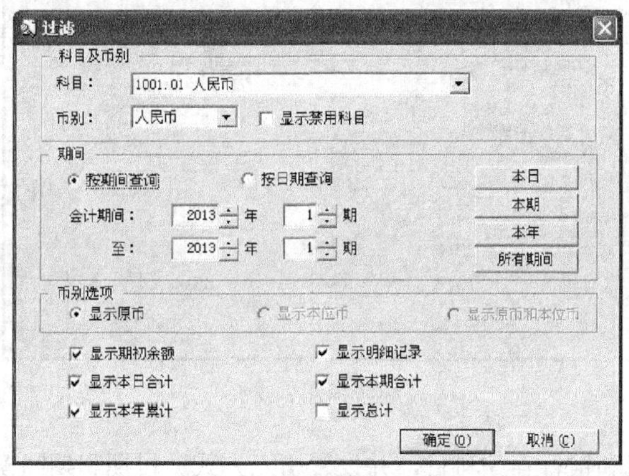

图 9-4

在窗口中可以选择要查询什么科目，查询该科目下什么币别日记账，以及要查询什么期间的日记账。

科目选择“1001.01 人民币”，币别选择“人民币”，其他保持默认值，单击“确定”按钮系统进入“现金日记账”窗口，如图 9-5 所示。

金蝶KIS专业版 － [现金日记账]

系统(S) 文件(F) 操作(E) 查看(V) 收藏(A) 窗口(W) 服务(V) 帮助(H)

打开 新增 修改 删除 引入 打印 预览 最前 向前 向后 最后 过滤 刷新 选项 按单 汇总 凭证 删凭证 关闭

现金日记账　　科目：1001.01 人民币　币别：

日期	当日序号	凭证字号	凭证期间	凭证审核	过账标志	摘要	对方科目	借方金额	贷方金额	余额	经手人
2013-1-1						上年结转				5,000.00	
2013-1-31						本期合计				5,000.00	
2013-1-31						本年累计				5,000.00	

图 9-5

若账套中有多个现金日记账科目，单击工具栏上的“最前、向前、向后、最后”按钮可查询不同科目下的现金日记账数据。

现金日记账新增方式有 2 种。第 1 种是单击工具栏上“引入”按钮，从账务处理系统引入现金日记账；第 2 种是单击工具栏上“新增”按钮，系统进入“现金日记账录入”窗口，手工录入日记账。

1. 引入现金日记账

引入日记账是从账务处理系统中引入现金日记账。下面练习从账务处理系统引入现金日记账，操作步骤如下。

（1）在“现金日记账”窗口，单击工具栏上“引入”按钮，系统弹出“引入日记账”窗口，如图 9-6 所示。

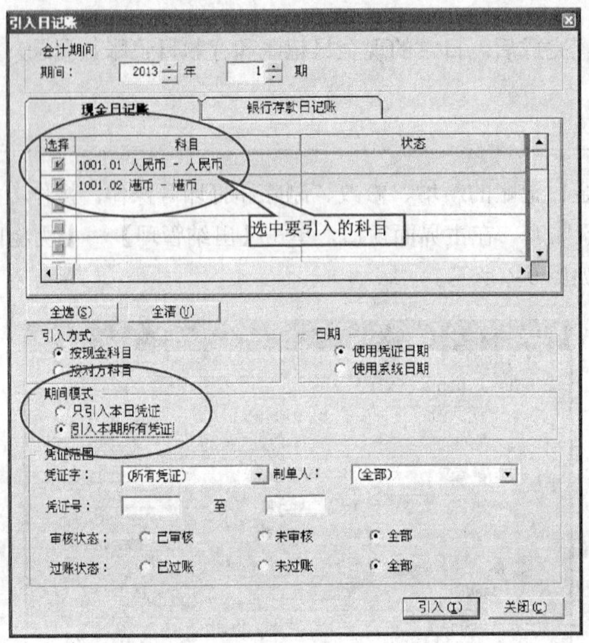

图 9-6

选中现金日记账科目和银行存款科目，并设置引入方式、日期和期间模式等条件。

（2）同时选中 1001.01 人民币和 1001.02 港币科目，选中“引入本期所有凭证”，单击“引入”按钮，稍后系统弹出提示“引入现金日记账完毕”，应注意科目名称后的“状态”栏。单击“关闭”按钮返回“现金日记账”窗口，引入成功的数据如图 9-7 所示。

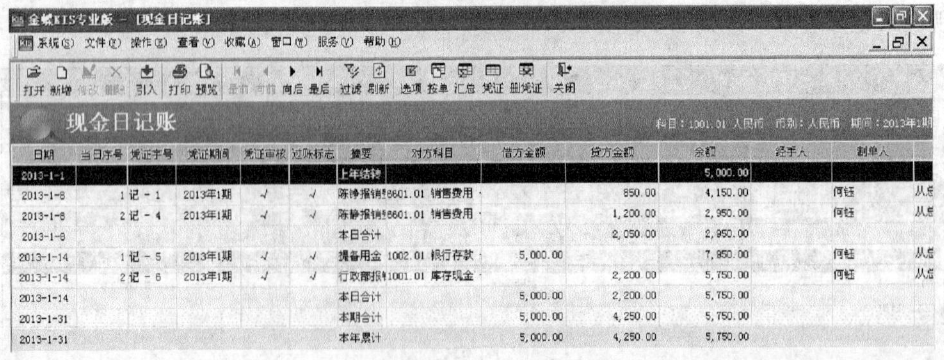

日期	当日序号	凭证字号	凭证期间	凭证审核	过账标志	摘要	对方科目	借方金额	贷方金额	余额	经手人	制单人
2013-1-1						上年结转				5,000.00		
2013-1-8	1	记 - 1	2013年1期	√	√	陈静报销	6601.01 销售费用		850.00	4,150.00	何钰	从
2013-1-8	2	记 - 4	2013年1期	√	√	陈静报销	6601.01 销售费用		1,200.00	2,950.00	何钰	从
2013-1-8						本日合计			2,050.00	2,950.00		
2013-1-14	1	记 - 5	2013年1期	√	√	提备用金	1002.01 银行存款	5,000.00		7,950.00	何钰	从
2013-1-14	2	记 - 6	2013年1期	√	√	行政部报	1001.01 库存现金		2,200.00	5,750.00	何钰	从
2013-1-14						本日合计		5,000.00	2,200.00	5,750.00		
2013-1-31						本期合计		5,000.00	4,250.00	5,750.00		
2013-1-31						本年累计		5,000.00	4,250.00	5,750.00		

图 9-7

要使用“引入”功能，必须要系统参数中选中“允许从总账引入日记账”功能。

2. 现金日记账录入

现金日记账除可以从账务处理系统引入外，还可以手工方式新增。

例：2013-1-22 陈铮报销差旅费人民币 456 元，并且生成凭证传递到账务处理系统。操作步骤如下。

（1）在“现金日记账”管理窗口，单击工具栏上“新增”按钮，系统进入“现金日记账录入”窗口，如图 9-8 所示。

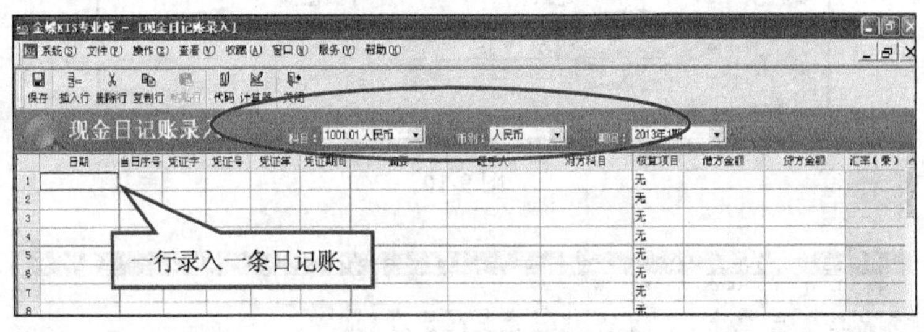

图 9-8

在窗口中选择科目、币别和期间后，双击表格中的日期栏修改日期，录入现金日记账的凭证字、凭证号和对方科目等内容。录入完成后单击工具栏上“保存”按钮保存录入数据。单击“关闭”按钮，退出录入窗口返回现金日记账管理窗口。

1. 若单独使用出纳管理系统，不用录入凭证字、凭证号及对方科目。

2. 以上录入窗口称做多行录入模式窗口。系统同时提供单张记录录入模式窗口，前提是在“现金日记账”管理窗口，去掉菜单【操作】→【多行输入】功能的勾选，再单击工具栏上的“新增”按钮，系统弹出单张模式“现全日记账-新增”窗口，如图 9-9 所示。

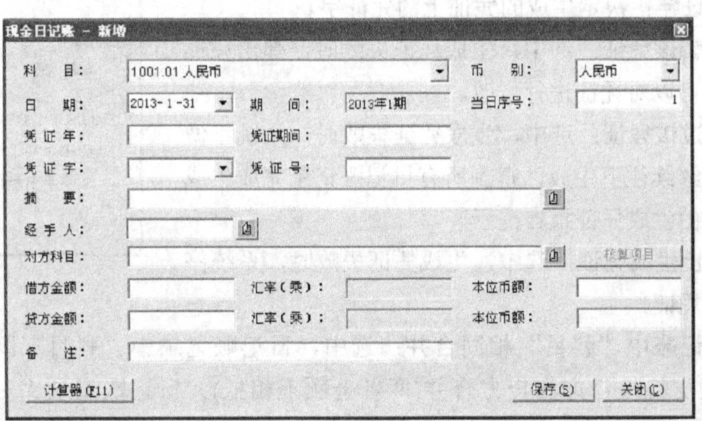

图 9-9

（2）在单张录入模式，科目选择“1001.01 人民币”，币别选择“人民币”，日期修改为“2013-1-22”，摘要录入“陈铮报销费用”，对方科目按 F7 获取“6601.01 差旅费”，贷方金额录入“456”，如图 9-10 所示。

（3）单击“保存”按钮保存当前现金日记账，单击“关闭”返回“现金日记账”管理窗口，可以看到刚才新增成功的日记账，如图 9-11 所示。

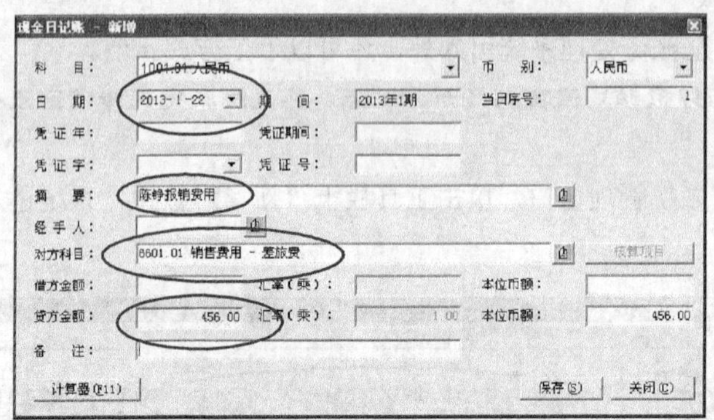

图 9-10

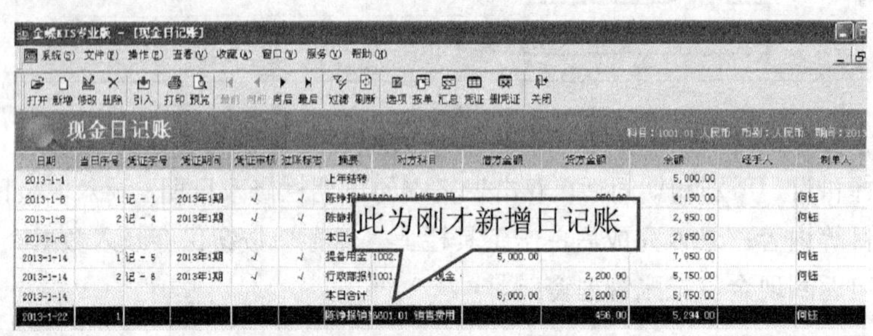

图 9-11

（4）将该日记账生成凭证。选中刚才新增成功的日记账记录，单击“按单”按钮，系统弹出提示，单击“确定”按钮进入“生成凭证选项”设置窗口，如图 9-12 所示。

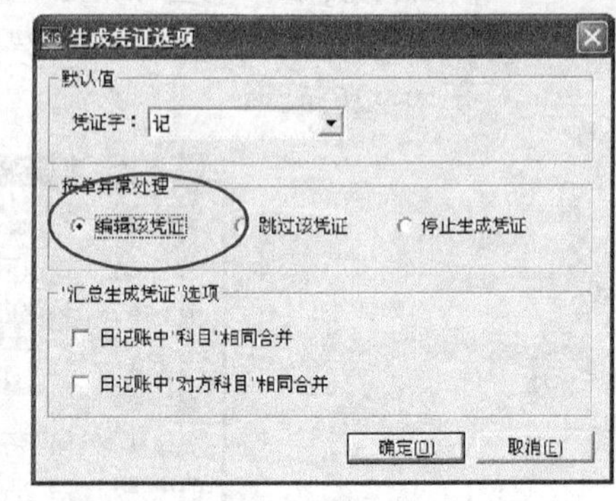

图 9-12

- **凭证字**：决定生成的凭证上的凭证字。
- **编辑该凭证**：选中，生成凭证失败时，弹出凭证录入界面，可以对凭证进行修改。
- **跳过该凭证**：选中，生成凭证失败时，系统不做任何提示，继续往下生成，直到所有日记账记录完成生成凭证过程再由生成凭证报告提示。
- **停止生成凭证**：选中，生成凭证失败时，系统停止继续生成凭证。
- **日记账中“科目”相同合并**：选中，日记账记录中“科目”既有借方也有贷方，则汇总生成凭证支持按借方和贷方合并(两者金额不相抵)。日记账记录“对方科目”即使相同也不合并。
- **日记账中“对方科目”相同合并**：选中，日记账记录“对方科目”相同合并。

（5）选中“编辑该凭证”，单击“确定”按钮开始生成凭证，稍后系统提示窗口，单击“确定”按钮结束生成凭证工作。

若生成凭证时，科目有错误，则系统会进入“凭证录入”窗口，然后手工修改正确即可。

若要查询生成的凭证。在“现金日记账”管理窗口选中要查看凭证的日记账，单击工具栏上“凭证”按钮，系统会进入“记账凭证”窗口，如图 9-13 所示。

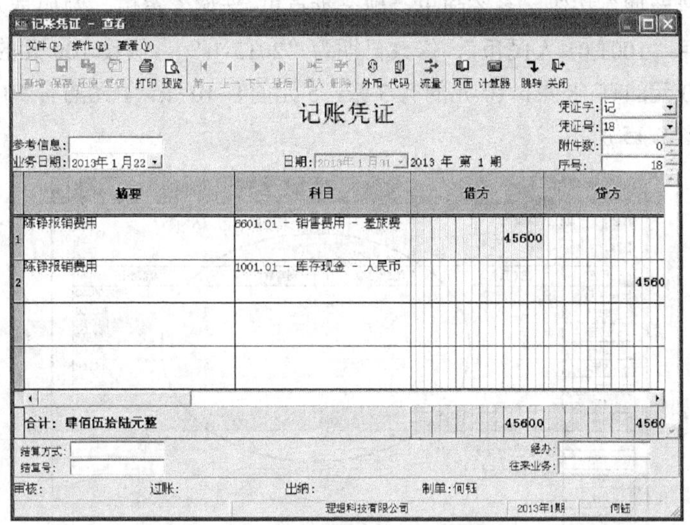

图 9-13

若要删除该凭证，则在“现金日记账”管理窗口，选中日记账记录后单击“删除”按钮即可。

若要修改某条现金日记账的内容，则在“现金日记账”管理窗口选中记录后单击工具栏上“修改”按钮，系统弹出“现金日记账-修改”窗口，修改完成后，单击“保存”按钮保存修改内容。

若要删除某条日记账，则在“现金日记账”管理窗口选中记录后，单击工具栏上“删除”按钮即可。若重新设置窗口项目，单击“打开”按钮，系统弹出“现金日记账”窗口，在窗口中重新设置所要显示的项目。

9.2.2 现金盘点单

现金盘点单显示出纳人员在每天业务完成以后对现金进行盘点的结果。

在主界面窗口，单击【出纳管理】→【现金盘点单】，系统进入“现金盘点单”窗口，如图9-14所示。

图 9-14

单击工具栏上“新增”按钮，系统弹出“现金盘点单–新增”窗口，例如录入 2013-1-8 的人民币盘点单。选择科目“1001.01 人民币”，修改日期为“2013-1-8”。假设 100 元的有 1 卡（20 张），50 元的有 10 张，20 元的有 18 张，10 元的有 3 张，5 元的有 10 张，1 元的有 10 张，在窗口中相应位置录入数据，如图 9-15 所示。

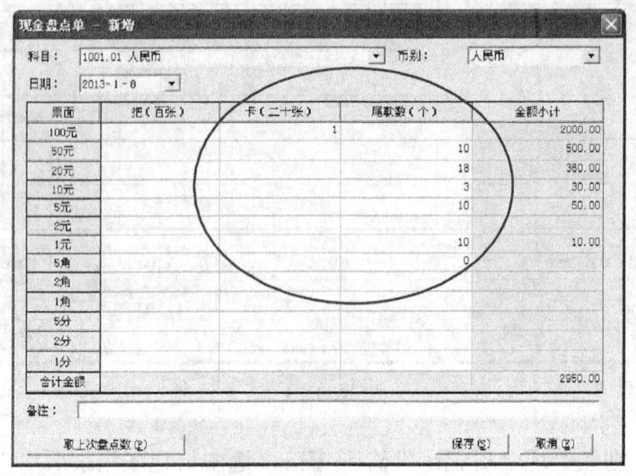

图 9-15

在录入数据时，一定要注意把、卡和尾款数的含义。

单击“保存”按钮保存录入数据，并返回“现金盘点单”窗口，系统将刚才新增的盘点记录显示在窗口上。当盘点单与实存金额有差异时，一定要查明原因，并修正相关数据，使用双方数据保持一致性。若要修改、删除某日的盘点单，选中窗口左侧的日期或科目中的记录后单击相应按钮即可。

9.2.3 现金对账

现金对账是指出纳管理系统自动将出纳账与账务处理系统中的日记账当期现金发生额和现金余额进行核对，并生成对账表。

在主界面窗口，单击【出纳管理】→【现金对账】，系统弹出“现金对账”过滤窗口，如图 9-16 所示。

在窗口上可以选择要对账的科目和期间范围。保持默认值，单击“确定”按钮进入“现金对账”窗口，如图 9-17 所示。

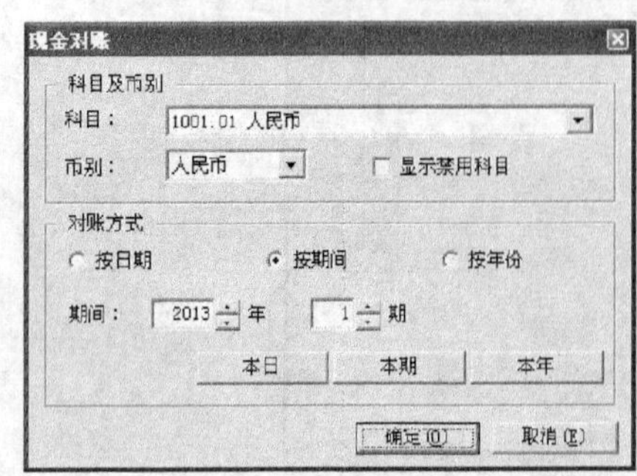

图 9-16

图 9-17

单击工具栏上“最前、向前、向后、最后”按钮，可以进行不同科目的对账。

“现金盘点”下的“实存金额”为0，是因系统没有录入当日的盘点单导致，如果录入盘点单，对账表上会显示实存金额。

9.2.4 银行存款日记账

银行存款日记账处理银行存款科目日记账的新增、修改、删除、打印等操作。

在主界面窗口，单击【出纳管理】→【银行存款日记账】，系统弹出“银行存款日记账”过滤窗口，在窗口中选择要查询的科目和期间范围等内容，设置完成后单击“确定”按钮，系统进入“银行存款日记账”窗口。

银行存款日记账新增方式有2种。第1种是单击工具栏上“引入”按钮，从账务处理系统引入银行存款日记账；第2种是单击工具栏上的“新增”按钮，系统进入“银行存款日记账录入”窗口，在窗口中录入银行存款日记账。

修改、删除银行存款日记账的方法是选中要进行修改和删除的记录，单击工具栏上的相应按钮即可。

例：以“引入”方法从账务处理系统引入所有银行存款日记账。

单击工具栏上“引入”按钮，系统弹出“引入日记账”窗口，切换到“银行存款日记账”窗口，选中所有科目，选择“引入本期所有凭证”，如图9-18所示。

单击“引入”按钮，稍后系统弹出引入成功提示，单击“关闭”按钮返回“银行存款日记账”窗口，引入成功的银行日记账如图9-19所示。

在“银行存款日记账”窗口也可以手工新增日记账，手工录入的日记账可以同步生成凭证传递到账务处理系统中，手工录入方法请参照“9.2.1 现金日记账”的相关内容。

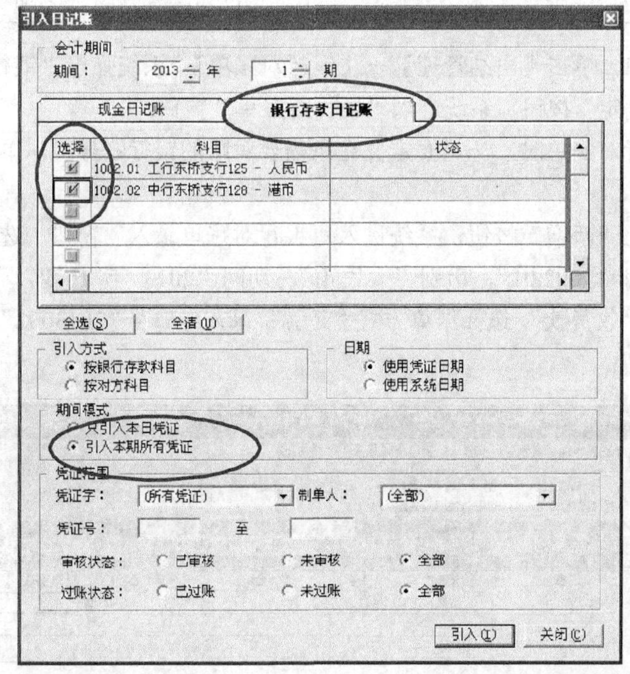

图9-18

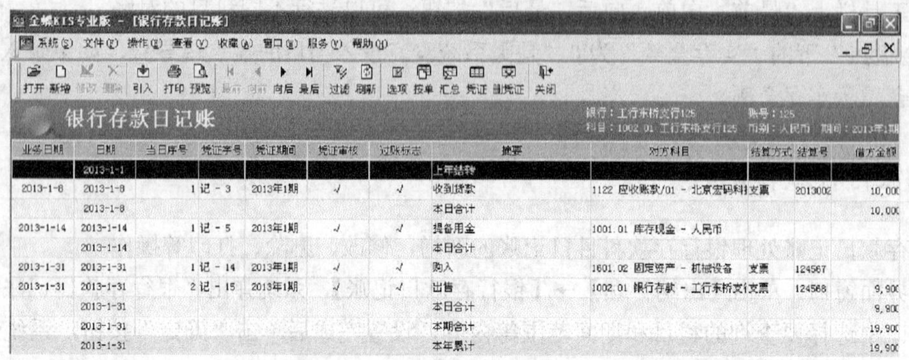

图 9-19

9.2.5 银行对账单

银行对账单是银行出具给企业的有关该企业银行账号在一定时间内的收支情况表，可与企业的银行存款日记账进行核对。银行对账单既可是打印文本，也可是数据文件。

出纳管理系统提供两种录入银行对账单方式，一种是根据银行对账单的打印文本手工录入，另一种是从银行取得对账单数据文件（要求必须转化成文本文件，即扩展名为 TXT 文件），直接引入对账单。在本账套中讲述第一种方式。下面以表 9-1 中数据为例，介绍银行对账单的处理方法。

表 9-1　　工行东桥支行 125 银行对账单

日　期	摘　要	结算方式	结　算　号	借方金额	贷方金额
2013-1-8	货款	支票	2013002	0	10 000
2013-1-14	备用金	支票	2013005	5 000	0
2013-1-31	购固定资产	支票	124567	58 000	

（1）在主界面窗口，单击【出纳管理】→【银行对账单】，系统弹出“银行对账单”过滤窗口，保持默认值，单击“确定”按钮，系统进入“银行对账单”窗口。

在处理和查询银行对账单时，一定要定位在所需要对账的银行账号上，单击最前、向前、向后和最后按钮切换。

（2）单击工具栏上“新增”按钮，系统进入“银行对账单录入”窗口，选择正确的科目、币别和期间。在此选择科目“1002.01”，币别“人民币”，期间“2013 年 1 期”。第一条记录日期录入“2013-1-8”，录入摘要“收货款”，选择结算方式“支票”，录入结算号“2013002”、贷方金额“10 000”，如图 9-20 所示。

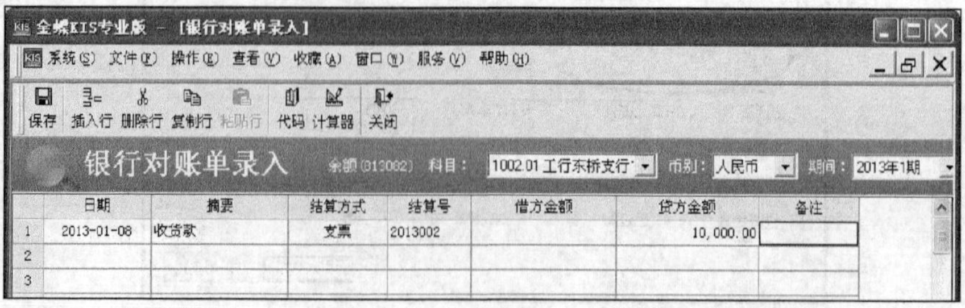

图 9-20

（3）单击“保存”按钮保存当前录入资料。

以上录入方式属“多行输入”，即在窗口中一次输入所有对账单记录后，再单击“保存”。

（4）单张录入对账单。单击“关闭”按钮返回“银行对账单”窗口，不要选中菜单【操作】→【多行输入】功能，单击“新增”按钮，系统弹出“银行对账单-新增”窗口，选择科目“1002.01”、币别“人民币”，修改日期为“2013-1-14”，录入摘要或获取“备用金”，选择结算方式“支票”，录入结算号“2013005”、借方金额“5 000”，如图 9-21 所示。单击“保存”按钮保存当前录入。剩余对账单由读者自行录入。

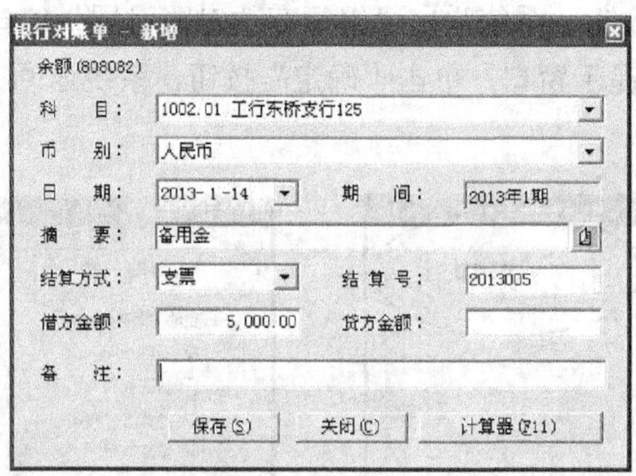

图 9-21

修改、删除对账单记录的方法是选中要操作的记录，单击相应按钮。

9.2.6 银行存款对账

银行存款对账是指银行对账单与银行存款日记账进行核对。

在主界面窗口，单击【出纳管理】→【银行存款对账】，系统弹出“银行存款对账”过滤窗口，在窗口中可以设置要对账的科目、期间范围和是否包含已勾对记录等选项。保持默认设置，单击“确定”按钮，系统进入“银行存款对账”窗口，如图 9-22 所示。窗口上部是“银行对账单”，窗口下部是“银行存款日记账”。

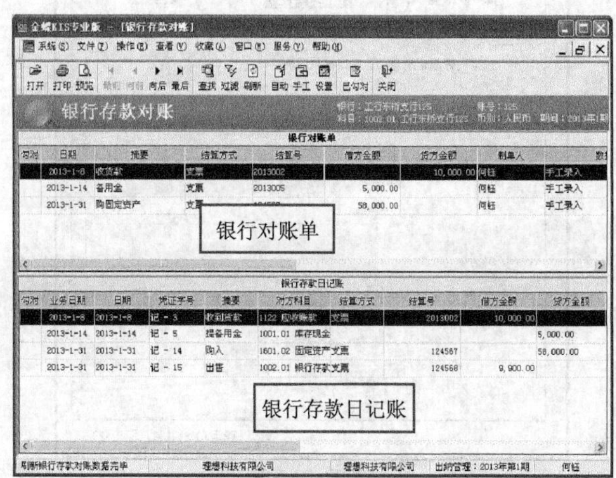

图 9-22

对账设置。单击工具栏上的“设置”按钮，系统弹出“银行存款对账设置”窗口，单击“表格设置”选项卡，在“表格设置”窗口中设置对账单和日记账的显示位置，如图 9-23 所示。

单击“自动对账设置”选项卡，窗口切换到“自动对账设置”窗口，如图 9-24 所示。在窗口中设置“自动对账条件”选中“日期相同”，表示对账时对账单中的日期与银行存款日记账的日期必须相同，否则不能自动对账；选中“结算方式及结算号都为空不允许对账”，则在对账时系统中的记录没有录入结算方式和结算号时不能对账。

单击“手工对账设置”选项卡，结果如图 9-25 所示。手工对账一般是处理不能自动对账的记录，手工对账设置可以设置记录的查找条件，以方便手工对账。

对账设置完成，单击“确定”按钮，返回“银行存款对账”窗口。

单击工具栏上“自动”按钮，系统弹出“银行存款对账设置”窗口，对账条件保持不变，单击“确定”按钮，稍后弹出信息提示窗口，单击“确定”按钮，系统返回“银行存款对账”窗口，系统同时将已经对上账的记录隐藏。

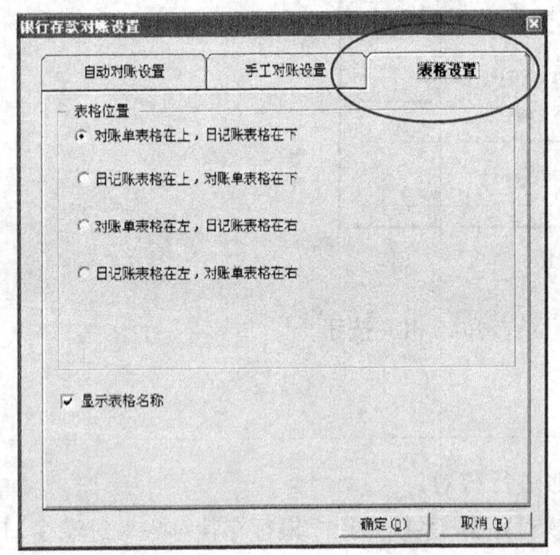

图 9-23

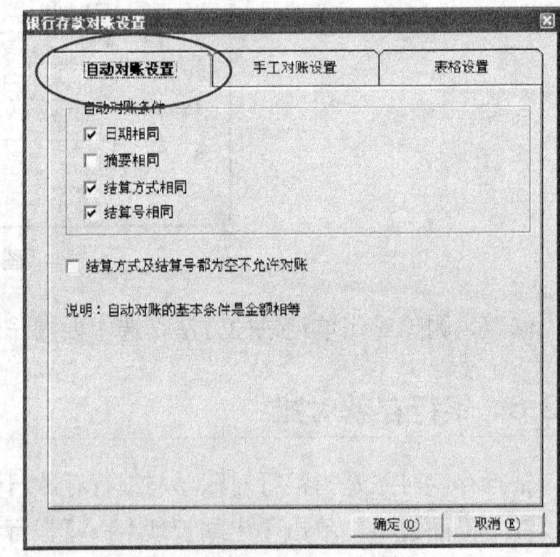

图 9-24

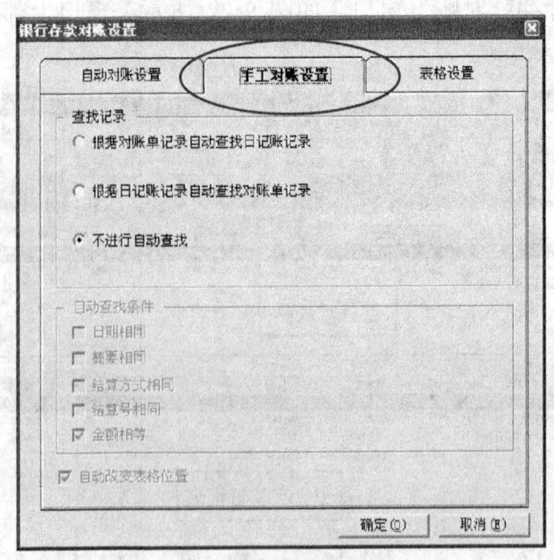

图 9-25

以手工对账方式勾对剩余数据。选中“银行对账单”中结算号为“备用金”和“银行存款日记账”中凭证号为“记-5”的记录，单击工具栏上的“手工”按钮，勾对成功后系统自动隐藏。

单击工具栏上的“已勾对”按钮，进入“已勾对记录列表”窗口，如图 9-26 所示。

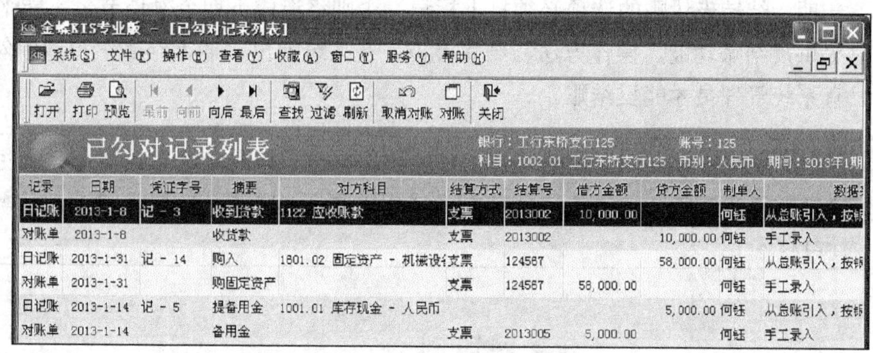

记录	日期	凭证字号	摘要	对方科目	结算方式	结算号	借方金额	贷方金额	制单人	数据
日记账	2013-1-8	记 - 3	收到货款	1122 应收账款	支票	2013002	10,000.00		何钰	从总账引入，按钥
对账单	2013-1-8		收货款		支票	2013002		10,000.00	何钰	手工录入
日记账	2013-1-31	记 - 14	购入	1801.02 固定资产 - 机械设i	支票	124587		58,000.00	何钰	从总账引入，按钥
对账单	2013-1-31		购固定资产		支票	124587	58,000.00		何钰	手工录入
日记账	2013-1-14	记 - 5	提备用金	1001.01 库存现金 - 人民币				5,000.00	何钰	从总账引入，按钥
对账单	2013-1-14		备用金		支票	2013005	5,000.00		何钰	手工录入

图 9-26

在“已勾对记录列表”中可以取消对账，向后、向前查看不同科目的勾对情况。单击“对账”按钮返回“银行存款对账”窗口，单击“最前、向前、向后、最后”按钮进行科目切换然后勾对。

9.2.7 银行存款与总账对账

银行存款与总账对账用于处理银行存款日记账与日记账（账务处理系统）当期银行存款发生额、余额进行核对，并生成对账表。

在主界面窗口，单击【出纳管理】→【银行存款与总账对账】，系统弹出“银行存款与总账对账”过滤窗口，在窗口中设置要对账的科目和期间范围等内容，设置完成后单击“确定”按钮，系统进入“银行存款与总账对账”窗口，如图 9-27 所示。

9.2.8 出纳结账

出纳结账的目的是总结当前会计期间资金的经营活动情况。系统结账后才能进入下一会计期间进行日常业务处理。

在主界面窗口，单击【出纳管理】→【出纳结账】，系统弹出“期末结账”窗口，如图 9-28 所示。

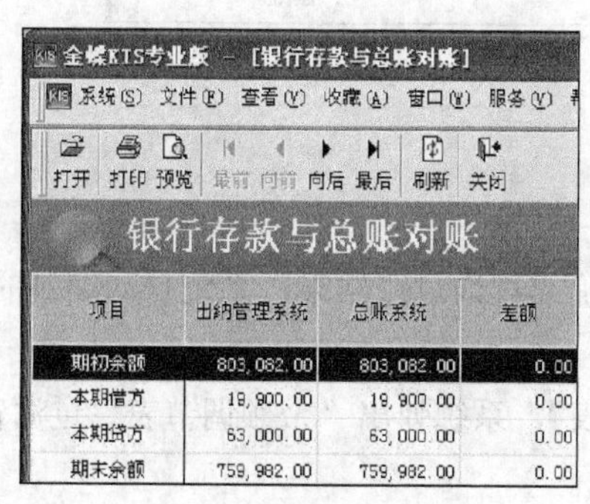

项目	出纳管理系统	总账系统	差额
期初余额	803,082.00	803,082.00	0.00
本期借方	19,900.00	19,900.00	0.00
本期贷方	63,000.00	63,000.00	0.00
期末余额	759,982.00	759,982.00	0.00

图 9-27

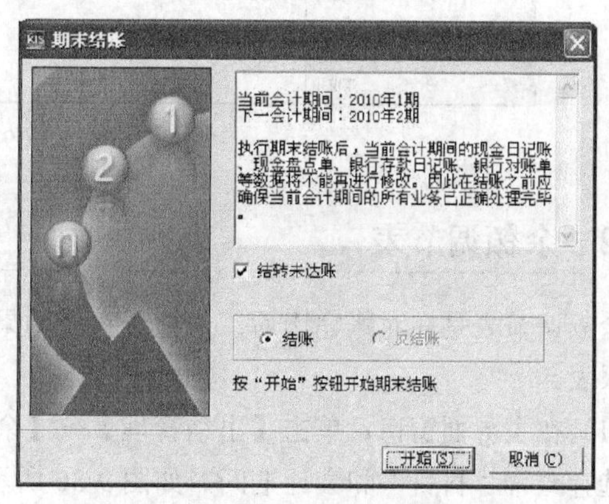

图 9-28

选中“结账”项，单击“开始”按钮，系统弹出提示对话框，单击“确定”按钮，稍后“期末结账”窗口显示结账成功。

“结转未达账”是将本期（包括以前期间转为本期）未勾对的银行存款日记账和未勾对的银行对账单结转到下一期。结转未达账的选项必须打上标记，否则将造成下期余额调节表不能平衡。

系统同时提供反结账功能，操作方法与结账类似，在系统弹出“期末结账”窗口中勾选“反结账”即可，只有系统管理员才能反结账。

进行反结账时，上期结转的银行存款日记账、银行对账单以及与这些记录进行勾对的银行存款日记账、银行对账单的勾对标志将被取消。结账返回上期后需要重新进行勾对。

9.3 报表

出纳报表包含现金日报表、银行存款日报表、余额调节表和到期预警表等报表。

9.3.1 现金日报表

现金日报表用于查询某日的现金借贷情况。

在主界面窗口，单击【出纳管理】→【现金日报表】，系统弹出“现金日报表”过滤窗口，修改日期为要查看的日期，例如修改为“2013-1-8”，单击“确定”按钮，系统进入“现金日报表”窗口，如图 9-29 所示。

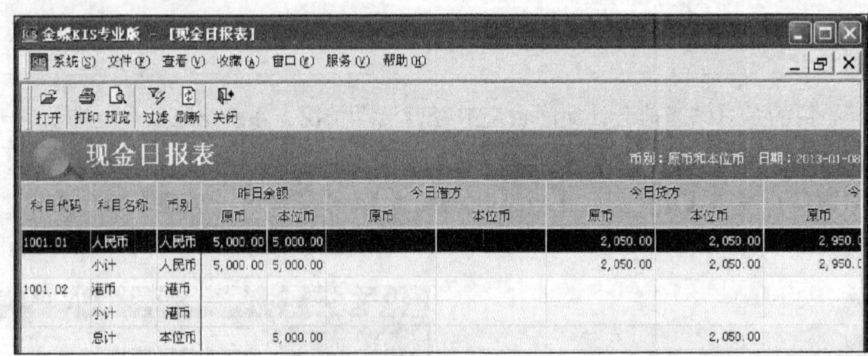

图 9-29

9.3.2 余额调节表

余额调节表是在对账完毕后，为检查对账结果是否正确或查询对账结果，系统自动编制的银行存款报表。

（1）在主界面窗口，单击【出纳管理】→【余额调节表】，系统弹出“余额调节表”过滤窗口，可以选择查询“科目”和会计期间，如图 9-30 所示。

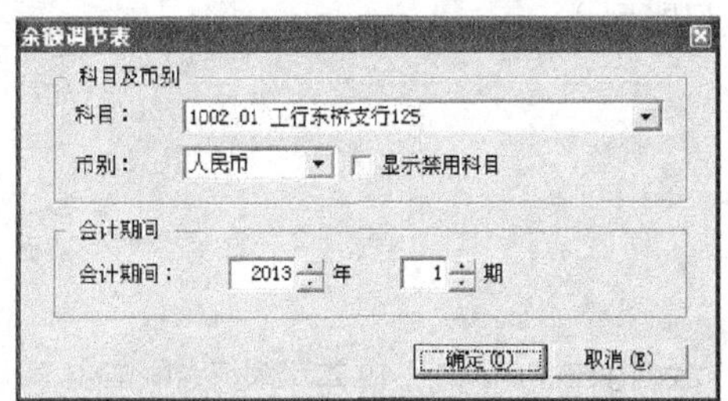

图 9-30

（2）保持默认查询条件，单击“确定”按钮，系统进入“余额调节表”窗口，如图 9-31 所示。

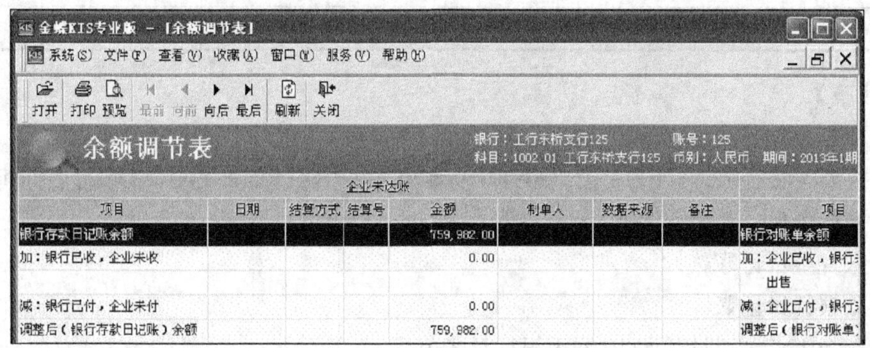

图 9-31

单击“最前”、“向前”、“向后”、“最后”按钮，切换不同科目。

银行对账日报表、银行存款日报表、长期未达账和资金头寸表查询方法同前面报表。

9.4 课后习题

（1）现金日记账新增方式有几种？

（2）现金日记账有几种录入格式？

（3）现金日记账在什么功能下处理生成凭证？

（4）银行对账单录入方式有哪几种？

实验八 现金管理

【实验目的】

（1）掌握现金管理系统功能。

（2）掌握现金日记账和银行日记账的处理方法。

【实验内容】

（1）初始化设置。

（2）现金日记账、银行日记账引入。

（3）银行对账单录入。

（4）银行存款对账。

（5）报表查询。

【实验资料】

表1　　2013年1月招行319本币银行对账单

日　期	摘　要	结算方式	结　算　号	借方金额	贷方金额
2013-1-8	提备用金	现金	201301001	12 000	0
2013-1-23	购买专利	支票	201301002	200 000	
2013-1-24	支付物料清洁费	支票	201301003	1 200	0

【实验步骤】

（1）以“李丽”登录“宇纵科技有限公司”账套，从账务处理引入初始数据。

（2）切换到“银行存款”下，完善“招行319本币”和“建行712美元”的银行名称和银行账号。

（3）平衡检查后，结束初始化。

（4）引入现金日记账。

（5）引入银行日记账。

（6）录入2013年1月招行319本币银行对账单。

（7）进行“银行存款对账”处理。

第10章 业务系统介绍

学习重点

通过本章学习，了解业务系统所包括模块，了解业务系统各模块间的数据传递关系，了解业务系统中单据的基本使用和各种报表的查询方法。

10.1 概述

业务系统在金蝶 KIS 专业版是指的销售管理、生产管理、采购管理、仓存管理、存货核算和应收应付共六大模块。业务系统适合于企业需要同步管理物料动态、即时了解销售订单情况、即时了解生产情况和即时核算材料成本等需求。业务系统即适合于“工业会计人员”使用，也同时适合于各业务部门自行使用，如销售部负责销售管理模块的应用，采购部门负责采购管理模块的应用。业务系统数据传递关系如图 10-1 所示。

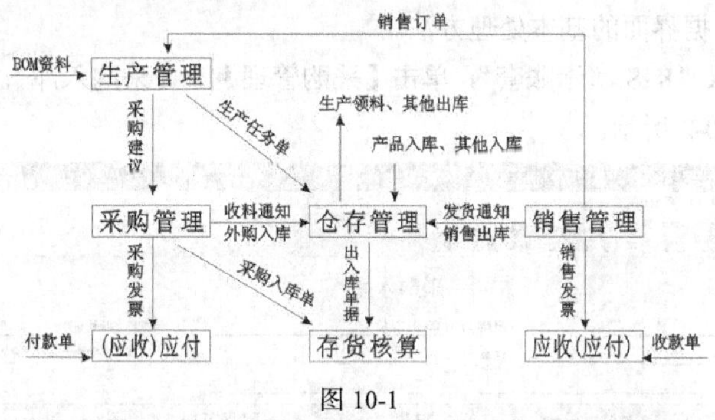

图 10-1

- **销售管理系统**：主要负责销售业务处理，流程包括销售报价、销售订单、销售出库和销售发票，销售出库单与仓存管理连接使用，形成数据共享，销售发票传递到“应收应付”中供“收款单”结算处理。可以随时查询销售订单执行情况等报表。
- **生产管理系统**：主要负责生产任务管理和 MRP 计算，在采购建议功能上系统可以根据已审核的“销售订单”和“生产任务单（可以认为是预测单）”，展开 MRP 计算，计算出“采购建议”，以供计划部门使用。生产任务单可以根据 BOM 档案自动展开所需材料和数量。可以随时查询生产任务单完工等报表。
- **采购管理系统**：主要负责材料采购业务，接收生产管理系统传递的“采购建议”，也可手工录入采购订单，根据订单生成采购入库单，由采购入库单生成采购发票以达到正确核算材料成本的目的，采购发票传递到“应收应付”模块以供“付款单”结算处理。可以随时查询采购订单完成情况等报表。
- **仓存管理系统**：主要负责企业物料管理业务，从采购管理接收“采购入库单”，从销售管理接收“销售出库单”，从生产管理系统接收“生成领料”，其他物料业务在仓存管理系统中处理，如盘点业务，盘亏盘盈处理等。可以随时查询即时库存情况、库存台账、收发存汇总等报表。

- **存货核算系统**：主要负责物料成本核算工作，接收从仓存管理系统传递的各种出入库单据，先核算入库成本，最后核算出库成本，从而即时了解企业“库存资金”是否合理。可以随时查询采购成本、销售成本和生产成本等报表。各种出入库单据可以生成凭证传递账务处理系统，以供财务人员进行账务核算。
- **应收应付系统**：主要负责企业收款和付款业务，与采购发票和销售发票即时核销，随时查询往来对账单，即可了解应收账款情况和应付账款情况。业务单据生成凭证传递账务处理系统，以供财务人员进行账务核算。

本书将结合财务人员的实际工作，只讲述采购、销售、仓存、应收应付和存货核算系统的原理和应用。

10.2 业务系统通用操作介绍

10.2.1 单据界面通用介绍

在业务系统中，各模块下的单据上项目有所不同，但是基本处理方法类似，具有通用性，所以在本节简单介绍业务单据界面的基本处理方法。

以“manager”登录“KIS 演示账套”，单击【采购管理】→【采购入库】，系统进入“采购入库”单据处理界面，如图 10-2 所示。

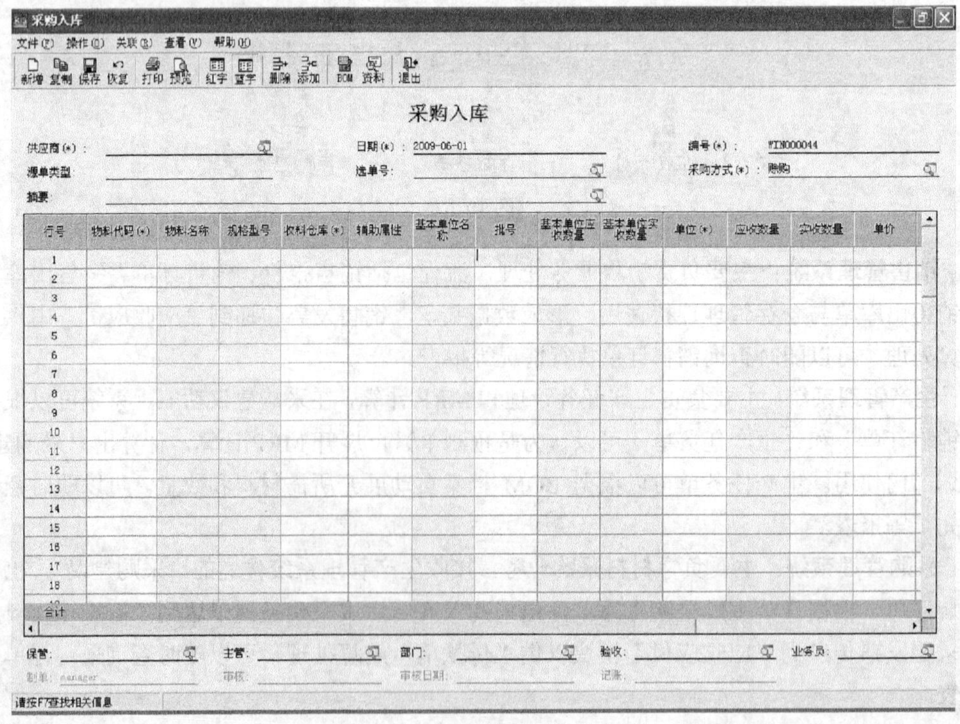

图 10-2

单据快捷应用：

1. “(查询)”按钮，当该项目可以由“基础资料”档案选择而得时，可以单击该项目右侧的查询按钮获取，如供应商、客户、仓库、部门和职员等项目。

2. “资料”按钮，当该项目可以由“基础资料”档案选择而得时，可以单击工具栏上“资料”按钮获取，如供应商、客户、仓库、部门和职员等项目。

1. 单据日期

新增单据时系统自动显示当前系统日期，用户可对日期进行修改，也可单击下拉按钮，系统弹出日历表供选择，如图 10-3 所示。但不可以输入已结账期间的日期。

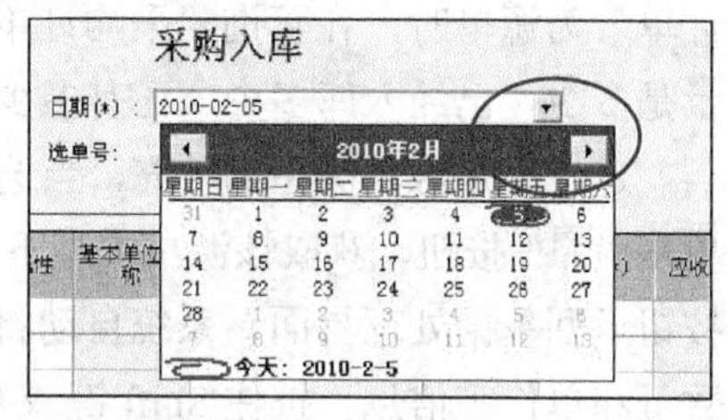

图 10-3

2. 单据编号

每张单据都有唯一编号，系统默认自动递增方式，系统按照在【基础设置】→【单据设置】中的编码规则自动生成每张单据的编号，如图 10-4 所示，当选中“允许手工录入”选项，单据编号可以手工修改。

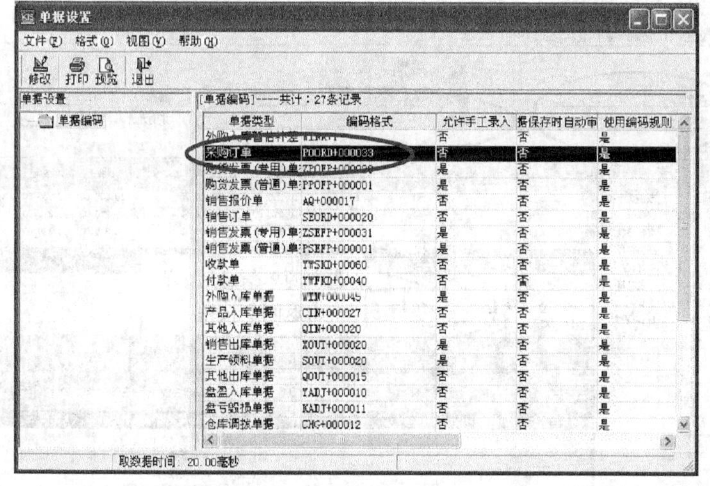

图 10-4

3. 供应商或客户

在采购类单据中为“供应商”，在销售类单据中为“客户”，属必须录入项目，可以按 F7 功能键，或单击栏目右侧的“”按钮，或单击工具栏上“资料”按钮，打开供应商档案或客户档案，选中单据涉及信息后，双击即可获取成功。

4. 仓库

在出入库单据中，“仓库”选项都是必录项，仓库就类似于银行账号，所有的存款（收料）和取钱（发料）业务都记录在正确的银行账号（仓库）上，从而保证库存台账和流水账等账簿报表的正确性。为更好地区分仓库代表的业务类型，单据录入界面中仓库可能会冠以业务说明，比如发货仓库、收料仓库、调出仓库、调入仓库、组装件仓库、子件仓库等。单击栏目右侧的“”按钮，或按 F7 功能键，打开仓库列表，双击获取所需要的仓库档案。

5. 源单类型和选单号

源单类型在此是指可以与当前单据建立关联的单据，可以成为该单据来源可查的单据。如采购入库，理论上讲做为“仓管”人员不能无缘无故的收货，必须要看到采购员所下达的“采购订单”或“采购发票”，或者其他采购合同文件才能进行收货处理，在此我们把采购订单和采购发票称之为是采购入库单的源单。

每种单据，系统已经预设好相应的源单类型，单击下拉列表选择即可。无源单类型选择的单据，表示只能手工录入。

在单据处理时，即可以达到关联目的，又可以提高业务处理速度。如采购入库单当选择“采购订单”为源单时，在查询“采购订单执行情况明细表”时，可以一目了然地查询到该采购订单的数量是多少，已经入库多少，还有多少未入库等情况。

选单号是源单类型的补充，当选择所需的“源单类型”后，在“选单号”项按 F7 功能键，或者单击“🔍”按钮，获取该源单类型下未完成任务的单据。选中要获取的单据号，双击或单击“返回”按钮返回单据处理界面，系统自动将源单中的信息引入单据中，如物料代码、名称、未完成任务的数量和单价等信息。按住 Shift 键或 Ctrl 键可以连续选中或间接选中要获取的单据。

源单类型和选单号处理窗口，如图 10-5 所示。

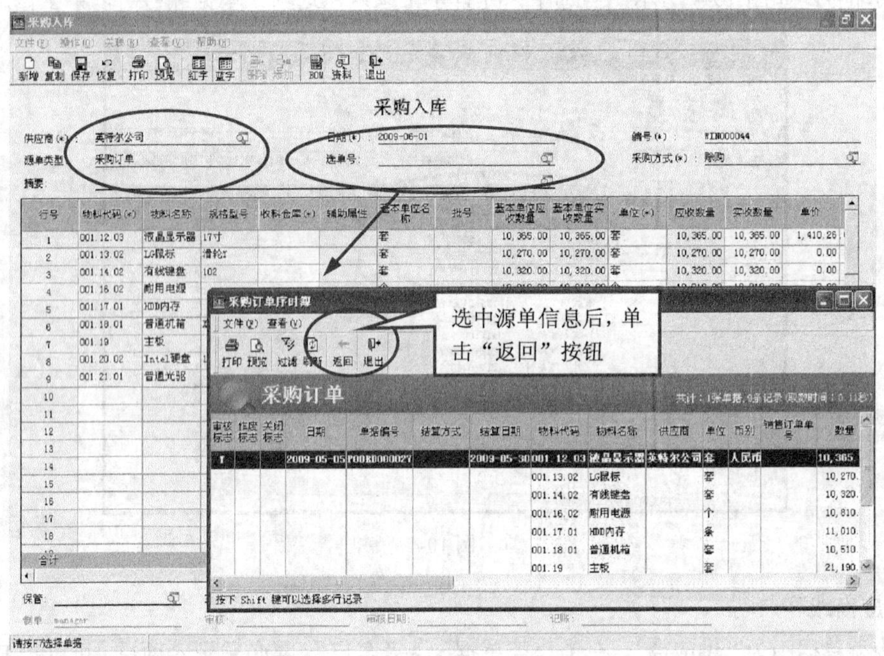

图 10-5

源单并非必选项。例：业务系统从 2010 年 1 月启用，但是现在要收一批 2009 年所采购的材料，由于系统中无该源采购订单可关联，所以只能手工录入采购入库单。

6. 选择物料

在所有业务单据中，均需要输入物料，可以选择输入物料代码或物料名称，系统会根据已输入的部分物料代码或者物料名称进行过滤筛选，并以浮动窗口形式显示，方便用户随时查找和选择，这种形式叫做模糊查找，如图 10-6 所示。

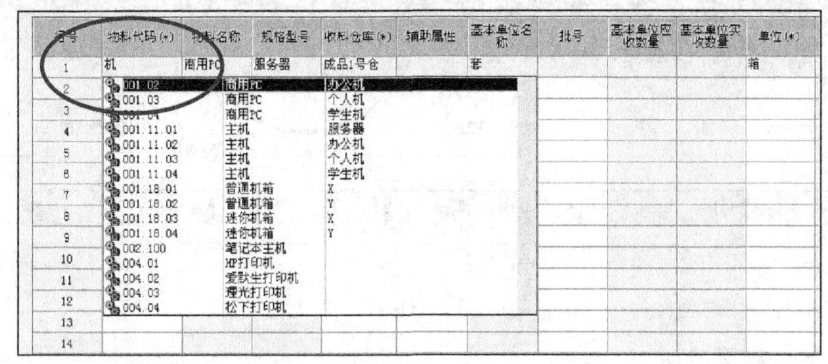

图 10-6

同时可以通过 F7 功能键获取物料档案。当录入物料代码成功后，物料名称、规格型号和计量单位也同时带出。

7. 基本单位名称、基本单位数量、单位和数量之间的关系

这四项内容的关系要从物料的基本资料介绍开始，如图 10-7 所示。

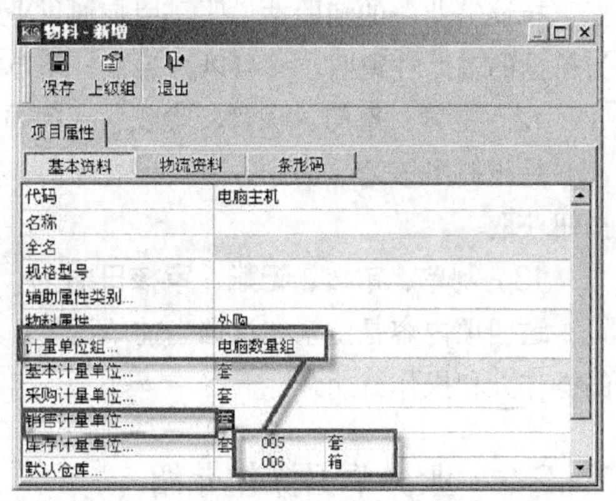

图 10-7

选择物料所属的计量单位组后，同时确定此物料的基本计量单位以及采购、销售、仓库的计量单位，在所有涉及物料的单据体中，系统会根据设置确定以哪种计量单位作为数量输入单位。例：采购系统的计量单位不是基本计量单位，在采购系统中的单据里输入数量时，系统会根据输入的数量换算成基本单位数量，并反映在基本单位数量列中。

所有单据的单据体中，都包含这四项内容，其中，单位和数量是可以编辑和输入的，单位默认状态下显示物料的所属系统单位，但可以在录单界面随时修改此单位，数量在输入后，会自动根据单位和基本单位换算出基本单位数量，也就是说，基本单位名称和基本单位数量这两项内容不能够编辑和修改，内容是根据单位和数量，以及计量单位组的换算关系而计算得出的。一旦发生业务，物料的基本计量单位不能修改，但物料的采购、销售、仓库的计量单位可随时修改。

8. 币别、汇率

币别是指订单结算时币别。系统默认为本位币，用户可以用 F7 功能键修改。采购订单和发票可以处理外币核算。销售订单、发票和报价单均可以处理外币核算业务。

汇率即为当前币别的汇率，取自币别基础资料信息，用户可以根据实际情况改为业务发生日汇率。

9. 蓝字、红字

蓝字单据数量为正，红字单据数量为负，它们可以用作互相抵消冲减，也可用来表达账面上的正负关系。主要针对发票类单据和材料出入库类单据，当单击工具栏上“红字”按钮，当前单据处于红字单据处理模式，并且在单据表头显示“红字”字样，如图 10-8 所示。

需要切换回蓝字单据则单击工具栏上“蓝字”按钮即可。

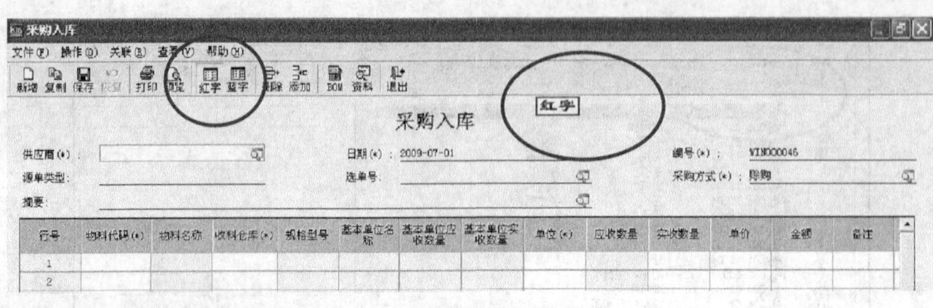

图 10-8

10. 结算方式、结算日期

结算方式是指订单结算采用何种处理方式，订单的结算方式可以在被发票引用后直接填入，保持信息的连续跟进，可以用 F7 功能键获取。

结算日期是指该笔业务结算时的日期，用户手工录入。

11. 摘要、备注、地址、开户行等

指该笔业务的辅助性说明，用户通过业务摘要库维护摘要，备注、地址、开户行等信息都是作为单据的辅助性说明，并可以直接在打印单据时选择这些信息。

12. 主管、部门、保管、验收、业务员

是指提出该笔单据业务涉及到的部门、主管、职员信息。用户可以使用 F7 功能键或单击“资料”按钮获取。

13. 制单、审核、记账、审核日期

这四项内容是由系统根据当前单据的编制人、审核人、记账人和日期自动填入，作为记录单据的操作人和操作日期。

10.2.2 业务单据操作介绍

1. 必录项提示

为保证单据的完整性和核算性，单据中某些项目预设为必须录入项目，当保存单据时未录入该项目，系统会弹出相应提示窗口提示录入。必录项目在名称后面都带有“*”符号。

2. 单据保存后新增

在单据保存时，系统默认停留在当前编制的单据界面，只有单击工具栏上的“新增”按钮，系统才进入下一张新单据。为提高单据录入效率，可以在单据制作保存后，系统立刻进入下一张单据的录入窗口，这适用于连续录单。该控制位于菜单【查看】→【选项】→【保存后立即新增】下，选中该选项即可为控制，反之不控制立即新增。

3. 单据可查看的信息数据

在单据录入过程中，可能需要参考很多库存信息和价格信息，用户可以通过“查看”菜单查询当前物料的库存信息，查询历史价格信息和价格信息等。

4. 审核与反审核

审核是为再次检查单据内容的正确性。在已保存单据界面，单击工具栏上“审核”即可，也可以选择菜单【操作】→【审核】，审核快捷键 F4。

在“业务基础参数”窗口中，若选中“审核和制单可为同一人”，则操作员本人可以审核自己的单据，未选中，审核人和制单人不能为同一人。

已审核后的单据不能修改和删除，若发现审核后的单据有错误时，必须“反审核”后才能修改单据。反审核位于菜单【操作】→【反审核】下。反审核快捷键 Shift+F4。

5. 删除

删除是在账套中清除当前单据。要删除的单据只能是未审核单据。删除功能位于“单据序时簿”窗口中，选中要删除的单号，单击菜单【操作】→【删除】，或者单击工具栏上“删除”按钮。删除单据后，系统会将删除单号空置。

6. 作废和反作废

为保证单据编号的连续性，不需要因“删除”操作造成单据编码断号情况，金蝶 KIS 专业版提供单据的作废和反作废功能。单据保存未审核状态下，单据可以执行“作废”操作，单据作废后不参与报表的统计汇总。处理方法是：单击菜单【操作】→【作废】系统会作废该张单据，并给予相应提示信息；对已作废的单据选择【操作】→【反作废】，系统会自动反作废该单据，并给予相应提示。需要说明的是，作废单据可以让此单据在当月期间报表汇总时不包括作废单据，同时结账时不检查作废单据是否审核。如果对已结账期间的作废单据进行反作废操作，需要首先更改单据日期，然后才可以审核和加以使用。

7. 复制单据及批量复制

用户日常工作中，录入单据的工作量很大，系统提供复制单据和批量复制单据的功能，可以最大程度地减少录入单据的工作量。

复制单据操作方法：单据编辑界面和单据序时簿查询界面有两个复制单据的功能，在编辑界面的复制是一对一的复制，且复制后还要录入和确认其他无法复制的信息；在序时簿查询界面是多对多的复制，复制后的单据即是一张已完整保存的单据，这就是在编辑订单时复制和序时簿里的批量复制的区别。下面说以下复制的具体规则：

- 在单据序时簿上只提供整单复制的功能；
- 单据复制时单据号自动顺序递增，即不能复制原单的单据号；
- 复制单据日期自动默认为当前系统日期；交货日期默认为当前系统日期；
- 复制时默认为被复制的单据的必录项齐全，不进行必录项的检查；
- 所有的单据，无论被复制单据的状态如何，都可以进行单据复制，且复制后的单据都处于可编辑的状态，且审核人、记账人等字段应置为空值，源单据为作废状态的复制后的单据为正常单据；
- 复制相当于手工新增，如果被复制单据是关联生成的，则不复制该单据的源单据号码；
- 在初始化设置中，不提供复制功能；
- 一旦出现保存时条件不能满足，不能保存时（例如不允许负库存，却出现了负库存），系统中断目前单据的处理，并由用户选择是否继续进行其他单据的复制处理。

8. 单据打印

单据打印是资料的另一种备份形式，同时在实际业务中也会经常使用到。金蝶 KIS 专业版提供两种打印方式，普通打印和套打打印。

（1）普通打印

使用普通打印时，当前单据项目是否打印得要在【系统工具】→【辅助工具】→【单据自定义】功能下进行设置是否打印。

例：进入任意一张“采购入库单”界面，不选中菜单【文件】→【使用套打】，单击“预览”按钮，进入“打印预览”窗口，当前即为普通打印格式，如图 10-9 所示。

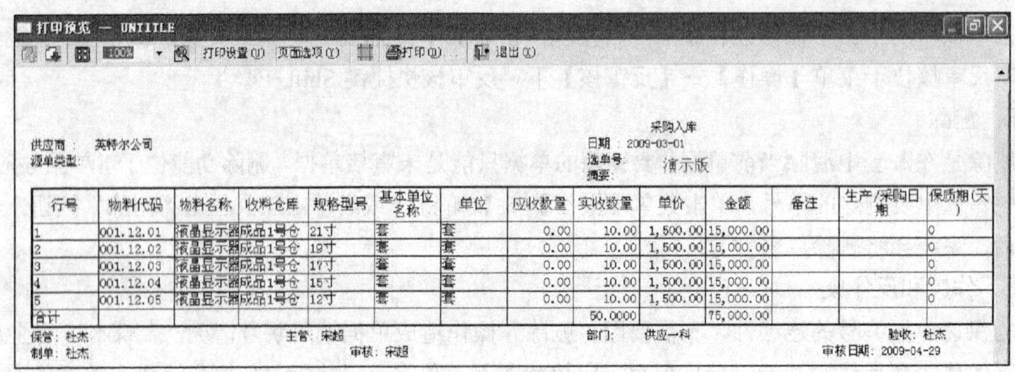

采购入库

供应商：英特尔公司　　日期：2009-03-01
源单类型：　　选单号：　　演示版
摘要：

行号	物料代码	物料名称	收料仓库	规格型号	基本单位名称	单位	应收数量	实收数量	单价	金额	备注	生产/采购日期	保质期(天)
1	001.12.01	液晶显示器	成品1号仓	21寸	套	套	0.00	10.00	1,500.00	15,000.00			0
2	001.12.02	液晶显示器	成品1号仓	19寸	套	套	0.00	10.00	1,500.00	15,000.00			0
3	001.12.03	液晶显示器	成品1号仓	17寸	套	套	0.00	10.00	1,500.00	15,000.00			0
4	001.12.04	液晶显示器	成品1号仓	15寸	套	套	0.00	10.00	1,500.00	15,000.00			0
5	001.12.05	液晶显示器	成品1号仓	12寸	套	套	0.00	10.00	1,500.00	15,000.00			0
合计								50.0000		75,000.00			

保管：杜杰　　主管：宋超　　部门：供应一科　　验收：杜杰
制单：杜杰　　审核：宋超　　审核日期：2009-04-29

图 10-9

（2）套打打印

套打打印是预先在【系统工具】→【套打工具】→【业务套打】设置好“套打文件”，然后在单据界面选中菜单【文件】→【使用套打】，则打印输出时系统按照设置的套打格式输出当前单据。使用套打的优点是格式统一化，界面美观化。

例：进入任意一张“采购入库单”界面，选中菜单【文件】→【使用套打】，再单击菜单【文件】→【套打设置】，系统弹出“套打设置”窗口，如图 10-10 所示。

第一次使用要注册“套打文件”。切换到“注册套打单据”窗口，单击“自动搜索”按钮，系统弹出“请选择套打单据存放路径”，双击打开 KIS 专业版安装目录下的“Advance”文件夹，如图 10-11 所示。

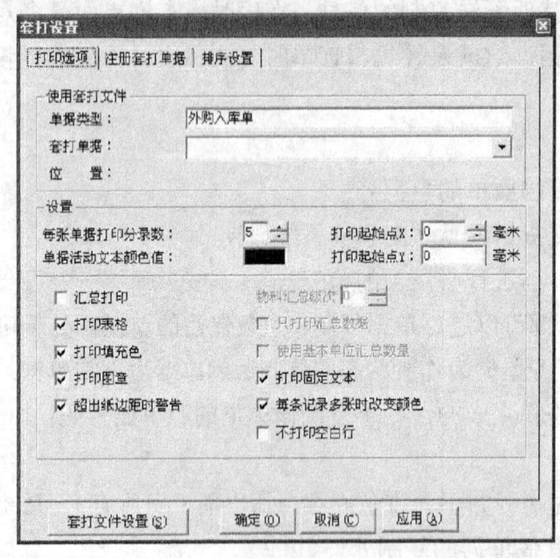

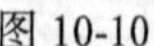
图 10-10

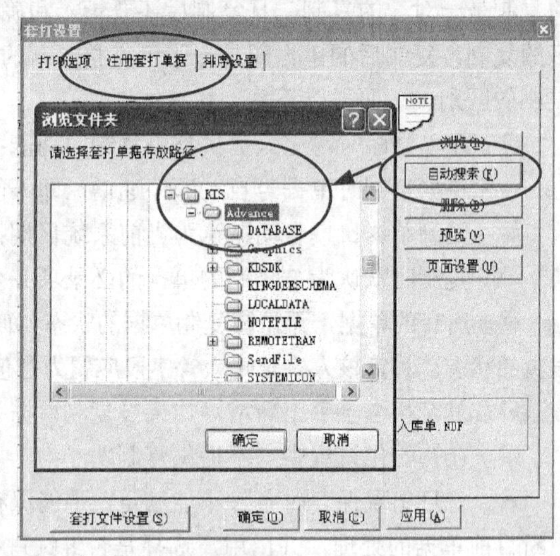

图 10-11

单击“确定”按钮，系统搜索后会将所有找到的套打显示在窗口中，如图 10-12 所示。

切换到“打印选项”窗口，单击“套打单据”下拉按钮，系统会把对应的单据显示，选中“KIS外购入库单”，取消选中“超出纸边距时警告”，如图 10-13 所示。

- 单据类型：当前的单据类型名称。
- 套打单据：选择要使用哪一种套打。因同一种单据类型可有多种套打单据格式选择。
- 每张单据打印分录数：设置打印时每张单据体要打印的行数。例：现设置为“5”行，当单据中 6 行记录时，则分 2 页打印，第 2 页的其他四行以空白表格打印。

- 单据活动文本颜色值：设置活动文本的颜色。
- 打印起始点、打印终止点：设置打印的起始点和终止点。
- 打印表格：选中，需要将表格打印，不选中，不打印表格。
- 打印图章：选中，需要打印图章，不选中，不打印。
- 打印填充色：选中，需要打印填充色，不选中，不打印。
- 超出纸边距时警告：选中，当所使用的套打格式宽度超出所使用打印纸张的边距时，系统弹出提示，并且不能打印，不选中，超出纸边距可以打印和预览。

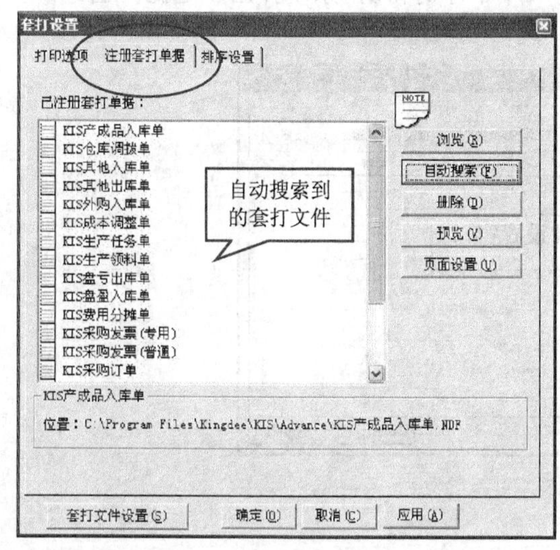

图 10-12

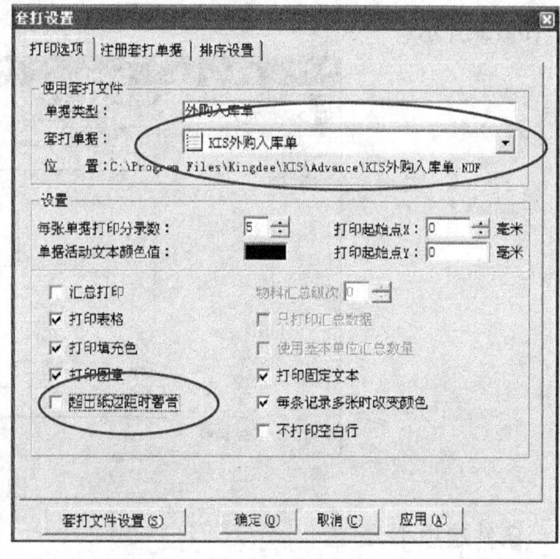

图 10-13

- 打印固定文本：选中，将固定文本项目打印；不选中，不打印。
- 每条记录多张时改变颜色：选中，当每条记录多张时改变颜色输出。
- 不打印空白行：选中，空白行不打印，不选中，以空白方式打印。
- 套打文件设置：单击该按钮，可以进入“套打设计工具”功能进行套打文件的新增和修改等操作。

单击“确定”按钮保存设置并返回编辑单据窗口，再单击“预览”按钮，系统进入“打印预览”窗口，当前看到的即为使用套打格式效果，如图 10-14 所示。

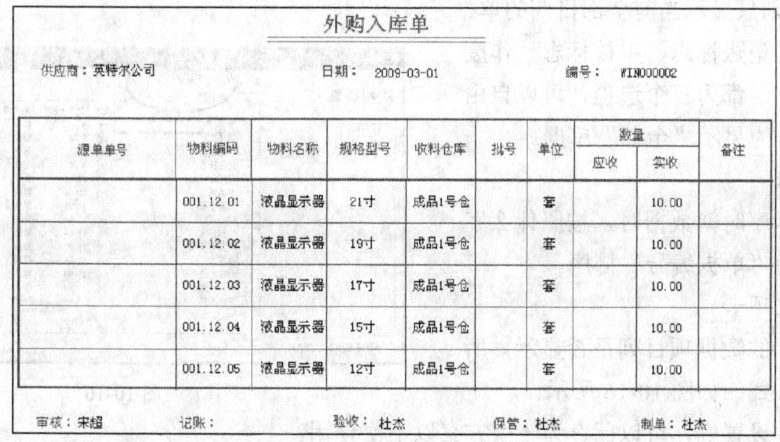

外购入库单

供应商：英特尔公司　　日期：2009-03-01　　编号：WIN000002

源单单号	物料编码	物料名称	规格型号	收料仓库	批号	单位	数量		备注
							应收	实收	
	001.12.01	液晶显示器	21寸	成品1号仓		套		10.00	
	001.12.02	液晶显示器	19寸	成品1号仓		套		10.00	
	001.12.03	液晶显示器	17寸	成品1号仓		套		10.00	
	001.12.04	液晶显示器	15寸	成品1号仓		套		10.00	
	001.12.05	液晶显示器	12寸	成品1号仓		套		10.00	

审核：宋超　　记账：　　验收：杜杰　　保管：杜杰　　制单：杜杰

图 10-14

10.2.3 序时簿查询操作说明

序时簿在业务系统中应用最广泛，类似流水账簿，如采购订单有采购订单序时簿，采购入库单有采购入库单序时簿，销售出库单有销售出库单序时簿。使用序时簿的重点是查询条件的设置，只有设置正确的条件才能查询所需要的单据序时簿。

以查询“采购入库单序时簿”为例，介绍序时簿的查询方法。

（1）主界面窗口，单击【采购管理】→【采购入库单序时簿】，系统弹出“过滤”窗口，如图 10-15 所示。

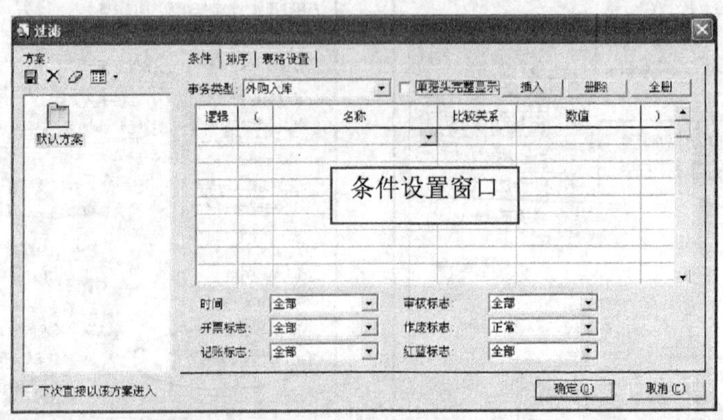

图 10-15

条件选项卡

- 事务类型：选择要查询的单据类型名称。如在查询仓存管理中的“入库类序时簿”时使用。
- 单据头完整显示：选中，所显示的序时簿中每一条记录都显示详细的单据头信息，不选中，则一张单据显示中只有首行显示单据头信息。
- 插入、删除、全删：删除过滤条件记录。
- 条件设置窗口：设置详细过滤条件，如单据日期大于、等于、包含等某日期范围，供应商等于某，或者制单人等于某的详细过滤条件。
- 时间：条件窗口未设置过滤条件时，选择“当天”，则只显示当前系统日期的单据；选择“本周”，则只显示当前系统日期所在周的单据；选择“本期”，则只显示当前系统日期所在月的单据；选择“全部”，则只显示当前全部日期的单据。

开票标志、记账标志、审核标志、作废标志、红蓝标志，都为三个选项，可以自由组合选择，默认为显示“全部”单据。

排序选项卡

设置当显示序时簿数据时，按照什么字段排序，默认为“单据编号”排序。

表格设置选项卡

设置所显示的数据项目列是否显示，所处顺序和对齐方式，如图 10-16 所示。

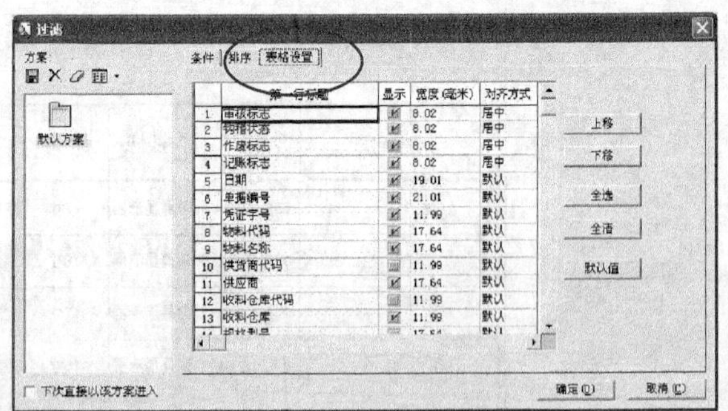

图 10-16

当过滤条件设置好，可以保存为一个方案以下次使用。

（2）在“条件”选项卡，选中“时间”下的“全部”项，其他保持默认值，单击“确定”按钮，系统进入“采购入库单序时簿”窗口，如图 10-17 所示。

图 10-17

- 新增：单击“新增”按钮，系统进入一张空白单据以供录入数据。
- 复制：对选中的单据复制生成一张新的单据。
- 修改：选中要修改的单据，单击“修改”按钮，进入单据编辑界面，修改相应内容后，再单击“保存”按钮保存修改内容。要修改的单据必须未审核。
- 查看：以单据编辑界面模式显示单据信息，查看状态下不能进行修改。
- 删除：删除选中的单据。要删除的单据必须未审核。
- 上查：查询该张单据由什么源单关联生成。
- 下查：查询该张单据关联生成了什么单据。
- 过滤：重新弹出“过滤”窗口，设置条件后，再查询满足条件的单据。
- 刷新：重新根本设置条件显示序时簿数据。
- 凭证：若单据有生成凭证时，单击“凭证”按钮显示该张单据生成的凭证信息。
- 打印机设置：设置打印纸张大小，打印方向和打印机选择等。位于“文件”菜单。
- 单据打印：位于“文件”菜单下，有连续套打所选单据、连续打印所选单据和合并打印所选单据等方式。
- 下推：将当前单据做为“源单”，下推生成相应的单据。同在单据处理窗口，选择源单类型和选单号是同样的目的，只不过操作方向相反而已。

10.3 课后习题

（1）画出业务系统数据传递关系图。

（2）获取基础档案有哪几种方法？

（3）单据中的源单是否为必选项？

（4）反审核快捷键是什么？

第11章 采购管理和应付管理

学习重点

通过本章学习，了解采购、应付模块功能，了解采购、应付操作流程，了解各种采购单据、应付单据的处理方法和意义，以及各种报表的查询。

11.1 概述

采购是企业实现生产经营的过程，只有正确的采购物料，才能保证正常的生产活动，并且通过各种账表分析能有效的控制采购成本。金蝶 KIS 专业版的采购管理提供订货、收货及开票的完整采购流程，可对采购价格进行实时监控。

应付系统负责采购发票和付款两大业务工作，付款功能可以处理预付款和付款业务类型。系统同时提供预付冲应付和应付冲应收往来核销方式。

采购管理系统通常与应收应付管理、库存管理、销售管理和存货核算集成使用，提供完整全面的业务和财务流程处理。

在主界面窗口，单击“采购管理”，切换到采购管理功能界面，如图 11-1 所示。

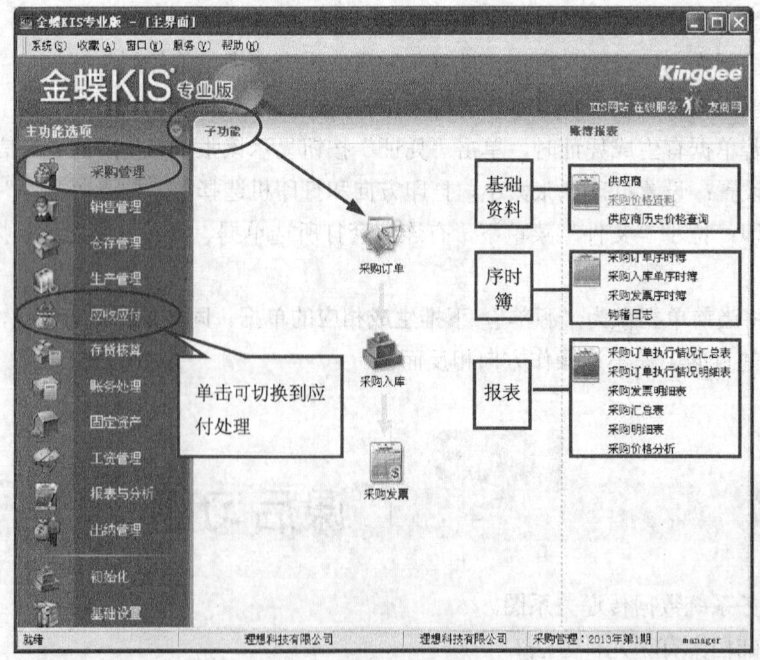

图 11-1

- 子功能：显示当前采购管理下可以处理的单据类型。
- 基础资料：快速进行基础资料管理。功能与“基础设置”中的功能相同。
- 序时簿：查询相应单据的序时簿情况。
- 报表：查询、分析和采购情况。

1. 采购、应付管理系统数据流向

采购、应付管理系统数据的流向如图 11-2 所示。

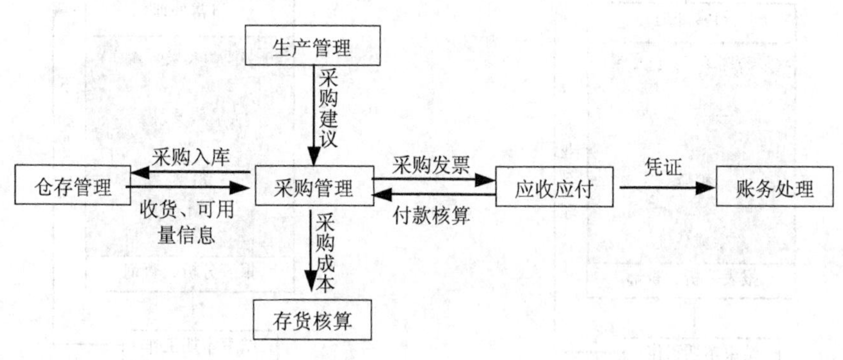

图 11-2

- 生产管理：生产管理下的采购建议可以选定已审核的销售订单或者已审核的生产任务单，根据产品 BOM 档案展开计算所需要的采购物料，生成采购建议以供计划部门参考，同时可以由采购建议直接生成采购订单。
- 仓存管理：为采购管理系统提供即时库存信息。同时采购管理中的“采购入库”等同于仓存管理的“外购入库”功能。
- 应收应付：采购管理中的采购发票传递到“应收应付”系统中，以供“付款单”付款时使用，同时处理付款单与应付账款进行核销处理，以实时得到往来数据，并且相关单据生成凭证传递到账务处理系统。
- 存货核算：采购入库单与采购发票钩稽后传递到存货核算计算入库，以供材料计算出库成本使用，相关单据可以生成凭证传递到“财务处理”系统，以供财务核算时使用。
- 账务处理：接收业务系统生成的凭证。

2. 采购、应付管理系统每期的操作流程

新使用采购和应付管理系统时，必须要进行系统参数设置、录入基础资料和录入初始化数据之后，才能进行日常的单据处理和报表查询工作。初始设置工作请参照“第 3 章基础设置”和“第 4 章初始化”的相关内容。

在实际工作中，采购订单通常由“采购部”负责，采购入库由“仓库”负责，作为财务人员，只需要根据采购入库生成发票，并付款，然后生成凭证即可。新用户和老用户的操作流程分别如图 11-3 和图 11-4 所示。

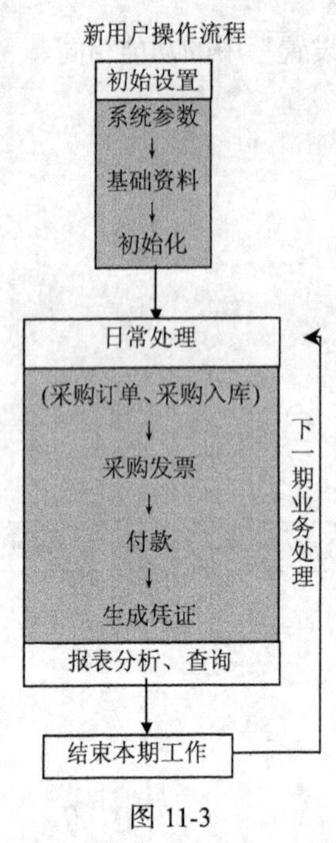

图 11-3

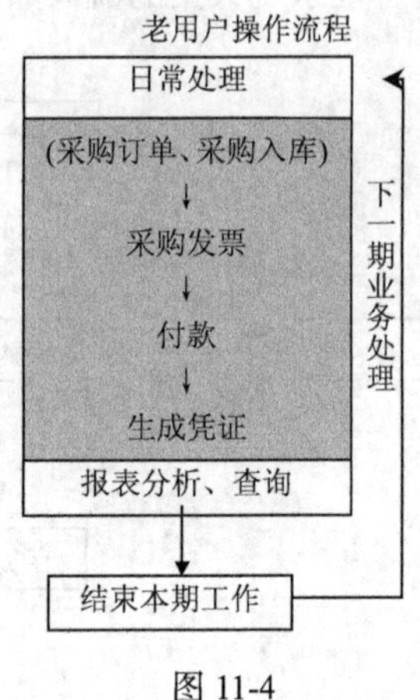

图 11-4

11.2 日常业务处理

基础资料、初始化设置和系统设置完成后，可以进行日常的业务处理，日常业务处理包括各种采购和应付单据的录入、查询和修改等操作。查询相关报表，以对企业的采购情况做出分析和预算处理。本节为更贴近财务实际工作，采购订单业务处理不再讲述。

11.2.1 采购入库

采购入库单是仓库管理员接收到供应商送货，并在点查来料实物后填写的一张材料入库单据。采购入库单有两种，一种是蓝字入库单，另一种是红字入库单，红字入库单是蓝字入库单的反向单据，代表物料的退回。采购入库单同时是应付会计挂应付账款的凭据。

采购入库单一般由仓库管理员填写。金蝶 KIS 专业版中的采购入库单有两个模块可以录入，一个是在【采购管理】→【采购入库】功能中录入，另一个是在【仓存管理】→【外购入库单】中录入。

采购入库单由谁制单、谁审核、谁领料等，这是关于业务权限的问题，与是否在采购管理下填写入库单，还是在仓存管理下填写入库单没有关系。

例：录入表 11-1 采购入库以备采购发票处理。

表 11-1　　　　　　　　　　　　　　　采购入库单

日期	单据编号	供应商	物料代码	物料名称	收料仓库	单位	实收数量	含税单价	含税金额
2013-1-10	WIN00 0001	深圳富友电子加工厂	1.01	主板	原材仓	PCS	500	14.00	7 000
			1.02	9 寸外壳	原材仓	PCS	1 000	3.90	3 900
			1.04	适配器	原材仓	PCS	1 000	5.60	5 600
2013-1-10	WIN00 0002	深圳高显贸易公司	1.03	9 寸屏	原材仓	PCS	1 000	24.00	24 000
2013-1-11	WIN00 0003	深圳鸿安包装公司	1.05	包装盒	原材仓	PCS	1 000	3.50	3 500

（1）以“何钰”登录账套。单击【采购管理】→【采购入库】功能，系统进入“采购入库单”录入窗口，供应商处按 F7 获取“深圳富友电子加工厂”，日期修改为“2013-1-10”，其他保持默认值，如图 11-5 所示。

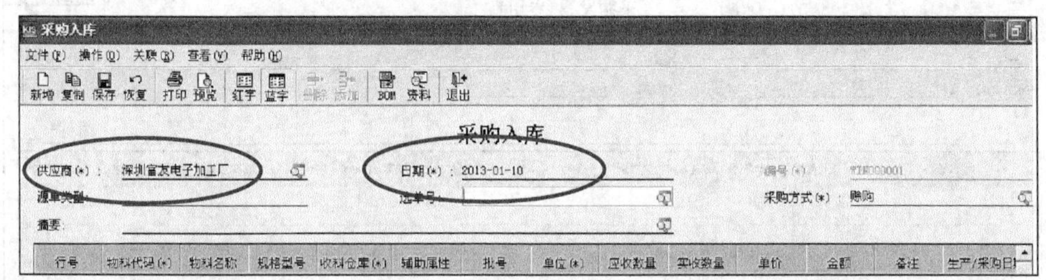

图 11-5

（2）在表格“物料代码”处录入“1.01”，请注意表格的变化，“收料仓库”获取“原材仓”，“实收数量”录入“500”，单价和金额不用录入，录入剩余两行内容，保存并审核当前采购入库单。审核成功如图 11-6 所示。

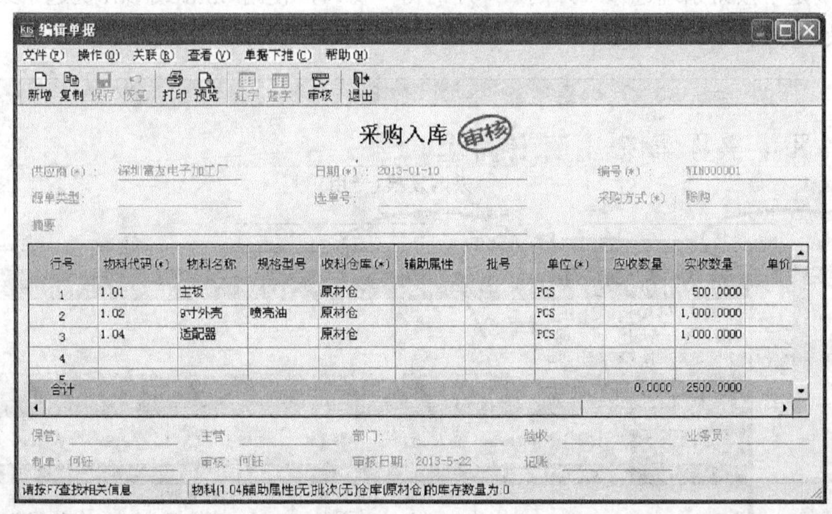

图 11-6

采购入库单不用录入单价和金额是因为：1. 实际工作中仓库不可能知道价格；2. 采购入库单上的单价为“无税单价”，是由对应“采购发票”钩稽后返写得到；3. 应付账款的金额，稍后在发票中处理。

（3）同样方法录入其他采购入库单，保存并审核。

11.2.2 采购发票

采购发票是挂供应商应付账款的单据，金蝶 KIS 专业版可以处理采购专用发票（增值税发票）和普通发票。为保证应付账款的正确性，以及达到账务监督要求，采购发票通常是由财务部“往来会计”负责处理。

采购发票可以由源单采购订单、采购入库单单据关联生成，也可以不关联任何单据，手工方式新增。

例：将刚才生成的采购入库单生成采购发专用发票。

（1）主界面窗口，单击【采购管理】→【采购发票】，系统进入采购发票录入窗口，如图 11-7 所示。

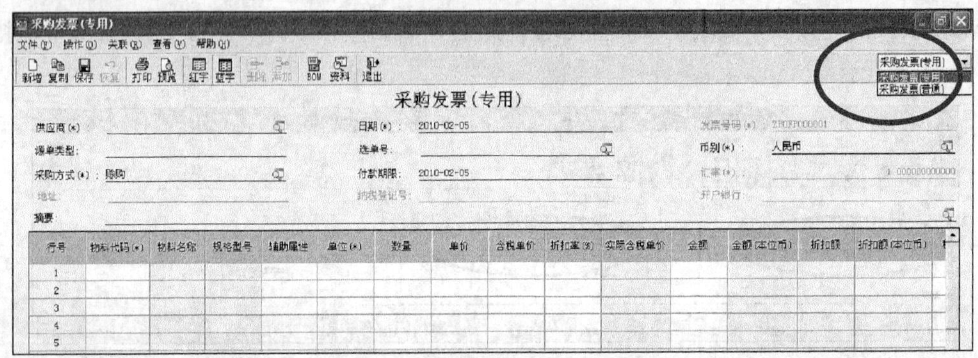

图 11-7

单击窗口右上角的下拉列表，选择要录入的发票是专用发票还是普通发票。

（2）选择“采购发票专用”，源单类型选择“外购入库”，源单号处按 F7 功能键，时间选择“全部”，单击“确定”按钮系统进入“外购入库序时簿”窗口，使用 Shift 或 Ctrl 键选中第一张外购入库单所有记录，如图 11-8 所示。

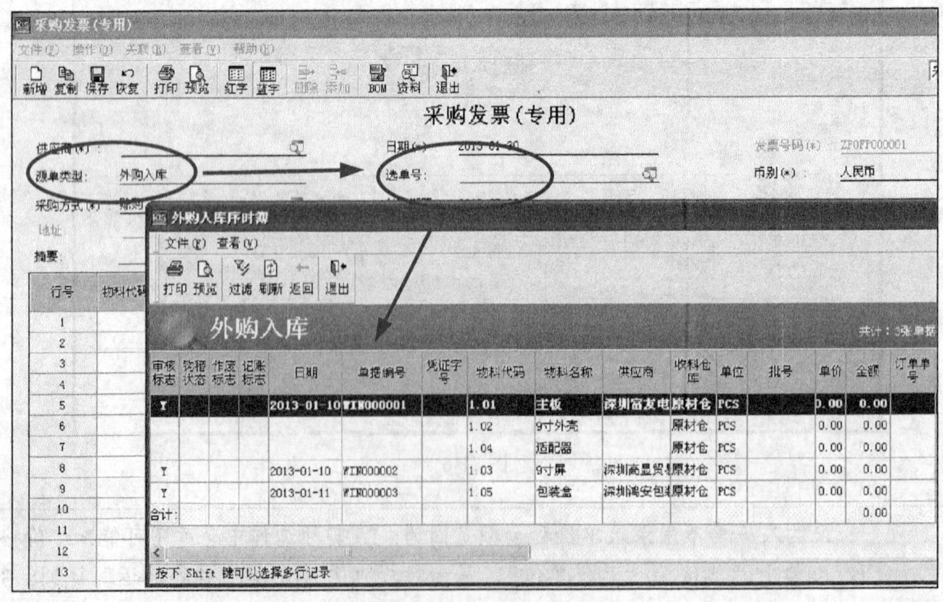

图 11-8

（3）单击“返回”按钮，系统将获取成功的外购入库单信息显示在采购发票表体，按照表 11-1 中的含税单价补充发票，补充完整保存并审核当前发票。审核成功如图 11-9 所示。

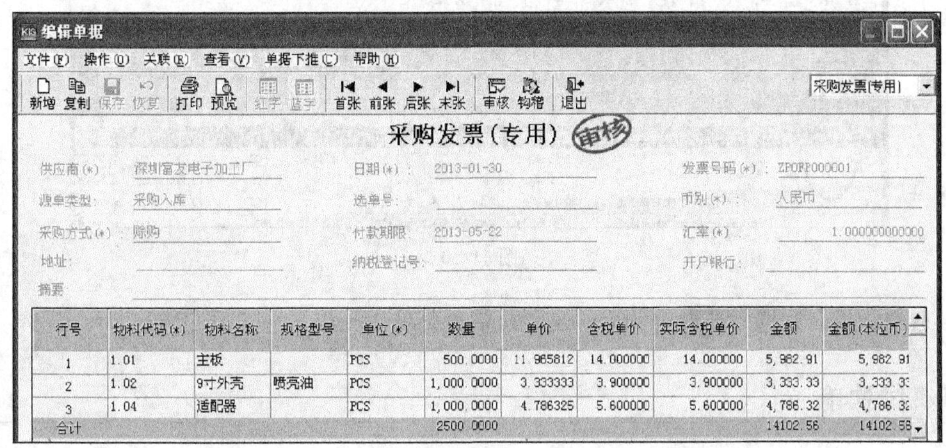

图 11-9

（4）同样方法录入“专一塑胶”采购发票，保存并审核。

11.2.3 采购发票钩稽与反钩稽

采购发票与采购入库单进行钩稽，是核算入库成本的基础。只有已钩稽的发票才可以执行入库核算、根据凭证模板生成记账凭证等操作，无论是本期或以前期间的发票，钩稽后都作为当期发票来核算成本。

采购发票的钩稽、反钩稽的处理有两种操作方法：一种是在已审核的发票单据界面，使用钩稽和反钩稽功能进行操作；另一种是在发票序时簿上，也可以进行发票的钩稽、反钩稽操作。

- 采购发票可以进行钩稽的条件：发票必须为已业务审核、未完全钩稽的发票。
- 采购发票与入库单的钩稽的判断条件：在供应链系统中，一张采购发票可以与多张采购入库单钩稽，多张发票也可以与一张采购入库单钩稽，同样，多张采购发票可以与多张采购入库单钩稽。两者钩稽的判断条件包括：

① 供应商必须一致；

② 单据状态必须是已审核且未完全钩稽（即钩稽状态是未钩稽或者是部分钩稽）；

③ 两者单据日期必须为以前期间或当期；

④ 两者的物料、辅助属性以及钩稽数量必须一致。

在此介绍在“发票序时簿”窗口进行钩稽的操作方法。在实例账套中所有采购发票均为关联“采购入库”单生成，可以直接钩稽。

单击【采购管理】→【采购发票序时簿】，系统弹出“过滤”窗口，单击“事务类型”，选择“购货发票（专用）”，表示要查询所有采购发票，时间选择“全部”，单击“确定”按钮，系统进入“销售发票序时簿”窗口，选中“ZPOFP000001”号专用发票，单击工具栏上“钩稽”按钮，稍后系统弹出钩稽成功提示，并且在“钩稽”列打上“勾”，表示钩稽成功，如图 11-10 所示。

在此处能钩稽成功的原因是：该张发票由源单“采购入库单”关联生成，并且采购发票上的数量与采购入库单上数量一致，所以自动钩稽成功。

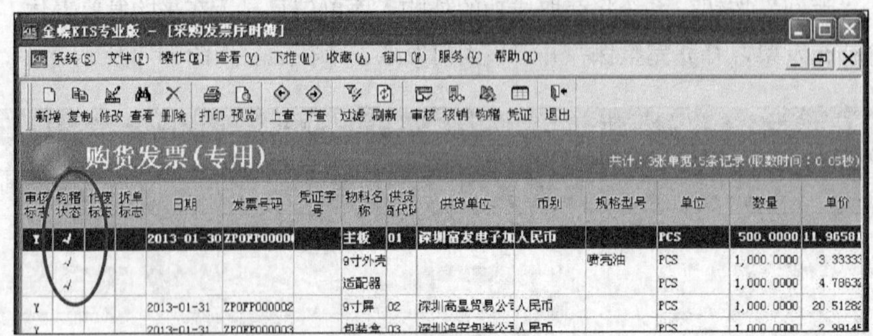

图 11-10

若要取消钩稽，则选中要取消钩稽的发票，单击菜单【操作】→【反钩稽】即可。

11.2.4 付款单

付款单是处理由采购行为所发生的付款业务。系统提供三种付款类型：付款、预付款和付款退款。付款是由赊购发票产生，选择此类型，则对以前的应付账款进行处理，可以在表体中选择所付款项对应的采购单据；预日付款是在采购业务发生之前我司先给对供应商方预付的全部或部分货款，选择此类型时表体不可用；付款退款是指对已经付款的进行退款处理。

单击【应收应付】→【付款单】，系统进入"付款单据"录入窗口，如图 11-11 所示。

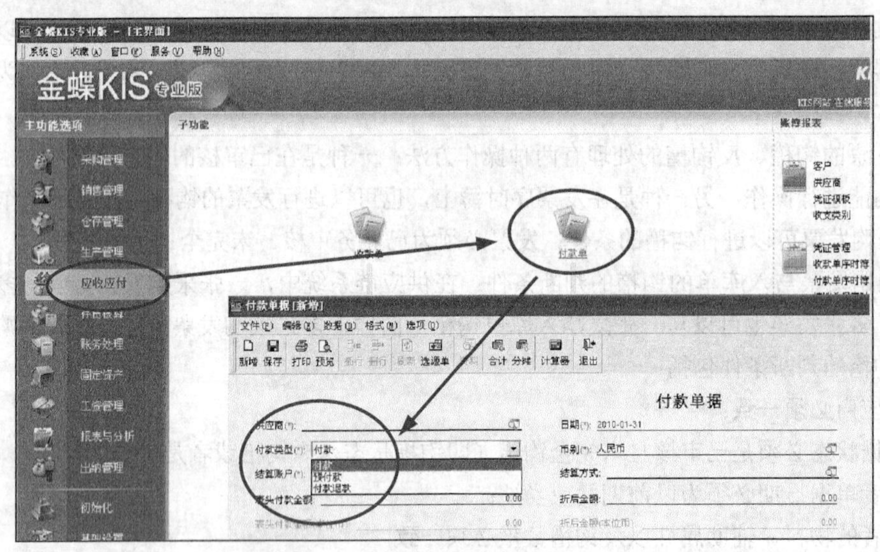

图 11-11

当所付款项有源单据（采购发票）时，可以直接单击"选源单"按钮，选择要付款的供应商，以及对应的发票项，返回付款后，修改实际付款金额即可。为读者了解预付款流程和往来核销流程，在此举例预付款的处理方法。

例：2013-1-9 与深圳富友电子加工厂达到新的采购协议，但是对方要求我司预付货款 5 000 元后方能送货，以"付款单"处理该业务。

（1）在付款单录入窗口，供应商录入"01"，付款类型选择"预付款"，结算账户选择"1002.01"，结算方式选择"支票"，表头付款金额录入"5 000"，如图 11-12 所示。

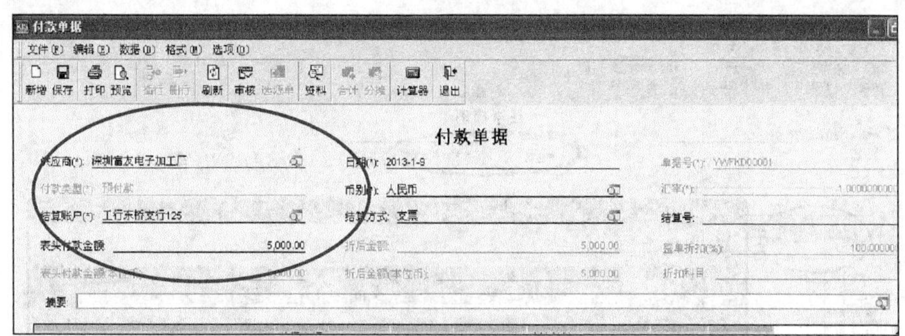

图 11-12

（2）保存并审核当前付款单。

付款单和付款退款处理方法请参照前面单据。

11.2.5 往来核销

往来核销是解决企业往来业务款项转销的需求。此单据可处理预收冲应收、预付冲应付、应收冲应付和应付冲应收四种业务。

例：**2013-1-15 深圳富友电子加工厂来电沟通，先前预付的 5 000 元做为前期应付款进行核销，待后送货后再重新核算新的应付账款，以“往来核销”处理该笔业务。**

（1）单击【应收应付】→【往来核销】，进入“往来核销”录入窗口，如图 11-13 所示。

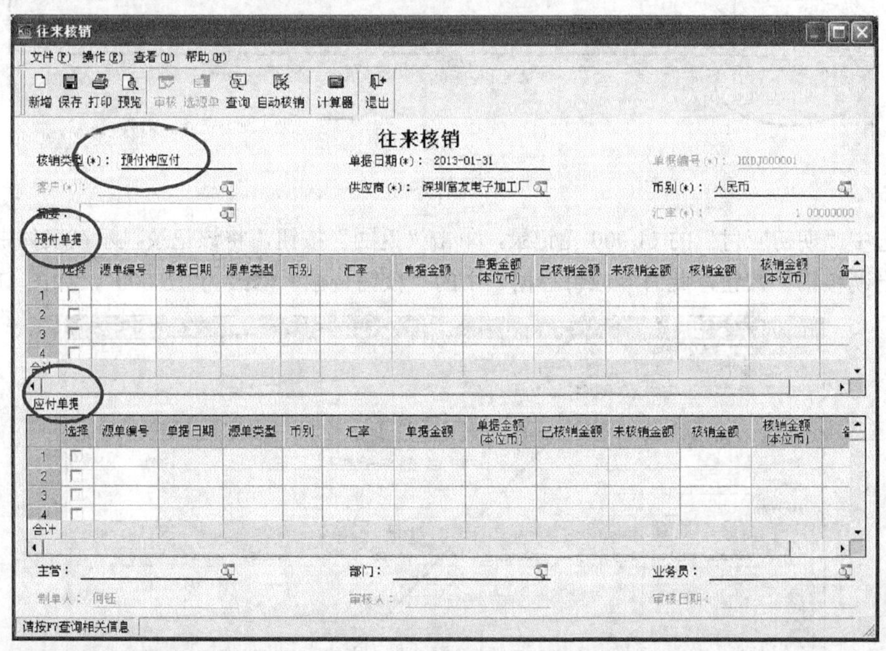

图 11-13

（2）单击核销类型下拉按钮选择“预付冲应付”，此时客户项被屏蔽，在供应商处录入“01”，在“预付单据”的源单编号处按 F7 功能键，系统进入“预付源单”窗口，如图 11-14 所示。

（3）选中“YWFKD000001”号预付单，单击“返回”按钮返回“往来核销”窗口，在“应付单据”的源单编号处按 F7 功能键，系统进入“应付源单”窗口，如图 11-15 所示。

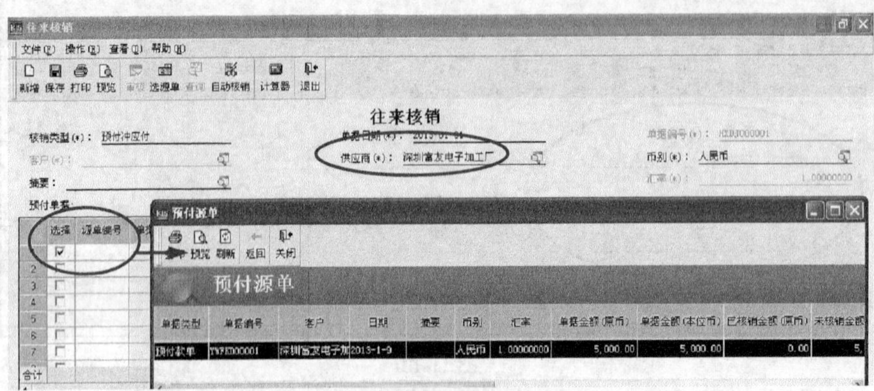

图 11-14

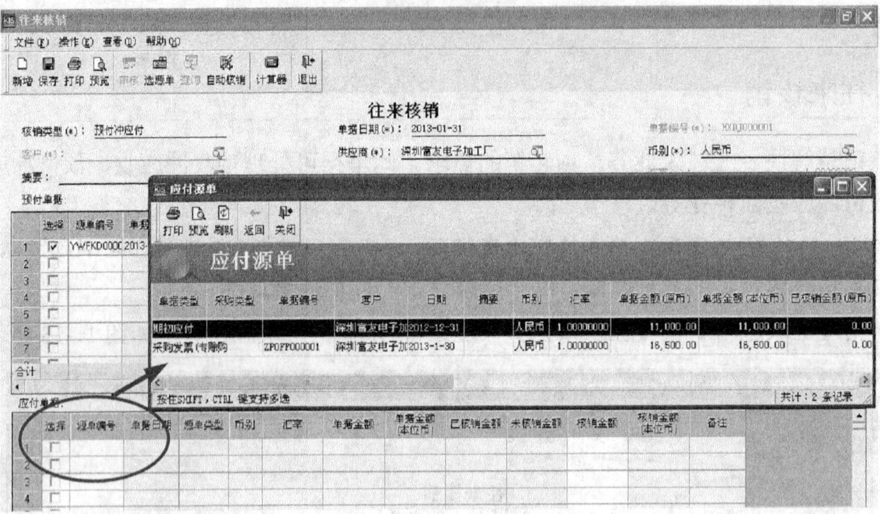

图 11-15

（4）选中“期初应付”的 11 000 元记录，单击“返回”按钮，将该记录显示在表体中，单击工具栏上“自动核销”按钮，此时“应付单据”中的“核销金额”修改为“5 000”，如图 11-16 所示。

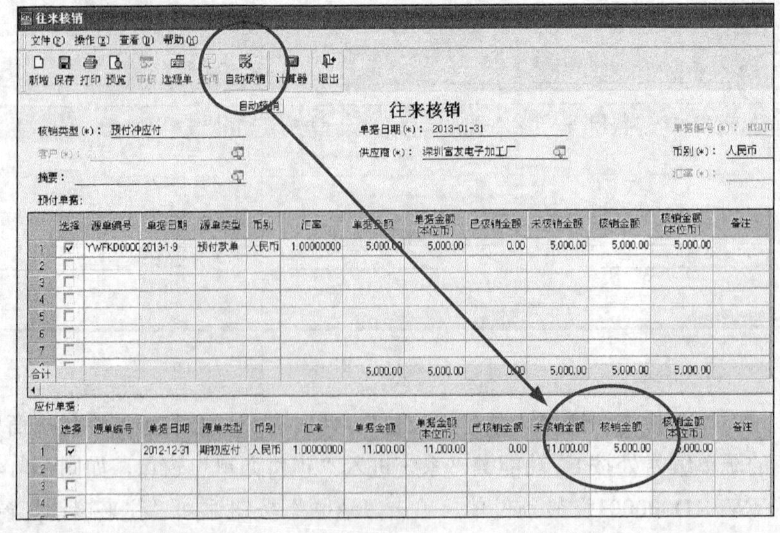

图 11-16

（5）保存并审核当前核销单据。

需要取消该笔核销业务的方法是在"核销单据序时簿"中删除该笔业务即可。

11.2.6 生成凭证

生成凭证功能可以将应收应付系统各种业务单据按凭证模板生成凭证，并可根据凭证模板上选定的科目属性生成不同的凭证，如数量金额凭证、外币凭证等传递到账务处理系统。还可对生成的凭证进行查询和修改，并实现单据和凭证之间的联查，物流和资金流在本模块实现同步。

1. 凭证模板

凭证模板是对业务单据要生成何种格式的凭证进行设置，预设好凭证模板可以提高生成凭证速度。

在主界面窗口，单击【应收应付】→【凭证模板】，系统进入"凭证模板"管理窗口，如图 11-17 所示。

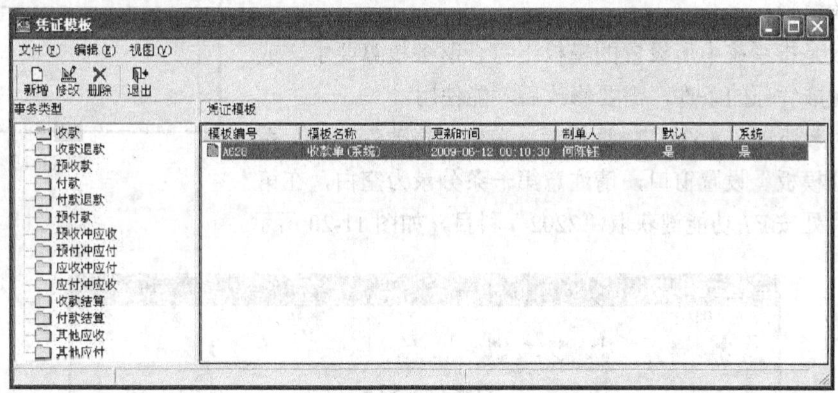

图 11-17

窗口左侧显示的是单据类型，右侧显示该单据类型下所具有的凭证模板。同时可以进行凭证模板的新增和修改等操作。

新增凭证模板的方法是：首先选中要处理的单据类型名称，再单击"新增"按钮，系统进入"凭证模板"设置窗口，如图 11-18 所示。

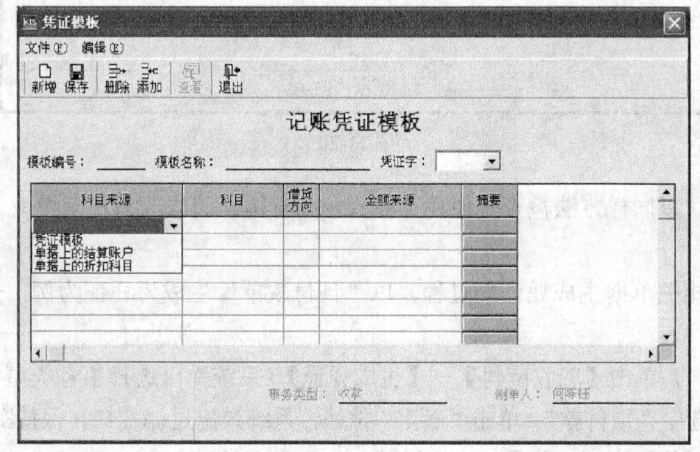

图 11-18

- 模板编号、模板名称、凭证字：录入模板编号和模板名称，并且选择生成凭证字时的凭证字。
- 科目来源：不同单据可能有不同的科目来源。选择“凭证模板”项，同步在“科目”项按F7功能键获取科目代码，则以后生成凭证时，该条分录的科目代码即为刚才所设定的科目。选择“单据上的结算账户”，则该条分录的科目为结算账户对应的科目。选择“单据上的折扣科目”，则该条分录的科目为单据上所选择的折扣科目。
- 科目：与科目来源配套使用。
- 借贷方向：设置凭证生成时的借贷方向。
- 金额来源：不同单据有不同的金额来源，单击下拉列表选择。在选择金额来源时，应注意配合相应的科目及借贷方向，并保证借贷平衡，否则凭证不能保存。
- 摘要：设置摘要内容。单击“摘要”按钮，系统弹出“摘要定义”窗口，双击“可选择摘要单元”中项目，则显示在摘要公式中，如图11-19所示。

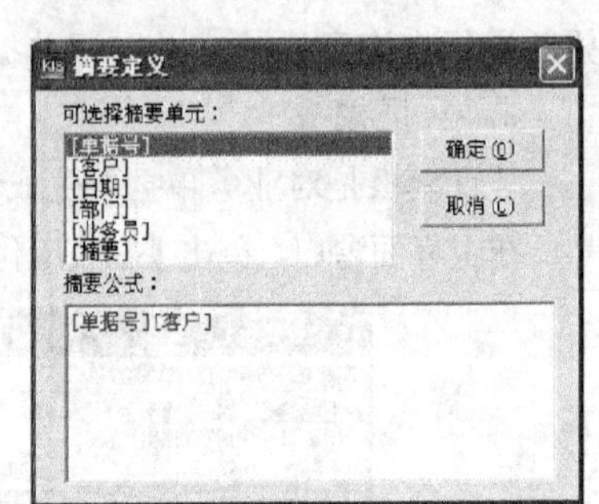

图 11-19

在生成凭证时系统将单据上的项目显示在摘要栏，以节省手工录入摘要的繁琐。

修改模板是指系统中所设置的模板不符合财务核算要求，或者不能满足生成凭证的条件，需要修改后才能使用。

选中预付款下的“A631”凭证模板，单击“修改”按钮，系统进入“凭证模板”设置窗口，请注意第一条分录为空白，在第一条分录科目处按F7功能键获取“2202”科目，如图11-20所示。

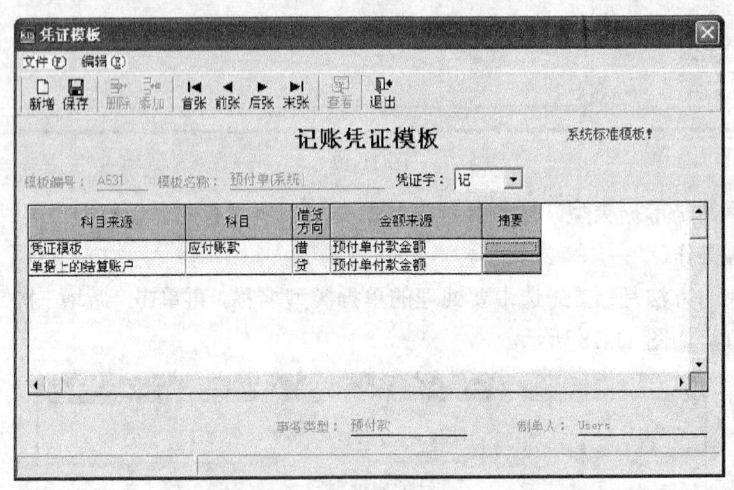

图 11-20

保存修改操作。以同样方法检查其他凭证模板，如有错误请修改为正确模板。

2. 生成凭证

生成凭证是将相关单据生成凭证的过程。以“预付款单”生成为凭证为例，介绍生成凭证的处理方法。

（1）主界面窗口，单击【应收应付】→【生成凭证】，系统弹出选择事务类型窗口，一次只能处理一种单据类型，选中“预付款”，单击“确定”按钮，系统弹出过滤窗口，保持默认值单击“确定”按钮进入“单据序时簿”窗口，如图11-21所示。

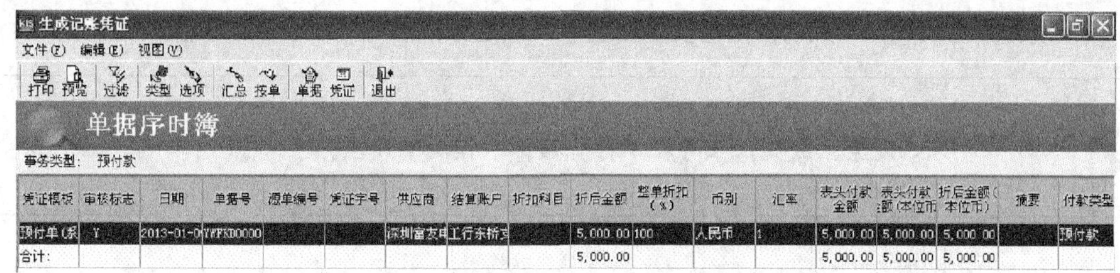

图 11-21

● 类型：单击“类型”按钮，系统弹出“选择事务类型”窗口，可以选择其他单据类型进行凭证处理。

● 选项：单击“选项”按钮，系统弹出“生成凭证选项”窗口，如图 11-22 所示。

在选项窗口可以设置异常处理设置，查询默认模板，设置科目合并选项，单击“模板设置”按钮可以进入模板设置窗口。

● 汇总：对选中的多张单据，汇总生成一张凭证。

● 按单：不论选中一张单据或者多张单据，都是每一张单据生成一张凭证。

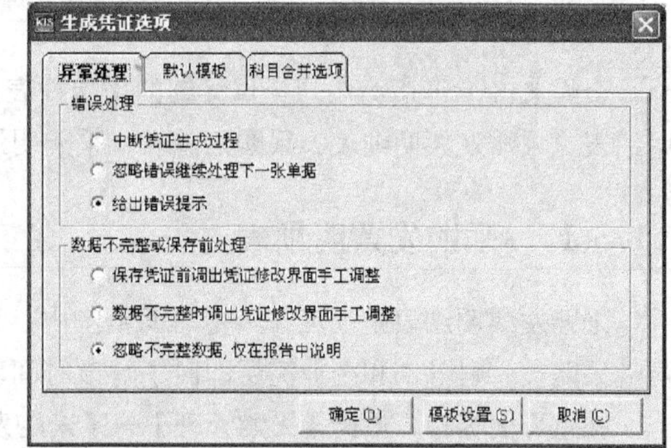

图 11-22

● 单据：单击该按钮可以查询选中记录的单据情况。

● 凭证：单击该按钮可以查询选中记录的凭证情况。

（2）选中，单击工具栏上“按单”按钮，稍后系统弹出“生成凭证成功”提示，单击“确定”按钮返回“单据序时簿”窗口，再单击“凭证”按钮，系统弹出该张单据的凭证信息，如图 11-23 所示。

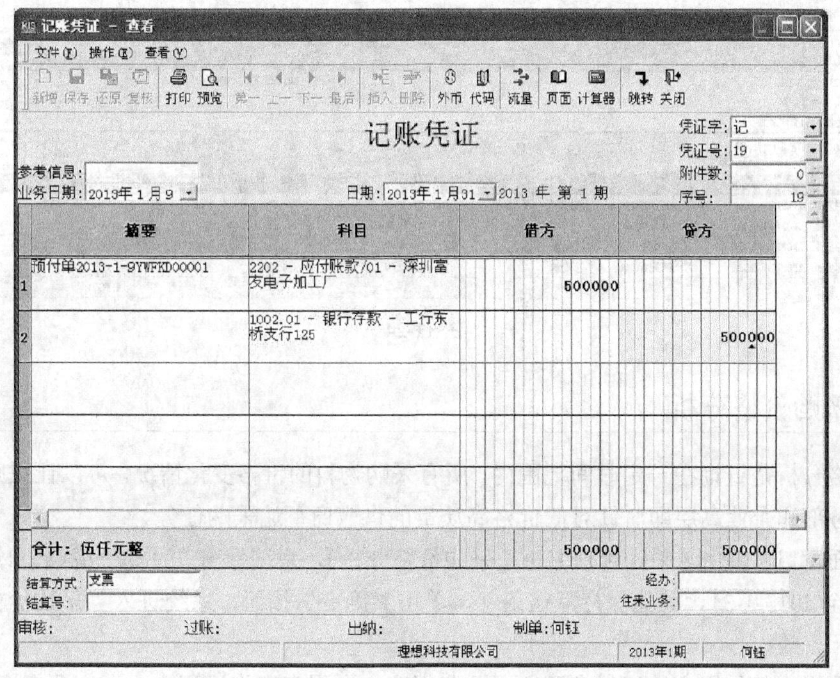

图 11-23

当系统提示生成凭证不成功，则需要退出窗口，检查并修改凭证模板后，再生成凭证。

采购发票生成凭证业务在“存货核算”模块中处理。

11.3 采购和应付报表

金蝶 KIS 专业版为用户提供详细的采购报表，有采购订单执行情况汇总表、采购订单执行情况明细表、采购发票明细表、采购汇总表、采购明细表和采购价格分析报表。

11.3.1 采购发票明细表

采购发票明细表是反应在一定时间范围内，已经开出的采购发票明细情况。可以让采购部管理员、采购员、财务部和企业高层即时了解该时间范围内的采购物料占用资金情况。

在主界面窗口，单击【采购管理】→【采购发票明细表】，系统弹出“过滤”窗口，在过滤窗口可以设置要查询的时间范围、供应商范围和单据状态等条件。

时间范围修改为 2013-1-1 至 2013-1-31，其他保持默认条件，单击“确定”按钮，系统进入“采购发票明细表”，如图 11-24 所示。

金蝶KIS专业版 － [采购发票明细表]

系统(S) 文件(F) 查看(V) 收藏(A) 窗口(W) 服务(V) 帮助(H)

打印 预览 精度 过滤 刷新 上查 下查 关闭

采购发票明细表

起始日期：2013-01-01　　截止日期：2013-01-31

物料代码范围：所有物料

供应商代码范围：所有供应商

日期	发票类型	发票号码	供应商代码	供应商名称	物料代码	物料名称	规格型号	辅助属性	币别	单位	数量	不含税单价	单位(基本)	数量(基本)	不含税单价(基本)	单位(常用)	数量(常用)
2013-1-30	专用发票	ZPOFP0000	01	深圳富友电	1.01	主板			人民币	PCS	500	11.97	PCS	500	11.97	PCS	50
	专用发票	ZPOFP0000	01	深圳富友电	1.02	9寸外壳	喷亮油		人民币	PCS	1,000	3.33	PCS	1,000	3.33	PCS	1,00
2013-1-31	专用发票	ZPOFP0000	02	深圳高显贸	1.03	9寸屏			人民币	PCS	1,000	20.51	PCS	1,000	20.51	PCS	1,00
2013-1-30	专用发票	ZPOFP0000	01	深圳富友电	1.04	适配器			人民币	PCS	1,000	4.79	PCS	1,000	4.79	PCS	1,00
2013-1-31	专用发票	ZPOFP0000	03	深圳鸿安包	1.05	包装盒			人民币	PCS	1,000	2.99	PCS	1,000	2.99	PCS	1,00
						合计			人民币		4,500			4,500			4,50

图 11-24

11.3.2 采购价格分析

采购价格分析是查询在一定时间范围内，所有采购物料的价格变化情况。可以让采购部管理员、采购员、财务部和企业高层即时针对低价格高质量的供应商下达采购任务。

在主界面窗口，单击【采购管理】→【采购价格分析】，系统弹出“过滤”窗口，时间范围修改为 2013-1-1 至 2013-1-31，其他保持默认条件，单击“确定”按钮，系统进入“采购价格分析”，如图 11-25 所示。

其他采购报表的使用方法可以参照前面几张报表，在报表查询过程中，一定要多留意“过滤”

窗口中有些什么条件，在时间允许的情况下，最好每一条件都测试一下，以更多的了解采购报表的功能和实际企业业务。

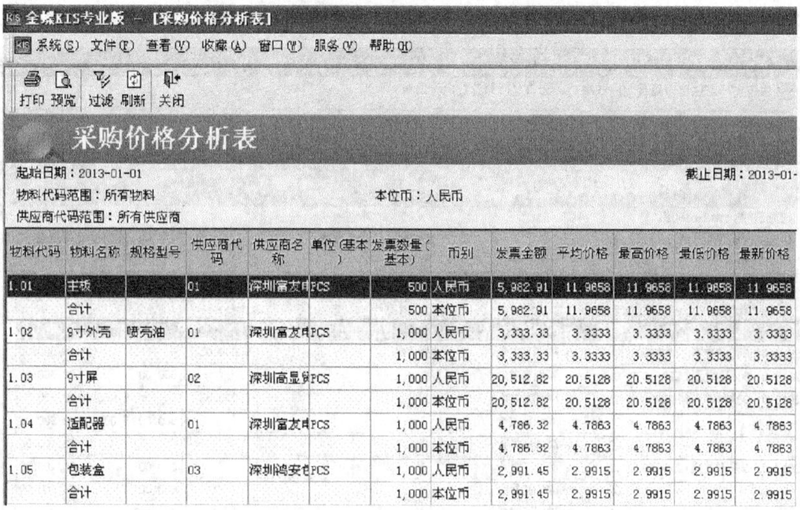

全蝶KIS专业版 － [采购价格分析表]

系统(S) 文件(F) 查看(V) 收藏(A) 窗口(W) 服务(V) 帮助(H)

打印 预览 过滤 刷新 关闭

采购价格分析表

起始日期：2013-01-01　截止日期：2013-01-

物料代码范围：所有物料　本位币：人民币

供应商代码范围：所有供应商

物料代码	物料名称	规格型号	供应商代码	供应商名称	单位(基本)	发票数量(基本)	币别	发票金额	平均价格	最高价格	最低价格	最新价格
1.01	主板		01	深圳富友电	PCS	500	人民币	5,982.91	11.9658	11.9658	11.9658	11.9658
	合计					500	本位币	5,982.91	11.9658	11.9658	11.9658	11.9658
1.02	9寸外壳	喷亮油	01	深圳富友电	PCS	1,000	人民币	3,333.33	3.3333	3.3333	3.3333	3.3333
	合计					1,000	本位币	3,333.33	3.3333	3.3333	3.3333	3.3333
1.03	9寸屏		02	深圳高显贸	PCS	1,000	人民币	20,512.82	20.5128	20.5128	20.5128	20.5128
	合计					1,000	本位币	20,512.82	20.5128	20.5128	20.5128	20.5128
1.04	适配器		01	深圳富友电	PCS	1,000	人民币	4,786.32	4.7863	4.7863	4.7863	4.7863
	合计					1,000	本位币	4,786.32	4.7863	4.7863	4.7863	4.7863
1.05	包装盒		03	深圳鸿安包	PCS	1,000	人民币	2,991.45	2.9915	2.9915	2.9915	2.9915
	合计					1,000	本位币	2,991.45	2.9915	2.9915	2.9915	2.9915

图 11-25

11.3.3 应付账款汇总表

应付账款汇总表是查询一定时间范围内，应付账款的汇总情况，每一供应商的期初多少，应付多少，实付多少，剩余多少。

单击【应收应付】→【应付账款汇总表】，系统进入“过滤”窗口，时间范围设置为 2013-1-1 至 2013-1-31，其他条件保持默认值，单击“确定”按钮，系统进入“应付账款汇总表”窗口，如图 11-26 所示。

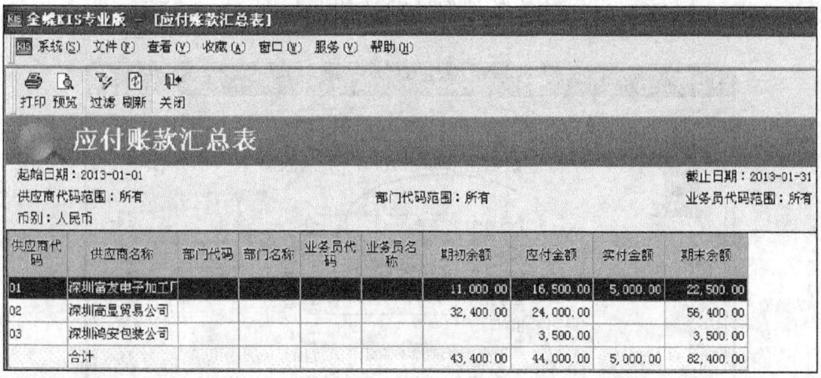

全蝶KIS专业版 － [应付账款汇总表]

系统(S) 文件(F) 查看(V) 收藏(A) 窗口(W) 服务(V) 帮助(H)

打印 预览 过滤 刷新 关闭

应付账款汇总表

起始日期：2013-01-01　截止日期：2013-01-31

供应商代码范围：所有　部门代码范围：所有　业务员代码范围：所有

币别：人民币

供应商代码	供应商名称	部门代码	部门名称	业务员代码	业务员名称	期初余额	应付金额	实付金额	期末余额
01	深圳富友电子加工厂					11,000.00	16,500.00	5,000.00	22,500.00
02	深圳高显贸易公司					32,400.00	24,000.00		56,400.00
03	深圳鸿安包装公司						3,500.00		3,500.00
	合计					43,400.00	44,000.00	5,000.00	82,400.00

图 11-26

双击汇总记录可以进入到“应付账款明细表”窗口。

11.3.4 应付账款明细表

应付账款明细表是查询一定时间范围内，应付账款的明细情况，如上期期末多少，预付多少，应付多少，实付多少。

单击【应收应付】→【应付账款明细表】，系统进入“过滤”窗口，时间范围设置为2013-1-1至2013-1-31，其他条件保持默认值，单击“确定”按钮，系统进入“应付账款明细表”窗口，如图11-27所示。

金蝶KIS专业版 - [应付账款明细表]

系统(S) 文件(F) 查看(V) 收藏(A) 窗口(W) 服务(V) 帮助(H)

打印 预览 过滤 刷新 关闭

应付账款明细表

起始日期：2013-01-01　　截止日期：2013-01-31

供应商代码范围：所有　　部门代码范围：所有　　业务员代码范围：所有

币别：人民币

日期	单据类型	单据编号	供应商代码	供应商名称	摘要	凭证号	部门	业务员	预付金额	应付金额	实付金额	期末余额
			01	深圳富友电								11,000.00
2013-01-0	付款单据（	YWFKD0000	01	深圳富友电		记 - 19			5,000.00			6,000.00
2013-01-3	采购发票（	ZPOFP0000	01	深圳富友电						16,500.00		22,500.00
2013-01-3	预付冲应付	HXDJ00000	01	深圳富友电					-5,000.00		5,000.00	22,500.00
			01	深圳富友电						16,500.00	5,000.00	22,500.00
			02	深圳高显贸								32,400.00
2013-01-3	采购发票（	ZPOFP0000	02	深圳高显贸						24,000.00		56,400.00
			02	深圳高显贸						24,000.00		56,400.00
			03	深圳鸿安电								
2013-01-3	采购发票（	ZPOFP0000	03	深圳鸿安电						3,500.00		3,500.00
			03	深圳鸿安电						3,500.00		3,500.00
				合计						44,000.00	5,000.00	82,400.00

图 11-27

11.3.5 往来对账单

往来对账单是查询客户和供应商对账的业务明细表格。由于应收与应付共用同一个功能，所以在查询的时候，一定要选择是查询供应商或者客户。

单击【应收应付】→【往来对账单】，系统进入“过滤”窗口，核算项目选择“供应商”，时间范围设置为2013-1-1至2013-1-31，其他条件保持默认值，如图11-28所示。

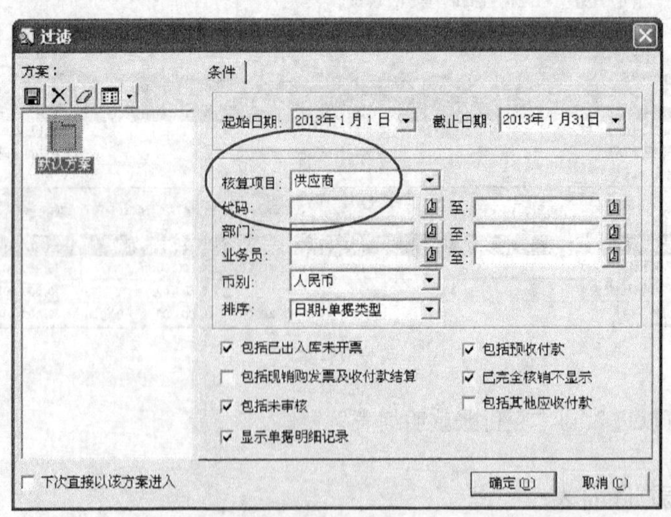

图 11-28

单击“确定”按钮，系统进入“往来对账单”窗口，如图11-29所示。

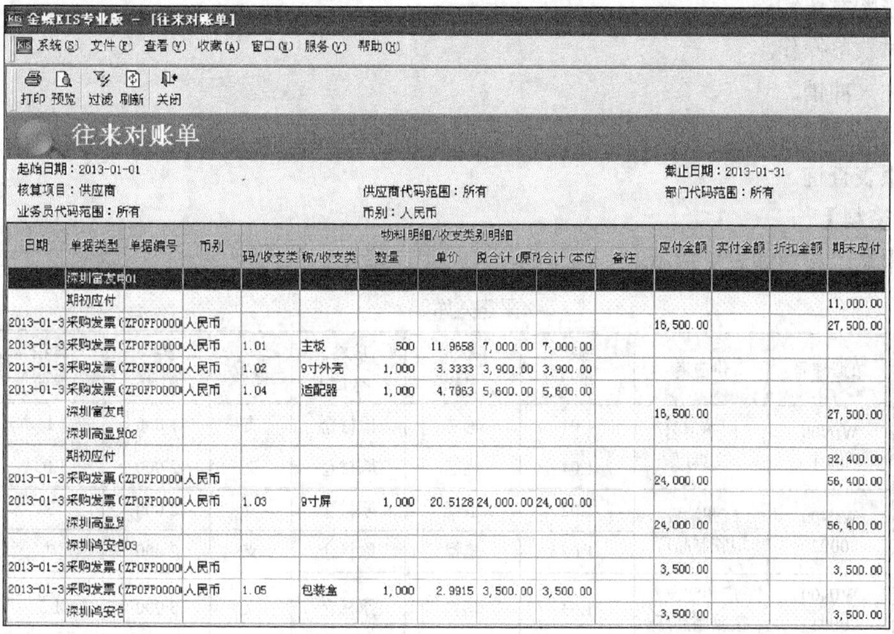

金蝶KIS专业版 － [往来对账单]

系统(S) 文件(F) 查看(V) 收藏(A) 窗口(W) 服务(V) 帮助(H)

打印 预览 过滤 刷新 关闭

往来对账单

起始日期：2013-01-01　　截止日期：2013-01-31

核算项目：供应商　　供应商代码范围：所有　　部门代码范围：所有

业务员代码范围：所有　　币别：人民币

日期	单据类型	单据编号	币别	物料明细/收支类别明细							应付金额	实付金额	折扣金额	期末应付
				码/收支类	称/收支类	数量	单价	税合计(原	税合计(本位	备注				
	深圳富友电01													
	期初应付													11,000.00
2013-01-3	采购发票(	ZPOFP0000	人民币								16,500.00			27,500.00
2013-01-3	采购发票(	ZPOFP0000	人民币	1.01	主板	500	11.9658	7,000.00	7,000.00					
2013-01-3	采购发票(	ZPOFP0000	人民币	1.02	9寸外壳	1,000	3.3333	3,900.00	3,900.00					
2013-01-3	采购发票(	ZPOFP0000	人民币	1.04	适配器	1,000	4.7863	5,600.00	5,600.00					
	深圳富友电										16,500.00			27,500.00
	深圳高显贸02													
	期初应付													32,400.00
2013-01-3	采购发票(	ZPOFP0000	人民币								24,000.00			56,400.00
2013-01-3	采购发票(	ZPOFP0000	人民币	1.03	9寸屏	1,000	20.5128	24,000.00	24,000.00					
	深圳高显贸										24,000.00			56,400.00
	深圳鸿安包03													
2013-01-3	采购发票(	ZPOFP0000	人民币								3,500.00			3,500.00
2013-01-3	采购发票(	ZPOFP0000	人民币	1.05	包装盒	1,000	2.9915	3,500.00	3,500.00					
	深圳鸿安包										3,500.00			3,500.00

图 11-29

其他采购和应付报表可以参照以上报表方法进行查询。

11.4 课后习题

（1）画出采购管理和应付管理系统数据流向。

（2）采购发票与采购入库单进行钩稽有什么作用？

（3）采购发票生成凭证在哪个模块中处理？

实验九 采购管理和应付管理

【实验目的】

（1）掌握采购入库操作。

（2）掌握采购入库生成采购发票，以及发票钩稽。

（3）掌握付款单操作。

（4）掌握业务单据生成凭证。

【实验内容】

（1）采购入库操作。

（2）采购入库生成采购发票。

（3）采购发票钩稽。

（4）付款单操作。

（5）往来冲销。

（6）业务单据生成凭证。

（7）报表查询。

【实验资料】

（1）采购入库单如表 1 所示。

表 1　　采购入库单

日期	单据编号	供应商	物料代码	物料名称	收料仓库	单位	实收数量	含税单价	含税金额
2013-1-15	WIN000001	广州书名文具厂	1.01	笔芯	原材仓	支	1 000	1	1 000
			1.04	笔芯	原材仓	支	2 000	1.03	2 060
2013-1-15	WIN000002	广州浩友塑胶制品厂	1.02	笔壳	原材仓	支	2 000	3	6 000
			1.05	笔帽	原材仓	支	2 000	2	4 000
2013-1-16	WIN000003	广州浩友塑胶制品厂	1.03	笔帽	原材仓	支	5 000	1.5	7 500
2013-1-16	WIN000004	广州唯安包装公司	1.06	纸箱	原材仓	支	50	5	250

（2）2013-1-11 付广州浩友塑胶制品厂货款 10 000 元。

（3）2013-1-11 预付广州浩友塑胶制品厂货款 5 000 元。

【实验步骤】

（1）以“李丽”登录“宇纵科技有限公司”账套，录入表 1 采购入库单并审核。

（2）将表 1 中的采购入库生成采购发票，并钩稽。

（3）以付款单中的付款录入 2013-1-11 付广州浩友塑胶制品厂货款 10 000 元。

（4）以付款单中的预付款录入 2013-1-11 预付广州浩友塑胶制品厂货款 5 000 元。

（5）以往来冲销功能将预付冲应付。

（6）修改凭证模板。

（7）将业务单据生成凭证。

（8）查询应付账款汇总表。

（9）查询应付账款明细表。

第12章 仓存管理

学习重点

通过本章学习，了解仓存管理模块功能，了解仓存管理操作流程，了解各种仓库单据的处理方法和意义，以及仓库类报表的查询方法。

12.1 概述

物料是企业在生产经营过程中为销售或耗用而储存的各种资产，包括商品、产成品、半成品、在产品以及各种材料、燃料、包装物、低值易耗品等。物料是保证企业生产经营过程顺利进行的必要条件，是企业的一项重要的流动资产，其价值在企业流动资产中占有很大的比重。

仓存管理是金蝶 KIS 专业版中的重要模块，提供物料的外购入库、产成品入库、其他入库、生产领料、销售出库、其他出库、调拨业务和盘点业务等全面的业务应用。

仓存管理可以单独使用，也可以与采购管理、销售管理、物料需求计划及存货核算集成使用，发挥更加强大的应用功能。

在主界面窗口，单击“仓存管理”，切换到仓存管理功能界面，如图 12-1 所示。

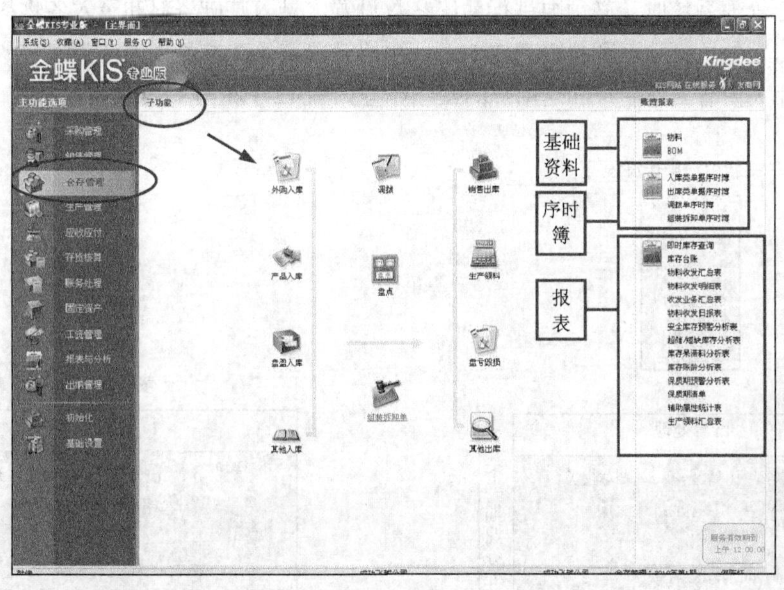

图 12-1

- 子功能：显示当前采购管理下可以处理的单据类型。
- 基础资料：快速进行基础资料管理。功能与“基础设置”中的功能相同。
- 序时簿：查询相应单据的序时簿情况。

- 报表：查询、分析和物料库存情况。

1. 仓存管理系统数据流向

仓存管理系统数据的流向如图 12-2 所示。

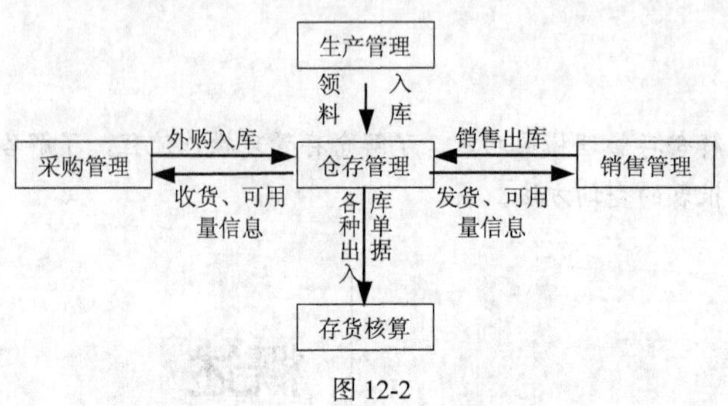

图 12-2

- 销售管理：销售管理中的销售出库单与仓存管理同步，同时仓存管理将发货信息和可用量信息反馈到销售管理中。
- 采购管理：采购管理中的采购入库与仓存管理同步，同时仓存管理将收货信息和可用量信息反馈到采购管理中。
- 生产管理：生产管理中的生产领料和产品入库与仓存管理同步，同时仓存管理将发货、收货信息和可用量信息反馈到生产管理管理中。
- 存货核算：接收仓存管理中的所有出入库单据进行成本核算。

2. 仓存管理系统每期的操作流程

新使用仓存管理系统时，必须要进行系统参数设置、录入基础资料和录入各物料的期初数量之后，才能进行日常的单据处理和报表查询工作。初始设置工作请参照“第 3 章基础设置”和“第 4 章初始化”的相关内容。新用户和老用户的操作流程如图 12-3 和图 12-4 所示。

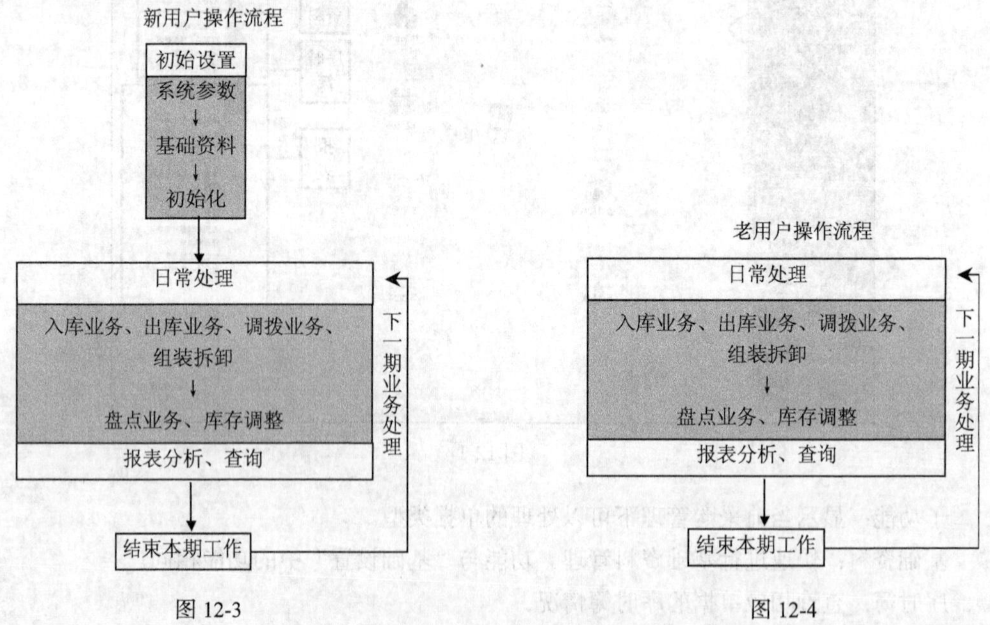

图 12-3　　　　图 12-4

12.2 日常业务处理

基础资料、初始化设置和系统设置完成后，可以进行日常的业务处理。日常业务处理包括各种仓存单据录入、查询和修改等操作。

12.2.1 生产领料

生产领料单是仓库管理员接收到生产任务开工指令后，向生产部发料并填写的出库单据。生产领料单有蓝字/红字两种。

生产领料单一般是由仓库管理员填写。金蝶 KIS 专业版中的生产领料单有两个模块可以录入，一个是在【生产管理】→【生产领料】功能中录入，另一个是在【仓存管理】→【生产领料】中录入。

表 12-1 生产领料单

日期	单据编号	物料代码	物料名称	单位	发料仓库	实发数量
2013-1-13	SOUT000001	1.01	主板	PCS	原材仓	1 000
		1.02	9 寸外壳	PCS	原材仓	1 000
		1.03	9 寸屏	PCS	原材仓	1 000
		1.04	适配器	PCS	原材仓	1 000
		1.05	包装盒	PCS	原材仓	1 000

例：以表 12-1 为例，介绍生产领料的处理方法。

（1）以“何钰”登录账套，单击【仓存管理】→【生产领料】功能，系统进入“生产领料单”录入窗口，领料部门获取“生产部”，日期修改为“2013-1-13”，在表体“物料代码”处按 F7 功能键，系统弹出物料档案，如图 12-5 所示。

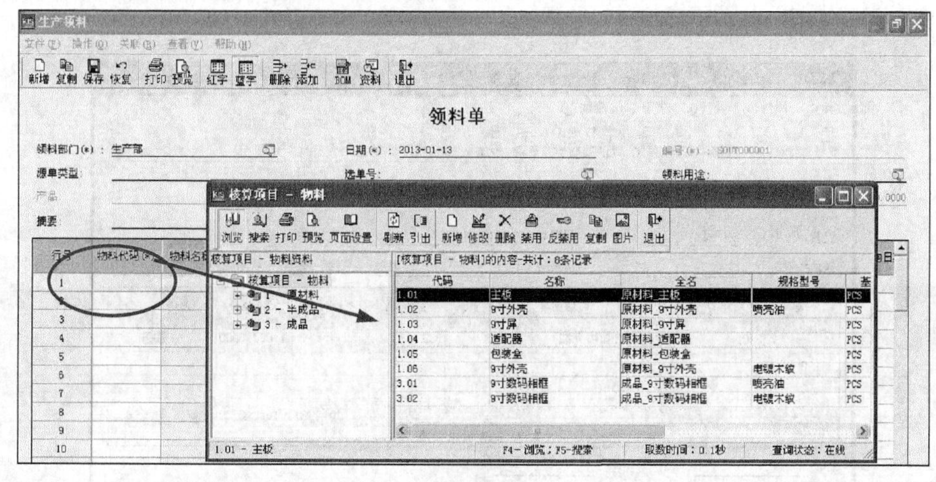

图 12-5

（2）选中“1.01—主板”物料，单击“返回”按钮，系统将获取成功的物料信息显示在表体中，发料仓库获取“原材仓”，实发数量录入“1 000”，同样方法录入剩余物料，录入成功单据如图 12-6 所示。

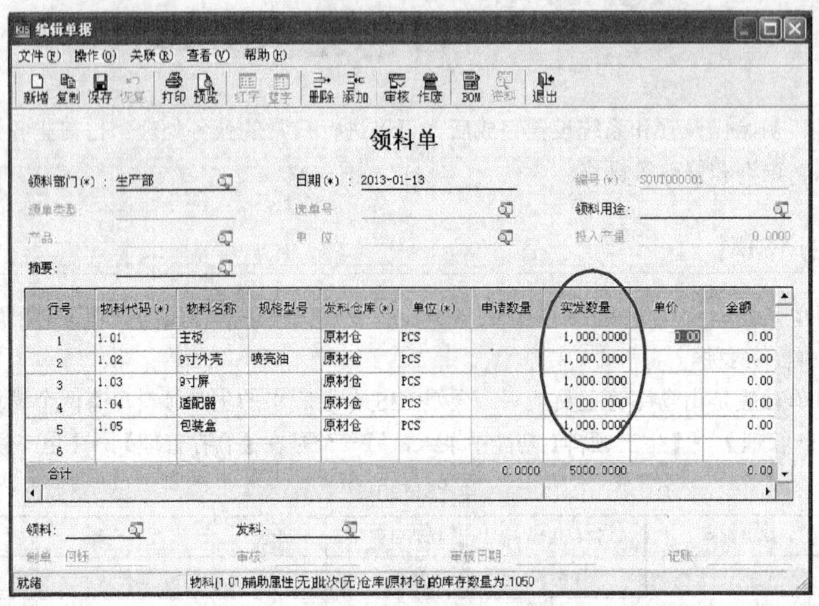

图 12-6

（3）保存并审核当前领料单。

12.2.2 产品入库

产品入库是指生产部将加工好的产品送回仓库储存，仓库管理员开具的一张入库单据。

例：2013-1-18 入库 3.01——9 寸数码相框 1 000PCS。

单击【仓存管理】→【产品入库】，系统进入产品入库单录入窗口，交货单位获取“生产部”，日期修改为“2013-1-18”，在表体的“物料代码”处录入“3.01”，收货仓库获取“成品仓”，实收数量录入“1 000”，如图 12-7 所示。

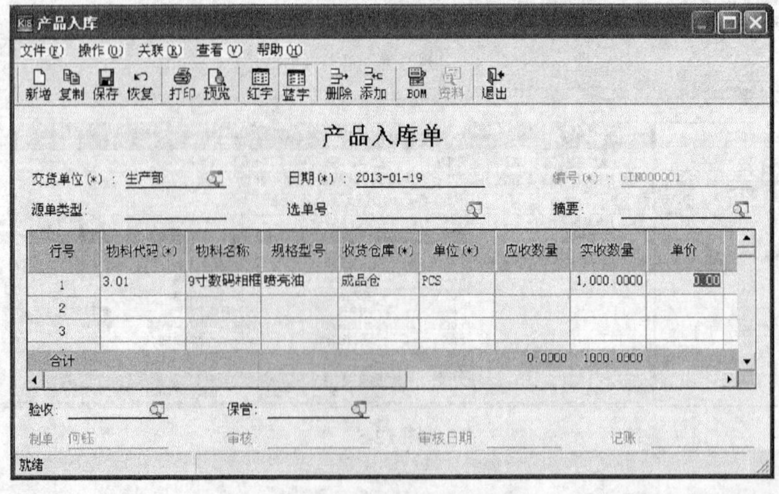

图 12-7

保存并审核当前产品入库单。

外购入库单的处理方法参照采购管理中的“采购入库”，销售出库单参照销售管理中的“销售出库”，其他入库和其他出库可以上面单据练习。

12.2.3 仓库调拨

仓库调拨单是处理由于仓库变化而产生的物料转移存储位置的业务，如外购来料经质检不合格，需要调拨到待处理仓库进行再次核定后做处理，或零售公司从集团仓库将货物调拨到分公司的仓库的物料转移业务处理。

金蝶 KIS 专业版中存在不同类型的仓库，因此就存在 3 种不同的仓库间调拨业务：

- 实仓同实仓之间的调拨业务：这种业务主要处理不同实仓间的货品调拨，由于实仓是需要核算货品成本的，因此不同实仓间的调拨存在 2 种情况，即同价调拨和异价调拨。
- 实仓同虚仓之间的调拨业务：这种业务处理的是实仓和虚仓的货品调拨，由于虚仓是不需要核算货品成本的，因此不同仓库类型间的调拨只有 1 种情况，异价调拨，所有从实仓调拨到虚仓的货品成本单价自动为零；所有从虚仓调拨到实仓的货品，用户需要为货品赋予单价，并作为入库成本参与实仓的货品成本核算。
- 虚仓同虚仓之间的调拨业务：这种业务处理虚仓间的货品调拨，由于虚仓是不需要核算成本的，因此不同虚仓间的调拨只有 1 种情况，同价调拨，所有虚仓间的货品在调拨前后，单价为零，只对数量进行管理，因此虚仓调拨单不存在成本核算，也不会生成凭证。

第一种业务调拨单价相同的用同价调拨，调拨单价不同的用异价调拨，第二种调拨业务只能异价调拨处理，第三种调拨业务必须通过虚仓调拨处理。

- 调拨类型：选择是属于同价调拨、异价调拨、虚仓调拨处理中一种。
- 调出仓库：物料所处的原仓库名称，按 F7 键获取。
- 调入仓库：按 F7 键获取，该物料要调入到哪个仓库？

调拨单以上三个项目要注意外，其他项目处理方法可以参照前面单据处理方法。

12.2.4 盘点

企业必须对物料进行定期或不定期的清查，查明物料盘盈、盘亏及损毁的数量以及造成的原因，并据此编制物料盘点报告表，该业务称为盘点。系统还可以根据盘点报告生成盘盈单和盘亏单。按规定程序，盘点报告需要报有关部门审批。经有关部门批准后，应进行相应的账务处理，调整物料账的实存数，使物料的账面记录与库存实物核对相符。

盘点流程介绍如下。

（1）新增盘点方案，确定盘点范围（要进行盘点的仓库和盘点截止日期）。

（2）输出盘点表。可以将盘点表打印，以备在实物盘点时书写正确的实存数；或者引出盘点数据（引出功能在“物料盘点报告单”中的“文件”菜单），提供仓管人员进行盘点。

（3）实物盘点结束，录入盘点数据，或者把 Excle 格式的盘点结果数据引入。

（4）编制盘点报告单，系统进行账存数据与实存数据差异比较，再生成盘盈单盘亏单。

例：以盘点流程进行本账套中的原材仓库进行盘点，练习盘点作业的使用方法。

（1）单击【仓存管理】→【盘点】，系统进入“盘点”管理窗口，如图 12-8 所示。

- 新建：新建盘点方案。
- 盘点：选中盘点方案后，单击“盘点”按钮进入“盘点”报表录入窗口。
- 保存：保存盘点方案变动信息。
- 删除：删除盘点方案。

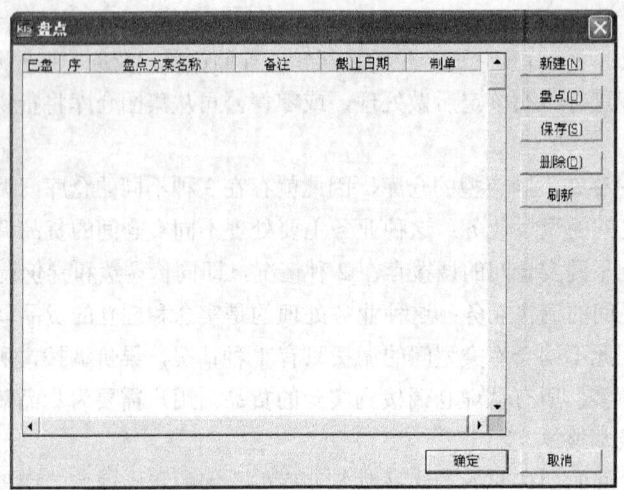

图 12-8

（2）单击“新建”按钮，进入“备份仓库数据”窗口，在窗口中选择要备份哪些仓库的数据，以及备份的时间段等，选择“原材仓”，其他项目保持默认值，如图 12-9 所示。

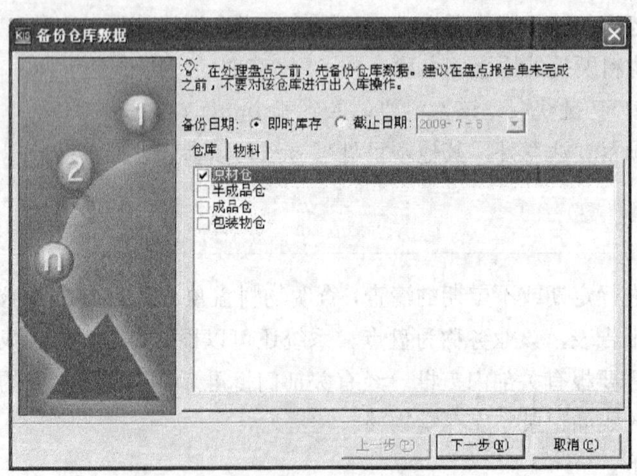

图 12-9

- 备份日期：即时库存是指系统当天日期的库存数据；截止日期是指用户盘点到什么时期的库存数据，一般是早于系统日期，因为晚于系统日期的数据系统以“即时库存”处理。
- 仓库：选择要备份的仓库名称，也就是选择要盘点什么仓库的数据，例如选中“原材仓”，则该方案对原材仓进行备份，该方案所显示的盘点也只有“原材仓”的数据。

（3）选中“截止时间”，并修改为“2013-1-31”，单击“下一步”，系统开始备份，成功后单击“完成”按钮，返回“盘点”窗口，可以看到新建成功的盘点方案，如图 12-10 所示。

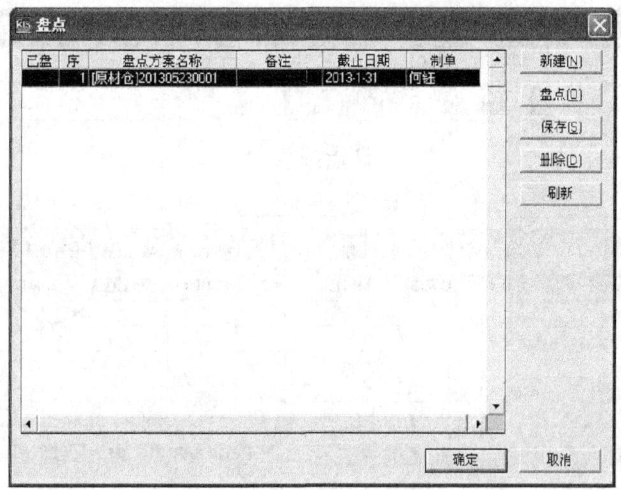

图 12-10

（4）选中盘点方案，单击“盘点”按钮，系统进入“物料盘点表”窗口，在“盘点数量”处录入实盘数据，例 1.02——9 寸外壳的盘点数量录入 202，1.01——主板的盘点数量录入 49，如图 12-11 所示。

物料盘点表

文件(F) 编辑(E) 查看(V) 帮助(H)

选单 添加 删除 编制 打印 引出 引入 搜索 排序 过滤 退出

物料盘点表　　盘点方案：[原材仓]201305230001　　账存日期 2013-05-

仓库	物料代码	物料名称	基本单位	基本单位账存数量	基本单位实存数量	基本单位盘点数量	单位	账存数量	实存数量	盘点数量	调整数量	备注
原材仓	1.03	9寸屏	PCS	0.0000	0.0000	0.0000	PCS	0.0000	0.0000	0.0000	0.0000	
原材仓	1.02	9寸外壳	PCS	200.0000	202.0000	202.0000	PCS	200.0000	202.0000	202.0000	0.0000	
原材仓	1.05	包装盒	PCS	0.0000	0.0000	0.0000	PCS	0.0000	0.0000	0.0000	0.0000	
原材仓	1.04	适配器	PCS	0.0000	0.0000	0.0000	PCS	0.0000	0.0000	0.0000	0.0000	
原材仓	1.01	主板	PCS	50.0000	49.0000	49.0000	PCS	50.0000	49.0000	49.0000	0.0000	
				250.0000	251.0000	251.0000		250.0000	251.0000	251.0000	0.00	

图 12-11

可以将“物料盘点表”打印输出后，到仓库进行实盘工作，然后返回录入“盘点数量”。

（5）编制盘点报告。单击“编制”按钮，系统进入“物料盘点报告单”，将盘盈数量和盘亏数量列显示，如图 12-12 所示。

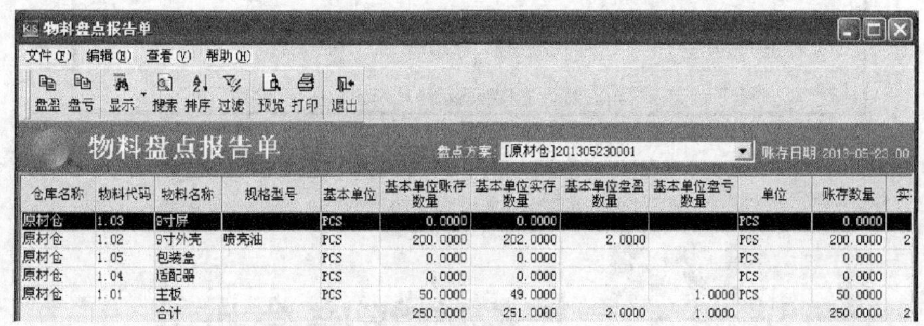

仓库名称	物料代码	物料名称	规格型号	基本单位	基本单位账存数量	基本单位实存数量	基本单位盘盈数量	基本单位盘亏数量	单位	账存数量	实
原材仓	1.03	9寸屏		PCS	0.0000	0.0000			PCS	0.0000	
原材仓	1.02	9寸外壳	喷亮油	PCS	200.0000	202.0000	2.0000		PCS	200.0000	2
原材仓	1.05	包装盒		PCS	0.0000	0.0000			PCS	0.0000	
原材仓	1.04	适配器		PCS	0.0000	0.0000			PCS	0.0000	
原材仓	1.01	主板		PCS	50.0000	49.0000		1.0000	PCS	50.0000	
		合计			250.0000	251.0000	2.0000	1.0000		250.0000	2

图 12-12

（6）生成盘盈盘亏单。单击“盘盈”按钮，系统弹出提示窗口，单击“确定”按钮，系统进入“盘点报告”单，请见“盘盈数量”列数据，即为盘盈数据，如图 12-13 所示。

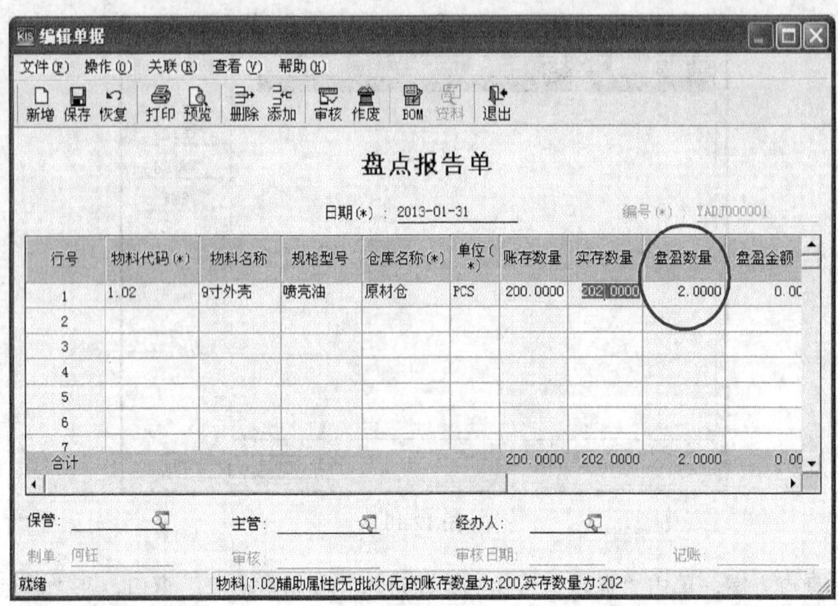

图 12-13

保存并审核当前盘点单。单击“退出”按钮返回“盘点报告单”，单击“盘亏”按钮，进入“盘点报告单”，盘亏（损毁）数量列数据即为盘亏数据，保存并审核该单据，审核成功如图 12-14 所示。

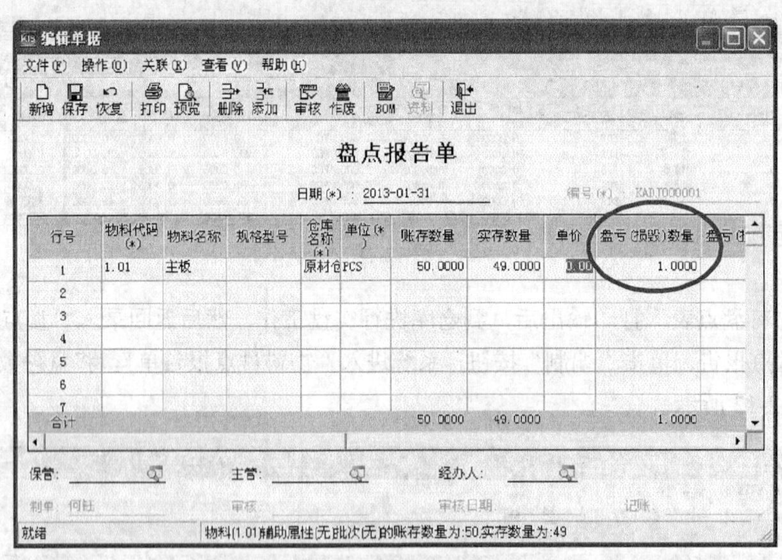

图 12-14

12.3 仓存报表分析

金蝶 KIS 专业版仓存管理除提供基本报表查询功能外，还提供强大的报表分析查询功能，可以进行安全仓库预警分析、超储/短缺库存分析和库存账龄分析等各种分析，以提供即时方便的分析数据。

12.3.1 即时库存查询

即时库存是查询截止当前时间点系统中所有物料在账数据，可以按照仓库查询，也可以按照物料查询。

（1）单击【仓存管理】→【即时库存】，系统进入“过滤”窗口，如图 12-15 所示。

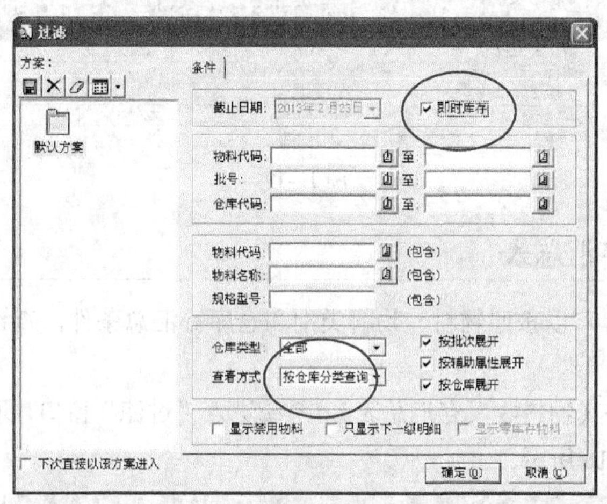

图 12-15

- 即时库存：选中，查询数据为截止当前时间点的现存量数据。不选中，可以设置任意时间点。
- 查看方式：选择“按仓库分类查询”，则看到的数据为每一仓库下所有物料的现存量；选择“按物料分类查询”，则看到的数据为每一物料在不同仓库下的现存量数据。

（2）在此保持默认值，单击“确定”按钮，系统进入“即时库存查询”窗口，如图 12-16 所示。

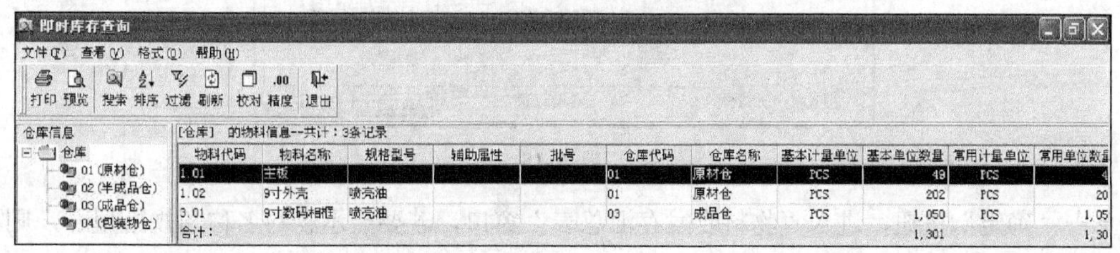

物料代码	物料名称	规格型号	辅助属性	批号	仓库代码	仓库名称	基本计量单位	基本单位数量	常用计量单位	常用单位数量
1.01	主板				01	原材仓	PCS	49	PCS	4
1.02	9寸外壳	喷亮油			01	原材仓	PCS	202	PCS	20
3.01	9寸数码相框	喷亮油			03	成品仓	PCS	1,050	PCS	1,05
合计：								1,301		1,30

图 12-16

12.3.2 库存台账

库存台账是查询每一物料在所查询时间范围内的入库、出库和结存情况，所查询情况可以与“物料卡”上的流水账进行核对。

单击【仓存管理】→【库存台账】，系统进入“过滤”窗口，保持默认查询条件，单击“确定”按钮系统进入“库存台账”窗口，如图 12-17 所示。

在库存台账窗口可以查询到某一物料在什么时间，以何种单据，是入库还是出库行为，报表都一一显示，双击明细记录并可以进入单据窗口。

单击“首条”“上一”“下一”“末条”按钮可以切换查询不同的物料库存台账情况。

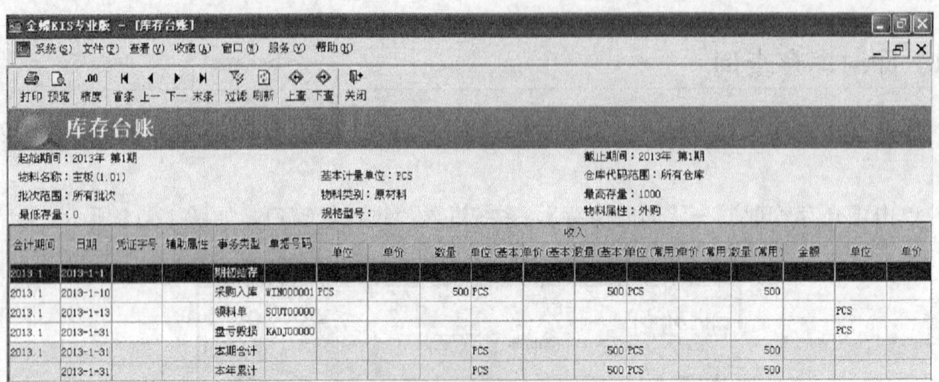

会计期间	日期	凭证字号	辅助属性	事务类型	单据号码	收入											
						单位	单价	数量	单位(基本	单价(基本	数量(基本	单位(常用	单价(常用	数量(常用)	金额	单位	单价
2013.1	2013-1-1			期初结存													
2013.1	2013-1-10			采购入库	WIN000001	PCS		500	PCS		500	PCS		500			
2013.1	2013-1-13			领料单	SOUT00000											PCS	
2013.1	2013-1-31			盘亏毁损	KADJ00000											PCS	
2013.1	2013-1-31			本期合计					PCS		500	PCS		500			
	2013-1-31			本年累计					PCS		500	PCS		500			

图 12-17

12.3.3 物料收发存汇总表

物料收发存汇总表，可以按照物料、物料类别和仓库等汇总条件，查询到期间范围内的入库、出库和结存汇总情况。

单击【仓存管理】→【物料收发存汇总表】，系统进入“过滤”窗口，取消分级汇总和仅显示汇总行的项选中，如图 12-18 所示。

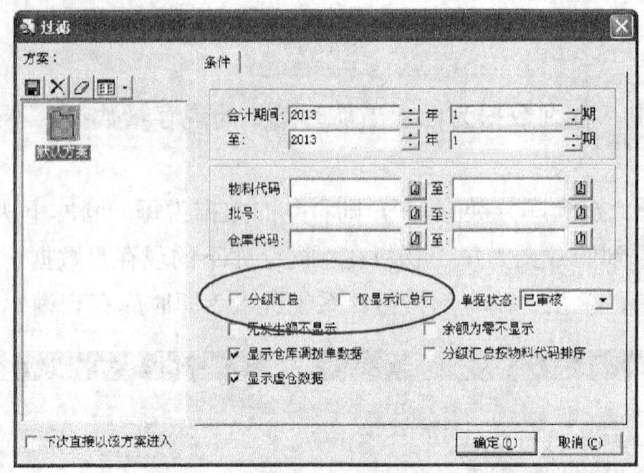

图 12-18

单击“确定”按钮，进入“物料收发存汇总表”窗口，若要显示物料名称和规格型号，则可以单击菜单【查看】→【显示/隐藏列】，进行设置，查询到的汇总表如图 12-19 所示。

金蝶KIS专业版 - [物料收发汇总表]

系统(S) 文件(F) 查看(V) 收藏(A) 窗口(W) 服务(V) 帮助(H)

打印 预览 精度 过滤 刷新 关闭

物料收发汇总表

起始期间：2013年 第1期　　截止期间：2013年 第1期

物料代码范围：所有物料　　批次范围：所有批次　　仓库代码范围：所有仓库

会计期间	物料代码	物料名称	规格型号	期初结存			本期收入			本期发出			期末结存		
				数量	单价	金额	数量	单价	金额	数量	单价	金额	数量	单价	金额
2013.1	1.01	主板		550	11.82	6,500.00	500			1,001			49	132.65	6,500.00
2013.1	1.02	9寸外壳	喷亮油	200	3.30	660.00	1,002			1,000			202	3.27	660.00
2013.1	1.03	9寸屏					1,000			1,000					
2013.1	1.04	适配器					1,000			1,000					
2013.1	1.05	包装盒					1,000			1,000					
2013.1	3.01	9寸数码相	喷亮油	50	45.00	2,250.00	1,000						1,050	2.14	2,250.00
2013.1	合计			800	11.7625	9,410.00	5,502			5,001			1,301	7.2329	9,410.00

图 12-19

12.4 课后习题

（1）画出仓存管理系统数据流向。
（2）仓库调拨单一般用于什么业务情况？
（3）能否随时盘点？

实验十 仓存管理

【实验目的】

（1）掌握生产领用和产品入库操作。
（2）掌握采购盘点操作。
（3）掌握仓存三大报表查询方法。

【实验内容】

（1）生产领用操作。
（2）产品入库操作。
（3）仓库原材仓盘点。
（4）报表查询。

【实验资料】

（1）生产领料单如表1所示。

表1　生产领料单

日期	单据编号	物料代码	物料名称	单位	发料仓库	实发数量
2013-1-15	SOUT000001	1.02	笔壳	支	原材仓	1 000
		1.04	笔芯	支	原材仓	1 000
		1.05	笔帽	支	原材仓	1 000
		1.06	纸箱	支	原材仓	2

（2）2013-1-18产品入库，3.02圆珠笔入库1 000支到成品仓。

【实验步骤】

（1）以“李丽”登录“宇纵科技有限公司”账套，录入表1生产领料单并审核。
（2）以产品入库单操作2013-1-18产品入库，3.02圆珠笔入库1 000支到成品仓。
（3）对原材仓进行盘点。
（4）查询即时库存。
（5）查询库存台账。
（6）查询收发存汇总表。

第13章 销售管理和应收管理

学习重点

通过本章学习，了解销售、应收管理模块功能，了解销售、应收管理操作流程，了解各种销售、应收单据的处理方法和意义，以及报表的查询。

13.1 概述

销售是企业生产经营成果的实现过程，是企业经营活动的中心。金蝶 KIS 专业版的销售管理系统提供报价、订货、发货及开票的完整销售流程，同时可对销售价格和折扣进行实时监控。

应收系统负责销售发票和收款两大业务工作，收款功能可以处理预收款和收款业务类型。系统同时提供预收冲应收和应收冲应付往来核销方式。

在主界面窗口，单击“销售管理”，切换到销售管理功能界面，如图 13-1 所示。

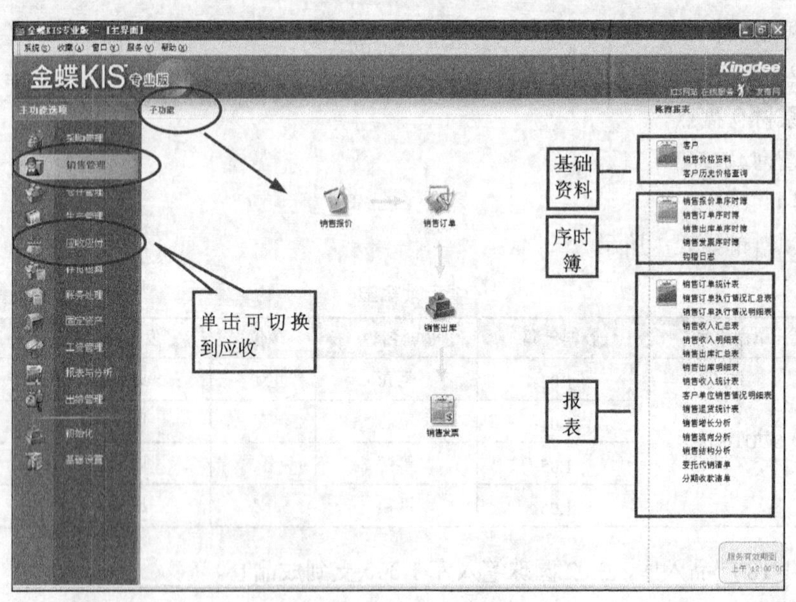

图 13-1

- 子功能：显示当前销售下可以处理的单据类型。
- 基础资料：快速进行基础资料管理。功能与“基础设置”中的功能相同。
- 序时簿：查询相应单据的序时簿情况。
- 报表：查询、分析和销售情况。

1. 销售、应收管理系统数据流向（如图 13–2 所示）

- 采购建议：采购建议位于“生产管理”系统下，采购建议可以选定已审核的销售订单，根据销售订单的中所销售的产品 BOM 档案展开计算所需要的采购物料，生成采购建议以供计划部门参考，同时可以由采购建议直接生成采购订单。

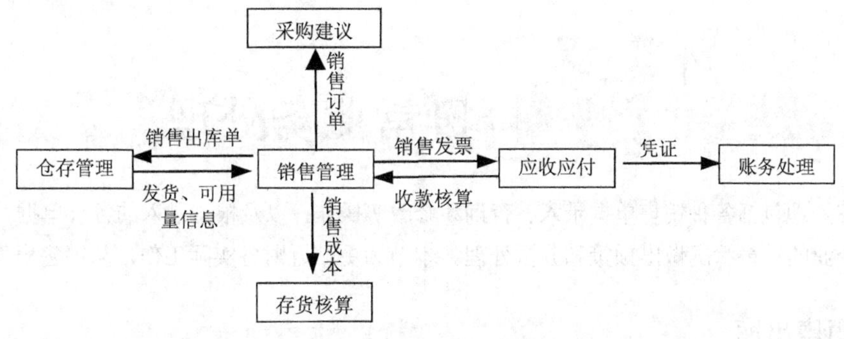

图 13-2

- 仓存管理：为销售管理系统提供即时库存信息。同时销售管理中的“销售出库”等同于仓存管理的“销售出库”功能。
- 应收应付：销售管理中的销售发票传递到“应收应付”系统中，以供“收款单”收款时使用。
- 存货核算：销售出库单传递到存货核算计算出库成本，然后生相关凭证传递到“财务处理”系统，以供财务核算时使用。
- 账务处理：接收上游生成的凭证。

2. 销售、应收管理系统每期的操作流程

新使用销售管理系统时，必须要进行系统参数设置、录入基础资料和录入初始化数据之后，才能进行日常的单据处理和报表查询工作。初始设置工作请参照“第 3 章基础设置”和“第 4 章初始化”的相关内容。

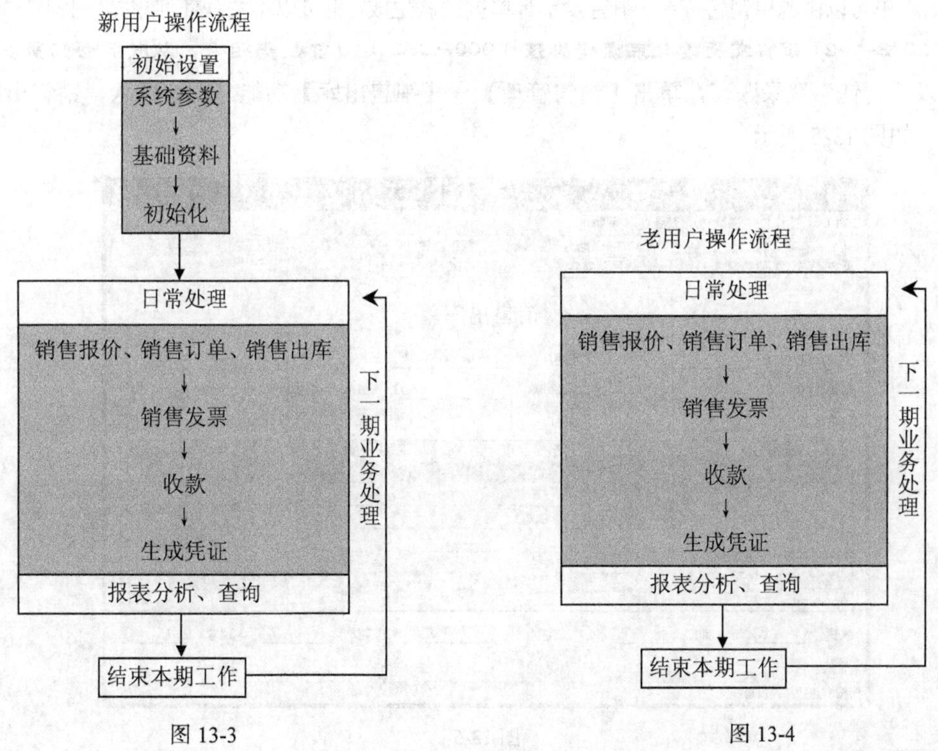

图 13-3　　图 13-4

在实际工作中，销售报价单、销售订单通常由“销售部”负责操作，销售出库由“仓库”负责操作，作为财务人员，只需要根据销售出库生成发票，并收款，然后生成凭证即可。

13.2 日常业务处理

日常业务处理包括各种销售单据录入、查询和修改等操作，以及根据录入的各种单据，查询相关报表，以及对企业的销售状况做出预策和分析处理。本节为更贴近财务实际工作，从销售出库开始讲述。

13.2.1 销售出库

销售出库单也就是送货单，是仓库管理员接收到销售部发货通知后，确认仓库有该产品，并且库存数量符合销售部需求时填写的一张出库单据。销售出库单有两种，一种是蓝字出库单，另一种是红字出库单，红字出库单是蓝字出库单的反向单据，代表物料的退回。

销售出库单一般是由仓库管理员填写，然后由销售部业务员签字后才能从仓库发货。金蝶 KIS 专业版中的销售出库单有两个模块可以录入，一个是在【销售管理】→【销售出库】中录入，另一个是在【仓存管理】→【销售出库】中录入。

注：销售出库单由谁制单、谁审核及谁领料等，这是关于业务权限的问题，与是否在销售管理下填写出库单，还是在仓存管理下填写出库单没有关系。

销售出库单可以由源单销售订单、销售发票等单据关联生成，也可以不关联任何单据，手工方式新增。

例：2013-1-21 销售发货给北京宏码科技 1 000PCS3.019 寸数码相框，从成品仓出货。

（1）以“何钰”登录账套，单击【销售管理】→【销售出库】功能，系统进入“销售出库单”录入窗口，如图 13-5 所示。

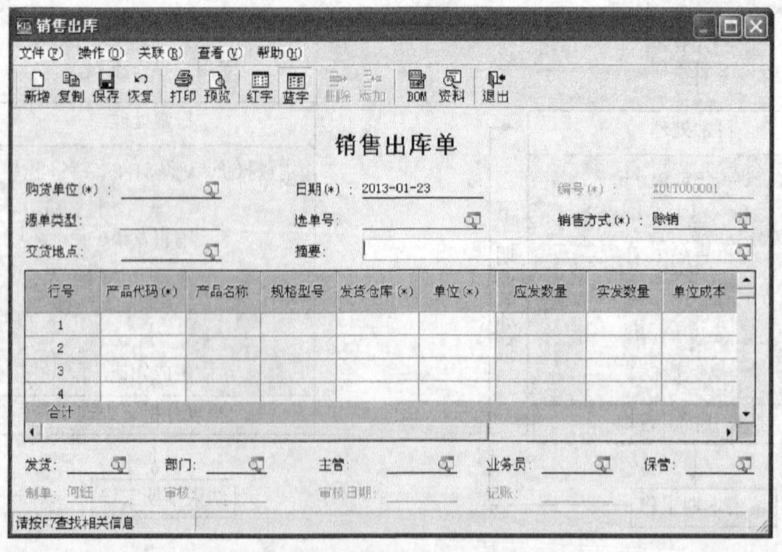

图 13-5

（2）购货单位录入“01”，日期修改为“2013-1-21”，交货地址录入“客户公司”，在表体中的第一条分录，产品代码录入“3.01”，发货仓库获取“成品仓”，实发数量录入“1 000”，如图 13-6 所示。

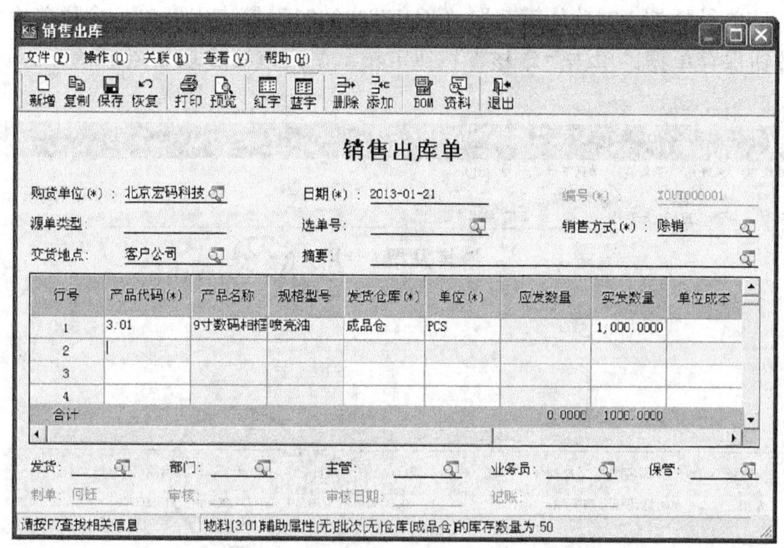

图 13-6

（3）单击“保存”按钮保存销售出库单，单击“审核”按钮审核当前销售出库单。

销售出库单中的单位成本是指材料出库成本价，该价格是“存货核算”计算材料出库成本后自动返写回该位置。在实际打印“销售出库单”时一定要注意哪些项目可以让客户看到，哪些不能让客户看到，然后根据要求再详细设置打印格式。

13.2.2 销售发票

销售发票是挂客户应收账款的单据，金蝶 KIS 专业版提供可以处理销售专用发票（增值税发票）和普通发票。为保证应收账款的正确性和在账务达到监督要求，销售发票通常是由财务部“往来会计”负责处理。

销售发票可以由源单销售订单、销售出库单单据关联生成，也可以不关联任何单据，手工方式新增。

例：根据刚才录入的销售发货单生成销售发票，含税单价录入“81”。

（1）单击【销售管理】→【销售发票】，系统进入销售发票录入窗口，如图 13-7 所示。

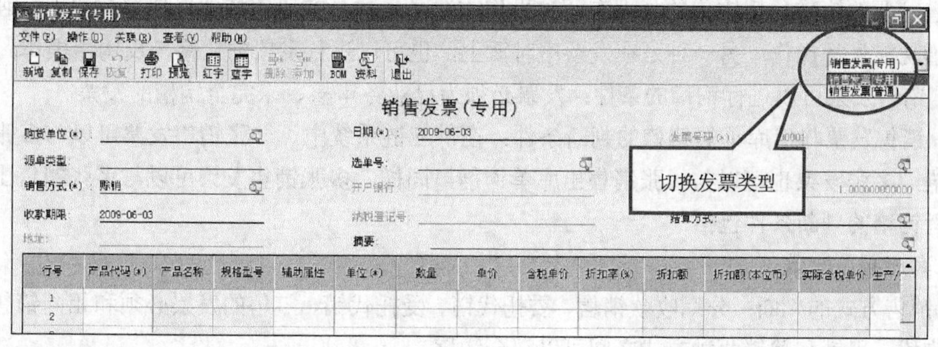

图 13-7

单击窗口右上角的下拉列表，选择要录入的发票是专用发票还是普通发票。

（2）选择“销售发票（专用）”，日期修改为“2013-1-31”，购货单位录入“01”，源单类型选择“销售出库单”，选单号处按 F7 功能键获取“XOUT000001”销售出库单，含税单价修改为“81”，单击“保存”按钮保存单据，单击“审核”按钮审核单据，审核成功如图 13-8 所示。

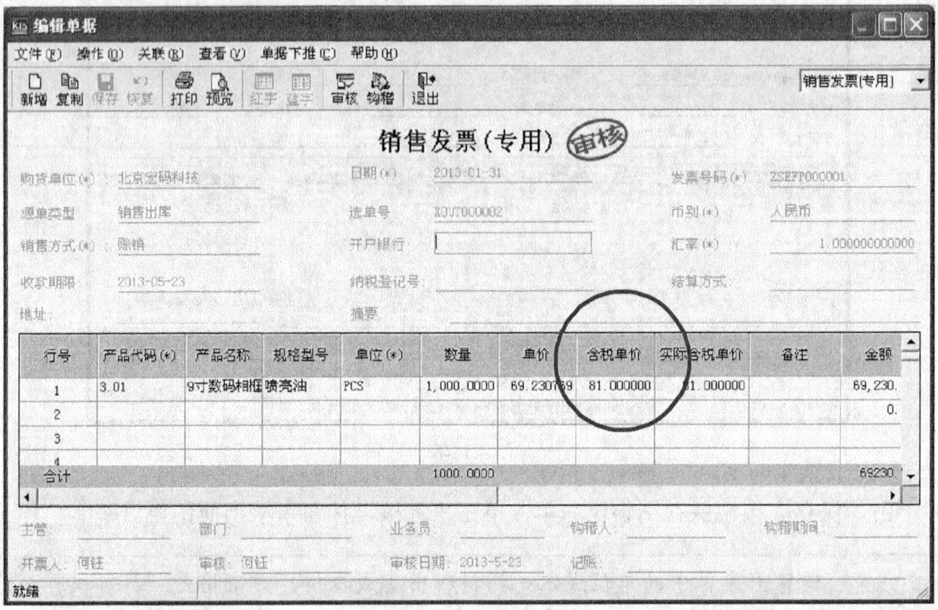

图 13-8

在实际销售结算中，做为结算销售价格可能会更改，所以在“销售发票”中的含税单价和税率等项目，如有变动时，以实际与客户协商签字的数据进行修改。

13.2.3 钩稽与反钩稽

销售发票的钩稽主要是指发票与销售出库单的钩稽。对于分期收款和委托代销销售方式的销售发票只有钩稽后才允许生成凭证，且无论是本期或以前期间的发票，钩稽后都作为钩稽当期发票来计算收入；对于现销和赊销发票，钩稽的主要作用就是进行收入和成本的匹配确认，对于记账没有什么影响。

销售发票的钩稽、反钩稽的处理有两种操作方法：一种是在已审核的发票单据界面，使用钩稽和反钩稽功能进行操作；另一种是在发票序时簿上，也可以进行发票的钩稽、反钩稽操作。

- 销售发票可以进行钩稽的条件：发票必须为已业务审核、未完全钩稽的发票。
- 销售发票与出库单的钩稽的判断条件：在供应链系统中，一张销售发票可以与多张销售出库单钩稽，多张发票也可以与一张销售出库单钩稽，同样，多张销售发票可以与多张销售出库单钩稽。两者钩稽的判断条件包括：

① 客户必须一致；

② 销售方式的判断：分期收款销售、委托代销、受托代销、零售的发票必须和相同销售方式的出库单钩稽，现销和赊销两种方式之间可以混合钩稽；

③ 单据状态必须是已审核且未完全钩稽（即钩稽状态是未钩稽或者是部分钩稽）；

④ 两者单据日期必须为以前期间或当期；

⑤ 两者的物料、辅助属性以及钩稽数量必须一致。

销售发票的钩稽可以参照采购发票的钩稽方法。单击【销售管理】→【销售发票序时簿】，设置时间为“全部”，进入“销售发票序时簿”窗口，单击菜单【销售管理】→【钩稽】，稍后系统弹出钩稽成功提示，表示钩稽成功，同时在序时簿窗口的“钩稽”打上勾。

13.2.4 收款单

收款单是处理由销售行为所发生的收款业务。系统提供三种付款类型：收款、预收款和收款退款。收款是由赊销发票产生，选择此类型，则对以前的应收账款进行处理，可以在表体中选择所收款项对应的销售单据；预收款是在销售业务发生之前客户先给我司预付的全部或部分货款，选择此类型时表体不可用；收款退款是指对已经收款的进行退款处理。

例：2013-1-22 收到北京宏码科技 30 000 元货款，分别是付的上期余额和本期的部分应收款。

（1）单击【应收应付】→【收款单】，系统进入收款单处理窗口，客户处录入“01”，日期修改为“2013-1-22”，收款类型选择“收款”，结算账户选择“1002.01”，结算方式选择“支票”，表头收款金额录入“30 000”，在“源单编号”处按 F7 功能键，系统会将“北京宏码科技”的所有应收款项显示，如图 13-9 所示。

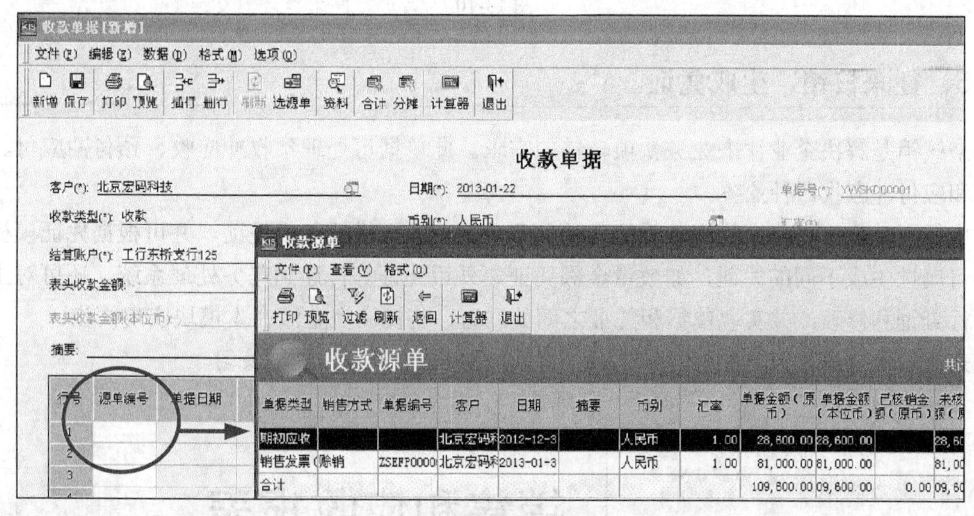

图 13-9

（2）用 Shift 键选中所有记录，单击“返回”按钮，请注意此时的收款单变化，单击“分摊”按钮，系统会按照表头的收款金额自动以“应收时间”次序核销，此时第二条分录“本次核销”处修改为“1 400”，如 13-10 所示。保存并审核当前收款单。

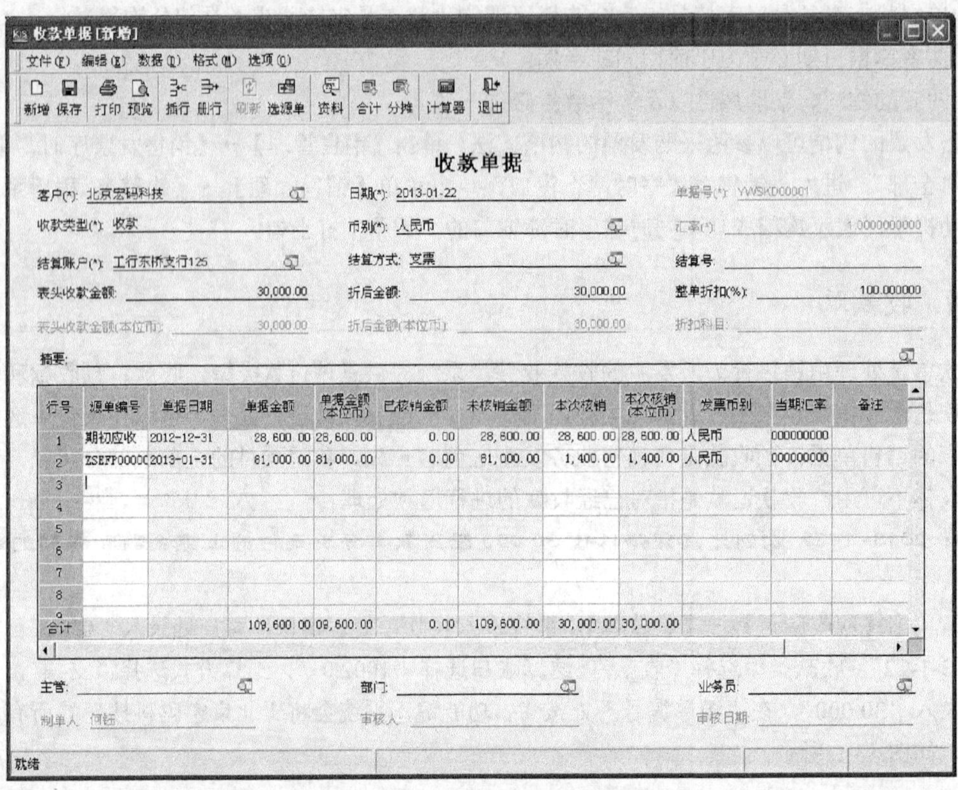

图 13-10

13.2.5 往来核销、生成凭证

往来核销是解决企业往来业务款项转销的需求。此单据可处理预收冲应收、预付冲应付、应收冲应付和应付冲应收四种业务。

生成凭证功能可以将应收应收系统各种业务单据按凭证模板生成凭证，并可根据凭证模板上选定的科目属性生成不同的凭证，如数量金额凭证、外币凭证等传递到账务处理系统。还可对生成的凭证进行查询和修改，并实现单据和凭证之间的联查，物流和资金流在本模块实现同步。

往来核销和生成凭证可参考“第 11 章采购管理和应付管理”进行练习。

13.3 销售和应收报表

金蝶 KIS 专业版为用户提供丰富的销售类报表和应收类报表，如销售出货汇总表、应收账款汇总表和应收账款明细表等多种报表，报表的查询方法跟采购类报表和应付类报表查询类似，重点是查询条件的设置。

13.3.1 应收账款汇总表

应收账款汇总表是查询一定时间范围内，应收账款的汇总情况，每一客户的期初多少，应收多少，实收多少，剩余多少。

单击【应收应付】→【应收账款汇总表】，系统进入“过滤”窗口，时间范围设置为 2013-1-1 至 2013-1-31，其他条件保持默认值，单击“确定”按钮，系统进入“应收账款汇总表”窗口，如图 13-11 所示。

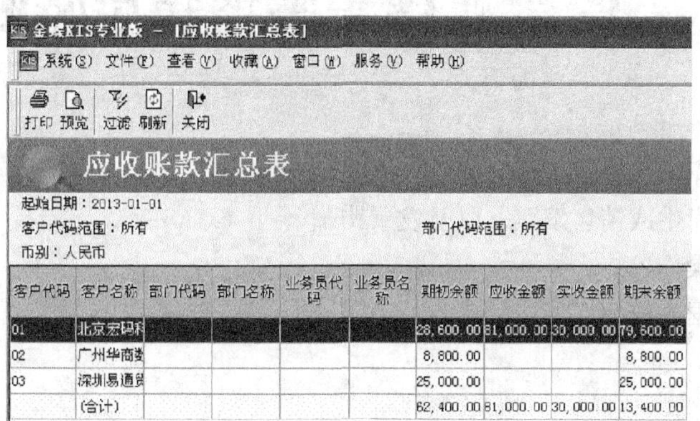

客户代码	客户名称	部门代码	部门名称	业务员代码	业务员名称	期初余额	应收金额	实收金额	期末余额
01	北京宏码科					28,600.00	81,000.00	30,000.00	79,600.00
02	广州华商数					8,800.00			8,800.00
03	深圳易通贸					25,000.00			25,000.00
	(合计)					62,400.00	81,000.00	30,000.00	113,400.00

图 13-11

双击汇总记录可以进入到“应收账款明细表”窗口。

13.3.2 应收账款明细表

应收账款明细表是查询一定时间范围内，应收账款的明细情况，如上期期末多少，预收多少，应收多少，实收多少。

单击【应收应付】→【应收账款明细表】，系统进入“过滤”窗口，时间范围设置为 2013-1-1 至 2013-1-31，其他条件保持默认值，单击“确定”按钮，系统进入“应收账款明细表”窗口，如图 13-12 所示。

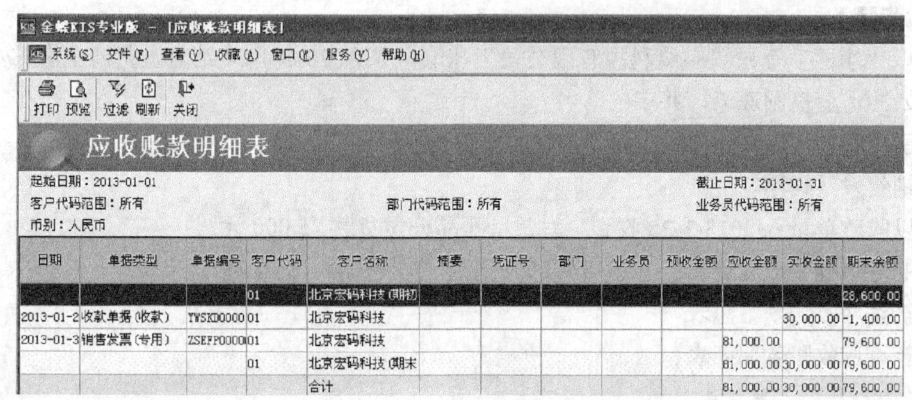

日期	单据类型	单据编号	客户代码	客户名称	摘要	凭证号	部门	业务员	预收金额	应收金额	实收金额	期末余额
			01	北京宏码科技 (期初								28,600.00
2013-01-2	收款单据 (收款)	YWSKD0000	01	北京宏码科技							30,000.00	-1,400.00
2013-01-3	销售发票 (专用)	ZSEFP0000	01	北京宏码科技						81,000.00		79,600.00
			01	北京宏码科技 (期末						81,000.00	30,000.00	79,600.00
				合计						81,000.00	30,000.00	79,600.00

图 13-12

13.4 课后习题

（1）画出销售管理和应收管理系统数据流向。

（2）销售出库单可以在哪些模块下处理？

销售管理和应收管理

【实验目的】

（1）掌握销售出库操作。

（2）掌握销售出库生成销售发票，以及发票钩稽。

（3）掌握付款单操作。

（4）掌握业务单据生成凭证。

【实验内容】

（1）销售出库单。

（2）销售出库生成销售发票。

（3）发票钩稽。

（4）收款单操作。

（5）业务单据生成凭证。

（6）报表查询。

【实验资料】

（1）2013-1-24 销售发货给上海常星礼品公司 3 000 支 3.01 蓝色圆珠笔，从成品仓出货，含税单价 9 元。

（2）2013-1-25 收到上海常星礼品公司货款 35 000 元。

【实验步骤】

（1）以“李丽”登录“宇纵科技有限公司”账套，录入 2013-1-24 销售发货给上海常星礼品公司 3 000 支 3.01 蓝色圆珠笔，并审核。

（2）引用销售出库单生成销售发票，含税单价为 9 元。

（3）销售发票钩稽。

（4）以收款单录入 2013-1-25 收到上海常星礼品公司货款 35 000 元。

（5）业务单据生成凭证。

（6）查询应收账款汇总表。

（7）查询应收账款明细表。

第14章 存货核算

学习重点

通过本章学习，了解存货核算模块功能，了解采购入库成本核算方法，了解估价入库成本核算方法，了解其他入库成本核算方法，了解自制入库成本核算方法和出库成本方法，以及凭证生成和存货报表的查询方法。

14.1 概述

存货核算系统主要是对出入库的存货进行出入库成本计算，对各种出入库单据（采购入库单、成品入单、销售出库单、材料领用单等）进行审核、勾稽后，根据预先定义好的物料成本计价方法（如先进先出、后进先出、加权平均等），系统自动计算材料出库成本。材料成本核算后的单据可生成凭证传递到账务处理系统。

存货的核算是企业会计核算的一项重要内容。进行存货核算，应该正确计算存货购入成本，促使企业努力降低存货成本，反映和监督存货的收发、领退和保管情况，反映和监督存货资金的占用情况，促进企业提高资金的使用效率。

存货核算不可以单独使用，须与采购管理、销售管理、和仓存管理集成使用，才能核算正确的材料成本。

1. 存货核算系统数据流向（如图 14-1 所示）

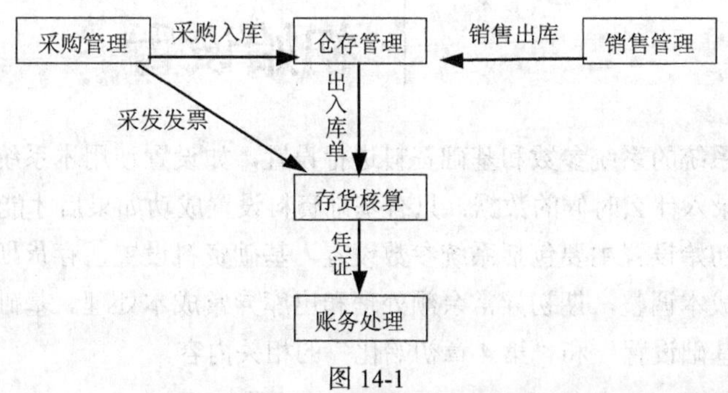

图 14-1

- 采购管理：主要接收采购系统产生的已审核的采购发票和采购入库单，进行外购入库核算或估价入库核算。
- 仓存管理：接收仓存系统所有的出入库单据，进行出入库金额核算。
- 销售管理：销售系统产生的已审核的销售出库单传递到仓存管理系统，仓存管理系统再传递到存货核算系统，以计算材料出库成本。
- 账务处理：核算系统生成的凭证传递到账务处理系统。

2. 存货核算系统每期的操作流程

新使用存货核算系统系统时，必须要进行系统参数设置、录入基础资料和录入存货期初数据之后，才能进行日常的单据处理和报表查询工作。新用户和老用户的操作流程分别如图 14-2 和图 14-3 所示。

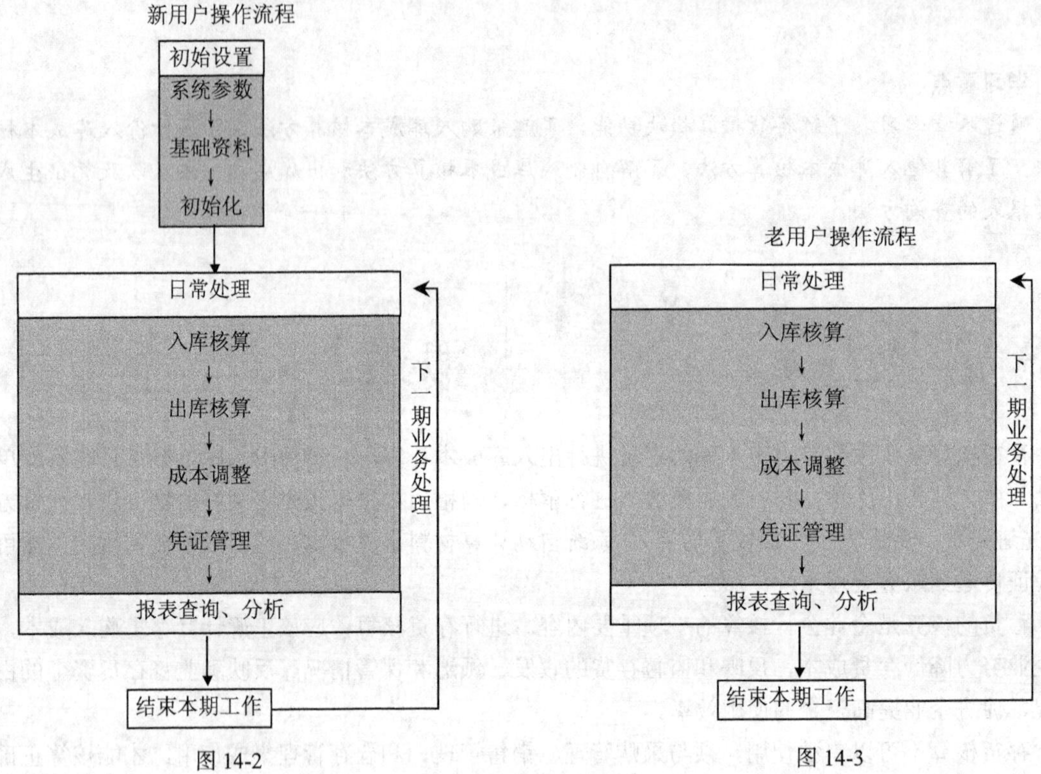

图 14-2　　　　图 14-3

14.2 初始设置

初始设置是对本系统的系统参数和基础资料进行设置，如设置使用本系统的具体日期，这样才能知道期初数据应该录入什么时候的数据；只有基础资料设置成功如果后才能正常进行单据处理。

存货核算系统的初始设置主要包括系统参数设置，基础资料设置，存货期初数量和金额录入，凭证模板管理，期初成本调整，期初异常余额处理和出库异常成本处理。基础资料设置和存货期初录入请参照“第 3 章基础设置”和“第 4 章初始化”的相关内容。

14.2.1 期初成本调整

在实际工作中，由于某种原因，企业存货的数量账实一致的情况下，存货金额仍然账实不符，如数量为零，金额不为零，需要单独进行期初余额调整。对于出入库单据的金额调整，可以通过成本调整单进行，期初成本调整功能可处理成本调整单的录入和维护。

以“何钰”登录账套，单击【存货核算】→【期初成本调整】，系统进入“期初成本调整”窗口，如图 14-4 所示。

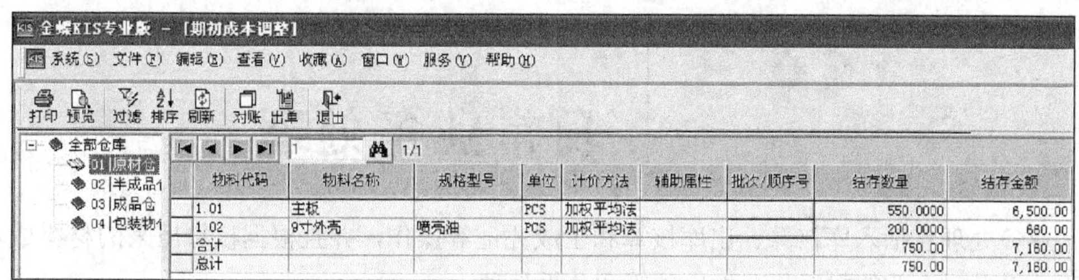

图 14-4

在“期初余额调整”窗口，仓库默认按树型结构在左界面显示，单击左侧对应的仓库名称可以查询该仓库下的所有物料明细的数量和结存金额，如果物料采用批次管理和计价方法为先进先出、后进先出的物料可双击“批次/顺序列”查看明细。

- 对账：单击“对账”按钮，系统切换到“对账”窗口，窗口左侧显示物料所在的会计科目，右侧显示对账结果，同一科目的仓存结存金额与总账结存金额存在差异时，系统会提示对账不平。
- 调整：单击“调整”按钮切换到“调整”窗口，如图 14-4 所示。对于加权平均法和移动平均法的物料可通过直接修改结存金额的方式来调整期初金额。对于分批认定法、先进先出法、后进先出法的物料应双击“批次/顺序号”，调整明细批次（序列）的金额。对于计划成本法的物料应调整结存差异。
- 出单：调整结存金额修改完毕后，单击“出单”按钮，系统将调整差额自动生成成本调整单，日期为本期间的第一天，并自动审核，该调整单可以在【存货核算】→【成本调整单】下查询到。

14.2.2 期初异常金额处理

期初异常金额处理是处理期初仓存余额中存在的物料数量结存为 0 但金额不为 0 的异常余额信息，这部分数据是期初仓存余额中的异常数据，一般需要进行期初余额调整。

单击【存货核算】→【期初异常金额处理】，系统进入“期初异常金额处理”窗口，如图 14-5 所示。

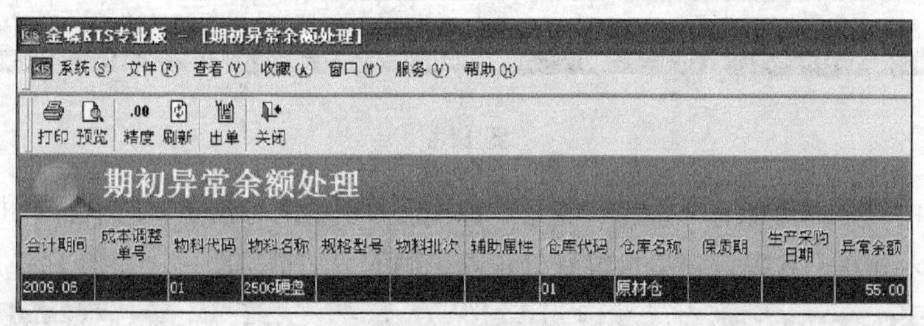

图 14-5

选中要生成成本调整单的明细行单击“出单”按钮，系统将指定生成对应的成本调整单，并将成本调整单单据号显示在报表中。

在期初异常金额处理中生成成本调整单与在期初成本调整中生成成本调整单功能是无法连接的，即两者只需要在一个地方生成成本调整单即可，如果一方已经对本物料生成了成本调整单，再对另一方生成成本调整单时，系统会自动删除前一张成本调整单，而保存最新的这张成本调整单；同时不论哪边生成了成本调整单，在报表的相同信息行中都会显示出对应的成本调整单号。

14.3 日常业务处理

日常业务处理包括入库核算、出库核算和生成凭证等操作，并且根据核算出来的材料成本查询相关报表，以及对企业的材料状况做出预策和分析处理。

14.3.1 估价入账核算

估价入账核算主要是对本期发票未到，但货已入库的采购物料进行估价处理。暂估方式有两种，一种方式是手工在单据上录入，另一种方式是在“无单价单据维护”模块中进行单价更新。估价入账核算功能通常是在期末时确定供应商无法将发票送到情况下使用。

1. 暂估也是指企业未收到已经入库物料的采购发票，不能正确的核算入库物料的成本，所以用“估价”的方式核算该物料的成本，待该笔物料的采购发票实际收到时，再核算正确的物料入库成本。

2. 暂估是一种估计的行为，所以该单据核算的成本凭证必须冲回，回冲方式有差额调整和单到回冲两种方式，设置方法是在“系统参数”中进行设置。

3. 在此处先讲述“估价入账核算”功能，主要是为展示演示效果。

单击【存货核算】→【估价入账核算】，系统弹出过滤窗口，红蓝标志修改为“全部”，单击“确定”按钮，系统进入“估价入账核算”序时簿窗口，若系统中有未开发票的外购入库，则会在此处显示，如图 14-6 所示。

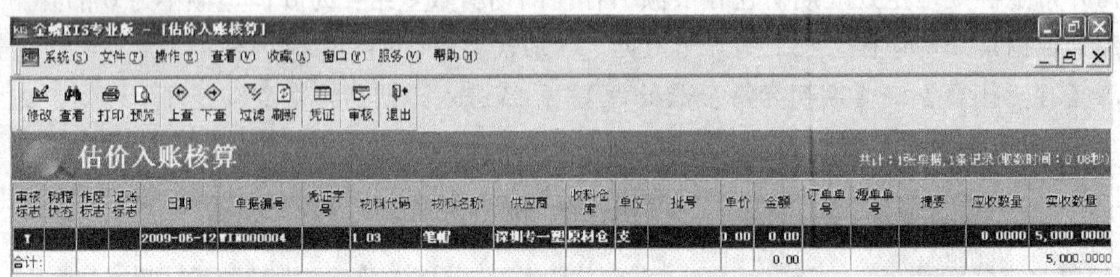

图 14-6

暂估序时簿中的单据可能有单价，可能无单价，录入单价的方法是：选中后单击“修改”按钮，系统进入“采购入库单”窗口，在单价位置处录入正确的“估价”即可，如图 14-7 所示。

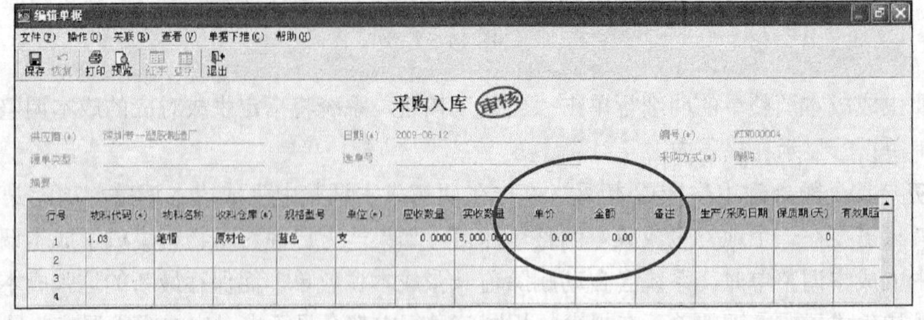

图 14-7

存货核算中的暂估入库单据是接收“仓存管理”中未钩稽的“外购入库”单据，所以只有外购入库单审核后，才能在存货核算中进行入库成本核算。

14.3.2 外购入库核算

外购入库核算主要是核算外购入库单上存货的实际成本，该外购入库单由“采购管理”中采购入库单和采购发票进行钩稽后，再传递到本模块，若有货到票未到的外购入库单，则在“估价入账核算”中处理。

存货核算成功是正确生成外购入库凭证的前提，因为只有经过核算才能保证采购发票与外购入库单金额平衡。

存货核算中的外购入库单据是接收的“仓存管理”中的已经钩稽的“外购入库”单据，所以只有外购入库单钩稽和审核后，才能在存货核算中进行入库成本核算。

（1）单击【存货核算】→【外购入库核算】，系统弹出过滤窗口，保持默认值，单击“确定”按钮，系统进入“外购入库核算”窗口，如图 14-8 所示。

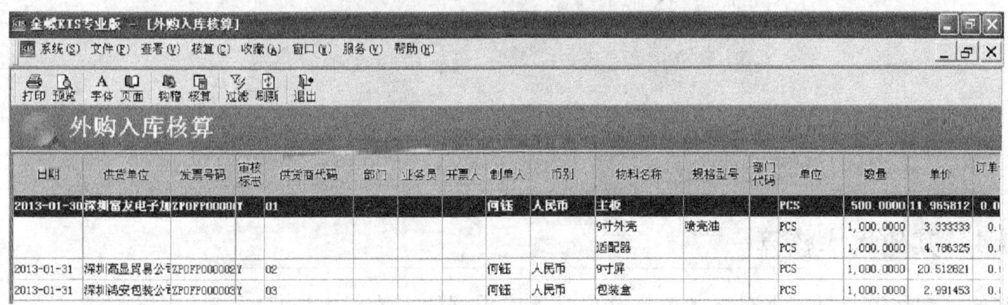

图 14-8

（2）单击“核算”按钮进行成本核算，稍后系统弹出核算成功提示。

（3）再查询外购入库单上单价变化。单击【采购管理】→【采购入库单序时簿】，设置好过滤条件，进入序时簿窗口，打开外购入库单，可以看到该单据目前单价有数据，表示核算入库成本成功，如图 14-9 所示。

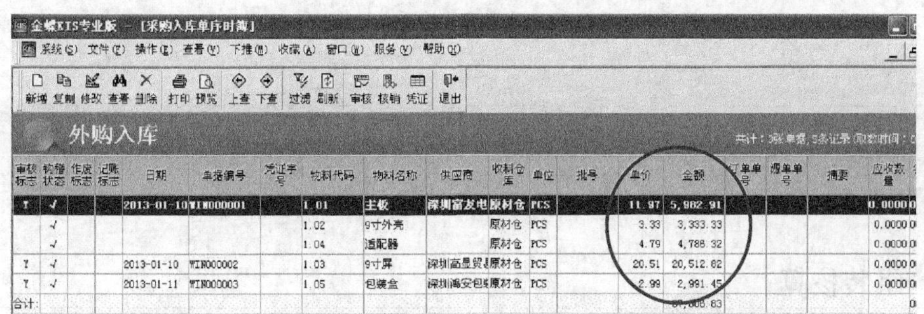

图 14-9

通过以上流程，可以得知，做为仓库人员只负责外购入库单录入，单价正确与否无所谓，而是由财务部开出的采购发票引用该入库单，并录入正确价格，并经过钩稽后，再进行“外购入库核算”，即可以得到正确的入库成本。

14.3.3 自制入库核算

自制入库主要对半成品/产成品的入库成本进行核算。主要是针对该产品入库单无关联生产任务单，无关联生产领料时使用，因为有关联以上两种单据时，可以直接在“生产管理”下的“生产成本”功能中核算。另外用户还可以通过“无单价单据维护”功能直接进行单价更新。

存货核算中的自制品单据是接收的“仓存管理”中的“产品入库”单据，所以只有产品入库单审核后，才能在存货核算中进行入库成本核算。

单击【存货核算】→【自制入库核算】，系统过滤窗口，保持默认条件，单击“确定”按钮，进入“自制入库核算”维护窗口，在对应物料的“单价”处录入，如账套中的“3.01”的单价为“49.59”，在成本价后，单击“核算”按钮，核算成功如图 14-10 所示。

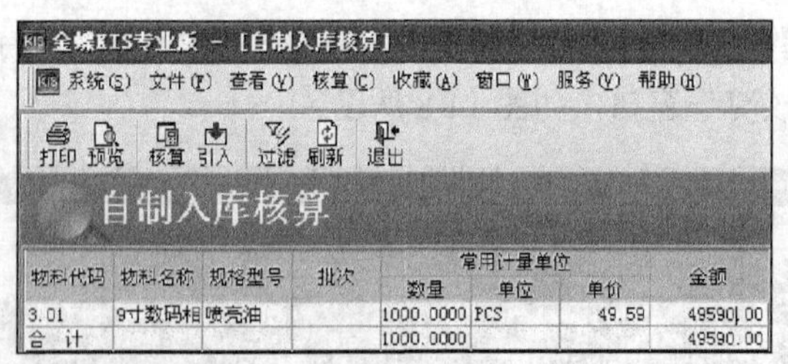

物料代码	物料名称	规格型号	批次	常用计量单位 数量	单位	单价	金额
3.01	9寸数码相	喷亮油		1000.0000	PCS	49.59	49590.00
合 计				1000.0000			49590.00

图 14-10

14.3.4 其他入库核算

其他入库核算是针对非外购入库和产成品入库单据的入库成本核算。

单击【存货核算】→【其他入库核算】，系统弹出过滤窗口，保持默认条件，单击“确定”按钮，系统进入“其他入库核算”窗口，选中要修改价格的单据，单击“修改”按钮，系统进入“编辑单据”窗口，在单价处手工录入成本价，如图 14-11 所示。保存即可其他入库核算成功。

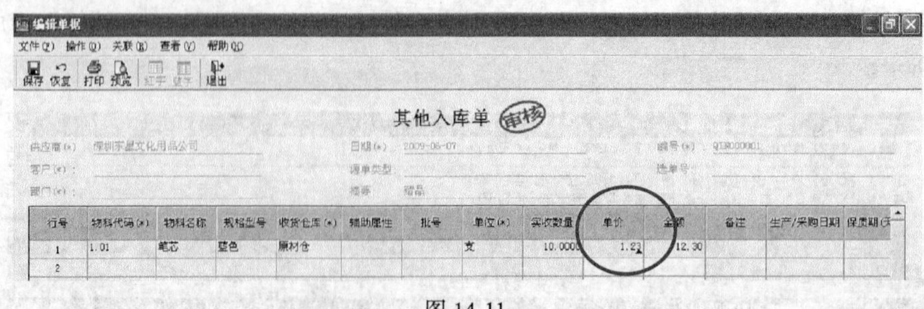

行号	物料代码(*)	物料名称	规格型号	收货仓库(*)	辅助属性	批号	单位(*)	实收数量	单价	金额	备注	生产/采购日期	保质期
1	1.01	笔芯	蓝色	原材仓			支	10.0000	1.23	12.30			
2													

图 14-11

14.3.5 组装核算

组装核算包括：组装单核算和拆卸单核算。

1. 组装单核算

单击【存货核算】→【组装单核算】，进入组装核算序时簿窗口，单击调出核算单据，对于组装业务，系统设置单独核算功能，可以通过序时簿中单击【核算】进行入库核算。组装业务核算数据源：组装类型的其他入库单核算来源于组装类型的其他出库单出库成本和组装单中的实际费用，此处的实际费用就是组装业务中的组装费，需要计入物料成本。

操作前提：组装入库的核算要求对应的其他出库单已经核算完毕，即已经存在出库成本，因此需要首先进行材料出库核算，再核算其他入库单成本。这个步骤是自动进行的。

2. 拆卸单核算

拆卸单核算需要手工处理，单价来源只能通过手工录入，因为拆卸的过程并没有受到严格限制，也不受 BOM 控制，因此无法确定通过组装件生成拆卸后的子件真实成本，需要手工依照组装件的出库成本加上实际发生的费用来分摊到各个子件入库成本中。

14.3.6 无单价单据序时簿

用户在实际应用中由于各种原因常常会遇到出入库单无法直接确定单价，本模块为用户提供"无单价单据"单价处理。

单击【存货核算】→【无单价单据序时簿】系统弹出"过滤"窗口，如图 14-12 所示。

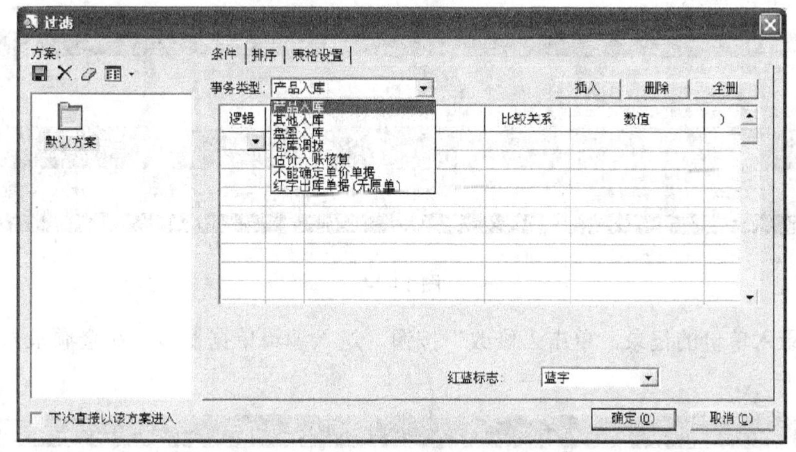

图 14-12

设置好过滤事务类型之后，请用户注意对"红蓝字"选项的选择，单击"确定"按钮系统进入"无单价单据序时簿"窗口。

单击菜单上"单据更新单价来源"选项选择用于进行单价更新的单价来源。选择好"单价来源"，单击工具栏上"更新"按钮实现序时簿中无单价单据的单价更新功能；用户在更新单价之后，系统会暂不刷新序时簿界面，用户可以通过该界面查看各物料单价更新结果是否正确。

14.3.7 存货出库核算

出库核算是系统根据物料档案所采用的"计价方法"自动计算出物料的出库成本。

单击【存货核算】→【存货出库核算】，系统进入"存货出库核算"向导窗口，单击"下一步"按钮，系统进入"选择需要进行结转的存货"窗口，单击"查看"按钮，系统弹出查询单据菜单，如图 14-13 所示。

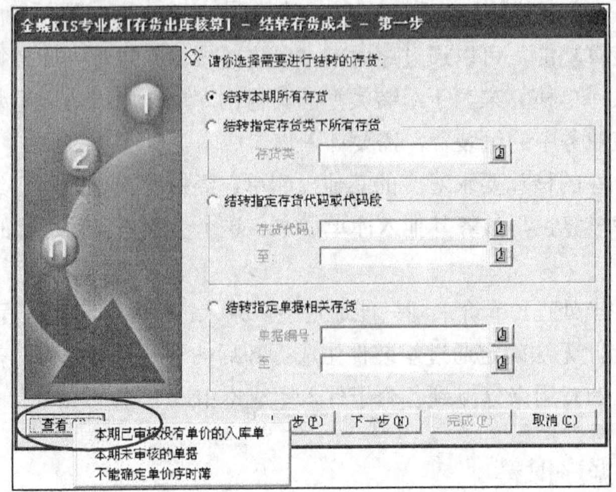

图 14-13

通过“查看”按钮可以查询到系统中没有完成操作的单据。

选择“本期已审核没有单价的单据”，系统弹出过滤窗口，保持默认值，单击“确定”进入序时簿窗口，如图 14-14 所示。

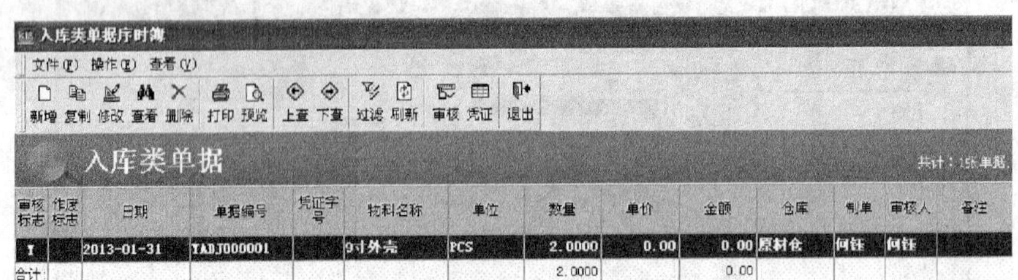

图 14-14

选中要补录入单价的记录，单击“修改”按钮，进入编辑单据窗口，在金额录入正确的金额即可，如图 4-15 所示。

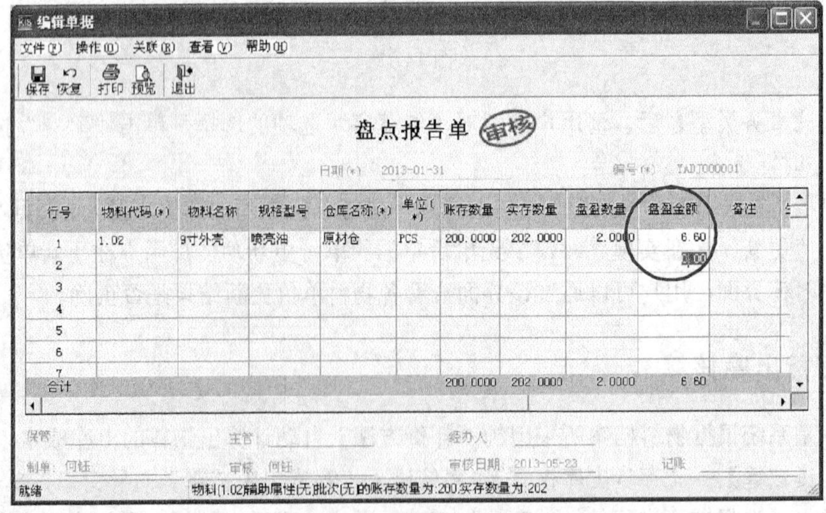

图 14-15

单击“保存”按钮保存录入，退出编辑窗口，再退出序时簿返回“第一步”窗口，如图 14-13 所示，选择“结转本期所有存货”，再单击“下一步”，系统进入“设置结转成本过程中的选项”控制窗口，如图 14-16 所示。

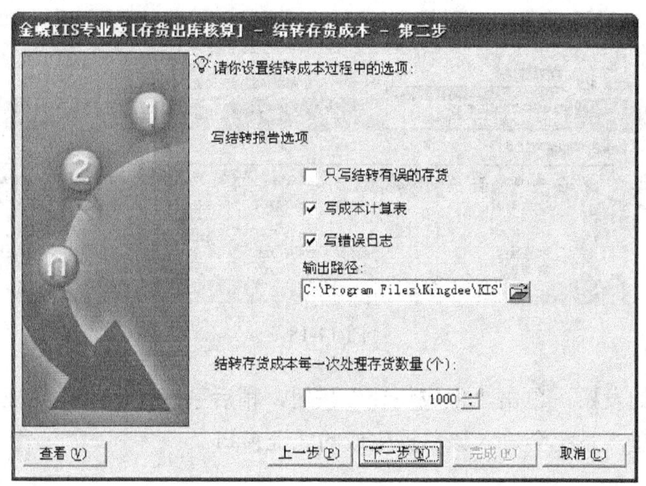

图 14-16

保持默认值，单击“下一步”按钮，系统开始计算成本，稍后进入核算成功窗口，单击“查看报告”按钮，系统进入“结转存货成本报告”窗口，如图 14-17 所示。

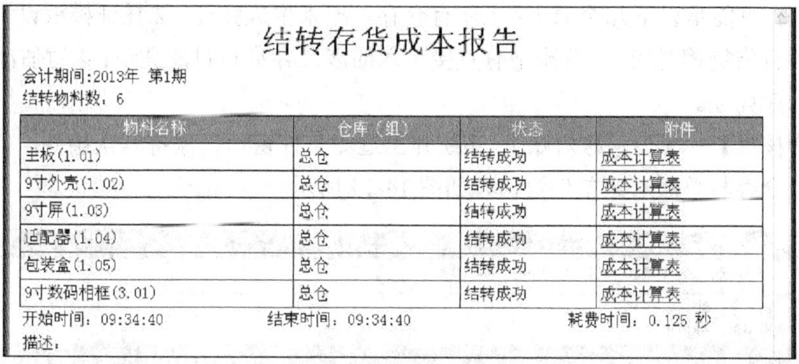

结转存货成本报告

会计期间:2013年 第1期
结转物料数，6

物料名称	仓库（组）	状态	附件
主板(1.01)	总仓	结转成功	成本计算表
9寸外壳(1.02)	总仓	结转成功	成本计算表
9寸屏(1.03)	总仓	结转成功	成本计算表
适配器(1.04)	总仓	结转成功	成本计算表
包装盒(1.05)	总仓	结转成功	成本计算表
9寸数码相框(3.01)	总仓	结转成功	成本计算表

开始时间：09:34:40　　结束时间：09:34:40　　耗费时间：0.125 秒
描述：

图 14-17

单击要查看物料后的“成本计算表”，系统进入“成本计算表”，可以查询成本计算过程的详细情况。

14.3.8 生成凭证

生成凭证功能可以将存货核算系统各种业务单据按凭证模板生成凭证，并可根据凭证模板上选定的科目属性生成不同的凭证，如数量金额凭证、外币凭证等传递到账务处理系统。还可对生成的凭证进行查询和修改，并实现了单据和凭证之间的联查，物流和资金流在本模块实现同步。

“凭证模板”在【存货核算】→【凭证模板】中处理，操作方法可以参照“第 11 章采购管理和应付管理”中的生成凭证一节。

单击【存货核算】→【生成凭证】，系统进入“生成凭证”处理窗口，选中左侧要处理的单据类型，例选中“采购发票（发票直接生成）”，单击“重设”按钮，系统弹出过滤窗口，保持默认值单击“确定”按钮系统将符合条件的单据显示在窗口右侧，同时可以选择是按单生成还是汇总生成等方式，如图 14-18 所示。

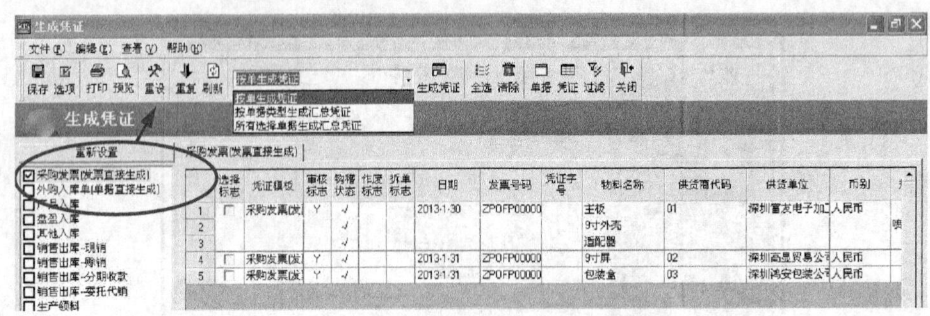

	选择标志	凭证模板	审核标志	钩稽状态	作废标志	拆单标志	日期	发票号码	凭证字号	物料名称	供货商代码	供货单位	币别
1	□	采购发票(发	Y	√			2013-1-30	ZPOFP00000		主板	01	深圳富友电子加工	人民币
2				√						9寸外壳			
3				√						适配器			
4	□	采购发票(发	Y	√			2013-1-31	ZPOFP00000		9寸屏	02	深圳高显贸易公司	人民币
5	□	采购发票(发	Y	√			2013-1-31	ZPOFP00000		包装盒	03	深圳鸿安包装公司	人民币

图 14-18

选中要生成凭证的发票，单击“生成凭证”按钮，稍后系统弹出生成凭证成功，再次选中该发票，单击“凭证”按钮，系统会进入该单据生成的凭证窗口。

14.3.9　与总账对账

与总账对账是可以将核算系统的存货余额及发生额，与总账系统存货科目余额及发生额进行核对，保证双方系统数据的一致性。

若对账不平，可能是以下几个原因：1.还有仓存单据未生成凭证；2.凭证模板设置不正确，存货收发未与存货科目借贷相对应；3.总账中有直接录入的涉及存货科目的凭证；4.暂估冲回后未继续暂估或生成外购入库凭证。

单击【存货核算】→【与总账对账】，系统弹出过滤条件窗口，保持默认条件，单击“确定”按钮，系统进入“仓存与总账对账单”窗口，如图 14-19 所示。

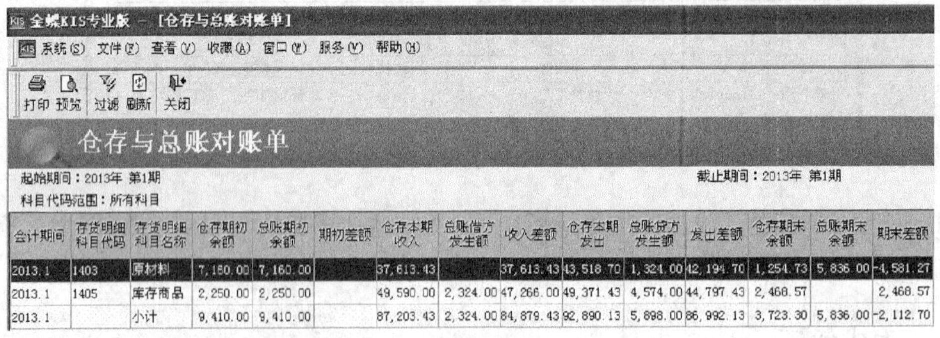

起始期间：2013年 第1期　　截止期间：2013年 第1期

科目代码范围：所有科目

会计期间	存货明细科目代码	存货明细科目名称	仓存期初余额	总账期初余额	期初差额	仓存本期收入	总账借方发生额	收入差额	仓存本期发出	总账贷方发生额	发出差额	仓存期末余额	总账期末余额	期末差额
2013.1	1403	原材料	7,160.00	7,160.00		37,613.43		37,613.43	43,518.70	1,324.00	42,194.70	1,254.73	5,836.00	-4,581.27
2013.1	1405	库存商品	2,250.00	2,250.00		49,590.00	2,324.00	47,266.00	49,371.43	4,574.00	44,797.43	2,468.57		2,468.57
2013.1		小计	9,410.00	9,410.00		87,203.43	2,324.00	84,879.43	92,890.13	5,898.00	86,992.13	3,723.30	5,836.00	-2,112.70

图 14-19

14.3.10　期末结账

期末结账在完成当前会计期间的业务处理，结转到下一期间进行新的业务处理时进行。期末结账前应该检查以下内容：未审核的仓存单据、金额为零的出入库单据、是否还有未生成凭证的核算单据、检查未生成凭证的应收应付单据。

单击【存货核算】→【期末结账】，系统弹出期末结账向导窗口，如图 14-20 所示。

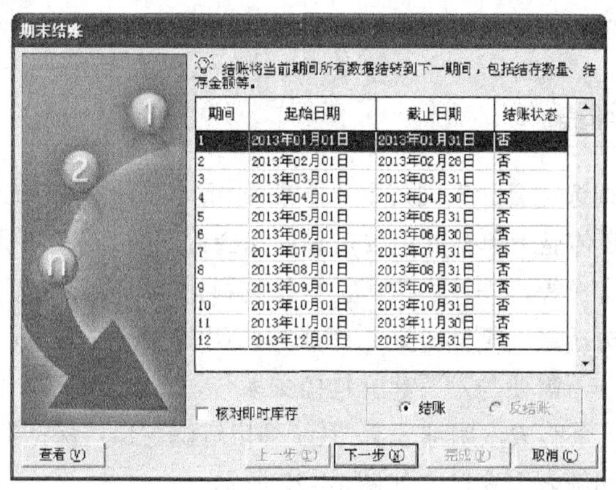

图 14-20

按照向导步步下推，即可进行结账处理。若前期有已经结账的期间，则在向导窗口中选中“反结账”项，即为反结账到上一期间。

14.4 存货核算报表分析

金蝶 KIS 专业版存货核算系统为用户提供存货明细账、采购成本汇总表、采购成本明细表、生产领料汇总表、生产领料明细表和销售毛利润汇总表等报表，为企业即时掌握材料成本和资金积压提供分析数据。

14.4.1 存货明细表

存货明细表是反映一定期间内，材料的收发存明细情况。每一物料显示为一页，表头显示期间范围和该物料的基本资料，可查询多个会计期间的数据，按期间合计收发数量和金额。以基本计量单位和常用计量单位同时反映数量和单价，对于先进先出、后进先出法的物料，期初余额按序列明细反映。对于分批认定法的物料自动显示批次。

单击【存货核算】→【存货明细表】，系统弹出过滤窗口，保持默认条件，单击“确定”过钮，系统进入“存货明细表”窗口，如图 14-21 所示。

KIS 金蝶KIS专业版 － [存货明细账]

系统(S) 文件(F) 查看(V) 收藏(A) 窗口(W) 服务(V) 帮助(H)

打印 预览 精度 首条 上一 下一 末条 过滤 刷新 上查 下查 关闭

存货明细账

起始期间：2013年 第1期　　截止期间：2013年 第1期

存货名称：主板(1.01)　　计量单位：PCS　　计价方法：加权平均法

存货类别：原材料　　最高存量：1000　　最低存量：0

规格型号：　　物料属性：外购　　存货科目代码：1403

会计期间	日期	凭证字号	单据号码	事务类型	辅助属性	收入			发出			结存			备注
						数量	单价	金额	数量	单价	金额	数量	单价	金额	
2013.1	2013-1-1			期初结存								550	11.82	6,500.00	
2013.1	2013-1-10		WIN000001	采购入库		500	11.97	5,982.91				1,050	11.89	12,482.91	
2013.1	2013-1-13		SOUT00000	领料单					1,000	11.89	11,888.49	50	11.89	594.42	
2013.1	2013-1-31		KADJ00000	盘亏毁损					1	11.89	11.89	49	11.89	582.53	
2013.1	2013-1-31			本期合计		500	11.97	5,982.91	1,001	11.89	11,900.38				
2013.1	2013-1-31			本年累计		500	11.97	5,982.91	1,001	11.89	11,900.38				

图 14-21

单击“首条”、“上一”、“下一”、“末条”按钮可以查询其他物料的收发明细情况。

14.4.2 采购成本明细表

采购成本明细表是查询选定会计期间外购入库明细情况，可按物料、仓库、供应商代码范围过滤，表头显示过滤条件，表体显示单据的主要信息，如会计期间、入库单号、入库日期、物料代码、物料名称、数量、单价、金额等，先按供应商，再按物料排序。双击明细行可联查到单据。

用户可利用此张报表分析某一期间外购入库成本的明细组成情况，只要确认审核后的外购入库单就可以进行必要的统计，不需要与发票建立钩稽关系。

单击【存货核算】→【采购成本明细表】，系统弹出过滤窗口，保持默认条件，单击“确定”过钮，系统进入“采购成本明细表”窗口，如图14-22所示。

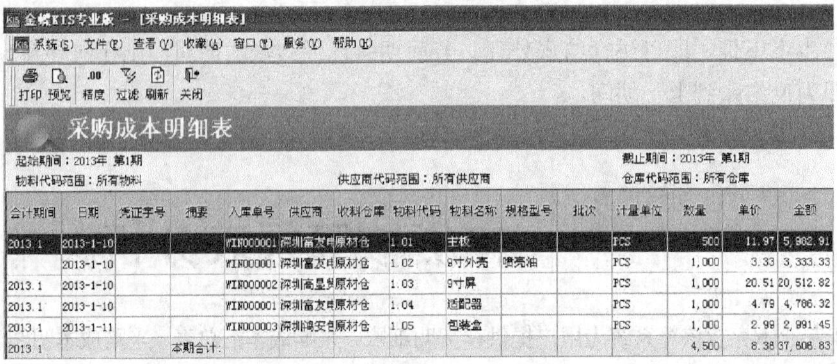

金蝶KIS专业版 - [采购成本明细表]

系统(S) 文件(F) 查看(V) 收藏(A) 窗口(W) 服务(V) 帮助(H)

打印 预览 精度 过滤 刷新 关闭

采购成本明细表

起始期间：2013年 第1期　　截止期间：2013年 第1期

物料代码范围：所有物料　　供应商代码范围：所有供应商　　仓库代码范围：所有仓库

会计期间	日期	凭证字号	摘要	入库单号	供应商	收料仓库	物料代码	物料名称	规格型号	批次	计量单位	数量	单价	金额
2013.1	2013-1-10			WIN000001	深圳富友电	原材仓	1.01	主板			PCS	500	11.97	5,982.91
	2013-1-10			WIN000001	深圳富友电	原材仓	1.02	9寸外壳	喷亮油		PCS	1,000	3.33	3,333.33
2013.1	2013-1-10			WIN000002	深圳高显	原材仓	1.03	9寸屏			PCS	1,000	20.51	20,512.82
2013.1	2013-1-10			WIN000001	深圳富友电	原材仓	1.04	适配器			PCS	1,000	4.79	4,786.32
2013.1	2013-1-11			WIN000003	深圳鸿安包	原材仓	1.05	包装盒			PCS	1,000	2.99	2,991.45
2013.1			本期合计:									4,500	8.38	37,606.83

图 14-22

14.4.3 存货收发存汇总表

本报表反映一定会计期间段各种存货的收发存汇总情况，每一期间的每一种物料的期初结存、本期收入、本期发出、期末结存情况，是核算系统最常用的报表之一。可以按物料明细、仓库分类或物料类别进行汇总查询。

单击【存货核算】→【存货收发存汇总表】，系统弹出过滤窗口，不用选中分级汇总和仅显示汇总行，单击“确定”过钮，系统进入“存货收发存汇总表”窗口，如图14-23所示。

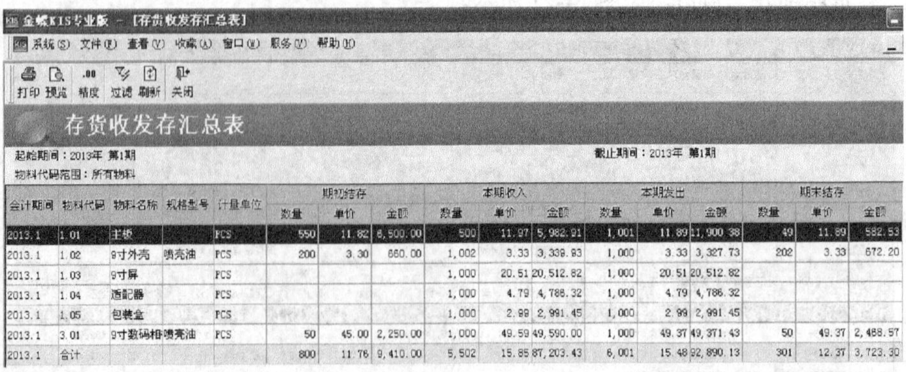

金蝶KIS专业版 - [存货收发存汇总表]

系统(S) 文件(F) 查看(V) 收藏(A) 窗口(W) 服务(V) 帮助(H)

打印 预览 精度 过滤 刷新 关闭

存货收发存汇总表

起始期间：2013年 第1期　　截止期间：2013年 第1期

物料代码范围：所有物料

会计期间	物料代码	物料名称	规格型号	计量单位	期初结存			本期收入			本期发出			期末结存		
					数量	单价	金额	数量	单价	金额	数量	单价	金额	数量	单价	金额
2013.1	1.01	主板		PCS	550	11.82	6,500.00	500	11.97	5,982.91	1,001	11.89	11,900.38	49	11.89	582.53
2013.1	1.02	9寸外壳	喷亮油	PCS	200	3.30	660.00	1,002	3.33	3,339.93	1,000	3.33	3,327.73	202	3.33	672.20
2013.1	1.03	9寸屏		PCS				1,000	20.51	20,512.82	1,000	20.51	20,512.82			
2013.1	1.04	适配器		PCS				1,000	4.79	4,786.32	1,000	4.79	4,786.32			
2013.1	1.05	包装盒		PCS				1,000	2.99	2,991.45	1,000	2.99	2,991.45			
2013.1	3.01	9寸数码相	喷亮油	PCS	50	45.00	2,250.00	1,000	49.59	49,590.00	1,000	49.37	49,371.43	50	49.37	2,468.57
2013.1	合计				800	11.76	9,410.00	5,502	15.85	87,203.43	6,001	15.48	92,890.13	301	12.37	3,723.30

图 14-23

其他报表的使用方法可以参照前面几张报表，在报表查询过程中，一定要多留意“过滤”窗口中有些什么条件，在时间允许的情况下，最好每一条件都测试一下，以更多的了解存货核算报表的功能和实际企业业务。

14.5 课后习题

（1）画出存货核算系统数据流向。

（2）请说出存货核算系统的功能。

实验十二 存货核算

【实验目的】

（1）掌握入库核算方法。

（2）掌握出库核算方法。

（3）掌握材料成本报表查询方法。

【实验内容】

（1）采购入库核算。

（2）自制入库核算。

（3）出库核算。

（4）业务单据生成凭证。

（5）报表查询。

【实验资料】

自制入库 3.02 圆珠笔的单价为 3.50 元。

【实验步骤】

（1）以“李丽”登录“宇纵科技有限公司”账套，采购入库核算。

（2）自制入库核算，录入 3.02 圆珠笔的单价为 3.50 元。

（3）出库核算，先查看有无已审核没有单价的单据，如果有，则补入单价。

（4）业务单据生成凭证。

（5）查询存货明细账。

（6）查询存货收发存汇总表。

实训考试（1）

涉及模块：账务处理、报表。

涉及内容：建立账套、用户管理、初始化设置、会计科目管理、期初数据录入、各类凭证录入、凭证查询、凭证审核、凭证过账、期末转账、期末调汇、账表查询、资产负债表、损益表和期末结账。

实训要求：从初始化到出财务报表一系列操作都必须会操作。检查要点：每一张凭证上的制单人是否为“实训者”的姓名，报表输出是否符合要求。

说明：当出现“姓名”时，表示当前实训者的姓名。目的：防止实训者使用账套恢复功能互相导入，从而作弊。

一、账套信息和用户

1．建立账套。

账 套 号：实训学号 A。

账套名称：实训姓名 A。（如：实训者是“何成越”，则录入“何成越 A”。）

账套路径：系统默认值。

公司名称：实训姓名 A。

2．系统参数设置。

设置会计期间：2013 年 01 月 01 日——2013 年 12 月 31 日。

3．财务参数设置。

启用会计年度：2013 年。

启用会计期间：1 月。

选中“凭证过账前必须审核”。

4．操作人员及权限分工见表实训表 1-1。

实训表 1-1

用 户 名	用 户 组	权 限	分 工
实训姓名 A	Administrators	所有权限	负责审核“实训姓名 B”录入的业务数据和出报表
实训姓名 B	财务组	基础资料、总账、报表	负责凭证录入等日常业务

二、基础设置

1．导入“新会计准则科目”。

2．新增 HKD——港币，汇率为 0.81。

3．新增“记”凭证字。

4．建立客户和供应商档案，见实训表 1-2。

实训表 1-2　　客户和供应商

客户		供应商	
代码	名称	代码	名称
01	深圳 A 客户	01	A 供应商
02	深圳 B 客户	02	B 供应商

5．新增和修改会计科目，见实训表 1-3。

实训表 1-3　　新增和修改会计科目

科目代码	科目名称	币别核算	期末调汇	核算项目
1002.01	工行东桥支行 125	否	否	
1002.02	人行东桥支行 128	单一外币（港币）	是	
1122	应收账款			客户
2202	应付账款			供应商
4001.01	何成越			
4001.02	王成明			
5001.01	基本生产成本			
5001.01.01	直接材料			
5001.01.02	直接人工			
5001.01.03	制造费用转入			
5101.01	折旧费			
5101.02	员工工资			
6601.01	差旅费			
6601.02	业务招待费			
6601.03	业务员工资			
6602.01	办公费			
6602.02	伙食费			
6602.03	管理员工资			
6602.04	折旧费			

三、期初数据

1．客户期初余额，见实训表 1-4。

实训表 1-4　　客户初始数据

客户	日期	应收账款	预收账款	期初余额
深圳 A 客户	2012-12-31	13 000.00		13 000.00
深圳 B 客户	2012-12-31	25 000.00		25 000.00

2．供应商期初余额，见实训表 1-5。

实训表 1-5　　供应商初始数据

客　户	日　期	应付账款	预付账款	期初余额
A 供应商	2012-12-31	8 000.00		8 000.00

3．科目期初余额，见实训表 1-6。

实训表 1-6　　科目初始数据

科目代码	科目名称	方　向	期初余额
1001	人民币	借	5 000.00
1002.01	工行东桥支行 125	借	285 000.00
1122	应收账款	借	38 000.00
1403	原材料	借	56 000.00
1601	固定资产	借	156 000.00
1602	累计折旧	贷	32 000.00
2202	应付账款	贷	8 000.00
4001.01	何成越	贷	250 000.00
4001.02	王成明	贷	250 000.00

四、日常业务资料

1．以“实训姓名 B”用户录入实训表 1-7 中所有凭证，注意部分科目的新增和客户档案的新增。

实训表 1-7　　凭证

凭证号	日期	摘要	会计科目	币别	汇率	原币金额	借方	贷方
记-1	2013-1-8	实收投资款	1002.02 人行东桥支行 128	HKD	0.81	100 000	81 000	
			4001.02 王成明					81 000
记-2	2013-1-12	业务部经理报销招待费	6601.02 业务招待费				2 350	
			1001 现金					2 350
记-3	2013-1-13	向 A 供应商采购原材一批	1403 原材料				45 000	
			2221.01.01 进项税				7 650	
			2202 应付账款—A 供应商					52 650
记-4	2013-1-15	给 A 供应商付部分货款	2202 应付账款—A 供应商				30 000	
			1002.01 工行东桥支行 125					30 000
记-5	2013-1-17	销售 C 客户产品	1122 应收账款—C 客户				81 900	
			6001 主营业务收入					70 000
			2221.01.05 销项税					11 900
记-6	2013-1-18	收到 A 客户货款	1002.01 工行东桥支行 125				13 000	
			1122 应收账款—深圳 A 客户					13 000
记-7	2013-1-22	购买荣威 350	1601 固定资产				95 600	
			1002.01 工行东桥支行 125					95 600

续表

凭证号	日期	摘要	会 计 科 目	币别	汇率	原币金额	借方	贷方
记-8	2013-1-31	本期生产领料	5001.01.01 直接材料				38 970	
			1403 原材料					38 970
记-9	2013-1-31	期末固定资产计提折旧	5101.01 折旧费				1 200	
			6602.04 折旧费				2 150	
			1602 累计折旧					3 350

2．以“实训姓名 A”进入凭证的审核和过账。

3．期末调汇，港币期末汇率为 0.80。

4．自定义期末结转凭证模板，并且生成相应的凭证。

5．期末结转损益。

6．生成资产负债表和损益表，调整格式，以 A4 纸张作为打印纸张输出。

7．会查询各种账簿和报表。

实训考试（2）

涉及模块：账务处理、报表、固定资产、工资和出纳管理。

涉及内容：建立账套、用户管理、初始化设置、固定资产卡片处理、出纳管理、凭证处理和出具财务报表。

实训要求：让考试者了解财务业务一体化的数据关系流转，懂这些模块的操作方法，熟练程度为“会操作”即可。

说明：当出现“姓名”时，表示当前实训者的姓名。目的：防止实训者使用账套恢复功能互相导入，从而作弊。

一、账套信息和用户

1．建立账套。

账 套 号：实训学号 B。

账套名称：实训姓名 B。（如：实训者是“何成越”，则录入“何成越 B”。）

账套路径：系统默认值。

公司名称：实训姓名 B。

2．系统参数设置。

设置会计期间：2013 年 01 月 01 日——2013 年 12 月 31 日。

3．财务参数设置。

启用会计年度：2013 年。

启用会计期间：1 月。

选中“凭证过账前必须审核”。

4．出纳参数设置。

启用会计年度：2013 年。

启用会计期间：1 月。

5．操作人员及权限分工见表实训表 2-1。

实训表 2-1

用户名	用户组	权限	分工
实训姓名 A	Administrators	所有权限	负责审核“实训姓名 B”录入的业务数据和出报表
实训姓名 B	财务组	所有权限	负责日常业务处理，如单据录入、凭证录入、固定资产和工资录入

二、基础设置

1．导入“新会计准则科目”。

2．新增 HKD——港币，汇率为 0.81。

3．新增“记”凭证字。

4．建立实训表 2-2 至实训表 2-4 基础资料。

实训表 2-2　　客户和供应商

客户		供应商	
代码	名称	代码	名称
01	深圳 A 客户	01	A 供应商
02	深圳 B 客户	02	B 供应商

实训表 2-3　　计量单位

组别	代码	名称	系数
数量组	11	PCS	1
其他组	21	台	1
	22	辆	1

实训表 2-4　　部门、职员

部门		职员		
代码	名称	代码	姓名	部门
01	总经办	01	何成越	总经办
02	财务部	02	实训姓名 A	财务部
03	销售部	03	实训姓名 B	财务部
04	采购部	04	郝达	销售部
05	仓库	05	张琴	采购部
06	生产部	06	王平	仓库
07	品管部	07	张强	生产部
08	行政部	08	赵理	生产部
		09	李小明	生产部
		10	李大明	生产部
		11	王长明	品管部
		12	李闯	行政部

5．建立一个“办公设备”固定资产类别，建立“公司办公楼”一个存放地点。

6．新增和修改会计科目，见实训表 2-5。

实训表 2-5　　新增和修改会计科目

科目代码	科目名称	币别核算	期末调汇	核算项目
1002.01	工行东桥支行 125	否	否	
1002.02	人行东桥支行 128	单一外币（港币）	是	
1122	应收账款			客户
2202	应付账款			供应商
4001.01	何成越			
4001.02	王成明			
5001.01	基本生产成本			
5001.01.01	直接材料			
5001.01.02	直接人工			
5001.01.03	制造费用转入			

续表

科目代码	科目名称	币别核算	期末调汇	核算项目
5101.01	折旧费			
5101.02	员工工资			
6601.01	差旅费			
6601.02	业务招待费			
6601.03	业务员工资			
6602.01	办公费			
6602.02	伙食费			
6602.03	管理员工资			
6602.04	折旧费			

三、期初数据

1．应收客户期初余额，见实训表 2-6。

实训表 2-6　　客户初始数据

客　户	日　期	应收账款	预收账款	期初余额
深圳 A 客户	2012-12-31	13 000.00		13 000.00
深圳 B 客户	2012-12-31	25 000.00		25 000.00

2．应付供应商期初余额，见实训表 2-7。

实训表 2-7　　供应商初始数据

客　户	日　期	应付账款	预付账款	期初余额
A 供应商	2012-12-31	8 000.00		8 000.00

3．固定资产初始数据，见实训表 2-8。

实训表 2-8　　固定资产初始卡片

基本信息		部门及其他		原值与折旧	
资产类别	办公设备	固定资产科目	1601	币别	人民币
资产编码	B001	累计折旧科目	1602	原币金额	9 800
名称	IBM 手提电脑	使用部门	总经办	开始使用日期	2012-6-7
计量单位	台	折旧费用科目	6602.04	预计使用期间数	60
数量	1			已使用期间数	10
入账日期	2012-6-7			累计折旧	882
存放地点	公司办公楼			预计净残值	980
使用状况	正常使用			折旧方法	平均年限法（基于入账原值和预计使用期间）
变动方式	购入				

4．科目期初余额，见实训表 2-9。

实训表 2-9　　科目初始数据

科目代码	科目名称	方　向	期初余额
1001	人民币	借	5 000.00
1002.01	工行东桥支行 125	借	448 082.00
1122	应收账款	借	38 000.00

续表

科目代码	科目名称	方向	期初余额
1403	原材料	借	8 000.00
1601	固定资产	借	9 800.00
1602	累计折旧	贷	882.00
2202	应付账款	贷	8 000.00
4001.01	何成越	贷	250 000.00
4001.02	王成明	贷	250 000.00

四、日常业务资料

1．以“实训姓名 B”用户录入实训表 2-10 中所有凭证，注意部分科目的新增和客户档案的新增。

实训表 2-10　凭证

凭证号	日期	摘要	会计科目	币别	汇率	原币金额	借方	贷方
记-1	2013-1-8	实收投资款	1002.02 人行东桥支行 128	HKD	0.81	100 000	81 000	
			4001.02 王成明					81 000
记-2	2013-1-12	业务部经理报销招待费	6601.02 业务招待费				2 350	
			1001 现金					2 350
记-3	2013-1-13	向 A 供应商采购原材一批	1403 原材料				45 000	
			2221.01.01 进项税				7 650	
			2202 应付账款—A 供应商					52 650
记-4	2013-1-15	给 A 供应商付部分货款	2202 应付账款—A 供应商				30 000	
			1002.01 工行东桥支行 125					30 000
记-5	2013-1-17	销售 C 客户产品	1122 应收账款—C 客户				81 900	
			6001 主营业务收入					70 000
			2221.01.05 销项税					11 900
记-6	2013-1-18	收到 A 客户货款	1002.01 工行东桥支行 125				13 000	
			1122 应收账款—深圳 A 客户					13 000
记-7	2013-1-22	购买荣威 350	1601 固定资产				95 600	
			1002.01 工行东桥支行 125					95 600
记-8	2013-1-31	本期生产领料	5001.01.01 直接材料				38 970	
			1403 原材料					38 970
记-9	2013-1-31	期末固定资产计提折旧	5101.01 折旧费				1 200	
			6602.04 折旧费				2 150	
			1602 累计折旧					3 350

2．以“实训姓名 A”进入凭证的审核和过账。

3．建立一个“总工资”类别，并引入所有的部门和职员，然后核算工资，生成费用分配凭证。

4．计提固定资产折旧。

5．期末调汇，港币期末汇率为 0.80%。

6．自定义期末结转凭证模板，并且生成相应的凭证。

7．期末结转损益。

8．在出纳管理引入日记账。

9．生成资产负债表和损益表，调整格式，以 A4 纸张作为打印纸张输出。

10．会查询各种账簿和报表。

实训考试（3）

涉及模块：账务处理、报表、固定资产、工资、采购、销售、仓存、存货核算和应收应付。

涉及内容：建立账套、用户管理、初始化设置、进销存单据处理、材料成本核算、应收应付往来处理、固定资产卡片处理、出纳管理、凭证处理和出财务报表。

实训要求：让考试者了解财务业务一体化的数据关系流转，懂这些模块的操作方法，熟练程度为“会操作”即可。

说明：当出现“姓名”时，表示当前实训者的姓名。目的：防止实训者使用账套恢复功能互相导入，从而作弊。

一、账套信息和用户

1．建立账套。

账 套 号：实训学号 B。

账套名称：实训姓名 B。（如：实训者是“何成越”，则录入“何成越 B”。）

账套路径：系统默认值。

公司名称：实训姓名 B。

2．系统参数设置。

设置会计期间：2013 年 01 月 01 日——2013 年 12 月 31 日。

3．财务参数设置。

启用会计年度：2013 年。

启用会计期间：1 月。

选中“凭证过账前必须审核”。

4．出纳参数设置。

启用会计年度：2013 年。

启用会计期间：1 月。

5．业务基础参数设置。

启用会计年度：2013 年。

启用会计期间：1 月。

6．操作人员及权限分工见表实训表 3-1。

实训表 3-1

用 户 名	用 户 组	权 限	分 工
实训姓名 A	Administrators	所有权限	负责审核“实训姓名 B”录入的业务数据和出报表
实训姓名 B	财务组	所有权限	负责日常业务处理，如单据录入、凭证录入、固定资产和工资录入

二、基础设置

1．导入“新会计准则科目”。

2．新增 HKD——港币，汇率为 0.81%。

3．新增“记”凭证字。

4．建立实训表 3-2 至实训表 3-6 基础资料。

实训表 3-2　　客户和供应商

客户		供应商	
代码	名称	代码	名称
01	深圳 A 客户	01	A 供应商
02	深圳 B 客户	02	B 供应商

实训表 3-3　　计量单位

组别	代码	名称	系数
数量组	11	PCS	1
其他组	21	台	1
	22	辆	1

实训表 3-4　　部门、职员

部门		职员		
代码	名称	代码	姓名	部门
01	总经办	01	何成越	总经办
02	财务部	02	实训姓名 A	财务部
03	销售部	03	实训姓名 B	财务部
04	采购部	04	郝达	销售部
05	仓库	05	张琴	采购部
06	生产部	06	王平	仓库
07	品管部	07	张强	生产部
08	行政部	08	赵理	生产部
		09	李小明	生产部
		10	李大明	生产部
		11	王长明	品管部
		12	李闯	行政部

实训表 3-5　　仓库

代码	名称
01	原材仓
02	半成品仓
03	成品仓

实训表 3-6　　物料

物料大类	1 原材料				3 产成品
代码	1.01	1.02	1.03	1.04	3.01
名称	笔芯	笔壳	笔帽	纸箱	圆珠笔
规格型号	蓝色		蓝色	500PCS 装	蓝色
物料属性	外购	外购	外购	外购	自制
计量单位组	数量组	数量组	数量组	数量组	数量组
基本计量单位	PCS	PCS	PCS	PCS	PCS
计价方法	加权平均法				
存货科目代码	1403	1403	1403	1403	1405
销售收入科目代码	6001	6001	6001	6001	6001
销售成本科目代码	6401	6401	6401	6401	6401

5．建立一个“办公设备”固定资产类别，建立“公司办公楼”一个存放地点。

6．新增和修改会计科目，见实训表 3-7。

实训表 3-7　　新增和修改会计科目

科目代码	科目名称	币别核算	期末调汇	核算项目
1002.01	工行东桥支行 125	否	否	
1002.02	人行东桥支行 128	单一外币（港币）	是	
1122	应收账款			客户
2202	应付账款			供应商
4001.01	何成越			
4001.02	王成明			
5001.01	基本生产成本			
5001.01.01	直接材料			
5001.01.02	直接人工			
5001.01.03	制造费用转入			
5101.01	折旧费			
5101.02	员工工资			
6601.01	差旅费			
6601.02	业务招待费			
6601.03	业务员工资			
6602.01	办公费			
6602.02	伙食费			
6602.03	管理员工资			
6602.04	折旧费			

三、期初数据

1．存货初始数据，见实训表 3-8。

实训表 3-8　　存货初始数据

仓库名称	物料代码	物料名称	期初数量	期初金额
原材仓	1.01	笔芯—蓝色	10 000	1 000

2．应收客户期初余额，见实训表 3-9。

实训表 3-9　　客户初始数据

客　户	日　期	应收账款	预收账款	期初余额
深圳 A 客户	2012-12-31	13 000.00		13 000.00
深圳 B 客户	2012-12-31	25 000.00		25 000.00

3．应付供应商期初余额，见实训表 3-10。

实训表 3-10　　供应商初始数据

客　户	日　期	应付账款	预付账款	期初余额
A 供应商	2012-12-31	8 000.00		8 000.00

4．固定资产初始数据，见实训表 3-11。

实训表 3-11　　固定资产初始卡片

基本信息		部门及其他		原值与折旧	
资产类别	办公设备	固定资产科目	1601	币别	人民币
资产编码	B001	累计折旧科目	1602	原币金额	9 800
名称	IBM 手提电脑	使用部门	总经办	开始使用日期	2012-6-7
计量单位	台	折旧费用科目	6602.04	预计使用期间数	60
数量	1			已使用期间数	10
入账日期	2012-6-7			累计折旧	882
存放地点	公司办公楼			预计净残值	980
使用状况	正常使用			折旧方法	平均年限法（基于入账原值和预计使用期间）
变动方式	购入				

5．科目期初余额，见实训表 3-12。

实训表 3-12　　科目初始数据

科目代码	科目名称	方　向	期初余额
1001	人民币	借	5 000.00
1002.01	工行东桥支行 125	借	448 082.00
1122	应收账款	借	38 000.00
1403	原材料	借	8 000.00
1601	固定资产	借	9 800.00
1602	累计折旧	贷	882.00
2202	应付账款	贷	8 000.00
4001.01	何成越	贷	250 000.00
4001.02	王成明	贷	250 000.00

四、日常业务资料

1．以“实训姓名 B”录入实训表 3-13～表 3-16 业务单据，并且审核。

实训表 3-13　　采购入库单

日期	单据编号	供应商	物料代码	物料名称	收料仓库	单位	实收数量	含税单价	含税金额
2013-1-11	WIN000001	A 供应商	1.01	笔芯	原材仓	pcs	10 000	1	10 000
			1.04	纸箱	原材仓	pcs	500	5	2 500
2013-1-12	WIN000003	B 供应商	1.02	笔壳	原材仓	pcs	20 000	3	60 000
			1.03	笔帽	原材仓	pcs	20 000	1.5	30 000

实训表 3-14　　生产领料单

日期	单据编号	领料部门	物料代码	物料名称	发料仓库	单位	实发数量
2013-1-13	SOUT000001	生产部	1.01	笔芯	原材仓	pcs	10 000
			1.02	笔壳	原材仓	pcs	10 000
			1.03	笔帽	原材仓	pcs	10 000
			1.04	纸箱	原材仓	pcs	20

实训表 3-15　　产品入库单

日期	单据编号	领料部门	物料代码	物料名称	收料仓库	单位	实收数量
2013-1-16	CIN000001	生产部	3.01	圆珠笔	成品仓	pcs	10 000

实训表 3-16　　销售出库单

日期	单据编号	客户	物料代码	物料名称	发货仓库	单位	实收数量	含税价
2013-1-20	XOUT000001	C 客户	3.01	圆珠笔	成品仓	pcs	10 000	8.30

2．以参考仓库单据方式，开发采购发票和销售发票，默认专用发票，税率都为 17%。

3．付 A 供应商货款，以引用“发票”做为源单生成付款单，本次付款 12 000 元，并且生成凭证。

4．收深圳 A 客户的货款，以引用“发票”做为源单生成收款单，本次收款 13 000 元，并且生成凭证。

5．进行存货核算处理，相关单据并生成凭证。

6．建立一个“总工资”类别，并引入所有的部门和职员，然后核算工资，生成费用分配凭证。

7．计提固定资产折旧。

8．以“实训姓名 B”用户录入实训表 3-17 中所有凭证，注意部分科目的新增和客户档案的新增。

实训表 3-17　　凭证

凭证号	日期	摘要	会 计 科 目	币别	汇率	原币金额	借方	贷方
记-1	2013-1-8	实收投资款	1002.02 人行东桥支行 128	HKD	0.81	100 000	81 000	
			4001.02 王成明					81 000
记-2	2013-1-12	业务部经理报销招待费	6601.02 业务招待费				2 350	
			1001 现金					2 350

9．以“实训姓名 A”进入凭证的审核和过账。

10．期末调汇，港币期末汇率为 0.80%。

11．自定义期末结转凭证模板，并且生成相应的凭证。

12．期末结转损益。

13．在出纳管理引入日记账。

14．生成资产负债表和损益表，调整格式，以 A4 纸张作为打印纸张输出。

15．会查询各种账簿和报表。

附录　习题答案

第 1 章　答案

（1）会计信息系统（Accounting Information System，AIS）是管理信息系统的一个子系统，是专门用于企事业单位处理会计业务，收集、存储、传输和加工各种会计数据，输出会计信息，并将其反馈给各有关部门，为企业的经营活动和决策提供帮助，为投资人、债权人、政府部门提供财务信息的系统。

（2）计算机硬件、计算机软件、数据、会计规范、人员。

（3）规范会计科目体系，整理期初数据，往来账户的清理，银行账的清理，存货的清理，固定资产的清理。

（4）模块组成和各模块之间数据流向见下图。

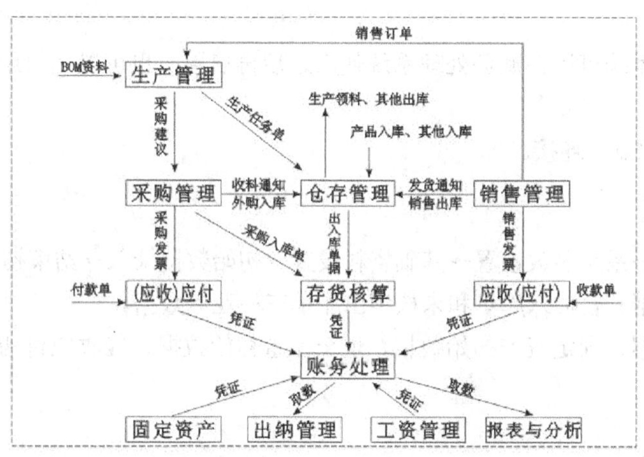

第 2 章　答案

（1）硬件环境。服务器端最低配置：CPU 1GHz Pentium4 处理器，内存要求 512MB，硬盘需要 1GB 以上的可用空间，驱动器需要 CD-ROM 或 DVD-ROM 驱动器，显示 Super VGA（1024×768）或更高分辨率的显示器（颜色设置为 32 位真彩色），鼠标 Microsoft 鼠标或兼容的指点设备。

推荐配置：CPU 1.7GHz Pentium4 处理器及以上，内存 1G 及以上，其他要求同最低配置。

客户端：最低配置：CPU 600MHz Pentium III 处理器，内存 256MB，硬盘 500MB 以上的可用空间，驱动器 CD-ROM 或 DVD-ROM 驱动器，显示 Super VGA（1024×768）或更高分辨率的显示器（颜色设置为 32 位真彩色），鼠标 Microsoft 鼠标或兼容的指点设备。

推荐配置：CPU 1GHz Pentium4 处理器及以上，内存 512MB 及以上，其他要求同最低配置。

软件环境：服务器端，需要安装的软件有数据库系统（SQL Server2000 标准版/企业版，或者 MSDE 数据库系统）和 Windows 简体中文版操作系统（2000/XP/2003）；客户端需要安装 Windows 简体中文版操作系统（2000/XP/2003）。

（2）只有加密服务器运行后，金蝶 KIS 专业版才能登录。

（3）在使用金蝶 KIS 专业版进行业务处理之前，首先要建立账套。账套建立成功后进行系统设置，系统设置包含系统参数设置、基础资料设置和初始数据录入。系统参数是与账套有关的信息，如会计期间的设置、财务系统从哪个会计期间开始启用、凭证过账前是否需要审核和各种单据预警的设置等；基础资料是录入业务单据时要获取的基础数据，如会计科目、客户资料等；之后，录入账套启用会计期间的初始数据，如会计科目的期初数据和累计数据。然后检查数据是否正确，是否符合启用要求，如果符合，则可以结束初始化并启用账套。之后，可以进行日常的业务处理，如凭证录入、应收/应付账款的处理、固定资产的管理等，系统根据已保存的单据数据可生成相应的报表。每个月的业务工作处理完成后，可以进行月末结账，进入下一会计期间继续处理业务。

（4）账套是一个数据库文件，存放所有的业务数据资料，包含会计科目、凭证、账簿、报表和出入库单据等内容，所有工作都需要登录账套后才能进行。一个账套只能做一个会计主体（公司）的业务，金蝶软件对账套的数量没有限制，也就是说一套金蝶 KIS 专业版可以处理多家公司的账务。

（5）金蝶 KIS 专业版提供 2 种备份方法：手工备份和自动备份。

第 3 章　答案

（1）准备工作→系统参数设置→基础资料设置。

（2）可以。

（3）不用，业务系统可以在账务处理系统使用之后再启用，也可以先启用业务系统，然后再启用业务系统。

（4）以“.”（小数点）连接。

第 4 章　答案

（1）初始化准备→系统参数设置→基础资料设置→初始数据录入→结束初始化。

（2）存货初始数据、暂估入库单和未核销出库单三种业务数据。

（3）科目初始数据、固定资产初始数据、现金流量初始数据、应收应付初始数据和出纳系统五种业务数据。

第 5 章　答案

（1）审核人不能与制单人相同。

（2）修改、删除功能是灰色，表示该凭证已审核或已过账，必须先反过账，反审核后才能进行修改、删除。

（3）两种，一种是普通打印，另一种是套打打印，使用套打时建议购买金蝶公司的专用套打纸。

（4）有两种处理方法，一种是直接录入，即是查看相关科目下的余额，用“凭证录入”功能将余额转出；另一种就是自动转账功能，定义好转账公式，在期末只要选中要转账的项目，生成凭证即可，这样即简单又提高效率。

（5）本期所有凭证已经过账。

第 6 章　答案

（1）修改后的数据，一定要单击编辑框前面的“√”，反之，单击“×”。

（2）建议自定义报表在“显示公式”状态下编辑。

（3）略

第 7 章　答案

（1）当期已进行变动的资产不能清理。

（2）在“卡片管理”窗口中选中清理记录，单击工具栏上的“清理”按钮，系统弹出提示窗口。单击“是”，系统弹出“固定资产清理−编辑”窗口，在窗口可以修改清理内容，单击“删除”按钮，可以取消该固定资产的清理工作。

第 8 章　答案

（1）每次进入工资系统时都要求选择类别。在不同工资类别切换时使用。

（2）三种：从其他工资类别中导入部门信息；从“总账”模块中导入部门信息的；从某一个类别下导入部门信息。

第 9 章　答案

（1）2 种。第 1 种是单击工具栏上“引入”按钮，从总账系统引入现金日记账；第 2 种是单击工具栏上“新增”按钮。

（2）有 2 种，一种是多行输入，另一种是单张输入。控制点在菜单【编辑】→【多行输入】。

（3）在“现金收付流水账”中可以生成凭证。

（4）2 种。一种是根据银行对账单的打印文本手工录入，另一种是从银行取得对账单数据文件（要求必须转化成文本文件，即扩展名为 TXT 的文件），直接引入对账单。

第 10 章　答案

（1）略

（2）1.“（查询）”按钮；2.“资料”按钮；3. 按 F7 功能键获取。

（3）不是必录项。

（4）反审核快捷键 Shift+F4。

第 11 章　答案

（1）略

（2）是核算入库成本的依据。

（3）在“存货核算”模块中处理。

第 12 章　答案

（1）略

（2）仓库调拨单是处理由于仓库变化，而产生的物料转移存储位置的业务。

（3）可以。

第 13 章　答案

（略）

第 14 章　答案

（1）略

（2）存货核算系统主要是对出入库的存货进行出入库成本计算，对各种出入库单据（采购入库单、成品入单、销售出库单、材料领用单等）进行审核、勾稽后，根据预先定义好的物料成本计价方法（如先进先出、后进先出、加权平均等），系统自动计算材料出库成本。材料成本核算后的单据可生成凭证传递到账务处理系统。

参考文献

［1］孟芳．会计电算化．北京：中国电力出版社，2009．
［2］王金台．会计电算化教程．北京：中国经济出版社，2008．